编辑委员会

（以姓名拼音为序）

郝铁川　胡玉鸿　蒋传光　季卫东

李桂林　刘作翔　舒国滢　沈国明

孙笑侠　王　申　熊明辉　叶　青

於兴中　余素青　张继成　郑成良

上海市社会科学创新研究基地
"中国特色法学学术话语体系建设——以法治话语研究为重点"

法治话语研究

FA ZHI HUA YU YAN JIU

主　　编◎陈金钊
执行主编◎邱小航

编辑主任　侯竣泰　孙自豪
执行编辑　吴佳昊　左　飞　姜雪怡　冯诗苑　孙振一
　　　　　　阎一宁　纪凯悦　黄　柳　陈　杰　王一玮
　　　　　　魏天真　黄　寒　袁威伟

第八卷

上海三联书店

目录

域外理论译介

实践理性的必然性：制定法、形式主义和法治　　　　　　　　003
一个国家，两套基础规范？基本法和基础规范　　　　　　　　029
溯因法律推理的潜能　　　　　　　　　　　　　　　　　　　065

法治话语专论

"和合共生"法治话语与生物安全刑法观　　　　　　　　　　085
论改革开放后我国法治建设的自发与自觉
　　——兼论我国法治话语权自主化的实现　　　　　　　　103
个人破产免责的正当性证成
　　——基于对"权利话语"的反思　　　　　　　　　　　　120
《民法典》标点符号使用的失范与匡正　　　　　　　　　　　136
人类命运共同体视阈下积极刑法立法观的必要与限制　　　　　153

专题：社会主义核心价值观的司法适用

社会主义核心价值观融入裁判文书的叙事逻辑
　　——以复调式叙事结构探微　　　　　　　　　　　　　175
民事指导性案例中社会主义核心价值观的融入方式与效果提升　191
"自由"在指导性案例中的适用及完善　　　　　　　　　　　207
社会主义核心价值观融入法治建设的理据——兼论新时代法学教育的使命　224

法学论坛<<<

哈贝马斯论法律有效性
　　——基于《在事实与规范之间》的考察　　　　　　　　　247
论我国基层数字法治政府的构建
　　——以数字法治素养建设为切入点　　　　　　　　　　268
党内法规解释制度研究的回顾与展望　　　　　　　　　　　281
协同主义下法官释明权之省思与完善　　　　　　　　　　　300
违法性认识错误避免可能性的理论探寻与实践路径　　　　　321
论著作权法上作品的"固定"　　　　　　　　　　　　　　337
行政协议转介强制执行模式评析　　　　　　　　　　　　　355
寻求"公共利益"的相对确定
　　——基于现行法律"公共利益"条款的梳理分析　　　　370
深化看守所巡回检察工作研究　　　　　　　　　　　　　　385
类型思维指导下类案检索发现机制的完善　　　　　　　　　403

稿约<<<　　　　　　　　　　　　　　　　　　　　　　418

域外理论译介

实践理性的必然性：制定法、形式主义和法治

[美]丹尼尔·法伯著*　曹　霁译**　张志朋校***

摘　要：卢埃林批判制定法解释规范及其背后的形式主义，反映了其制定法解释的实践理性倾向。形式主义的制定法解释方法依赖普通词义规则，既没有消除司法对实践理性的需求，也无法缓解立法机关与公民的沟通，因而无法实现其法治目标。制定法解释不是规则对制定法文本的机械适用，而是协调文本、立法史、立法目的和公共政策的复杂判断，形式理性并没有比实践理性提供更大的确定性、稳定性和可预测性。研究证明了其他认知技巧的存在，为法官提供了除演绎之外的选择，法官对"情境感"的运用并非神秘的直觉行为，而是基于对问题的理解和推理，因此实践理性亦不会导致不一致、主观和不可预测的司法裁判。实践理性的制定法解释方法是必要的，既规避了对普通词义的过度依赖，亦不会导致法官过大的自由裁量权。

关键词：实践理性　形式主义　制定法解释　法治

实践观就像在非推理和非演绎意义上的感知，其核心是认识、承认、回应、选取复杂情境中某些突出特点的能力。[①]

引言

本次研讨会旨在纪念卡尔·卢埃林（Karl Llewellyn）《制定法解释规范批

---

*　[美]丹尼尔·法伯（Daniel Farber），加州大学伯克利分校法学院 Sho Sato 法学教授。原文刊发于 *Vanderbilt Law Review*，Vol. 45，1992，at 533–559。

**　曹霁，男，浙江宁波人，华东政法大学法律史博士研究生，研究方向为法律翻译、外国法律史。

***　张志朋，男，山东莘县人，华东政法大学法律方法论博士研究生，研究方向为法律方法论。

① Martha Nussbaum, *The Fragility of Goodness: Luck and Ethics in Greek Tragedy and Philosophy* 305 (Cambridge, 1986).

判》一文的发表。① 本文试图将卢埃林的制定法解释(statutory interpretation)观置于实践理性和形式主义拥护者之间的持续辩论中。②

许多实践理性的批评者质疑它与法治的兼容性。如果我们都不能准确描述实践理性的运作,我们能对其指导司法的能力有信心吗?或者反过来说,形式主义是否比实践理性提供了更大程度的民主问责、确定性、稳定性和可预测性?这些问题是本文的主要关注点。

本文第一部分通过描述卢埃林的观点及其与当前有关实践理性的作品之间的关联,奠定本文基础。接下来,概述了形式主义对实践理性的反击。形式主义者认为,以规则为中心的法理学——主要根据"普通词义"(plain meaning)进行解释——提供了法的确定性、可预测性和客观性。③ 第二部分对形式主义解释进行了批判,认为形式主义无法兑现其更好实现这些重要"法治"美德的承诺。形式主义的制定法解释方法既没有消除对实践理性的需求,也没有缓和立法机构与公民之间的沟通。因此,形式主义方法无法实现形式主义者自身的规范目标。然后,第二部分转向对实践理性的批判,即认为实践理性是不连贯的、主观的和不可预测的——"诉诸一种不可验证的,甚至是不可知的能力"。④ 然而,认知心理学家已经表明,专家依靠各种认知技巧(如卢埃林的"情境感"[situational sense])来解决问题,而不是简单地执行一系列形式规则。我们对这些认知技巧在其他情况下的运作有信心,那么想必其也能足够可靠地提供法律的可预测性和稳定性。

---

① Karl N. Llewellyn, *Remarks on the Theory of Appellate Decision and the Rules or Canons About How Statutes Are to be Construed*, 3 Vand. L. Rev. 395(1950).
② 这些术语的定义见第 5 页脚注 5、第 6—7 页脚注、第 8 页脚注 1 及其附文。
③ 关于再次出现的"普通词义"的概述,参见 William N. Eskridge, Jr., *The New Textualism*, 37 UCLA L. Rev. 621, 656 - 60(1990).
④ David E. Van Zandt, *An Alternative Theory of Practical Reason In Judicial Decisions*, 65 Tulane L. Rev. 775, 791(1991). 另参见 Nancy Levit, *Practically Unreasonable: A Critique of Practical Reason*(书评),85 Nw. U. L. Rev. 494, 500, 517 - 18(1991). 范·赞特(Van Zandt)确实同意,实践理性的一种形式或他所称的常识推理参与了一些司法裁判,并运用于棘手的规范性裁判中。他认为,常识推理是从技术性推理向社会普遍共享的"形成性背景"的回归。参见 David E. Van Zandt, *Commonsense Reasoning, Social Change, and the Law*, 81 Nw. U. L. Rev. 894, 912 - 38(1987)。范·赞特的分析有效确定了实践理性的一个重要方面,但他似乎误入了歧途,因为他假定实践理性关涉一种使行为正当化的离散领域,而不是一种更普遍的决策形式。我们方法的差异可以从本文第三部分讨论的有关专业知识的研究中看出,其中一项研究涉及放射线专家对 X 射线的诊断。除非放射线专家诉诸外行信息(这很可能是一种罕见的情况),否则范·赞特不会认为放射线专家是在运用实践理性。然而,放射线专家的专家推理与卢埃林的"情境感"非常相似,我认为这是实践推理的一种形式。参见第 4 页脚注 1—11 和第 5 页脚注 1—4 及其附文。简言之,范·赞特试图将实践理性和技术性推理一分为二,并且他似乎对专家在不诉诸"常识"的情况下如何解决问题持有一种不恰当的形式主义观。

形式主义解释最终依赖于对文字沟通的原始力量的信任,仿佛制定法解释的困惑仅仅是法律诡辩所致。然而,遗憾的是,对理解语境和目的的需要是语言本身所固有的,而不仅仅是后现代主义的产物。① 在这个意义上,对实践理性的依赖与其说是可取的,不如说是必要的。

制定法解释中的实践理性与形式主义

卢埃林和实践理性

现今,卢埃林关于制定法解释的文章,以其"疯狂解构"②式地攻击规范而最为闻名。虽然卢埃林的"决斗规范"(dueling canons)清单已成为该文最著名的部分,但是该清单只是他关于制定法解释分析的一个附录。该分析本身位于有关普通法判决的一长段介绍之后。

卢埃林的开场讨论表明,他并不是临时性决策(ad hoc decisionmaking)的拥护者。相反,他谈到了采用"解决规则"(solving rule)的可取性,用以处理法院面对的"情境类型"(type of situation),而非"特定诉讼当事人间的特定争议"。③ 此外,他显然不接受这种观点,即法官纯粹根据自己对公共政策的看法来裁判案件,而是强调"法院一直以来的职责是根据法律并在法律范围内对法律语言进行合理解释"。④ 因此,卢埃林绝不认为法院的作用仅仅是宣布它认为基于某一特定案件事实的公正结果。

卢埃林开篇对普通法的讨论,也阐明了他对"决斗规范"的反对。他讨论了对待先例的各种方法,并报告说曾看到一个优秀法院在一天内使用了26种此类方法。他随后补充道:

> 重要的是,所有的26种方法(加上十几种当天法院未使用的其他

---

① 事实上,正是由于这个原因,即使是简单文本,计算机翻译也被证明是如此困难,因为计算机缺乏这种关键的语境知识。例如,参见 Edwina L. Rissland, *Artificial Intelligence and Law: Stepping Stones to a Model of Legal Reasoning*, 99 Yale L. J. 1957, 1961(1990)。
② Robert Weisberg, *The Calabresian Judicial Artist: Statutes and the New Legal Process*, 35 Stan. L. Rev. 213, 213(1983).
③ Karl N. Llewellyn, *Remarks on the Theory of Appellate Decision and the Rules or Canons About How Statutes Are to Be Construed*, 3 Vand. L. Rev. 395, 398(1950).
④ 同上,at 399。

方法)都是正确的。它们不是代表"逃避",而是对先例的合理使用、应用和发展;不是代表"背离",而是对我们流传下来的先例体系的合理延续。先例体系的主要缺陷在于许多律师对其错误理解,即认为判例本身和判例中蕴含的原则,加上如何处理案件的正确规则,就能为争议法律问题提供一个唯一正确的答案。①

类似的对制定法的误解还有,认为制定法文本本身就为争议性法律问题提供了一个"正确"的答案。因此,卢埃林就"规范"的控诉,如同他对机械使用先例的反对,是基于它们与形式主义的关系而产生的。

尽管卢埃林在有关规范一文中简要地勾勒了他对形式主义的替代方案,但是他在其他作品中更充分地讨论了这一问题。根据卢埃林的说法,19世纪初美国法官表现出的一种活力、诚实和创造力,却在本世纪末逐渐消逝。② 卢埃林识别出了这些早期美国法官的一些特征,将其称为宏大审判风格(Grand Style of judging)。

在这些特征中,最重要的也许是卢埃林所称的"情境感":处理一组复杂的事实、确定相关的关键属性,以及理解其社会意义的能力。③ 在做到这一点后,法官可以将该案作为更广泛情况的一个例子来处理,对该案的特殊事实给予一定重视,但在评估这些事实时,要考虑到该案更广泛的影响。④ 卢埃林表示,利用情境感将案件的特殊事实置于背景之中,是"避免'疑难案件造就糟糕的法律'和任何将'法律'碎片化为狭隘的稻草人式裁判(jack-straw-decisions)的公式,后者既不能为律师界也不能为今后法院提供任何有用的指导模式"⑤。于是,他给法官的建议很简单:

> 当你评估事实时,试着先寻找它们契合的一个显著的生活问题情境(life-problem-situation),然后再开始考虑个案公平;因此,当个案公

---

① Karl N. Llewellyn, *Remarks on the Theory of Appellate Decision and the Rules or Canons About How Statutes Are to Be Construed*, at 396。
② 参见 Karl N. Llewellyn, *The Common Law Tradition: Deciding Appeals* 39 – 41, 62 – 72 (Little, Brown, 1960)(以下简称为"*Common Law*")。另参见 Grant Gilmore, *The Ages of American Law* (Yale, 1977)。
③ Llewellyn, *Common Law* at 268 – 85。
④ 参见上注, at 122, 447 – 48。
⑤ Karl N. Llewellyn, *Jurisprudence: Realism in Theory and Practice* 222 (University of Chicago, 1962)(以下简称为"*Jurisprudence*")。

平确实开始产生影响时,它们的影响已经因寻求和感觉到一个适当规则而减弱,该规则来自且适合此种重要的情境类型。①

在对案件进行适当的类型化之后,法官就可以裁决案件,不是通过演绎逻辑,而是通过一个结构化程度较低的问题解决过程,该过程涉及常识、对先例的尊重②,以及对社会需求的理解③。这种裁判过程虽然没有运用形式逻辑,但是关涉理性的使用。

> 法律工作中的"理性"常常不仅暗含推理,还暗含合理选择法律观点时运用理性,以及在判断任何结果或任何目标的合理性时运用理性。因此,"理性"是"经验"进入法律结果这一过程的主要指导和衡量标准,而法律工作中的"逻辑"倾向于将权威性前提视为既定的,并由此进行简单推理。④

对某些人来说,这似乎意味着对司法主观性的指向,但卢埃林对指导司法裁判的技术和传统的力量有信心。⑤

紧跟着他在有关规范一文中对普通法的讨论,卢埃林补充道:"如今我们需要看到,这一切在制定法上也是类似的。"⑥他更加具体地列出了法院在解释制定法时应考虑的几个因素:
1. 法院的情境感⑦
2. 法律体系的整体融贯性⑧

---

① Karl N. Llewellyn, *Jurisprudence: Realism in Theory and Practice* 222 (University of Chicago, 1962)(以下简称为"*Jurisprudence*")。
② 参见上注,at 217. 当前更多关于该点的表述,参见 William E. Nelson, *History and Neutrality in Constitutional Adjudication*, 72 Va. L. Rev. 1237, 1265 – 67(1986)。
③ 例如,参见 Llewellyn, *Common Law* at 401 – 03, 422 – 23。
④ Llewellyn, *Jurisprudence* at 80.
⑤ 此为卢埃林《普通法传统》的基本论点。参见 Llewellyn, *Common Law*, at 18 – 61, 200 – 35。
⑥ Llewellyn, 3 Vand. L. Rev. at 399.
⑦ 同上,at 398。
⑧ 同上,at 399。更具体地说,卢埃林指出:
  但法院必须努力使我们的法律作为一个整体具有意义。用弗兰克的说法,它必须接受立法机关所写的任何制定法音乐,必须接受立法机关所写的戏剧文本。但是,有很多方法可以演奏这种音乐和戏剧,而法院的职责就是把它演好,并与法律体系的其他音乐和谐相处。

3. 该制定法的制定目的①

4. 立法史，至少对于近前制定的制定法而言②

5. 制定法的语言(一个特别重要的因素)③

他表示，总的来说，法官的寻找(并不总是可以寻得)是为了"良好的情境感，以及对现有语言的简单解释，以通过可行的方式从制定法的语言中实现此种感觉"④。

卢埃林的法学思想与一种当代思潮紧密结合在一起。一系列令人印象深刻的法律评论⑤表现了从宏大理论走向一种被称为"直觉主义"⑥"审慎"⑦和"实践理性"⑧观点的运动。在这些评论中，有几篇涉及新兴的对共和主义⑨和女权主

---

① Llewellyn, 3 Vand. L. Rev. at 400.
② 同上。
③ 同上。
④ 同上，at 401。
⑤ 《南加州大学法律评论》最近用了一整期的篇幅来讨论实用主义法学的问题。*Symposium on the Renaissance of Pragmatism in American Legal Thought*, 63 S. Cal. L. Rev. 1569(1990). L. Rev. 1569(1990). 早期作品参见 Steven J. Burton, *Law as Practical Reason*, 62 S. Cal. L. Rev. 747 (1989); Guido Calabresi, *Ideals, Beliefs, Attitudes and the Law: Private Law Perspectives on a Public Law Problem* xv (Syracuse, 1985); Gregory S. Alexander, *Interpreting Legal Constructivism* (书评), 71 Cornell L. Rev. 249(1985); Daniel A. Farber and Philip P. Frickey, *The Jurisprudence of Public Choice*, 65 Tex. L. Rev. 873(1987); Anthony T. Kronman, *Alexander Bickel's Philosophy of Prudence*, 94 Yale L. J. 1567(1985); David Lyons, *Justification and Judicial Responsibility*, 72 Cal. L. Rev. 178 (1984); Frank I. Michelman, *Forward: Traces of Self-Government*, 100 Harv. L. Rev. 4 (1986); Frank I. Michelman, *Justification (and Justifiability) of Law in a Contradictory World*, in J. Roland Pennock and John W. Chapman, eds., *Justification* (NOMOS XXVIII) 71 (New York University 1986); Suzanna Sherry, *Civic Virtue and the Feminine Voice in Constitutional Adjudication*, 72 Va. L. Rev. 543 (1986); Peter R. Teachout, *The Soul of the Fugue: An Essay on Reading Fuller*, 70 Minn. L. Rev. 1073(1986); Vincent A. Wellman, *Practical Reasoning and Judicial Justification: Toward an Adequate Theory*, 57 U. Colo. L. Rev. 45(1985); Robin L. West, *Liberalism Rediscovered: A Pragmatic Definition of the Liberal Vision*, 46 U. Pitt. L. Rev. 673(1985). 其中一些主题得到了批判性分析，参见 Mark V. Tushnet, *Anti-Formalism in Recent Constitutional Theory*, 83 Mich. L. Rev. 1502(1985). 对其他实践推理作品的引用，特别是那些直接涉及制定法解释的作品，散见于本文脚注。
⑥ 参见 Alexander, 71 Cornell L. Rev. at 256; Steven Shiffrin, *Liberalism, Radicalism, and Legal Scholarship*, 30 UCLA L. Rev. 1103(1983); Steven Shiffrin, *The First Amendment and Economic Regulation: Away From A General Theory of the First Amendment*, 78 Nw. U. L. Rev. 1212,1254-55(1983)。
⑦ 参见 Kronman, 94 Yale L. J. at 1569, *passim*。
⑧ 参见 Michelman, 100 Harv. L. Rev. at 23,28-30; Wellman, 57 U. Colo. L. Rev. at 45,87-109。
⑨ 参见 Michelman, 100 Harv. L. Rev. 4; Sherry, 72 Va. L. Rev. 543。

义法律理论①的兴趣,有一些涉及对美国学术法律分析中重要人物的重新评价②,还有一些关涉对法律推理的更普遍的探究③。然而,所有这些都与常见的卢埃林所描述的英美法法律方法有关。正如弗兰克·米歇尔曼(Frank Michelman)所解释的,实践理性似乎总是涉及"一般事物与具体事物的结合",因此"判决调和一般标准和具体个案"。米歇尔曼表示,为了适用标准,我们必须予以解释,从而重建"标准的含义和正确性"。他补充道:"规则的含义在适用于案件的过程中出现、发展和变化,这一过程是每个普通法从业者都会即刻认识到的。"④

正如米歇尔曼和卢埃林所指出的,实践理性并不意味着——正如人们有时错误认为的——拥抱临时性决策。相反,它意味着拒绝由规则与先例本身及其所含原则来决定结果。卢埃林表示,在普通法案件中,"法院的工作就是不断使用先例,使法律总是得以逐步优化,纠正旧错误,重新纠正错误的或不明智的纠正尝试——但总是处于不仅由先例,而且同样由司法机关的正当行为传统所严格限定的范围内"。⑤

但是,对实践理性的援引要比定义更为容易。实践理性的拥护者在政治上和智识上是一个多元化的群体。像许多团体一样,最使他们团结的,正是他们所反对的——主要(甚至是唯一的)是对演绎分析法的依赖。在法理论层面,实践理性意味着反对基础主义,即认为规范性结论可以从单一的统一价值或原则中推导出来。在司法实践层面,实践理性反对法律形式主义,即认为一个恰当的案件裁决可以从一套预先存在的规则中推导出来。⑥ 这两种被反对的观点在很大

---

① 参见 Katharine T. Bartlett, *Feminist Legal Methods*, 103 Harv. L. Rev. 829, 849 - 67(1990)。总体上参见 Martha Minow and Elizabeth V. Spelman, *In Context*, 63 S. Cal. L. Rev. 1597(1990); Margaret J. Radin, *The Pragmatist and the Feminist*, 63 S. Cal. L. Rev. 1699 (1990)。比较 Catharine Wells, *Situated Decisionmaking*, 63 S. Cal. L. Rev. 1727(1990)。
② 总体上参见 Kronman, 94 Yale L. J. 1567(分析 Alexander Bickel 的作品); Teachout, 70 Minn. L. Rev. 1073(分析 Lon Fuller 的作品)。
③ 参见 Burton, 62 S. Cal. L. Rev. 747; Wellman, 57 U. Colo. L. Rev. 45。
④ Michelman, 100 Harv. L. Rev. at 28 - 29. 另参见 Burton, 62 S. Cal. L. Rev. 747; Kronman, 94 Yale L. J. at 1605 - 06.
⑤ Llewellyn, 3 Vand. L. Rev. at 399. 或者,正如珂容曼所说,任何制度"在其实际应用于人类事务的时候,总是需要忍受妥协,以及通过无法简化为规则的实践智慧,努力实现更好的融贯性和整体上的良好判断力"。Kronman, 94 Yale L. J. at 1611.
⑥ Weisberg, 35 Stan. L. Rev. at 232 - 33.

程度上都依赖于演绎逻辑(即三段论)作为分析的主要方法。① 两者都赞同这样一种程序,即法院首先明确识别适用于某类情况的抽象规则或原则,然后确定某一特定情况是否属于该类情况。

形式主义和基础主义并没有内在联系。一个是形式主义者但并非基础主义者的人可能在规范层面上支持实践推理——也就是说,他可能认为最好的一套规则无法从任何单一的价值中推导出来——但仍然相信,司法上适用这些规则的最佳方法是演绎法。例如,一个非基础主义者的形式主义者可能认为,法官缺乏智识训练或能力来有效地进行实践理性;② 因此,如果法官只是"遵循既定的规则",法律制度将运作得更好。③ 类似的是,一个基础主义者可能并非形式主义者。④ 此外,形式主义和基础主义都代表了一种倾向,而非独立的类别;一个法官可能被认为比另一个法官更注重形式主义,或者一个学者可能被认为相对更倾向于基础主义。

尽管基础主义和形式主义并非不可分割,但是认知上的共识往往将它们结合起来。根据这种观点,"理性"由一套逻辑程序组成,这些程序在特定情况下可

---

① Joseph W. Singer, *Legal Realism Now*, 76 Cal. L. Rev. 465,496 – 501(1988). 例如,基础主义的税法教授可能这样进行推理:
1. 适当的税基是黑格—西蒙斯收入(Haig-Simons income)。
2. 一个人的股票投资组合价值的增加部分是黑格—西蒙斯收入。
3. 因此,其股票投资组合价值的增加部分应该作为收入被征税。
一个形式主义法官会通过如下推理来解决一个税务案件:
1. 所得税只有在实现情形(realization event)之后才会被征收。
2. 仅仅是股票投资组合的市场价值变化并不是一个实现情形。
3. 因此,投资组合价值的变化无需征税。
② 当然,珂容曼的观点正好相反:法官明显具有参与实践理性的能力。参见 Anthony T. Kronman, *Living In the Law*, 54 U. Chi. L. Rev. 835,862 – 71(1987)。
③ 关于一位实践推理的倡导者对这些观点的关注,参见 Philip P. Frickey, *Congressional Intent, Practical Reasoning, and the Dynamic Nature of Federal Indian Law*, 78 Cal. L. Rev. 1137,1232 (1990)。(然而,请注意,弗里奇确实识别出了一些成功的实践推理的司法范例。参见上注,at 1232 - 37。)接受实践理性并不意味着规则一无是处。显然,我们可以相信实践理性,但也相信低阶的执法人员——如警察——不应被授予自由裁量权以作出复杂规范性裁判,而应该提供明确的规则以供遵守。参见 Frederick Schauer, *Rules and the Rule of Law*, 14 Harv. J. L. & Pub. Pol'y, 645,684 – 86 (1991)。事实上,警察本身也渴望"明线规则"。David Dolinko, Book Review, 8 Const. Comm. 560, 564(1991) (H. Richard Uviller, *Tempered Zeal: A Columbia Law Professor's Year on the Streets with the New York City Police* [Contemporary Books, 1988]的书评)。
④ 一个人可能认为,管辖某些问题的理想规范性原则可以从单一价值中推导出来,但鉴于现有的法律体系,法官必须作出非形式主义的裁判。例如,一个认为侵权法的唯一目标应该是经济效益最大化的人可能会发现,有关侵权法的司法裁判既涉及对交易成本的复杂归纳判断,也涉及对如何使当前的先例适应于效益目标的复杂规范性判断。

能难以遵循,但如果运用得当,便能得出唯一正确的结论。任何得出结论的其他方式只能被称作原始的直觉、偏见或纯粹的武断,即理性的反面。如果一个人持这种认知观,他就会同时倾向于基础主义和形式主义。另一方面,认为理性包括更广泛认知活动的人,会倾向于认为在法律理论和司法裁判中,都可以适当使用这些认知形式。因此,实践理性拥护者的关键区别性特征可能在于,他们认为"不理性"较"不合逻辑"含义更广。当然,这一特征也是卢埃林思想的特点。

就卢埃林的法学理论而言,他的制定法解释观与当前实践理性倡导者的观点十分吻合。例如,上文列出的五个因素与埃斯克里奇(Eskridge)和弗里奇(Frickey)的"抽象漏斗"(funnel of abstraction)理论——他们对制定法解释中有关因素的分级——非常相似。① 与卢埃林一样,他们和其他实践理性拥护者认为,制定法解释不能是将规则机械地适用于制定法文本,而是涉及如何最好地协调文本、立法史、立法目的和当前公共政策的复杂判断。

形式主义者的反击

直到大约五年前,实践理性还是一个有些异端的学术立场,但它很快就成为一个广泛的思想运动。实践理性成功的一个衡量标准是,它如今已吸引了一大批批评家。对实践理性最常见的批评在于,认为它是反智的,认为它与学术使命不一致,充其量不过是困扰某些学者的一种令人不安的情绪。② 这些批评来自法律学术界偏好的基础主义对实践理性的批判,它们是法学流派间关于如何评定什么是好的法律学术的内讧的一部分。③ 尽管这种争论可能很重要(或不重

---

① 参见 William N. Eskridge, Jr. and Philip P. Frickey, *Statutory Interpretation as Practical Reason*, 42 Stan. L. Rev. 321,353 - 62(1990)。所列因素也与最高法院在过去一个世纪中实际使用的因素相吻合,具有一定的一致性。参见 Nicholas S. Zeppos, *The Use of Authority in Statutory Interpretation: An Empirical Analysis*," 70 Texas Law Review 1073(1992)。在欧洲民法中,也有类似的解释因素的分级。参见 W. Frier, *Interpreting Codes*, 89 Mich. L. Rev. 2201,2209(1991)。
② 例如,参见 Levit, 85 Nw. U. L. Rev. at 496(表示"波斯纳的实践理性版本依赖于未经训练和非反思的推理技术、对作为良好裁判的常识的直觉诉求,以及对司法机关和民众共享价值观的不当假设);Van Zandt, 65 Tulane L. Rev. at 787 - 91(认为实践理性作者用来检验法律理论的标准太高,实用主义"没有为令人满意的积极或规范性理论提供基础")。
③ 例如,参见 Steven D. Smith, *The Pursuit of Pragmatism*, 100 Yale L. J. 409(1990)(认为实用主义并不是一种有效的理论化方法);Edward L. Rubin, *The Concept of Law and the New Public Law Scholarship*, 89 Mich. L. Rev. 792,809 - 10,827(1991)(观点同上)。

要),但是目前的问题是法官应如何适用制定法,而不是教授们的文章该怎么写。①

对实践理性的第二种最常见的批评或许是,认为它依赖于一种纯粹直观的、临时性的方法来得出结论。根据最近两位批评家的说法,"'实践理性'理论假定存在一种对问题的客观上'可感知的'答案,可以且应该被普遍承认和接受而无需逻辑论证"。② 这种批评是可以理解的,因为实践理性的追随者并没有充分解释除了演绎逻辑之外的哪种认知过程在他们看来是合理的。

另一方面,实用主义者明显认为,他们所倡导的东西比使用原始直觉更具体。③ 例如,理查德·波斯纳(Richard Posner)提供了一份广泛的认知技巧清单,包括类比、归纳、模式识别、隐性知识,以及对社会经验的依赖。④ 安东尼·珂容曼(Anthony Kronman)更明确地反对直觉主义。他承认,如果良好的判断力需要的不仅仅是推理,那么良好的判断必须包含直觉在内"这一结论是很容易得出的"。⑤ 但是,有良好判断力的人"并不是那种仅时不时发表某些惊人的适当神谕的人——那是先知和预言家做的事——还要能够为他或她作出的结论提供令人信服的思想框架"。这些结论"并非仅由理性推导,其可靠性也并非不证自明——能不能看到完全取决于我们自身凭直觉的理解"。简言之,珂容曼认为,"良好的判断……有一个论证维度,因将其等同于直觉天赋而被遮蔽"⑥。

不论实践理性是什么,它既不是演绎,也非直觉。然而,实用主义者承认,他们并不清楚除了演绎逻辑之外,还有哪些思维过程是他们认为适合法官采用的。因此,虽然有些夸大其词,但是认为我们对实践理性的运作"不知所以"的观点也不无道理。⑦ 这种不明确性使实践理性受到另一种与制定法解释更为直接相关的批评。如果实践理性只是对法官应如何裁判案件的模糊描述,那么它似乎没

---

① 但该情况下,关于实践理性的一些观点与它作为司法方法的适用性有关。例如,如果实践理性是一种不连贯的或不存在的方法论,那么它对法官来说显然不会比对学者更有用。
② Martin H. Redish and Gary Lippman, *Freedom of Expression and the Civic Republican Revival in Constitutional Theory: The Ominous Implications*, 79 Cal. L. Rev. 267, 290 n. 132(1991). 另参见 Smith, 100 Yale L. J. at 434.
③ 参见 Frickey, 78 Cal. L. Rev. at 1218-19.
④ Richard A. Posner, *The Problems of Jurisprudence* 86, 91, 105, 108-12 (Harvard, 1990).
⑤ Kronman, 54 U. Chi. L. Rev. at 848.
⑥ 同上, at 849-50.
⑦ Van Zandt, 65 Tulane L. Rev. at 789-91.

有提供任何方法来批评他们的裁判。它也没有为结果提供任何约束,而是让法官自由地将自己的社会价值强加于人,而不顾立法机关。一位评论家在谈到实践推理时表示:"法官永远可以自由地捏造立法者的意图,因为对司法自由裁量权没有任何制约。"①

因为若干原因,这种不受限制的司法自由裁量权的想法是令人担忧的。就制定法解释而言,它唤起了人们对民主合法性受到侵蚀的担忧。② 更普遍的是,它引起了人们对冠以"法治"之名的一系列价值观的担忧。一个完全的司法自由裁量权体系似乎并不能为确定性、稳定性或认知提供什么。由此,我们感受到了斯卡利亚(Scalia)大法官所声称的"法律之治即规则之治"。③

这些担忧导致了形式主义在一些学者中的复兴。形式主义学者强调,法律包含许多规则,而在许多情况下,这些规则的适用只需要掌握英语用法即可。他们建议在制定法解释中更多地依赖普通词义,原因如下:首先,这将提高民主合法性,因为大多数立法者投票的对象是法案的用语,而"这种语言往往是日常语言";④其次,这也将鼓励谨慎的起草工作,避免法官需要作出不适合他们的复杂立法判断;更重要的是,"司法上遵循制定法中普通词汇的一般意思,限制了固执己见的法官用个人的政治观点取代立法机关对于目的和手段的观点";⑤最后,遵循词汇的一般意思为公众提供了更为公平的认知。⑥ 总的来说,这些都是民主法治的优点。⑦

---

① Levit, 85 Nw. U. L. Rev. at 514.

② 这种反对意见得到了广泛讨论,参见 Frickey, 78 Cal. L. Rev. at 1212-16。

③ *Morrison v. Olson*, 487 U. S. 654,733(1988)(斯卡利亚异议)。另参见 Antonin Scalia, *The Rule of Law as a Law of Rules*, 56 U. Chi. L. Rev. 1175(1989)。

④ Robert S. Summers, *Judge Richard Posner's Jurisprudence*(书评), 89 Mich. L. Rev. 1302, 1320 (1991)。

⑤ 同上。

⑥ 同上, at 1321。

⑦ Frederick Schauer, *Statutory Construction and the Coordinating Function of Plain Meaning*, 1990 Sup. Ct. Rev. 231,232. 绍尔还认为,日常语言越来越多地被最高法院采用,因为这种方法使那些基本价值观不同的法官能够简单、快速地裁判案件(同上)。这一论断在经验上似乎是可以质疑的。如果采用日常语言是为了减少不同价值观法官之间的争议,那么它应该是在 1975—1980 年左右采用的,即法院内部意识形态立场差别最大的时期。在 1989 年开庭期,即绍尔的研究对象,只有少数自由主义者留在最高法院,因此总体上最高法院在意识形态上更加同质化。目前还不清楚一般意思是否真的能创造共识。例如,*Regan v. Wald*(468 U. S. 222[1984])一案中,绝大多数人认为结果由制定法的一般意思决定(同上,at 237),而持异议者认为"制定法的语言中没有任何东西"可以支持多数人的结论(同上,at 256)(布莱克蒙[Blackmun]异议)。上诉法院认为"作为一个常识和普通的英语问题",制定法的意思与大多数法官所采用的解释正好相反。*Wald v. Regan*, 708 F. 2d 794,796(1st Cir. 1983)。

重要的是,在法官解释了一项规则之后,通常需将这些主张执行,而不管他们自己对最佳结果的看法与这一观点如何区分。① 抛开公民可能不服从的极端案例,这种对法律规则的司法服从,即使不是法律制度的基本属性,也肯定是一种理想的属性。② 然而,这一论点没有阐明法官应如何参与对规则的初步解释。问题是:简明语言和相关形式主义规则解释方法是法治的必要方面吗?

对形式主义优点进行评价的一个困难之处在于,学者们对他们提出的方法到底是什么难以定义。例如,绍尔(Schauer)教授明确地将制定法的语言中模棱两可或含糊不清的情况排除于他的分析之外,也许是假定这种语言现象并不常见。③ 因此,当这种语言问题发生时,法官应该是什么角色仍然相当不明确。

同样,对于什么构成了普通词义也并不明确。绍尔教授将普通词义定义为一种能力,使他有可能"与一位说英语的人交谈,而他们之间除了使用共同的语言外没有任何共同之处"。④ 在现实中,这种对话可能是有风险的。例如,波斯纳法官引用了这样一个案例:一个雇员被告知"把你能找到的所有烟灰缸拿来",而他的反应是将嵌在墙上的烟灰缸也扯下来。⑤ 如果从表面上看绍尔对普通词义的定义,该雇员已经正确理解了有关烟灰缸要求的"普通词义"。理解为什么雇员给出了不恰当的反应,需要的不仅仅是"一种共同的语言",还需要对请求的目的和限制有默契的理解。然而,由于绍尔对文本意思的限制性理解,他认为在一个谋杀犯不被允许根据受害者的遗嘱来继承遗产的案件中,法院通过唤起这种默契的理解,违反了普通词义规则。⑥

萨默斯(Summers)教授主张采用不同的方法来理解普通词义。萨默斯认为,该雇员显然违反了"烟灰缸"指令的普通词义,因为没有一个讲英语的普通人

---

① 该论点在绍尔于《哈佛大学法律与公共政策杂志》关于法治的专题讨论会上的开篇文章中得到了最为充分的阐述。参见 Schauer, 14 Harv. J. L. & Pub. Pol'y 679-91。

② Daniel A. Farber, *Statutory Interpretation and Legislative Supremacy*, 78 Georgetown L. J. 281, 317-18(1989)。

③ Schauer, 1990 Sup. Ct. Rev. at 231, 236-37。

④ 同上,at 250。实际上,很不清楚的是,除了共同的语言之外,与一个人"没有共同点"意味着什么。任何交流似乎都需要一个共同理解和规范的背景。比较注4中的讨论。

⑤ Posner, *The Problems of Jurisprudence* at 268.

⑥ 参见 Frederick Schauer, *The Jurisprudence of Reasons*, 85 Mich. L. Rev. 847, 851-852(1987)。

会有意给出这种反应。① 事实上,萨默斯明确将"被剥夺继承权的杀人犯"的判决归为正确的对简明语言的应用,因为没有一个公道的立法机关希望遗嘱法被解释为有利于杀害遗嘱人的凶手。② 然而,他并不像绍尔那样,将之视为说话人的主观意图或解释人的道德原则压倒文本意思的例子。相反,萨默斯认为,该判决是正确执行了客观的文本意思。

绍尔和萨默斯都没有清晰地阐述形式主义方法以处理其他麻烦问题,如多大篇幅的文本应当根据普通词义规则进行解释③,什么时候一般意思应该被专业意思所取代,立法史应该发挥什么作用,以及如何填补空白或模糊之处。④ 在不存在对普通词义规则(或某种替代的形式主义方法)更清晰定义的情况下,很难评估其好处。⑤

形式主义的司法拥护者由于必须对具体案件进行裁判,被迫更详细地解释其方法。斯卡利亚大法官在"奇瑟姆诉罗默"(Chisom v. Romer)案⑥中所持的异议,为司法形式主义者采取的方法提供了一个有益的介绍。奇瑟姆案的问题在于,1982年(Voting Rights Act)修正案中的反稀释选票(anti-vote-dilution)条款是否适用于法官选举。斯卡利亚大法官采用了以下方法来确定法官是否是《选举权法》中规定的"代表(representatives)":

---

① 参见 Summers, 89 Mich. L. Rev. at 1323。Summers' position may be more typical of the "new textualists" (or formalists, as they are called in this paper). 萨默斯的立场可能是更典型的"新文本主义者"(或本文中所称形式主义者)。参见 Eskridge, 37 UCLA L. Rev. at 669(注意到斯卡利亚大法官愿意参考"上帝赋予我们的常识")。就其相关程度而言,我倾向于支持萨默斯的观点。绍尔想在规则的含义和目的之间划出一条非常清晰的界限。这种区别确实存在,但远没有他想象得那么清晰。因为交流不可避免地依赖于对目的和社会实践的默契,规则的含义必然包含了其中的一些理解。
② 本案恰恰是提出了一个可能的制定法过度泛化的问题,在没有任何更具体内容的情况下,法院必须推理出立法机关在使用日常语言时可合理地被认为是理所当然的意思。比如,推理可以是,考虑到广泛接受的道德原则,立法机关认为法院当然会假定立法机构无意奖励杀人犯。Summers, 89 Mich. L. Rev. at 1323.
③ 两人显然认为,较本片段相对上下文应该被给予更多的权重,但究竟有多大的权重还不清楚。参见 Schauer, 1990 Sup. Ct. Rev. at 246; Summers, 89 Mich. L. Rev. at 1318。
④ 参见 Schauer, 1990 Sup. Ct. Rev. at 242。
⑤ 当然,将普通词义规则的好处与将制定法文本置于无用之地的稻草人方法(straw-man approach)进行比较是不可行的。参见 Schauer, 1990 Sup. Ct. Rev. at 250-53; Summers, 89 Mich. L. Rev. at 1316-25。在制定法解释中,尽管实践理性的主要支持者怀疑普通词义方法,但是还是相当重视文本。Eskridge and Frickey, 42 Stan. L. Rev. at 382-84。另一方面,将其他一些方法与相对无意识的形式主义版本进行比较也是不公平的。
⑥ 111 S. Ct. 2354(1991).

法院、上诉人和上诉人的法律顾问竭力证明"代表"的含义包括法官在内……而且是毫无疑问的。但是,我们的工作不是在英语用法的世界中搜寻"代表"是否有任何可能的含义以契合我们的先入之见,即制定法上的"代表"包括法官;我们的工作是确定一般意思中是否包括法官,如果不包括,则要问在制定法文本或结构中是否有任何可靠的迹象表现出了不同于一般意思的意思。①

斯卡利亚大法官解释说,法院"解释制定法的语言意思的常规方法"是"首先,在文本上下文中找到该语言的一般意思;其次,使用既定的解释规范,询问是否有任何清晰的迹象表明有一般意思以外的某种可予使用的意思在使用"。他说,除非有这种明确的迹象,否则法院将采用一般意思,"特别是显然有充分理由采用一般意思的时候"②。

斯卡利亚大法官对这种"常规解释方法"进行总结之后,引用了一些典型案例来解释这种方法的一些细微差别。例如,"当整个上下文给出一个不同的结论时"③,解释规范并不适用。同样地,"在罕见和特殊情况下",如果产生的结果"明显与起草者的意图相悖"④,法院甚至可以撇开并不模糊的制定法的语言。当制定法的语言模棱两可时,法院会赋予其"最符合逻辑、最舒适地融入之前和之后颁布的法律的可予使用的意思",因为法院的职责是"从法律大全(corpus juris)中理出头绪而不是胡编乱造"⑤。

嘲笑这种方法是无意识地拘泥于字句,显然是一个错误。相反,斯卡利亚大法官的方法超越了争议短语在字典中的含义,包括了一系列相当丰富的其他因素。⑥ 事实上,除了他坚定地拒绝考虑立法史——他现在显然是法院中唯一持

---

① 111 S. Ct. 2372(斯卡利亚异议)。
② 同上,at 2369。
③ 例如,参见 *Norfolk & Western v. American Train Dispatchers*, 111 S. Ct. 1156,1163(1991)(讨论了"同类"[ejusdem generis]原则的适用性)。
④ *Demarest v. Manspeaker*, 111 S. Ct. 599,604(1991)(引文省略)。
⑤ *West Virginia University Hospitals, Inc. v. Casey*, 111 S. Ct. 1138,1148(1991)(引文省略)。
⑥ 参见 Nicholas S. Zeppos, *Justice Scalia's Textualism: The "New" New Legal Process*, 12 Cardozo L. Rev. 1597,1615-16(1991)。

这一立场的人①——他的方法似乎包含了几乎所有可能被认为相关的考量。然而,这种丰富性使人怀疑斯卡利亚的方法是否能消除对实践理性的需要。②

形式主义、实践理性和法治

形式主义法官需要实践理性吗?

这个问题在规范方面最为明显。正如卢埃林所论证的那样,传统规范很容易成对冲突。③通常,有冲突的两个规范并不直接冲突,而是由诸如"上下文另有规定的除外"这样的限定条件来界定其范围。使用这些相互冲突的规范可能需要大量判断。此外,任何特定案件中的制定法的语言可能会触发不止一个规范;例如,文本的不同语法特征可能会导致规范相互冲突,或者基于文本的规范可能与基于政策的规范(如从宽原则)相抵牾。④

如果不对规范进行大刀阔斧的改革,这种冲突的可能性是无法消除的。凯斯·桑斯坦(Cass Sunstein)是最近倡导重新依靠解释规范的主要学者,他指出,"减少解释规范之间冲突风险的唯一方法是制造一个只有一种或极少数这种规范的系统",但任何这样"简单的系统将含有非常有可能导致不可接受的大量错误的潜在可能性"。⑤考虑到斯卡利亚所支持的一套传统规范,制定法解释有时必然涉及冲突的规范,因此需要进行判断。

即使是取消规范而采用纯粹的文本主义,也不会让制定法解释成为一项机械的任务。现代法院经常面对冗长而复杂的制定法。决定某一条款的哪一种解释最符合《国内收入法典》《清洁空气法》或《统一商法典》的整体文本,是一个要

---

① 肯尼迪(Kennedy)大法官一直是斯卡利亚在法院最亲密的盟友,直到他在 *Wisconsin Public Intervenor v. Mortie*(111 S. Ct. 2476,2484 n. 4[1991])一案中同意怀特(White)大法官的意见,特别是对斯卡利亚反对永远依赖立法史的论点表示反对。
② 有关普通词义的一般批判,参见 Cass R. Sunstein, *Interpreting Statutes in the Regulatory State*, 103 Harv. L. Rev. 405,416-23(1989); Zeppos, 12 Cardozo L. Rev. at 1620-33。
③ Llewellyn, 3 Vand. L. Rev. at 401-06. 另参见 Ronald F. Wright, *Letters from Beyond the Regulatory State*, 100 Yale L. J. 825,839-40(1990)。
④ 此外,正如泽鲍斯(Zeppos)所指出的,两个条款的"普通词义"可能会发生冲突。Zeppos, 12 Cardozo L. Rev. at 1627。
⑤ Cass R. Sunstein, *Principles*, *Not Fictions*, 57 U. Chi. L. Rev. 1247,1254(1990)。

求很高的过程。① 法官必须确定哪种冲突的解释最符合制定法的整体意思,这显然需要大量判断(更不用说专业知识了)。② 斯卡利亚大法官的文本主义最终是基于他希望遏制司法自由裁量权,以避免依赖"法官自身对正义、公平或社会福祉的看法"。③ 然而,如果问题不在于某一特定条款的字典意思,而是产生了与复杂制定法最为"契合"的解释,那么法官的裁决就涉及足够多的无形因素,向这种"主观"因素敞开大门。

这些困难可以通过诉诸条款的普通词义来避免。根据这种方法,法官将首先确定管控争议的制定法条款。然后,他会选择一个讲英语者最有可能采用的意思,这个人要对制定法的目的、其他制定法的语言、制定法的上下文、制定法的历史、法律背景的其他方面或美国的社会和文化规范一无所知。摒弃这种方法的原因非常明显,以至于它无法从法理学家处得到任何支持,更不用说执业法官了。将任何足够复杂的解释方法纳入考虑,起码需要不时地运用实践理性。因此,任何貌似合理的解释体系都不可能真正从一套规则中提炼出毫无争议的演绎。

司法形式主义既是一种解释态度,也是一种法学方法。司法形式主义者所推崇的"规则之法"(law of rules),在很大程度上取决于其形容词的韧性:除非有"明确"的相反迹象,否则我们采用一般意思;必须有"可靠"的相反立法意图的迹象;除非"明显"与起草者的意图相悖,否则以简明语言为准。因此,司法形式主义者建立了倾向于将条款解释限定于其一般意思的强有力的推定,正是这种推定的持久力量使他们的方法接近于形式主义。同样,像萨默斯和绍尔这种学术上的形式主义者也向其他解释方法敞开大门:绍尔的规则只有表面上的效力④,而萨默斯则承认,"没有任何一种在适当发挥作用的解释性论证是长盛不衰的"⑤。他们的形式主义是基于他们明显不愿意援引非字面的方法,而不是完全拒绝这些方法。在此方面,形式主义可能被认为是一种"情绪",而非一种理论。⑥

---

① 寻找制定法中的"横向"融贯性,是斯卡利亚大法官的方法之重要组成部分。参见 Eskridge, 37 UCLA L. Rev. at 660 - 3。有关税法中制定法解释的深入讨论,参见 Michael Livingston, *Congress, the Courts, and the Code: Legislative History and the Interpretation of Tax Statutes*, 69 Tex. L. Rev. 819(1991)。

② 例如,参见 Livingston, 69 Tex. L. Rev. at 826 - 31。

③ Zeppos, 12 Cardozo L. Rev. at 1619.

④ Schauer, 1990 Sup. Ct. Rev. at 250.

⑤ Summers, 89 Mich. L. Rev. at 1324.

⑥ 此说法的提出者为 Smith, 100 Yale L. J. at 444 - 49。

于是,真正的问题在于制定法解释中强烈的普通词义推定的效用。无论这种推定还有什么作用,它都不能消除上诉法官对实践理性的需要。正如卢埃林所指出的,清晰明了的案件不太可能上诉。① 一旦采取倾向于一般意思的有力推定,最有可能到达上诉法院(特别是最高法院)的案件是那些即使采用一般意思推定后仍有争议的案件,要么是因为一般意思看起来模棱两可,要么是因为对非一般意思的考量异常强烈。在这些案件中,法官在涉及一般意思的边缘地带时,必须判断其他相关原则整体上是否胜过一般意思。简言之,正如哈特(H. L. A. Hart)所认识到的,任何规则体系都不可避免地需要在疑难案件中行使"自由裁量权"②,而我们看待法治时必须承认这一现实。

形式主义和有效的立法沟通

然而,形式主义者可能希望更加形式主义的解释方法会减少争议案件。虽然不能在上诉法庭里消灭实践理性,但是上诉程序本身可能会被强大的解释推定边缘化。人们希望一般意思在绝大多数案件中不会引起争议。立法者和普通公民几乎总是会发现法律是明确的和可预测的,而上诉法官的工作则局限于罕见、深奥的争端。在这种情况下,按照形式主义的标准,上诉法官的工作可能是相对没有法律依据的,但整个法律体系会被确定性、稳定性和可预测性等"法治"美德深深浸染。因此,形式主义的最佳论据是,它使法律文本的意思更加透明,因此更容易被普通公民、立法者和其他(有别于上诉法官)更关心"普通"而非"疑难"案件的人所接受。

斯卡利亚大法官提出,解释方法的首要目标是"提供给国会一个可靠的手段,使其得以实现人民的意愿"。③ 那么,我们可以先反思斯卡利亚的方法(作为

---

① 参见 Llewellyn, 3 Vand. L. Rev. at 398。
② H. L. A. Hart, *The Concept of Law* 138-44(1961). 该讨论不应该被解读为暗指实践理性在简单案件的裁判中是缺席的。疑难案件是否会触发另外的认知技巧,或者说简单案件是否只是对疑难案件裁判中所涉及的相同认知技巧的非常简单的应用,这是一个开放的问题。
③ *Chisom v. Roemer*, 111 S. Ct. 2354, 2376(1991)(斯卡利亚异议). 原则上,我认为该规范性前提值得质疑。因为它完全专注于解释方法对后来立法的影响,忽略了为那些被海量现有制定法所管辖的人主持公道的责任。关于从实践理性的角度评估司法裁判的适当标准的讨论,参见 Frickey, 78 Cal. L. Rev. at 1209, 1217-18; Burton, 62 S. Cal. L. Rev. at 789-90. 即使从形式主义的角度来看,斯卡利亚大法官的观点似乎也有些可疑。他从什么文本中得出最高法院有权采用旨在影响未来立法行为的解释规则?人们认为,鉴于斯卡利亚对严格权力分立的观点,这种对协调部门运作的侵入是值得怀疑的。

形式主义的典范)是否使立法者更容易制定出能够实现其预期目标的制定法。对此,至少有三点怀疑的理由。

第一,斯卡利亚要求法官从独立阅读制定法的条款开始,了解语言用法,但对法律不要有其他理解。① 只有做到这样,法官才能扩大视野去考虑更广泛的制定法背景和法律背景。起草者的方法则恰恰相反。例如,试想一名需要将特定活动豁免于制定法管辖的修正案起草者。他首先要对整部制定法和豁免原因有一个整体的理解。② 然后,他再试图编写能够实现这一目标的语言。③ 在执行这项任务时,他不可能将大背景抛诸脑后,并呈现出只知修正所涉语言而不知修正背景的心理状态。当然他也有可能试图采取斯卡利亚式思维,但大获成功的可能性微乎其微。因此,斯卡利亚的方法要求起草人扭转他的自然思维模式,从而使他的工作更加困难。

第二,斯卡利亚的方法使起草人更难以依赖对成功沟通至关重要的共同理解。在回应"拿来大楼里所有的烟灰缸"的命令时,斯卡利亚式法官可能不会把嵌在墙上的烟灰缸扯下来,而是取来实际上没有被固定住的那些,包括人们拿着的烟灰缸和破损的烟灰缸。正如一位沟通专家所指出的:

> 我们的谈话交流通常不是由一连串互不相干的话语组成的,如果如此,那就不是理性的。它们在某种程度上至少是典型的共同努力;一定程度上,每个参与者都认可一个共同目标或一套目标,或至少是一个共同接受的方向。④

因此,斯卡利亚式方法与一般的沟通方法形成了鲜明的对比,后者假定了合作性听者的存在。斯卡利亚式法官重视执行法律的一般意思,而非配合起草人的目的。同样,斯卡利亚式方法通过在起草人和法院之间建立一种不正常的、非

---

① 例如,在 Chisom 案中,斯卡利亚首先从"代表"的字典含义入手,然后才进行更广泛的考虑。111 S. Ct. at 2372(斯卡利亚异议)。
② 毕竟,要想进行豁免,一个人必须对他要豁免的东西有一定了解。
③ 事实上,至少在税法方面,委员会只考虑税收规定的"概念",然后具体的语言由工作人员草拟。Livingston, 69 Tex. L. Rev. at 833.
④ Paul Grice, *Studies in the Way of Words* 26 (Harvard, 1989), 转引自 Geoffrey P. Miller, *Pragmatics and the Maxims of Interpretation*, 1990 Wis. L. Rev. 1179, 1192。

合作性的沟通关系,阻挠起草人的任务。①

在某些情况下,起草人可能希望将制定法作为与不合作或不了解情况一方的沟通。事实上,在一个分权政府的时代,国会可将之视为对行政机构态度的准确描述。然而,把所有的制定法当作是给不情愿的官僚们看,似乎是一个不太可能提高起草人沟通能力的方式。

第三,斯卡利亚的方法鼓励起草者撰写包含详细条款的制定法,每一条都要以清晰的语言写成,使人不太了解法律背景也能理解。虽然这对于起草某些制定法而言不一定是个坏方法,但是它也只是起草人可能选择的各方法中的一种。因此,斯卡利亚的方法消除了一些其他的起草选择,这是一种司法对立法机关的家长式作风才能实现的效果。这种家长式作风背后的事实依据并不清楚,而且似乎是以一种冒犯性的居高临下的方式对待平等的政府部门。如果起草者聪明且知识渊博,他们无需听从大法官的教导,而且无论他们犯了什么不可避免的错误,最好表示同情而非借机居高临下地上司法课。另一方面,若遇到了愚蠢或懒惰的起草人,加大他们任务的难度只会适得其反。

形式主义阻碍了立法机构交流其意图,这一论点假定立法机构可以被适当地设想为具有共同目的。而伊斯特布鲁克(Easterbrook)法官基于社会选择理论认为,立法机构有结果而无集体目的。② 这一论点同样不符合斯卡利亚大法官的观点,即一般意思规则使国会更容易表达其意志。此外,伊斯特布鲁克关于国会没有总体目的之说法,最多意味着它对公共政策没有整体一致的偏好,但这与各制定法是否有目的无关。国会议员赞成采用特定的制定法语言可能出于各种动机,但采用该种语言本身通常表明了制定法的制定目的,即指明政策空间的特定领域——语言越模糊,领域越宽广。③ 这里的重要"目标"是指明政策空间特定领域的目标,而斯卡利亚的方法使起草者更难以实现这一目标。④

值得注意的是,从起草人的角度来看,形式主义方法存在着与最极端的反形式主义方法一样的缺陷,即解释中的主要因素是法官对公共政策的看法,而制定

---

① 正如Strauss教授所指出的,形式主义在历史上使立法机关丧失了富有同情心的司法受众。Peter L. Strauss, *Review Essay: Sunstein, Statutes, and the Common Law-Reconciling Markets, the Communal Impulse, and the Mammoth State*, 89 Mich. L. Rev. 907,927 - 29(1991).
② 参见 Frank H. Easterbrook, *Statutes' Domains*, 50 U. Chi. L. Rev. 533,544 - 52(1983)。
③ 更准确地说,模棱两可或含糊不清的语言可能会在政策空间上造成混乱。
④ 这不应被理解为意指"目的"应该始终是分析的试金石。参见 Sunstein, 103 Harv. L. Rev. at 428(转引自注77)。

法的语言和立法目的受到的关注次之。这两种方法带给起草者的是不合作的听众,他们对推进起草者的目的没有兴趣。这两种方法都没有减轻起草人的任务。①

形式主义的另一个论点可能是,它为公民提供了更大的法律稳定性和确定性。但是,对制定法的相对墨守成规的②解读,对普通公民的帮助微乎其微,有时还可能适得其反。形式主义可能只是让普通公民③感到困惑,因为它迫使立法者采用更具体但也更庞杂的规则。正如波斯纳法官所指出的,"那些捕捉到外行对正确行为的直觉并因而易于学习的标准(如过失标准),可能比涵盖同样内容的精确但专业、非直觉的规则网络产生更大的法律确定性"④。换句话说,有可能为过多的明线所蒙蔽。

此外,今天大多数重要的制定法都不是针对普通公民的。相反,它们是针对更专业的受众——有的是联邦机构(通过指令参与规则制定)、法律专家(公司税修订)或特定行业(公共事业监管)。不太精通法律的个人往往依靠官方合规指南或专家出版物来理解制定法,而不是自己解读制定法的语言。更为专业的受众在面对制定法时,对以前的法律、颁布时的政治活动、受影响的商业活动以及该领域法律实施的动态有丰富的背景了解。如果制定法的官方解释者淡化这些因素而支持字典意思,那么更加博学的制定法解释者必须人为地尝试放下他们的专业知识,并寻求理解一个对法律知识一无所知的外行会如何理解制定法。与制定法起草者一样,需要进行这些思想活动,将使他们对制定法含义的理解变得更难。

对特定制定法条款进行的简单司法解释,显然足以颠覆行业人士对该条款的期待。然而,其影响可能更为广泛。如果行业人士已经对制定法整体及其与其他法律规则和行业惯例的联系形成了统一的概念,那么一个重要的司法裁判

---

① 当然,演讲者也不希望听众只注意推定的目的而不注意所使用的具体语言,很难与一个认为他比你更了解你想说什么的人交流。
② 副词"相对"指上文讨论过的限定条件。参见第12页脚注3—5、第13页脚注4—6及其附文。
③ 形式主义可能对那些真的去查找制定法但缺乏其他专业知识的公民有帮助——但发生这种情况的概率有多大呢?
④ Posner, *The Problems of Jurisprudence* at 48. 不幸的是,行政部门似乎不同意波斯纳的观点。管理和预算办公室(The Office of Management and Budget)最近向所有联邦机构发布了一项关于起草法规的指令。根据这一指令,法规需要提供"清晰和确定的法律标准,而非一般性标准,同时促进简化程序和减负"。60 U.S.L.W. 2282 (Oct. 29,1991). 不幸的是,这个指令可能前后冲突:用"清晰和确定的"法律标准取代一般性标准可能不利于简化程序和减负。

可能需要进行影响深远的调整,远不止局限于有关制定法的特定条款。不同于监管机构和被监管行业成员等行业人士,形式主义法官对这些更广泛的影响缺乏任何了解。

鉴于法院缺乏行业专业知识,行业人士在某种程度上总会面临上述问题。为了最大程度减少这个问题,可以鼓励法官听取那些更有专业经验的机构或著名学者等的意见。他们也可以尝试自己充分学习,以掌握行业人士凭直觉便可理解的因素。此类法官仍然会犯错误。问题在于,他们与那些(如绍尔教授)[①]认为相关问题太过无聊,不值得投入其中的法官相比,是否更容易犯错。

实践理性的拥护者应该承认形式主义者的关切有其合理性。在某些情况下,有一些明线和避免对例外情况的争论是重要的。此外,当法院根据对整个制定法的全面解读、对制定法目的的争论或对公共价值的信念而过快地放弃一项条款的一般意思时,会妨碍起草者传达其意图的能力。但是,关于解释何时变得过于随心所欲,只能在背景下进行判断。当形式主义试图将诸如这些特定背景下的实际考量转化为非背景下的解释方法时,它就犯了错误。归根结底,起草者和公众需要的不是"照本宣科"的法官,而是对立法机构的决策权保持敏感,并意识到法律稳定性和可预见性价值的法官。

也许别无选择是形式主义的最终辩词:要么基于规则适用进行形式主义决策,要么随心所欲地裁判。然而,实践理性的拥护者认为,除了演绎之外,还有其他的认知能力是法官可以依赖的。如果没有,便只能在形式主义(连同其所有缺点)和司法暴政中二选一。这便是所有选项了吗?

实践理性存在吗?

实践理性的拥护者曾试图对他们认为法官(尤其是最优秀的法官)用来裁决棘手案件的方法进行解释。[②] 一方面,这些努力常被抨击为老套[③]或空洞[④],诚然它们在精确性上也远远称不上令人满意。另一方面,许多其他的认知技巧也极难解释——例如,确定抛球的正确轨迹的能力——但这些技巧显然是存在的。

[①] Schauer, 1990 Sup. Ct. Rev. at 246.
[②] 此处,我想到了卡多佐(Cardozo)大法官自己对决策过程的描述。参见 Benjamin N. Cardozo, *The Nature of the Judicial Process* (Yale, 1921)。
[③] 参见 Cass R. Sunstein, *After the Rights Revolution* 149 (Harvard, 1990)。
[④] 参见 Posner, *The Problems of Jurisprudence* at 452(批判了法伯和弗里奇)。

鉴于我们对人脑运行机制的总体无知，因此并不令人惊讶的是，就诸如疑难案件的裁判这种困难的任务是如何完成的，我们无法给出令人信服的详细说明。但是，我们可以问的是，目前的心理学知识水平是否使作为一种独特法律裁判模式的实践理性的存在变得更为可信或更为不可信？

虽然关于法律裁判过程的著作还不多，但是更多数量的文献已经对专家一般如何进行裁判展开研究。① 在过去的二十年里，心理学家对这一领域的研究已是硕果累累。其中一些兴趣来自于人工智能领域，其动机是希望了解如何设计能够模仿人类专家裁判的计算机系统。②

人工智能最初的努力方向之一是下棋，因此国际象棋的专业知识一直是大量研究的对象。制造对弈计算机的基本策略是尽可能多地向前预测棋局走势，考虑各种变量，如每一手可能的棋、对手可能的反应，以及机器的最佳应对。最初的假设是，国际象棋大师与新手的不同之处在于，前者能够在棋局里提前看到更多步。然而，事实证明，大师们一般没有在比赛中看得太远；如果是这样，他们就无法展现出和多人对弈时的"闪电棋"（lightning chess）技艺。相反，他们与新手的差异体现在其他方面，一系列经典实验揭示了这一点。③

在这些实验中，受试者被短暂地展示了一张棋盘的幻灯片，之后被要求回忆棋子位置。新手能在看到棋盘五秒钟后记住五六个棋子的位置就很幸运了，而大师则能重构二十个棋子的位置。大师们在中断展示后保留这些信息的能力也要好得多。但是在其他方面，大师的记忆力并不比一般人好（通常他们在自己的领域之外也没有特别聪明）。

这些结果的有趣之处在于，国际象棋大师们对单个棋子的位置没有特别好的记忆。他们的优势仅限于那些可能在真实对弈中产生的位置。当棋子被随机地放在棋盘上时，大师们的表现比新手好不了多少。此外，在回忆真正的棋子位

---

① 参见 Jeanette A. Lawrence, *Expertise on the Bench*: *Modeling Magistrates' Judicial Decision-Making* in Michelene T. H. Chi, et al., eds., *The Nature of Expertise* 229 - 60 (L. Erlbaum Associates, 1988)[简称为 *Nature of Expertise*]; Anthony Palasota, *Expertise and the Law*: *Some Recent Findings from the Cognitive Sciences About Complex Human Information Processing*, 16 Thurgood Marshall L. Rev. 599 (1991); Edwina L. Rissland, *Artificial Intelligence and Law*: *Stepping Stones to a Model of Legal Reasoning*, 99 Yale L. J. 1957(1990)。

② 也许将该项目视为某种意义上的形式主义（试图将决策过程简化为规则的机械应用）的缩影并不公平。理想的形式主义法官应该是一台彻底程式化的计算机。

③ 关于这些经典实验的描述，参见 John R. Anderson, *Cognitive Psychology and its Implications* 243 - 45 (W. H. Freeman, 2d ed. 1985)。

置时,大师们并不是将棋子一个接一个放在棋盘上,而是按照策略,以有意义的组合形式放置,如兵链。基于这种实验,研究人员得出结论,大师们已经习得大约五万种不同棋型,以及与每个位置相关的典型战术。因此,大师们通常不需要费力地推理要走哪颗棋子,以及对手可能如何回应,因为他们马上就能"看到"下一步棋。简言之,专家们将信息"切分"成有意义的单元,他们识别棋型,并将这些棋型与潜在的策略联系起来。

其他专业类型的研究证实,复杂模式的识别是至关重要的。在一项关于专家和新手如何解决物理问题的研究中,研究人员发现,专家实际上比新手花了更长的时间来对问题进行分类。新手倾向于根据表面特征进行分类(如"这涉及一个斜面"),而专家则寻找更深层次的原则(如"这涉及能量守恒")。然而,一旦他们对问题进行了归类,专家们就会更直接、更迅速、更准确地予以解决。[1] 他们在大脑中的分类也与解决方法有关,一旦问题归类完成,就可以随时调用解决方法。[2]

另一项特别有趣的研究涉及放射学专家。与物理学家一样,诊断 X 射线的专家在初步评估如何对问题情况进行分类方面比新手花了更多时间。在分类完成后,专家们迅速获得解决方案。他们的分类往往更准确,并提供更有条理的解释,但值得注意的是,他们比新手更愿意根据新的信息(或新注意到的 X 射线的特征)放弃他们的初步评估。[3]

与物理学、国际象棋或计算机编程等其他常见研究领域相比,医学诊断和法律推理的混乱情况似乎更为接近,因此这项研究似乎尤为相关。但是,正如放射学研究的作者所报告的,他们的发现与这整个研究的三个主要结论是一致的:

> 专家在寻找解决方案之前,会相应地花费更多时间来搭建问题情况的基本表征……新手花费时间更长,但寻找/生成初步的问题表征所投入时间只占其总处理时间的一小部分。在某些领域,甚至专家在搭建正确的初步表征上花费了更长的绝对时间。

---

[1] Michelene T. H. Chi, et al., *Categorization and Representation of Physics Problems by Experts and Novices*, 5 Cognitive Science 121,134(1981).
[2] 同上,at 139。
[3] Alan Lesgold, et al., *Expertise in a Complex Skill: Diagnosing X-ray Pictures*, in *Nature of Expertise* at 311-42.

> 一个高概率处于正确问题空间的方案会被专家非常迅速地调用。这个方案指导下一步的处理，包括基本表征的搭建。
>
> 专家能够根据个案的具体情况调整他们的模式。这使他们能够更全面地测试他们所调用的方案是否事实上正确。①

诚然，心理学家进行的专业研究是相对粗糙的，目前的心理学定论可能会被进一步的研究推翻。而且，法律专业知识可能需要的技术，有别于那些已经被深入研究过的领域。尽管如此，目前对专业知识的看法，确实在很大程度上侧重于卢埃林所说的"情境感"——以最有用和最恰当的方式对情境予以归类的能力。虽然心理学家在解释这种能力上的努力并没有比卢埃林提供更多启发，但是他们已经收集的强有力的实验证据证明了它的存在。②

如果心理学家和专家自己都不能给出这种技巧的详细说明，那么专家是如何获得这种技巧的呢？通常情况下，技巧的获得是通过效仿实例（以前由他人解决的问题）和在实践中学习——后者是大量需要的。赫伯特·西蒙（Herbert Simon）估计，国际象棋大师花了一万到两万个小时盯着象棋的位置——相当于

---

① 同上。另参见 Steven L. Winter, *The Cognitive Dimension of the Agon Between Legal Power and Narrative Meaning*, 87 Mich. L. Rev. 2225, 2262 – 67(1989)（解释认知模式在法律推理中的使用以及与卢埃林"情境感"的关系）。类比推理在法律中很重要，也成为最近研究的对象。参见 Laura R. Novick and Keith J. Holyoak, *Mathematical Problem Solving by Analogy*, 17 J. Experimental Psych.: Learning, Memory, and Cognition 398(1991)。

② 这些专业研究对实践理性的拥护者有积极意涵。然而，另一项工作提出了一些令人不安的潜在问题。坦白讲，问题在于，专家非常擅长识别问题的显著特征，但不擅长在不确定性下决策。例如，在一项经典研究中，经验丰富的精神病医生在诊断精神病方面只比采用标准人格测试的本科生好一点点。事实上，专家的决策往往不如基于相同数据的非常简单的统计公式的预测来得可靠。正如一位作者所说："专家令人惊讶的糟糕表现已经在一系列看似不相关的任务中重复出现，而且（统计）模型通常比专家的判断好一倍（按照方差所解释的）。" Eric J. Johnson, *Expertise and Decision Under Uncertainty: Performance and Process*, in Nature of Expertise at 209, 212。例如，简单公式比招生专家的个人判断更能预测医学院的表现（同上, at 218 – 19）。本质上，问题似乎在于，专家（像其他人一样）往往对基率（base rate）不够重视，而过多关注个别案例的非通常特征（同上, at 224）。对于形式主义者来说，这些得到确认的结果听起来像是好消息。另一方面，事实证明，人类总体上也非常不擅长形式逻辑，这对形式主义者来说是个坏消息。参见 Anderson, *Cognitive Psychology and Its Implications* at 261 – 300。专家在不确定性下表现不佳的原因，似乎与难以积累足够大的统计数据库有关，加上处理统计数据时固有的人类局限性。Johnson, *Nature of Expertise* at 225。这一困难在法律分析中可能没有非常类似的情况；当然，形式主义者无从使用回归分析（regression analysis）的对等方式来建立决策规则。在不涉及统计判断的其他专业领域，如物理和国际象棋，专家的能力不容质疑。

一个学科十个学年的全日制学习。① 同样,一个放射线专家的数据库可能有一万到二十万张检查过的胶片。② 专业知识的生命,就像法律的生命,似乎是经验而不是逻辑。

此外,这些研究显示,专业知识不仅仅是一种直觉感知的行为。放射线专家不仅仅是更准确地感知 X 射线,他们对自己的诊断也给出了更好的理由,并能更好地根据增加的信息对其进行检验。③ 同样,法官对情境感的运用也不是一种神秘的直觉行为,而是一种通过问题理解和推理的努力,受法律观察者的批评和评估。④

结论

尽管卢埃林对法官解决问题的描述远非完整,而且在某些方面是推论性的,但是其从对其他形式专业知识的更严格的研究中获得了相当大的可信度。如果物理学家、放射线专家、国际象棋选手和计算机程序员都能有效地运用"情境

---

① 尼斯伯特(Misbett)和罗斯(Ross)总结说,这项研究表明,"人们的推理策略能很好适应于处理广泛的问题,但当这些策略在该范围之外适用时就会成为一种负担"。Richard Nisbett and Lee Ross, *Human Inference: Strategies and Shortcomings of Social Judgment* xii (Prentice-Hall, 1980). 法律推理似乎更接近日常思维,而不是正式的统计或数学推理,因此这些普通策略应该是可行的。
尽管这些结果没有直接影响到法律专业,但是它们确实引起了对过度依赖个性化决策的担忧。如果医学院招生委员会的预测成功率都不尽如人意,那么法官在预测刑事被告人的危险性或其他个人特征方面就不太可能做得更好。因此,就我们对结果(相对于过程值)可靠性的感兴趣程度而言,我们可能想用大致准确的规则来代替特定的个人判断,正如形式主义者所主张的那样。但这本身并不违背实践推理,实践理性倾向于在适当的情况下采用基于规则的决策。事实上,实践理性通常似乎涉及一般规则和具体案例之间的某种互动,而不是毫无标准的平衡。参见 Michelman, 100 Harv. L. Rev. at 28-30; *Nature of Expertise* at xxxi.
② Lesgold, *Nature of Expertise* at 312.
③ 同上, at 310-13, 320-23.
④ 如果要进行这种评估,法官必须坦率地解释其裁判理由。但泽鲍斯教授认为,司法上的坦诚可能会导致过度的司法行动主义(judicial activism)。参见 Nicholas S. Zeppos, *Judicial Candor and Statutory Interpretation*, 78 Georgetown L. J. 353(1989). 他的理论是,只要政策考量被排除于判决意见书之外,法官就将被迫撰写看似将结果与制定法的语言和立法意图联系起来的意见书。他担心,一旦政策考量通过意见讨论而合法化,它们将变得越来越占主导地位,从而导致立法至高地位的丧失。简言之,一定的司法虚伪可能是件好事。潜在的假设是,只有隐藏其价值判断的需要,才能抑制法官对无限制行动主义的自然倾向。这个假设似乎受到误导。如果法官如此强烈地以结果为导向,那么要求他们依靠制定法的语言、目的和立法史来起草意见书,似乎不太可能起到有力的制约作用。除非法官实际上对作为民主过程结果的立法有一定的尊重,否则仅仅要求他们蜻蜓点水般地撰写看似可信的意见书不能被认为是一种限制,特别是在经常上诉到最高法院的那种疑难案件中。另一方面,真正相信民主的法官可以如实解释他们的裁判,而不会破坏立法的至高地位。

感",那么似乎可以合理地假设法官也能如此。

事实上,我们最好希望法官有一定能力进行实践理性,因为在所谓的疑难案件中,规则直接支配结果的能力已经穷尽,某种形式的实践理性是必要的。形式主义无法消除疑难案件,而裁判这些疑难案件仍然是上诉法官的主要工作。

与上诉法官不同的是,大多数人(无论是公民还是立法者)都不从事裁判疑难案件的工作。法律体系的一个目标,显然应该是使法律对这些人来说尽可能可理解和可预测。但是,对普通词义的严重依赖,可能不会增加法律文本的沟通效果,这与普通词义倡导者的希望相反。对于那些必须起草和表决立法的人来说,普通词义方法可能是一个陷阱,因为他们自己对特定制定法条款的理解是在丰富的法律和政治背景下进行的,而这是"普通词义"解释者试图尽可能少依赖的。就普通公民而言,对复杂制定法的精确语言的接受程度,可能远不如对其一般目的之理解,因为后者关涉共同的社会规范,因此"普通词义"的解释可能在为掉以轻心者制造陷阱方面要比为他们提供便利方面更为有效。

形式主义之弊是过于信任"文字"的力量,而太不信任法官运用良好判断的能力。另一个极端是,制定法解释中过多的"非正式性"会使制定法的语言受到轻视,让法官在没有指导的情况下进行过多的自由裁量。①

---

① 萨默斯教授有力地指出了这一点。参见 Summers, 89 Mich. L. Rev. at 1316 - 25, 1329 - 31。

一个国家，两套基础规范？ 基本法和基础规范[*]

[英]韦利文[**]著 王博闻[***]译

摘 要：本文主要关注的是1997年后香港特别行政区法律体系的连续性问题。1997年后，香港的法律创制将由中华人民共和国依法授权，并且根据其法制的终极法律渊源——《中华人民共和国香港特别行政区基本法》而保持同一性。香港特别行政区1997年后创制的一切规范的效力取决于基础规范的制定，后者将把法律效力的来源赋予《中华人民共和国宪法》。本文将聚焦于法律体系的同一性、存在和连续性这些较为有限的关切，这些问题与香港未来法律体系直接相关。根据凯尔森和哈特对这些问题的处理方法，香港法律体系的未来，用植根于强制的形式理由的理论（如基础规范和承认规则）来解释是不充分的。这两种实证主义法律理论都难以充分阐释香港的情况，或许也无法在一般意义上说明法律的连续性问题。

---

[*] 原文可参见 Raymond Wacks, *One Country, Two Grundnormen? The Basic Law and the Basic Norm*, in Raymond Wacks ed., Hong Kong, China and 1997: Essays in Legal Theory, Hong Kong University Press, 1993, p. 151-183. 摘要和关键词由译者所加。

[**] 香港大学法律与法律理论荣誉退休教授，1986年至1993年担任香港大学法律系主任。感谢约翰·伊克拉（John Eekelaar）、约翰·菲尼斯（John Finnis）、吉姆·哈里斯（Jim Harris）和史维礼（Peter Wesley-Smith）对本文前期草稿的精辟意见。

[***] 王博闻，河南济源人，中国政法大学讲师，研究方向为宪法学、港澳基本法学、法律解释方法。
本译文为马克思主义理论研究和建设工程重大项目《香港社会深层次矛盾及制度缺陷问题研究》（2020MZD006）的阶段性成果。感谢王振民教授向译者推荐本论文并帮助联系韦利文教授授权，感谢支振锋教授对译文关键术语的提示，感谢清华大学国家治理研究院助理研究员诸悦老师对本文的修改校对。
关于译文需要说明两点：第一，文中有关香港在英国殖民统治下的法律地位、中国对香港恢复行使主权的法律性质以及回归后香港的法律地位，囿于原文发表时间较早、认识有误，译文均按照现有通行表述予以调整；第二，文中有关凯尔森著述的译文，参考了沈宗灵教授翻译的《法与国家的一般理论》（中国大百科全书出版社1996年版）、雷磊教授翻译的《纯粹法学说（第二版）》（法律出版社2021年版），并略有改动。

关键词： 法律体系　基础规范　实证主义　基本法

即便是一位无政府主义者也可以（作为法律人）将实在法描述为有效规范之体系，同时不赞成这种法律。①

一位共产主义者可能……不会承认，匪帮与他认为是残忍剥削手段的资本主义法律秩序存在着本质差别。因为他不像那些把有关的强制秩序解释为客观上有效的规范秩序的人，预先假定基础规范。他并不否认资本主义强制秩序是国家的法律。他所否定的是这种强制秩序，即国家的法律，客观上是有效的。②

1997年6月30日午夜，中华人民共和国（中国）将对英国殖民统治下的香港恢复行使主权。③ 从那一刻起，香港将成为直辖于中央人民政府的、符合"高度自治"承诺的一个特别行政区。④ 香港特别行政区将被授予行政管理权、立法权和司法权，但外交和国防方面的权力除外。1990年4月4日，全国人民代表大会根据《中华人民共和国宪法》第三十一条通过了《中华人民共和国香港特别行政区基本法》（以下简称基本法）。这份文件实际上是香港在1997年后的"小宪法"，并规定香港的资本主义制度和生活方式在1997年后延续五十年。⑤

基本法第五条规定："香港特别行政区不实行社会主义制度和政策，保持原有的资本主义制度和生活方式，五十年不变。"第八条规定："香港原有法律，即普通法、衡平法、条例、附属立法和习惯法，除同本法相抵触或经香港特别行政区的立法机关作出修改者外，予以保留。"基本法的解释权、修改权，都在全国人大常委会手中。基本法第一百五十八条⑥规定：

> 本法的解释权属于全国人民代表大会常务委员会。

---

① Hans Kelsen, *The Pure Theory of Law*, translated by Max Knight, University of California Press, 1967, p. 218.
② Hans Kelsen, *Professor Stone and the Pure Theory of Law*, 17 Stanford Law Review 1128, 1144 (1965).
③ 1985年的《香港法》第一条规定，从1997年7月1日起，"女王不再对香港的任何部分拥有主权或管辖权"。(As from 1st July 1997 Her Majesty shall no longer have sovereignty or jurisdiction over any part of Hong Kong. See Hong Kong Act, 1985, c. 15, §1(1).)
④ 《中华人民共和国政府和大不列颠及北爱尔兰联合王国政府关于香港问题的联合声明》（以下简称中英联合声明）第一条、第二条、第三条第（二）项；《中华人民共和国香港特别行政区基本法》第二条。
⑤ 中英联合声明，第三条第（五）项、附件一第一条。
⑥ 参见基本法第八十二条，该条将终审权赋予终审法院。

全国人民代表大会常务委员会授权香港特别行政区法院在审理案件时对本法关于香港特别行政区自治范围内的条款自行解释。

香港特别行政区法院在审理案件时对本法的其他条款也可解释。但如香港特别行政区法院在审理案件时需要对本法关于中央人民政府管理的事务或中央和香港特别行政区关系的条款进行解释，而该条款的解释又影响到案件的判决，在对该案件作出不可上诉的终局判决前，应由香港特别行政区终审法院请全国人民代表大会常务委员会对有关条款作出解释。如全国人民代表大会常务委员会作出解释，香港特别行政区法院在引用该条款时，应以全国人民代表大会常务委员会的解释为准。但在此以前作出的判决不受影响。

全国人民代表大会常务委员会在对本法进行解释前，征询其所属的香港特别行政区基本法委员会的意见。

关于原有法律体系的连续性①（如第八条所规定），第一百六十条规定：

香港特别行政区成立时，香港原有法律除由全国人民代表大会常务委员会宣布为同本法抵触者外，采用为香港特别行政区法律，如以后发现有的法律与本法抵触，可依照本法规定的程序修改或停止生效。

在香港原有法律下有效的文件、证件、契约和权利义务，在不抵触本法的前提下继续有效，受香港特别行政区的承认和保护。

毫不奇怪，"一国两制"理念受到许多香港居民不小的质疑。它也引发了大量宪法学和法理学问题（比如，普通法是否可能存续？当全国人大常委会有权解释基本法时，是否还有"高度自治"？第一届特别行政区政府如何产生?）。但我在本文中主要关注的，是1997年恢复行使主权后法律体系的连续性问题。

在香港语境中，从形式角度来看，这一问题实属崭新；尽管在某些重要方面，它类似于人们熟悉的王室向殖民地如何下放权力以及革命或政变是否违反宪法

---

① 或者这是非连续性？注意第一款如何假定原有法律应被"采用"，而第二款则规定该等文件"继续有效"。这暗示了法律的内容与较低位阶的法律现实（合同、权利等）之间的对比。前者要求正式采用，后者对普通人更有实际意义：这些法律实用要素的连续性，显然只要其不违反基本法，就保证不会有任何问题。感谢菲尼斯指出了这个区别。据我所知，第二款是由基本法起草委员会中一位香港草委在后期增加的。

这两类问题。因此,在考虑适用于类似情形的法理学进路,以及这些进路是否为解释1997年这一有趣现象提供合理理论之前,首先提及香港所处困境的两个独有特征可能是对讨论有益的。

首先,一个惊人的事实是,上述宪制安排意图保证在半个世纪内,拥有资本主义普通法体系的香港将成为世界上最大的、仅存的社会主义社会的一个地方。在这种状况下,法律连续性问题具有特殊意义。

对社会主义法律体系的主要背离之处无须在此详述。但重要的是,要认识到两个层面的差异。第一,在可称为本体论的层面,马克思主义理论中,以及次要些的马克思主义实践中,法律被敌视为一种资产阶级的专政手段。第二,在制度层面,法律的地位(或者更准确地说,它的功能)在两个体系中存在一些明显差异。特别是,所谓法律的"政治"性质以及对权力分立的拒绝,导致了一种法律解释集权于立法机关的体制,法院的作用相当受限。事实上,《中华人民共和国宪法》本身就是一篇阐明社会主义目标的政治宣言。香港的资本主义法律体系因而将由一个社会主义法律体系所维持。法律当然只是社会实践连续性中的一个要素,但它无疑是一个核心要素,而且似乎无论用什么理论来解释1997年后的秩序,都将不得不包括对这种在不同意识形态的体系之间前所未有的宪制结合(constitutional union)的描述。

中国恢复对香港行使主权的第二个特点同样独特。与模式化的权力下放或革命不同,香港将永远不会取得独立领土的地位。至少到2047年,它的法律也将大部分保持不变。基本法是一个明确尝试,试图规定法律体系实质的连续性,同时改变其宪制基础,这种不寻常的二元性也必须得到解释。

一、法律体系的同一性和存在

法律体系的同一性和存在,是法理学家长期思考的问题。奥斯丁和边沁试图展示,本质上它们是建立在"服从于习惯的社会事实"(social facts of habits of obedience)之上。[1] 哈特和凯尔森的理论,特别是凯尔森的理论,提供了解决这些问题的实证主义方案的多种精细版本(sophisticated versions of a positivist

---

[1] Joseph Raz, *The Concept of a Legal System: An Introduction to the Theory of Legal System*, Clarendon Press, 1980, p. 43.

solution to these problems),拉兹对此进行了精当描述。①

（1）存在问题：一种法律体系存在的标准是什么？我们曾经区分了现存的法律体系与那些已经不存在（如罗马法律体系）或根本不存在的法律体系（如柏拉图设想的理想国的法律）。进而，我们说法国的法律体系在法国存在，但在比利时不存在，在巴勒斯坦现在有一个与30年前不同的法律体系。法律体系理论的目标之一是提供标准，以确定这些论断的真假。

（2）同一性问题（以及相关的成员资格问题）：决定一项法律归属于某个体系的标准是什么？这些成员资格标准，以及从这些标准中可以推导出关于同一性的标准，可以回答这个问题：哪些法律构成一种特定体系？

无论何种观点最能解释通过革命手段或如今更常见的宪法手段（如苏联和东欧的政治过渡）进行主权更迭，凯尔森的理论（已在英联邦法院的一些判决中得到应用）必须被简要描述。我将集中于同一性、存在和连续性这些较为有限的关切（这些问题与香港未来法律体系直接相关），首先考虑凯尔森（以及，更简短地考虑哈特）对这些问题的处理方法，然后揭示这两种理论都未能充分说明香港的情况，或许也没有在一般意义上说明法律的连续性问题。

然而，首要的是区分"体系"一词有三种密切关联的意思。第一种意义上的"法律体系"，指代的是一种暂时性的"法律体系"，其由某一特定时期的法律所规定的、管辖某一领域人类行为的法律规范构成。第二种意义上的"法律体系"，指的是哈里斯所称的"构成某些官员团体部分传统的、书面的选择指导工具的历史堆积"(the historic congeries of written choice-guidance devices forming part of the tradition of some body of officials)，即普通法。第三种是制度体系（例如，法院组成的结构）。② 严格来说，我关注的不是香港法律体系在前述任何意义上的同一性或连续性。尽管在试图解释它们时，我将特别考虑前述第一种意义上的

---

① Joseph Raz, *The Concept of a Legal System*, p. 1. 他提出了其他两个问题，但我只关心(1)和(2)。
② James W. Harris, *Law and Legal Science: An Enquiry into the Concepts Legal Rule and Legal System*, Clarendon Press, 1979, p. 111.

"法律体系"(这是凯尔森基础规范所试图解释的)。在表明对香港特别行政区法律的预测时,我也不能回避普通法的连续和发展问题。① 但我提出的问题是,"原有法律"(如基本法第八条所述)在 1997 年 7 月 1 日之后,将如何并在何种意义上能够连续。

(一) 凯尔森

1. 纯粹法(Unadulterated law)

凯尔森对"法律科学"的追求,是以法律可以被消去"心理学、社会学、伦理学和政治理论的要素"为前提的。②

> 这种混杂是可以理解的,因为[这些]学科涉及的对象与法律之间有着紧密的关联。纯粹法理论之所以将对法律的认知与这些学科区分开来,不是因为它忽略甚至否认这种关联,而是因为它试图要避免方法上不加批判的综合主义……这种综合主义模糊了法律科学的本质,并消除了通过其对象的本质而划定的界限。③

他认为,法律科学家关注的不是人类行为,而是规范(norms)。他坚持规范的纯粹性,致力于对法律进行独立客观的描述,这一点常被认为是实证主义概念论的刻板练习(a sterile exercise)而不予理会——哈罗德·拉斯基(Harold Laski)称之为"逻辑上而不是生活中的练习"(an exercise in logic, not in life)。

然而,凯尔森承认,法律不仅只由规范构成,而且"由法律规范与由这些法律规范决定的法律行为所构成"。④ 换言之,采取行动时,法律规范(包括司法判决以及合同和遗嘱等法律行为)也描述实际的人类行为。即使是最为一般意义上

---

① 关于普通法的连续性问题,参见本书第一章,以及 James W. Harris, *The Privy Council and the Common Law*, 106 Law Quarterly Review 575(1990)。
② Hans Kelsen, *Pure Theory of Law*, p. 1. 在研究凯尔森的作品时,他语言的晦涩(不够清晰的翻译常常加剧)和他理念中的矛盾(本文开头引文说明了这一点),伴随着他思想历时性的修正问题。识别和澄清这些发展的一个有益尝试,参见 Michael Hartney, *Introduction: The Final Form of the Pure Theory of Law*, in Hans Kelsen, General Theory of Norms, translated by Michael Hartney, Oxford University Press, 1991。
③ Hans Kelsen, *Pure Theory of Law*, p. 1.
④ Hans Kelsen, *General Theory of Law and State*, translated by A. Wedberg, Harvard University Press, 1945, p. 39.

的规范,也描述人类行为。因此,

> 凯尔森对法律科学家不关注人类行为而只关注规范的论述,可能掩盖了这个重要观点,即只要人类行为在规范中作为条件或结果占据重要位置,这种行为就完全落入凯尔森式法律科学家的关注范围。比起那些将他的理论归为"无果"(sterile)的人的观点,凯尔森允许在更大程度上考虑实际的人类行为。①

凯尔森的此项尝试,被认为是"迄今为止、唯一认真对待社会学的法理学",即试图去理解和解释"心智与意义的科学以及有关存在于现实人类社会中的价值的科学"。② 有人认为,凯尔森"在写作《纯粹法学说》时就在进行社会学研究,尽管他愤然否认"。③

凯尔森的"规范"是指"某事应当是或应当发生,尤其是某人应当以特定方式来行为"。④ 因此,红灯或"门应当关上"这个陈述,两者都是规范。但是,一项规范要想有效(即有拘束力),必须得到另一项规范的授权,而这项规范依次得到体系中一项更高级规范的授权。法律与道德的分离意味着,法律规范的有效性只能来自于另一法律规范,而不是道德规范。凯尔森坚持相对主义,他拒斥存在"外在"价值的观点,认为所有规范都是相对于所考虑的个人或群体而言的。拉兹很好地解释了这一点⑤,他表明凯尔森不是一个怀疑论者(即他不认为所有的规范性陈述都必定为假),而是一个相对主义者或主观主义者:

> 规范性陈述可以为真或为假。它们的真实性只取决于相对价值而非绝对价值:"相对主义的……实证主义并不认为价值或道德秩序不存

---

① Richard Tur and William L. Twining, *Introduction*, in Richard Tur and William L. Twining eds., Essays on Kelsen, Clarendon Press, 1986, p. 24.
② Richard Tur, *The Kelsenian Enterprise*, in Richard Tur and William L. Twining eds., Essays on Kelsen, Clarendon Press, 1986, p. 182.
③ Geoffrey Sawer, *Law in Society*, Clarendon Press, 1965, p. 182, quoted in Richard Tur, *The Kelsenian Enterprise*.
④ Hans Kelsen, *Pure Theory of Law*, p. 4.
⑤ Joseph Raz, *The Purity of the Pure Theory*, in Richard Tur and William L. Twining eds., Essays on Kelsen, Clarendon Press, 1986, p. 787.

在,而是认为人们实际相信的价值不是绝对价值而是相对价值。"①

正如拉兹的评论,这种形式的相对主义有一个明显的困难是它的假定,即任何我对自己所作的真诚的道德陈述都为真;因为我相信有一项规范要求我实施特定行为,即一项规范存在且我的陈述为真。通过同样的推理过程,关于我自己的不真诚的道德陈述都为假。并且我对他人的规范性陈述,只有在他们认为符合他们自己的信仰时才为真。拉兹总结道:"因此,一个种族主义者应当以种族主义的方式行事,这个陈述为真。"②这显然不可接受。

尽管如此,凯尔森的相对主义、价值中立的法律理论力求将法律科学定位在一个没有社会科学方法论假设的世界中。用伊恩·斯图尔特(Iain Stewart)的话说,

> 它提供了基本形式,在这种形式下,意义可被科学地称为法律规范——法律规范将具有内容,尽管特定内容在经验意义上是依情况而定的,而且法律规范一旦被确定具有特定内容,就可以在道德意义上被评判了。纯粹法理论不是试图排除经验、内容和正义的考虑,而是要使对它们的关注更加严格地成为可能。③

构成法律体系的法律规范等级体系,最终可追溯到法律体系的基础规范(the *Grundnorm* or basic norm),其性质、功能以及与其他规范的关系将在下文中简要考量。

法律由规范构成,政治家将其运用为"特殊的社会技术"(specific social technique)④去确定个人应当如何行事,以促进社会秩序与和平。这种技术存在于法律授权的个人意志行为中,这种创造规范的法律通过对不遵守规范的制裁,裁量个人行为合法或非法。因此,法律规范与其他规范的不同在于,其规定了制

---

① Hans Kelsen, *What is Justice? Justice, Law and Politics in the Mirror of Science. Collected Essays*, University of California Press, 1957, p. 179.
② Joseph Raz, *The Purity of the Pure Theory*, p. 88.
③ Iain Stewart, *Kelsen and the Exegetical Tradition*, in Richard Tur and William L. Twining eds., Essays on Kelsen, Clarendon Press, 1986, p. 128.
④ Hans Kelsen, *General Theory of Law and State*, p. 15.

裁。法律体系以国家强制(state coercion)为基础,规范背后是强力(force)的威胁。

这就区分了税务官和路匪。两者都要你的钱。换言之,两者都要求你应当付钱。两者都表现出一种主观意志行为,但只有税务官的主观意志行为是客观上有效的。这是为什么呢？凯尔森说,这是因为路匪的强制秩序,其主观意义没有被解释为其客观意义。为什么没有呢？因为"没有预设任何这类基础规范,即据此人们应当采取合乎这一秩序的行为"。① 而为什么没有预设基础规范呢？因为路匪的强制秩序缺少"那种持久的实效,没有这种实效就无法预设任何基础规范"。这说明了凯尔森理论中下文将讨论的有效性(validity)与实效性(effectiveness)的基本关系。

法律科学,在凯尔森看来,将其分析限制在实定法的"规范"内:那些"应当"规定,如果实施了特定行为,那么官员应当制裁违法者。这一理论因此排除了所有不能被客观认知的东西:法律的社会目标、法律的政治功能,等等。法律只有一个功能,即对强力的垄断。凯尔森将所有立法简化为这种形式,被广泛视为令人难以接受的狭窄。法律的形式被赋予比其意义更为重要的地位。他假定(当然,凯尔森也满足于此)法律本质上是强制,有许多观点争辩法律还具有其他功能。

2. 规范等级体系(A hierarchy of norms)

凯尔森将一个法律体系描绘为一系列复杂、紧密连接的规范,这些规范从最一般的"应当"(例如,根据宪法应当实施的制裁)发展到最特殊或"具体"。这个等级体系中的每项规范都从另一项(更高的)规范中获取其有效性。所有规范的有效性,最终以基础规范为基础(见下文)。

他的系统性、等级性的法律模型也为法律规范的动态创造提供了解释。法律体系中,规范的资格由等级体系中其他规范所决定。法律就是被事实(如一项司法判决)创造的,这些事实将授权规范的规范性强力(normative force)传递给被授权规范。授权规范有效且能够赋予造法行为(law-creating acts)以创设法律的地位(status to create law),其创设的规范也是有效的。因此,造法行为将有效性从一项规范授予另一项规范。②

---

① Hans Kelsen, *Pure Theory of Law*, p. 47.
② Joseph Raz, *The Purity of the Pure Theory*, p. 95.

正如前文指出,每项规范的有效性都取决于体系中一项更高的规范,而这项规范的有效性又取决于体系中一项更高的规范,以此类推,最终会攀升到不能超越的一个点,这就是基础规范。所有规范以增加"具体"程度的方式由它产生:基础规范表达了在最高程度一般性上的一项"应当"。在它之下,在规范等级体系中,是时间上的第一部宪法。

在此之下,是(由立法机构或司法机构)通过的、更加"具体"的法律,直到最具体、个别化的规范,比如"司法执达官有权扣押被法院认定对原告负有责任且无力支付其欠款的被告财产"。司法执达官(或关押犯人的狱吏)的强制行为,是从一般的基础规范发展到特定的个别规范的最终阶段。

3. 基础规范(The Grundnorm)

根据定义,由于基础规范的有效性不取决于其他任何规范,因此它外在于法律体系:它必须被预先假定。这意味着什么呢?凯尔森似乎在说(这是一个存在争议的问题),我们需要这个假设才能理解法律秩序。正如他所指出的,他否认一切独创性:

> 在陈述基础规范时,我们并没有将任何新的方法引入法律科学。我们仅仅阐明了所有法学家(其中大部分是不自觉地)推定的事物,即他们认为实在法是有效力的规范体系而不仅是事实的综合体,同时摒弃了实在法会从中取得自己效力的任何自然法。在法律意识中真正存在着基础规范这一点,是简单分析实际法学陈述的结果。基础规范就是对下述问题的回答:关于法律规范、法律义务、法律权利等的所有这些法学陈述,如何会是可能的?也就是在什么情况下才是可能的?[①]

这是凯尔森对其基础规范作用的一个(不寻常的)清晰陈述:它存在,但是只存在于"法律意识"。它是一种假定的构想,促进了法律科学家、法官、律师对法律体系的理解。但它不是被武断选中的,它是通过参考整体上法律秩序是否"大体上"有实效而被挑选出的。它的有效性取决于其实效(见下文)。

预设的基础规范,用斯图尔特的话说:

---

① Hans Kelsen, *General Theory of Law and State*, p. 117.

是法律科学的纯粹部分进入经验部分的节点;在纯粹方面,基础规范与"基础规范"预设的特定和一般表述具有有效性上的关联,并通过它们与整体纯粹法理论在有效性上存在关联,同时在经验方面,它与法律秩序的其余部分在有效性上存在关联;基础规范在纯粹方面的有效性不能受到来自经验方面的质疑,因为基础规范在纯粹方面的有效性是法律秩序其余部分在经验方面有效性之所以可能的条件(the condition of possibility)。①

换言之,基础规范的有效性不是取决于另一项法律规范或规则,而是一项假设——为了纯粹性的目的。因此,它是一项假设,一个完全的形式构想(凯尔森在他后续著作中将之描述为一种虚构)。基础规范"不是将自己作为关于法律背后现实的猜测或假设,而是明确作为一句方法论上的格言、一项本体论上中立的方法规范"。②

凯尔森的基础规范是一项为法律规范客观上的有效性提供解释的尝试:法律规范的最终有效性来源于基础规范——一个新康德主义的先验逻辑条件,即将意志的造法行为解释为客观有效的法律规范。基础规范有两个主要功能:一是它有助于区分路匪的要求和法律的要求(见上文),亦即它使我们把强制秩序视为客观上有效成为可能。二是它为法律秩序的连续性和统一性提供了解释,所有有效的法律规范可能被解释成为一个无矛盾的意义场。下面我会回到这个重要问题。

基础规范有两个主要特征。第一,它是被预先假定的。但是,用凯尔森的话说:"基础规范不是自由发明的产物。它指向存在于自然现实的特定事实,指向一部实际规定并产生实效的宪法,指向事实上由宪法规定的,那些创造、适用规范的'行为事实'。"③第二,它是一个纯粹的形式范畴。凯尔森表述基础规范如下:"强制行为应当在历史上第一部国家宪法以及根据它制定之规范所规定的条件下,以它们规定的方式来实施。更简洁的形式是:人们应当以宪法规定的方

---

① Iain Stewart, *Kelsen and the Exegetical Tradition*, p. 132. 强调为本文作者所加。
② Richard Tur, *The Kelsenian Enterprise*, p. 170.
③ Hans Kelsen, *The Function of a Constitution*, translated Iain Stewart, in Richard Tur and William L. Twining eds. , Essays on Kelsen, Clarendon Press, 1986, p. 115.

式去行为。"① 在《法与国家的一般理论》中,他给出如下版本的表述:"强制行为只有在由宪法的'缔造者'或受他们委托的机关所决定的条件和方式下,才应当被实现。"②

4. 有效性、实效与革命(Validity, efficacy and revolution)

对凯尔森来说,整体法律秩序实效(或实效性)是其中每项规范有效性(或合法性)的条件。换言之,法律体系的存在暗含了一个事实,即它的法律被普遍遵守。正如凯尔森所说:"人们不能主张说,如果这个规范属于其中一个必要部分的那整个法律秩序已丧失其实效时,从法律上说,人们还必须符合这一规范。合法性原则是受实效性原则所限制的。"③ 在《纯粹法学说》中,他明确指出:"每个大体上有实效的强制秩序都可以被诠释为客观上有效的规范秩序。"④ 但这如何测量呢?我们如何了解法律是否实际上被遵守而不是被忽视?用凯尔森的话说,我们如何检验法律是否"大体上"有实效?例如,其是否与一个人不遵守法律的动机相关?

哈里斯建议我们将体系中的法律数量,与特定制裁已经或将被实施的数量联系起来。官方行为与违法行为的比率可能提供一个实效性的指数(an index of effectiveness)。⑤ 因此,凯尔森似乎在表明,要使法律秩序有效,每部法律都被遵守并不必要,而是依赖于对基础规范的一般性服从。法律秩序也不会仅因为某项单一规范失去实效而不再有效。如果某项个别的法律规范没有了普遍实效(比如,因为它只是偶尔被适用),那么它并未失效。然而,如果它从未被适用,那么它可能不再有效了。此处一个明显的困难是:法律秩序的实效程度主要是一个经验性问题,而纯粹法学说拒斥这种类型的"社会学"询问。此外,法律实效性的理由(它的合理性、道德性等)也必然同样被凯尔森排除在外。

如果法律秩序的有效性取决于其基础规范的实效性,那么当该体系的基础规范不再获取普遍支持时,它可能为某些其他基础规范所取代。这正是一场成功革命之后所发生的事情。按照凯尔森的理论,当革命政府的新法律被实际执

---

① Hans Kelsen, *Pure Theory of Law*, p. 201.
② Hans Kelsen, *General Theory of Law and State*, p. 115-116.
③ Hans Kelsen, *General Theory of Law and State*, p. 119.
④ Hans Kelsen, *Pure Theory of Law*, p. 217.
⑤ James W. Harris, *When and Why Does the Grundnorm Change?*, 29 Cambridge Law Journal 103 (1971).

行，法律人就预设了一项新的基础规范。这是因为基础规范并不构成宪法，而是构成了对此新情况应予事实上接受的这一预设。并且凯尔森理论的这一方面，已为经历过革命的不同司法管辖区域的法院所考虑。① 在这些判决中，法院引用了凯尔森提到这种情况的一段话，并且在所有判决中（仅有一个例外），似乎都认为有效性是实效的一种结果。然而，粗略地说，有效性的基本标准是法院认为是有效的。换言之，在旧政权被推翻与新政权实际取代它的间隔中，不再有基础规范；然而，法院仍有可能继续用自己的标准来适用他们承认为有效的"法律"。②

实效是否是法院采用的唯一标准？诸如"正义"之类的其他考虑呢？约翰·伊克拉③认为，实效性只是对革命合法化的若干标准之一；他提出了其他八个因素（包括对不适当法律合法的不遵守、必要性、法院不允许自己被用作不正义工具的原则、自决权、种族歧视的不可接受性）。有些人声称，适用这类考虑使法院参与"政治"判决，但很难看出如何避免这种情况，即使他们表面上将自身限制在实效性问题。还有人认为，法官仅仅通过继续留任，就对有实效的法律秩序给予了默许。

---

① 这一观点被适用于：1958年巴基斯坦政变后的法院（参见 *The State v Dosso* [1958] 2 Pak. SCR 180；553，十四年后被最高法院所推翻，最高法院在 *Jilani v Government of Punjab* Pak. LD [1972]中拒绝了凯尔森的观点），1965年乌干达政变后的法院（参见 *Uganda v Commissioner of Prisons, ex parte Matovu* [1966] EA 514），1965年罗德西亚单方面宣布独立（UDI）后的法院（参见 *Madzimbamuto v Lardner-Burke* [1968] 2 SA 284)，并且参见英国枢密院[1969] 1 AC 645 的决定，以及最近的 *Mitchell v DPP* [1985] LRC (Const) 122（关于格兰纳达的革命）。J. M. Eekelaar, *Splitting the Grundnorm*, 30 Modern Law Review 156 (1967)；A. M. Honoré, *Reflections on Revolutions*, 2 Irish Jurist 268 (1967)；R. W. M. Dias, *Legal Politics: Norms behind the Grundnorm*, 26 Cambridge Law Journal 233 (1968)；F. M. Brookfield, *The Courts, Kelsen, and the Rhodesian Revolution*, 19 University of Toronto Law Journal 326 (1969).

② 因此，在 *Madzimbamuto* 案中，法院认为1965年革命宪法已生效，然而两年多来，罗德西亚法院已接受某些革命的、单方面宣布独立后法律的有效性——尽管他们拒不承认1965年革命宪法的合法性。很难看出如何用简单的凯尔森式术语去解释这一现象。迪亚斯说，这表明实效性不是基础规范的标准，而是法院准备作为有效性的基础加以接受的东西（R. W. M. Dias, *Jurisprudence*, Butterworth, 1985, p. 366)。它也表明法律的有效性不一定来自于有实效的基础规范，而是来自于法院愿意接受为有效的东西。迪亚斯的结论是（同前书，第367页），凯尔森的理论不适用于革命情境，在这种情境下它不再是一个"一般理论"；或者如果是一般的，它不再为真。在稳定情况下，它无新意；在革命情境下、需一般指导之处，它无用处，因为正如凯尔森所承认的，对基础规范的选择并不是由实效性决定的，而是一个政治决定。

③ J. M. Eekelaar, *Principles of Revolutionary Legality*, in A. W. B. Simpson ed., Oxford Essays in Jurisprudence, Second Series, Clarendon Press, 1973, p. 29.

凯尔森将革命①定义为：革命发生在"当共同体的法律秩序由一个新秩序……在并非由第一个秩序本身所规定的方式下，被废除并被替代时"。他对革命提供的另一个定义是，"任何不合法的，也即不合乎宪法规定的宪法变更或者用另一部宪法取代它"。② 如果某些非法或违宪行为需要创建一个新的、有效的法律秩序，那么主权的和平移交暗示基础规范没有改变。"对于国家或法律体系的所谓同一性变更而言，一场革命既不是必要条件，也不是充分条件。"③

这是什么时候产生的呢？正如我们看到的，对凯尔森来说，实效性是有效性的一个条件。用哈里斯的话说："基础规范不会在射杀国王的那一刻改变……当法律科学家作出一项新的基本预设时，基础规范就改变了；但是如果新的基础规范（授权一项新的最终的法律渊源）已被预设，作为法律科学家的他们就必须如此行事，即将一块领土中大体有实效的法律规范解释为连贯一致的意义场。"④

（二）哈特

1. 规则模式（The model of rules）

哈特的主要概念是"规则"。奥斯丁未能认识到法律的核心特征是规则，使得他对法律的解释易受攻击。哈特认为，奥斯丁式发布命令的主权者不能充分解释法律的连续性。在哈特看来，这是因为奥斯丁忽视了一个事实，即这个主权者本身就是受规则支配的人，规则决定了主权者的权力范围。并且，奥斯丁尝试将"授予权力的规则"（power-conferring rules）包含在他的命令概念中，这也是不成功的。

同样，奥斯丁"服从习惯"（a habit of obedience）的观点（这是主权者法律适用的所有必要条件）不能解释法律体系的连续性。之所以如此有两个原因：一是这种对雷克斯一世（Rex I）发布命令的服从习惯，不能授予雷克斯二世（Rex II）以一项继承的权利；二是对雷克斯一世的习惯性服从，不能确保雷克斯二世将享有类似的服从。⑤ 对哈特来说，这种连续性只能由从"内在视角"（the

---

① Hans Kelsen, *General Theory of Law and State*, p. 117.
② Hans Kelsen, *Pure Theory of Law*, p. 209.
③ John Finnis, *Revolutions and Continuity of Law*, in A. W. B. Simpson ed., Oxford Essays in Jurisprudence, Second Series, Clarendon Press, 1973, p. 75.
④ James W. Harris, *When and Why does the Grundnorm Change?*. See, too, James W. Harris, *The basic norm and the Basic Law*, 24 HongKong Law Journal 207(1994).
⑤ H. L. A. Hart, *The Concept of Law*, Clarendon Press, 1961, p53－54, 241－242.

internal point of view)接受的一项承认规则(a rule of recognition)来解释(见下文)。

  所有社会均有"社会规则"。这包括与道德、游戏和类似事物相关的规则,以及施加责任或义务的"义务规则"(obligation rules)。后者可分为道德规则和法律规则(或者说,法律)。由于我们人类的局限性,所有社会都需要义务规则,即"最低限度的自然法"。法律规则分为初级规则和次级规则。前者严禁"暴力的自由使用、偷窃、欺骗,人类会被这些行为诱惑,但如果人类想要彼此紧密共存,他们一般来说必须抑制这些行为"。[①] 原始社会除了施加义务的这些初级规则外,几乎什么也没有。但是随着社会变得更加复杂,就需要改变初级规则、裁判对初级规则的违反,并辨别哪些规则实际上是义务规则。

  在现代社会的每种情况下,以上三个要求是通过引入三种次级规则来满足的:改变规则、裁判规则、承认规则(rules of change, adjudication and recognition)。与初级规则不同,前两种次级规则不施加义务而授予权力。不过,承认规则确实施加义务——主要是给法官。

  为了法律体系得以存在,两个条件必须被满足:一是有效的义务规则必须被社会成员普遍遵守;二是官员必须接受改变规则和裁判规则,他们必须从"内在视角"接受承认规则。在拒绝奥斯丁"命令即规则"的概念,以及事实上他认为规则是仅存在于外部可观察到的活动或习惯的现象这一观点时,哈特要我们去考虑规则的社会维度,即社会成员感知有关规则的方式、他们对规则的态度。这种"内在"方面区分了一项规则与一项单纯的习惯。为了解释规则的本质(the nature of rules),我们需要从那些"经历"它们的人,从对它们进行裁判的人,或者用解释学的语言来说,从代理人概念框架的视角来审视这些规则。正是在对规则性质的研究方法上,哈特才有别于奥斯丁和边沁。哈特试图证明,相比起命令、主权和制裁,法律规则的社会来源更为重要:它们是我们实际行为、我们语言和我们思想的表现形式。

  所必要的条件是,对于特定行为模式被视为共同标准,应持有反思批判的态

[①] H. L. A. Hart, *The Concept of Law*, p. 89.

度,而这个态度应在评论中(包括自我批判)表现出来,以及对遵从的要求,和承认这样的批判与要求是正当的;而所有这些我们在以下规范性术语中,找到其独特之表达,即"应当"(ought)、"必须"(must)与"应当"(should),"对的"(right)和"错的"(wrong)。①

他还使用规则的概念来区分"被强制"(being obliged)和"有义务"(having an obligation)。奥斯丁式的模型解释了,如果你受到一个拿着枪的人威胁,他命令你交出你的钱,尽管你有可能被强制遵守他的命令,但是你没有义务这样做的原因——因为给你施加义务的规则并不存在。②

2. 次级规则(Secondary rules)

改变规则出现在两种语境中。为了促使对初级规则和某些次级规则(如裁判规则,见下文)的立法或司法改变,需要这些改变规则。改变的过程由规则(次级规则)控制,这些规则授予个人或群体(如议会)以根据特定程序通过立法的权力。这些改变规则也可以在"低阶"的次级规则中找到,这些规则授予普通人以改变其法律地位的权力(比如,通过订立合同、遗嘱和类似行为)。

裁判规则授予某些个人以权限,在违反主要规则的情况下有权作出判决。这种权力通常与惩罚不法行为人或迫使其赔偿的进一步权力相关。在这种联系中(如有人有义务关押不法行为人),需要进一步的规则。

承认规则对法律体系的存在至关重要,它确立了决定法律体系规则有效性的标准。与其他两类次要规则不同,它是施加义务的:它要求行使公权力(特别是裁判权力)的人遵守特定规则。

3. 承认规则(The rule of recognition)

哈特指出了经典法律实证主义主权理论的严重局限性(见上文),尤其是以服从习惯表述法律权威的观点,从而认为只有当规则满足承认规则所规定的标准时,这些规则才是法律体系的有效成员。将此与在巴黎的标准米尺进行比喻,哈特认为承认规则的有效性不容质疑:"承认规则既非有效亦非无效,它就是很单纯地因为妥当而被采用。"③在英国,他认为承认规则就是"女王议会所制定的即是法律"。但是,是否存在一条单一的承认规则,是否它包括先例原则(因为它当然必须包括),以及是否存在若干也许是分级规则,这是没有被哈特充分阐述

---

① H. L. A. Hart, *The Concept of Law*, p. 56.
② H. L. A. Hart, *The Concept of Law*, p. 80.
③ H. L. A. Hart, *The Concept of Law*, p. 105 – 106.

并引发大量讨论的问题。

4. 法律体系的存在(The existence of a legal system)

哈特认为,只有当有效力的规则被遵守,并且官员接受改变规则和裁判规则时,法律体系才可以说"存在"。用哈特的话来说:"法律体系存在的主张是一个双面雅努斯(Janus-faced)的陈述,既要看一般公民对于规则的服从,也要看官员对承认规则——作为其公务行为的关键共同标准——的接受。"① 还不清楚哈特假定的这些条件,是作为一个历史或发展的论断(即原始社会凭借次级规则的出现而最终发展),作为一个纯粹的假设模型以说明这些规则的功能,抑或作为一个启发手段,通过它来承认法律体系的存在? 正如哈里斯指出:"如果一个国家处于动乱状态,而政治科学家正试图评估它是否存在被称为'法律'的社会荣典,那么就像把病人推进去,并应用双管齐下的听诊器——'你们的初级规则普遍得到遵守吗?'[以及]'你们的官员接受你们的次级规则吗?'"②

5. 司法功能(The judicial function)

在形成其法律体系是"初级规则与次级规则的联合"的理论时,哈特试图同时拒绝严格形式主义论(强调司法先例和法典化)和美国法律现实主义运动的规则怀疑论。如此,他在这两个极端之间达成了某种妥协:他(自然)接受法律确实是规则,但承认法官在作出判决时拥有相当宽泛的裁量权。并且,他无论如何都是凭借承认规则而得出这一结论:如果存在某种"酸性测试",法官能够据此决定什么是有效的法律规则,那么在没有可以适用的法律规则或规则不确定或不明确的情况下,法官必须拥有强大的裁量权在这些"疑难案件"(hard cases)中"填补空白"。法官在多大程度上的确拥有裁量权来决定——他们几乎可以随心所欲——这些案件中的法律是什么,理所当然变成了当代法理学争议较大的问题之一。

哈特承认,由于语言固有的模糊性,规则具有开放性结构(open texture),并且在某些情况下就是含糊的。他因此不难接受这种主张,即在疑难案件中法官造法。他们当然会受到多种资源(如域外司法管辖区域有说服力的案件)的指导,但是最终法官将基于其自身的公平或正义概念作出决定。

---

① H. L. A. Hart, *The Concept of Law*, p. 113.
② James W. Harris, *Legal Philosophies*, Butterworths, 1980, p. 111.

二、香港

当试图将凯尔森和哈特的理论应用于香港的情境时,若干困难——尤其是在法律体系连续性方面的困难——出现了。

(一)一项社会主义的基础规范?

基础规范所谓的"中立性"表明,没有什么逻辑上的理由会让人们说,为什么一项社会主义法律体系的基础规范不能成为一个资本主义法律体系的基础规范。凯尔森说:"任何内容皆可为法。不存在任何人类行为,本身因为其内涵被排斥成为某个法律规范的内容。"①以及,"没有任何实在法秩序可以因其规范的内容被剥夺效力。"②

因此,没有任何逻辑上的原因可以解释,为什么一项"共产主义的基础规范"不能确认一个资本主义法律体系有效。凯尔森坚持认为,他的基础规范与法律体系背后的意识形态无关,而且这一观点必然正确。正如奥诺雷(A. M. Honoré)指出的:

> 法律理论不只要能够处理民主社会的法律,而且要能够处理独裁和单一政党国家的法律。许多社会是非民主的,这些社会的法律形成了法律理论的主题。当然,不同法律体系势必具有不同的基础规范;至少它们肯定是不同的,因为它们指向不同社会的历史或情境。但是如果法律理论的观点本身是一个连贯一致的理论,那么不同法律体系的社会中各个基础规范必须相互一致。法律理论不能同时接受这样的假设:就一种体系来说,只有源于民主制度的法律是有效的;而就另一种体系来说,只有源于马克思主义制度的法律是有效的。③

---

① Hans Kelsen, *Pure Theory of Law*, p. 198.
② Hans Kelsen, *Pure Theory of Law*, p. 267.
③ A. M. Honoré, *The Basic Norm of Society*, in A. M. Honoré, Making Law Bind: Essays Legal and Philosophical, Oxford University Press, 1987, p. 98 – 99.

然而,凯尔森确实承认:

> 一位共产主义者确实可能不会承认,匪帮与他认为是残忍剥削手段的资本主义法律秩序存在着本质差别。因为他不像那些把有关的强制秩序解释为客观上有效的规范秩序的人,预先假定基础规范。他并不否认资本主义强制秩序是国家的法律。他所否定的是这种强制秩序,即国家的法律,客观上是有效的。基础规范的功能不是使人们将大体上有实效的强制秩序视为法律成为可能,即由于一个法律秩序是大体上有实效的强制秩序,基础规范的功能是使人们将强制秩序视为一个客观上有效的秩序成为可能。①

但是,有人必然会说,一个"资本主义者"同样地可能倾向于否认一个社会主义法律秩序是客观上有效的。按照凯尔森自己承认的,这并不重要。然而,正如伊克拉论证的②,这一理论忽视了区分这两种社会的独特社会现象。它通过一个适用合法性决定因素(即"法律")的预先选定的群体("法律科学家""官员")制造自我认同。而此种循环是如下描述性问题一个不可避免的结果:"是什么使一系列主张'合法'?"答案是"因为某个群体这样认为",这几乎没有使我们远远偏离话题。③

公平地说,凯尔森承认:"即便是一位无政府主义者,也可以(作为法律人)将实在法描述为有效规范之体系,同时不赞成这种法律。"④所以正如伊克拉指出:"一个共产主义教授在解释一个资本主义法律体系时,可能预先假设一项资本主义的基础规范。"⑤反之亦然。但这并不是要认真对待中立性。如果基础规范是一个纯粹的形式构想,那么"资本主义的基础规范"和"社会主义的基础规范"的概念就是存在问题的。

---

① Hans Kelsen, *Professor Stone and the Pure Theory of Law*, p. 1144.
② J. M. Eekelaar, *Principles of Revolutionary Legality*, p. 27-30.
③ 对于实证主义理论(尤其是哈特的理论)所遇到的一些困难的一个有趣分析,参见 Matthew Kramer, *The Rule of Misrecognition in the Hart of Jurisprudence*, 8 Oxford Journal of Legal Studies 401 (1988). 感谢伊克拉向我推荐这篇论文。
④ Hans Kelsen, *Pure Theory of Law*, p. 218.
⑤ J. M. Eekelaar, *Principles of Revolutionary Legality*, p. 27-30.

(二) 法律体系的连续性(The continuity of the legal system)

尽管香港在 1997 年 7 月 1 日不再处于英国殖民统治之下,但根据基本法,香港将在中国主权下继续适用其原有法律。这是否意味着,香港特别行政区将在 1997 年后成为一个单独的法律体系？凯尔森的理论会给出一个否定回答。新预设的基础规范如果立即产生实效,就会确认新的法律体系有效,这一法律体系的法律根据基本法第一百六十条必须被明确采用。1997 年后,这片土地上法律的创制将由中华人民共和国法律授权,并且《中华人民共和国香港特别行政区基本法》——香港法律体系的终极法律渊源将继续确保后者的同一性。

香港特别行政区 1997 年 7 月 1 日的建制及其新"宪法"(《中华人民共和国宪法》第三十一条的创作)的确立,似乎以一种相当不同的方式提出了有关前被殖民统治区域取得独立后出现的问题。在其法律体系统一性理论的基础上,凯尔森不得不分析这些事件。事实上,尽管有真正的权力移交,但是在已有基础规范连续性上没有发生违反宪法的情况。

像凯尔森一样似乎是要求某些非法或违宪行为作为一个新的法律秩序的前提是古怪的;那样的话,新的国家不过是帝国法律体系的一个"子单元"。① 这种路径非常简单地产生于"不顾事实、只考虑法律内容"的学说②,因为该学说几乎完全依赖于这样一个事实,即其独立领土的所有法律源自帝国法律体系的法律授权,而独立领土的法院和公民认为其自身是独立的事实则无关紧要。③ 殖民关系存续,凯尔森的理论不能解决它。正如菲尼斯指出④,凯尔森的分析

> 会被认为减损了前帝国区域的真正独立程度。对主权或宪法权威"地方根源"、对"基础规范转变"、对"本地生成"的要求已被提出。在权威转移的过程中,有时已经非常谨慎地实施了一些未经授权行为,以至于可以宣称:因为一场革命已经发生,因此新宪制法律秩序的有效性

---

① See John Finnis, *Revolutions and Continuity of Law*, p. 53 - 61; Joseph Raz, *Kelsen's Theory of the Basic Norm*, in Joseph Raz, The Authority of Law, Clarendon Press, 1979, p. 127 - 8; H. L. A. Hart, *The Concept of Law*, p. 117 - 118.

② Joseph Raz, *Kelsen's Theory of the Basic Norm*, p. 128.

③ "但是民众和法院的态度在决定一个法律体系的同一性和统一性中是最重要的",Joseph Raz, *Kelsen's Theory of the Basic Norm*, p. 128。

④ John Finnis, *Revolutions and Continuity of Law*, p. 52.

不能追溯至英帝国宪制。

因此,尽管《香港法》(the Hong Kong Act)在1997年7月1日终止了女王对该殖民地的主权,但是可以认为,按照凯尔森的观点,即使一部较早宪法是后来宪法有效性的来源,那么这部较早宪法也应该可使旨在废除后来宪法的规则有效,而不管这种废除是否为该部后来宪法所授权。① 这种"情况明显不能令人满意的分析性状态"②催生了避免其束缚的各种手段,特别是这种观点,即继承规则(succession of rules)中的规则不能反身规定它自己的废弃(supersession)。③ 然而讽刺的是,在香港宪制变化的案例中,新的特别行政区事实上仍然是一个子单元,尽管是一个不同法律体系的子单元。它的新的基础规范因此似乎允许一种与过去的断裂,这是根据凯尔森的理论,独立的前殖民统治区域似乎无法实现的断裂! 支持这样一个结论的逻辑一定是可疑的。

哈特的承认规则也没有提供一个合理的解决方案。该规则对法律体系的存在是重要的。它确定了决定一个法律体系的规则是否有效的标准。它事实上包含若干规则:一些是施加义务的(它们要求那些行使公权力特别是裁判权力的人遵循特定规则),一些是授予权力的(为行使这些权力提供权威)。但是,法律体系的根本改变需要一个新的承认规则。因此,香港已有的承认规则(与其纳入的《英皇制诰》和《皇室训令》,即殖民地的成文宪法)将在1997年7月1日,为包含有基本法和其解释模式的承认规则所取代。

基本法意图通过在革命情况下难以获得的时间(time that has proved so elusive in revolutionary situations)来提供连续性、耐久时间(duration)和同一性。前述第八条规定原有法律(普通法、衡平法、条例、附属立法和习惯法),除同基本法自身相抵触或经香港特别行政区的立法机关作出修改者外,予以保留。而承认规则必然不可避免地纳入这一关键条款。

然而不幸的是,连续性的理论问题不能这么轻易解决。新的承认规则所规定的条件相当于是与过去的断裂;我们不应当错误地认为,基本法第八条是一种

---

① John Finnis, *Revolutions and Continuity of Law*, p. 53.
② John Finnis, *Revolutions and Continuity of Law*, p. 53.
③ 这种由阿尔夫·罗斯(Alf Ross)提出且哈特考虑过的立场,由菲尼斯进行了简要检讨,John Finnis, *Revolutions and Continuity of Law*, p. 53-58。一些指出的问题同样可以针对基本法提出,这就是另一篇论文的主题了。

方式，通过这种方式可以使得旧秩序自发转变为新秩序。同样地，我们也不能认为这是"一国两制"有意造成的结果，不论作为学说的"一国两制"本身存在何种价值。除此之外，基本法试图（不讲道理地）将香港的法律和法律体系冻结在它们1990年4月4日（基本法通过之时）之前一刻的状态，而在基本法中，它们所处的规范和制度框架被明确改变。授予全国人大常委会基本法解释权（见上文）的基本法第一百五十八条，甚至在最简化的解释上[①]，也使这种断裂无可置疑。

另外，正如已经指出的，基本法第一百六十条为连续性的路径设置了一个进一步的障碍，它充满不确定性。它设想了对已有法律的明确采用（大概是在1997年6月30日午夜）和全国人大常委会（大概是同时地）对哪些法律抵触基本法的宣布。因此，似乎在一个重要意义上，法律体系的连续性必须等待中国恢复行使主权时的明确声明。这一声明的确切范围在那之前可能是未知的。[②] 困难没有就此结束，因为第一百六十条允许以后作出对违反基本法法律的抵触之处及随后废除的声明。

换言之，尽管有中英联合声明和基本法的保证，香港的普通法仍在一片令人不安的昏暗地带。作为一个实际的政治问题，被处以午夜失效的法律数量可能不多（尽管香港最近制定的《人权法案条例》可能处于那些无法继续有效的法律之中）。[③] 当然，我们可以简单地把这些声明视为新的承认规则中的元素，并将增加的废除可能性视为抵触基本法的结果。这毕竟是在许多司法管辖区域中已确立权利法案后的效果。然而，不同之处不只是香港特别行政区的违宪决定权不属于法院，而且这种权力将在充满意识形态困难的情况下行使。

（三）法律实证主义的局限

这是否有损于法律连续性的实证主义解释？哈特的解决方案至少允许一个新的国家摆脱其殖民锁链，并凭借新的承认规则取得一个单独的法律地位，这个

---

① 比如我曾提出的例子，Raymond Wacks, *Can the Common Law Survive the Basic Law?*, 18 Hong Kong Law Journal 435(1988)。
② 尽管不存在任何理由解释为什么全国人大常委会不能在1997年7月1日前作出声明，此声明将与基本法同时生效。
③ 它可能抵触基本法第十一条："有关保障居民的基本权利和自由的制度……以本法的规定为依据。"另一方面，可以说第三十九条规定《公民权利和政治权利国际公约》《经济、社会与文化权利国际公约》继续适用，为《人权法案条例》提供了继续有效的方式，它的文本几乎复制了《公民权利和政治权利国际公约》的文本。一般参见 ed Raymond Wacks ed., *Human Rights in Hong Kong*, Oxford University Press, 1992。

新的承认规则的有效性标准中不再包括对任何其他领土立法的参考。① 但是，正如上文所论述的，它建立在可疑的假设上，即先前的承认规则与新的承认规则没有系统性联系。换言之，如菲尼斯指出的，尽管哈特把新的法律体系从被取代的宪法规则的负担中解脱出来，但是他却堵塞了对有关"他的'法律体系'等级模式的上层相关性"（relevance of the upper levels of [his] hierarchical model of "legal system"）的任何质询。②

香港从英国殖民统治区域到特别行政区的转变中，其面临着类似的困难，尽管威斯敏斯特议会是否可以保留为香港立法的权力问题（以及对威斯敏斯特议会约束其继承者的权力的任何质疑），已经为1985年《香港法》出于实用性的考量所平息，该法规定英国对香港的统治截至1997年7月1日。但是，连续性的问题仍在。根据哈特的分析并用其比喻来说，一个新的法律体系是否从一个旧的法律体系脱胎产生（通过剖腹产或其他方式），这是一个事实问题（尽管就香港而言，它可能是一个法律问题，并且有人不禁要补充，该法律体系可能在某些方面是"重生"）。③ 在否认旧的承认规则与新的之间没有任何系统性联系的可能性时，1997年后法律体系的连续性在前述制度安排之下仍然难以获得。

对凯尔森来说，另一方面，（根据其自己的反身条款）已被新宪法取代的前宪法，仍然是被新的基础规范确认有效的法律体系一部分。旧秩序在新秩序中蔓延，这种解决方案似乎也没有提供什么帮助。因此，解决方案可能在其他地方。拉兹认为：

> 法律的"宪制连续性"只是确定两个临时性的体系是否属于同一个法律体系的要素之一，而且不是最重要的要素。另外一个要素是非授权性法律的内容。但是，新的法律的"宪制连续性"及其内容都不是建立或缺乏法律体系连续性的必要或充分条件。④

---

① Joseph Raz, *The Concept of a Legal System*, p. 117-8. 菲尼斯质疑这个新的承认规则是否包括这样的排除。他指出就澳大利亚而言，由于1942年威斯敏斯特制定法《采用法》的存在，承认规则必须包括对那些在变化前就有效法律的参考，即外国立法机关通过的法律。
② John Finnis, *Revolutions and Continuity of Law*, p. 60.
③ 哈特承认这个二分法是可能的。H. L. A. Hart, *The Concept of Law*, p. 118.
④ Joseph Raz, *The Concept of a Legal System*, p. 188.

那是什么呢?

法律体系的同一性取决于其所属的社会形式的同一性。该标准因此不仅由法理或法律考虑决定,而且还由其他考虑,即属于其他社会科学的考虑决定。①

事实上,连续性问题不只是一个社会的问题,它也是规范的问题。无论是必须决定是否承认一个新的法律秩序(或仅仅是伸张正义)②的法官,还是决定新的法律秩序是否合法(legitimate)的公民,连续性的问题没有充分为实证主义理论所回答。最根本的是,它们不能解释新法律秩序的可接受性或其他方面(acceptability or otherwise),这些解释位于一个规则约束范围之外的空间。最后,法律有效性的问题必然同时是合法性的问题,这是一个深刻的实践类别问题。正如菲尼斯指出的:

> 不是为有关任何社会或法律体系同一性的任何具体问题提供答案。它只是说,该问题之于法学家,就像如下问题之于历史学家或善人一般,即想知道自己的忠诚与责任所在。凯尔森表述的非连续性的论点(the thesis of discontinuity),从这两种角度都是不具有说服力的,或者是不可接受的。③

因此,这种说法是否是不可信的,即特别是在法律连续性问题的语境下,法学家是否有可能追求持有一种价值无涉的立场? 在社会动荡时期,凯尔森式检

---

① Joseph Raz, *The Concept of a Legal System*, p. 189. 对这些社会科学可能是什么以及如何应用的更全面的探讨,参见 John Finnis, *Revolutions and Continuity of Law*, p. 71 – 76。
② See Raymond Wacks, *Judges and Moral Responsibility*, in Wojciech Sadurski ed., Ethical Dimensions of Legal Theory, Rodopi, 1991.
③ John Finnis, *Revolutions and Continuity of Law*, p. 75. 另一个相似论证是由托尼·奥诺雷(Tony Honoré)作出的,他拒绝凯尔森意图建立法律体系基础规范的追求,而是假设了一些"社会的基础规范"。他承认如果我们要"认真对待法律",那么就需要某种"基础规范"。他提出一种"陈旧的"基础规范,这种基础规范"对于生活在具有不同社会和政治结构的社会中的各种人来说都是可信的"。他提出"社会成员具有相互合作的义务"。这令人钦佩地抓住了一个如此平淡的原则,以至于它不会不赢得普遍赞同。然而就我理解而言,它的目的不是授权规则创制过程(如凯尔森的基础规范所追求的那样),而是为每一法律提供理由;因此,它用以固定法律规则的内容——无论有多么广泛。

验的吸引力不容轻视。他的理论是否提供了如下这种手段？通过这种手段，政治和意识形态的张力可以被超越，道德问题可以被避免。

1. 规范性问题（The normative question）

如果我不"接受"法律体系的基础规范呢？假设我认为该体系不道德或不正义呢？基础规范是否为法律提供了一个规范理由或道德理由？更好的观点是，这不是凯尔森的目的，他仅在法律意义上主张规范性。尽管如此，如拉兹表明①，准确澄清凯尔森主张的性质十分重要。有关法律的陈述可能是"坚定的"（"committed"），即陈述法律应该是什么。当然，这种道德陈述被拉兹等实证主义者排除在法律理论的适当领域之外，并且凯尔森的纯粹性是以这种排除为代价换来的。

法律理论要保持纯粹，不能研究嵌入在一个人或另一个人道德信仰中的法律。这将通过使法律识别（the identification of the law）取决于一套特定道德信仰的方式，从而使其违反渊源论点（the sources thesis），渊源论点声称法律存在和内容的识别不要求或诉诸任何道德论证。为了保持纯粹，法律理论必须严格遵循渊源论点，只通过社会事实（the social facts）来识别法律。因此，为了规范地描述它，它必须含混地或虚构地接受法律人的基本法（the basic law of the legal man），即凯尔森式的基础规范，因为只有它把有效性赋予从经验创制的法律（the *empirically established* law），而不赋予其他。这才是基础规范作为法律思想的科学假设的意义。②

凯尔森的规范性概念因此是一个狭窄的概念，他不断摒弃道德绝对准则。他说他的理论"不能回答一部特定法律是否正义或者什么是正义的问题，因为这些问题完全不能被科学地回答"。③ 这种相对主义为他的规范性除去了其通常的道德含义。这一点并不总是为评论者所理解，尽管很容易看出为什么出现困惑；人们通常认为，一部不道德的法律是否应当被遵守问题中的"应当"，与凯尔森的法律（*the law*）应当被遵守问题中的"应当"是一致的。对他来说，后一个问题已被除去道德考虑：它是一个决定基础规范是否有效力的问题；如果它是法律，那么它应当被遵守。通过拒绝承认国家（the State）是凌驾于法律之上的一个独立实体，凯尔森实际上使国家等同于法律体系。国家的种种制度、权力和功

---

① Joseph Raz, *The Purity of the Pure Theory*, p. 91 – 97.
② Joseph Raz, *The Purity of the Pure Theory*, p. 95.
③ Hans Kelsen, *Pure Theory of Law*, p. 266.

能由法律界定它们的同一性由法律规则决定。他因此总结道：

> 但如果人们看清了国家与法律的同一性，如果人们理解了，法律，实在的、不能被视为与正义相等同的法律，恰恰就是那种从某种认知——不是陷于拟人论的图景之中，而是穿过拟人化的面纱触及由人类行为制定的规范——看来等同于国家的强制秩序，那么就绝不可能用法律来为国家进行辩护。正如不可能用法律为法律进行辩护……如此一来，将法律正当化为"法治国"（"法的"国家）的努力就被证明是完全不合时宜的，因为……每个国家在此意义上都是法治国，因为每个国家都是一个法律秩序。但这并不构成一种政治上的价值判断。①

换言之，凯尔森坚决反对任何黑格尔式的绝对主义超级国家，并且在此过程中，他抽干了自然法理论所提供的那种道德合法性，暴露出法律的强制本质。② 并非每一个法律秩序都是一个法治国（即提供法律安全的法治的民主国家），但一个国家成为一个法律秩序却几乎没有要求，一种"相对集权化的强制秩序——它具有专制色彩，由于无限的灵活性而不提供法的安定性——也是法律秩序，……由这种强制秩序构成的共同体也是法律共同体，在此意义上就是国家"③。

"从一种连贯的法律实证主义的立场出发，法律（完全与国家一样）只能被认为是人类行为的强制秩序（由此并没有说出其道德或正义价值）。因此，在法学上，国家就可以不多不少恰好被理解为法律本身。"④

凯尔森不愿意把国家提升至法律之上，这构成了他承认需要控制任意权力

---

① Hans Kelsen, *Pure Theory of Law*, p. 318 - 319.
② 但请参见 Iain Stewart, *Kelsen and the Exegetical Tradition*, p. 145。斯图尔特认为，凯尔森"试图用一个类比，通过在一种自然科学的客观主义中构建一个基础来对抗国家绝对主义的替代物"。斯图尔特认为凯尔森的尝试失败了，并且纯粹法学说以及一般而言的法律实证主义，只是"自然法的磨损的末端之一"(145—6)。
③ Hans Kelsen, *Pure Theory of Law*, p. 319.
④ Hans Kelsen, *Pure Theory of Law*, p. 319. 在《规范的一般理论》(*General Theory of Norms*)中，他甚至更加清晰："一个道德或法律秩序不可能与它的基础规范相冲突。这就是基础规范与一个实证主义道德或法律秩序之间的关系，相比于自然法与一个实证主义道德或法律秩序之间关系的差别。自然法与实证主义道德或法律秩序之间总是可能发生冲突，而且这种冲突的可能是重要的。"Hans Kelsen, *General Theory of Norms*, translated by Michael Hartney, Oxford University Press, 1991, p. 259.

的重要说明。① 但是它没有为法律秩序合法性这一道德问题提供一个令人满意的答案。

2. 国际维度(The international dimension)

既然香港的未来由中国与英国之间的协议解决,是否可以认为法律连续性问题的解决方案在于国际法？中英联合声明无疑为香港1997年后法律体系的有效性和连续性提供了一个国际法上的基础。② 然而,这样的论点依赖于一种特定的,曾经由凯尔森提出过的国际法理论路径。在《法与国家的一般理论》③中(这段话现在回响着某种讽刺),凯尔森宣称：

> 只要预先假定有一个国际法规定,它承认取得胜利的革命和成功的政变是变更宪法的法律方法,我们才可能推定：只要领土和人口仍然大体相同,国内法的连续性,或者也就是说国家的同一性,不受革命或政变的影响。例如,任何一个法学家都不怀疑,在沙皇宪法下存在的俄国同现在在布尔什维克宪法下并以苏联这一新名义所存在的俄国,在法律上是同一国家。但如果我们无视国际法,限于一定时期中所存在的俄国宪法,那么,上述解释就是不可能的。因而俄国法律秩序的连续性和俄国的同一性也就成为不能理解的了。如果从这种观点出发来判断情况,那么,只有在宪法原封未动或根据其自己规定加以变更时,国家及其法律秩序才是相同的。

换言之,一个凯尔森主义者可能认为中英联合声明提供了一个国际法规范,这个国际法规范与其和基本法所维护的法律体系一起,形成了一个统一的体系。④ 凯尔森认为,国际法在与国内法的同等意义上也是"法律",尽管他承认国际法秩序是一个"原始的"体系,这个体系缺乏许多在国内法律体系中可以找到

---

① 对科特瑞尔教授(Professor Cotterrell)来说,"他拒绝接受国家是一个凌驾于法律之上的实体的主要原因是,当它被承认是一个实体时,极其恶劣的事情能够以它的名义做出"。Roger Cotterrell, *The Politics of Jurisprudence: A Critical Introduction to Legal Philosophy*, Butterworths, 1989, p. 113.
② 参见本书第11章。
③ Hans Kelsen, *General Theory of Law and State*, p. 368.
④ "国内法和国际法的统一性是认识论的假设。法学家把这两者当作两套有效力的规范,就必须试图把它们理解为一个和谐体系的各组成部分。"Hans Kelsen, *General Theory of Law and State*, p. 373.

的许多制度(尤其是执行制裁制度)。然而,他坚持需要将两者视为一个单一、统一的整体。他认为这是基于一个这样的事实,即各国承认彼此的法律体系具有同等效力。这反过来又表明,各国承认一项高于其各自国内法律体系基础规范的基础规范之存在。但是要问凯尔森的是,什么是这种平等概念的渊源?它必须来源于一项更高的基础规范。在国际语境中,这个基础规范的形式是各国采用的习惯做法,由规范性语言所表达,并由强制威胁(战争和报复)所支持。很难找到证明这种产生实效的国际基础规范存在的证据。不仅国际关系似乎由自我利益和恐惧所支配,而且正如迪亚斯(R. W. M. Dias)所展现的,革命政府认为可将其政权合法性(the legitimacy of their regimes)建立在获得国际承认基础上的主张,在法庭上几乎没有任何作用。①

凯尔森的一元论也经常在两个方面受到攻击,它一方面导致凯尔森拒绝国内法规范之间存在冲突的可能性,另一方面拒绝国际法规范之间存在冲突的可能性。在寻求呈现一个统一规范体系时,他提供了一个类比,把一部违宪的制定法与一部违反国际法规范的制定法进行类比。前者在被宣布违宪前是有效的;此外,在不存在宣布其无效程序的情况下,它可能仍然是有效的。尽管如此,通过该制定法的人可能会受到制裁。同样的,后者情况下显然违反国际法规范的制定法也是有效的,尽管使其通过者可能受到国际法下的制裁(报复和战争):

> 国际法与……违反国际法之具体国内法秩序规范之间的关系,和具体国家的宪法(它——如通过其基本权利清单——规定了未来制定法的内容)与某部因违反基本权利而违宪的制定法间的关系是一样的;只要这部宪法没有指定任何可以出于其违宪的理由废除制定法的程序,而是限于这种可能,即某些机关为出现所谓违宪的制定法承担个人责任。国际法对具体国内法秩序的内容进行规定,与一部没有规定宪法司法化的宪法在某种替代意义上规定未来制定法之内容的做法是完全一样的。②

这个精巧的比较建立在虽说不上非典型,但也有些特殊的情况下,而且无论

---

① R. W. M. Dias, *Jurisprudence*, p. 271. See *Jilani v Government of Punjab* PLD (1972) SC 139.
② Hans Kelsen, *Pure Theory of Law*, p. 331.

如何，凯尔森提出的所谓国内法和国际法之间的"冲突"，不太可能导致他所表明的那几种后果。正如一位评论者指出的，谴责一个国家通过违反国际法的立法更合理的后果，要么是该国将承认有关该问题的国际法存在（在这种情况下，它本身将认为其制定法没有违反国际法），要么是该国将宣布其不受国际法特定规范的约束。这两种情况下，国际社会都将不会认为该制定法是有效的。①

这种国内法和国际法统一起来的世界的基础规范是什么？凯尔森认为，这个体系的统一性可能取决于国内法的首要地位(the primacy)，或者说取决于国际法的首要地位。任意一种都可以接受，这是意识形态问题。如果后者被采用（这似乎是他倾向的观点），则有必要具体说明国际法秩序的基础规范，以及在国内法上对应规定其低于超国家的预设规范，即"先验逻辑意义上的国际法的'宪法'"。②

凯尔森将国际法的基础规范定义为"国家，亦即国家的政府，在它们相互关系中应当以该种方式行事"，或者"国家对国家的强制应当在符合国家实际行为所构成的习惯的条件和方式下进行"。而且，也有必要把国内基础规范替换为承认国际法有效性的基础规范。正如凯尔森所说：

> 具体国内法秩序的效力基础可以在实在国际法中被找到。如此一来，是一个被制定的而不仅仅是被预设的规范构成了这一法律秩序的效力基础。这一国际法规范……通常会以这样的命题来描述：按照一般国际法，独立于其他政府且对特定土地上的人口实施了实效控制的政府构成合法政府，在这个政府下生活于这片土地上的民众构成一个国家。……翻译为法律语言就是：一般国际法的某个规范授权某个人或某群人，基于某部有实效的宪法来创设和适用某个作为合法政府的规范性强制秩序。③

作为国际法所采用的创设国家权利和责任的标准的描述，这都是很好的，但是凯尔森将其作为国内法律体系有效性的理由，就此而言，它相当不令人信服。正如休斯(G. Hughes)认为的：

---

① G. Hughes, *Validity and the Basic Norm*, 59 California Law Review 695,711(1971).
② Hans Kelsen, *Pure Theory of Law*, p. 216.
③ Hans Kelsen, *Pure Theory of Law*, p. 214-215.

有一个国际秩序体系,这个体系为了某些基础目的,将任何产生实效的政府承认为该体系的参与者,这是一回事。这一陈述是仅就国际秩序的机关(organs)而言。但是,一个国内法律秩序有效性的理由是一个国际法规范,这个国际法规范可在某种程度上使任何产生实效的强制秩序合法,这又是另一回事。这一陈述似乎是对每个国家公民而言的,告诉他们由于一个高级的、超国家的规范,只要他们所处的体系能够有实效地实施强制,那么该体系就会恰当地赢得他们的尊重。根据凯尔森的立场,如果一个公民询问为什么他所处的体系中一条规则被认为是有效的,终极答案将是,因为他所处的体系能够有实效地实施强制,所以国际法的一个规范才会如此规定。这一答案既危险又愚蠢。它是危险的,因为它似乎赋予有实效的强制以不相称的价值;它是愚蠢的,因为从来没有人被此说服,即有实效的强制仅仅存在就充分回答了关于一个秩序有效性的所有疑问。南非是一个很好的例子,因为出于某些目的,它被承认为国际秩序体系的参与者,仅仅由于它是某块领土上有实效的强制政府。但一个南非的黑人肯定不会赞同他所处的体系是有效的,仅仅就因为它垄断了有实效的强制。凯尔森的表述没有区分这些不同的问题。①

甚至这里凯尔森的实证主义不太纯粹。他关于国际法构成一个法律秩序,尽管是一个原始法律秩序的概念,似乎常常是在推进一种意识形态多而分析性少的立场。它是一个希望的表达,而非事实或理论的陈述。在许多著述中②,凯尔森主张一种国际法的进化论,这种进化论展望了国际社会制裁集中化的进程。正如赫德利·布尔(Hedley Bull)所评论的:

> 凯尔森关于国际社会中存在"共同体垄断强力"的学说与事实不符。现在国际体系最为显著的特征之一,是强力在国际体系中不是由

---

① G. Hughes, *Validity and the Basic Norm*, p,713. 强调为本文作者所加。
② 特别是 Hans Kelsen, *Law and Peace in International Relations*: *The Oliver Wendell Holmes Lectures*, Harvard University Press, 1942; *The Law of the United Nations*: *A Critical Analysis of Its Fundamental Problems*, Stevens, 1964, first published 1950; *The Principles of International Law*, Holt, Rinehart & Winston, 1967, first published in 1952.

共同体垄断，而是由其组成的主权国家垄断。凯尔森的路径，就像那一时期国际法和国际组织专家所写的诸多作品一样，是一厢情愿的产物。①

"理想主义和进步主义假设"②构成凯尔森试图将国际法纳入一个连贯统一规范体系的基础，它暴露出一种理论的局限，即在权力政治的现实需要分析和理解的情况下，这一理论希望进行科学探索。它也没有提供一种可接受的方式，通过它可以解释香港1997年后法律体系的连续性。

三、结论

（一）两套基础规范？（Two Grundnormen?）

不论凯尔森的基础规范理论存在什么局限性，它的优势在于单一有效性来源的概念。在一个法律体系中有多于这样一种规范的想法似乎非常不可能。正如奥诺雷所指出的：

> 从法律理论的角度看，一个规范体系成立唯一可接受的理由是……有单一的基础规范。这条规范可能是复杂的，它可能具体说明在不同情况下以不同原则优先。但是，一致性要求只能有一条规范。只有当存在单一的基础规范时，所有在实践中有实效的强制规范才能被视为创造义务的有效法律。③

尽管如此，有人认为凯尔森并未排除多于一个基础规范的可能性④，并且"分裂的基础规范"概念被认为是对1961年南罗德西亚宪法某些方面保持忠实的一种方式。⑤

---

① Hedley Bull, *Hans Kelsen and International Law*, in Richard Tur and William L. Twining eds., Essays on Kelsen, Clarendon Press, 1986, p. 329. 强调为本文作者所加。
② Hedley Bull, *Hans Kelsen and International Law*, p. 336.
③ A. M. Honoré, *The Basic Norm of Society*, p. 98.
④ See R. W. M. Dias, *Jurisprudence*, p. 362.
⑤ See JJ. M. Eekelaar, *Splitting the Grundnorm*, p. 174 – 175.

这种逃避进路的吸引力是显而易见的。香港特别行政区1997年后法律体系(资本主义法、普通法)的有效性,可以说是基于另一个独立的基础规范。但是,稍加思考就会暴露这种理解是错误的。香港特别行政区1997年后创制的一切规范的有效性,用凯尔森的话说,取决于基础规范的制定。这一基础规范将把有效性赋予《中华人民共和国宪法》。此外,一个法律体系不能基于相互冲突的基础规范。

(二) 连续性和合法性(Continuity and legitimacy)

我认为,实证主义的解释不能给香港即将到来的转变提供一个合理的解释,它也没有给权威的性质提供一个充分的解释。

人们不必成为霍布斯主义者就能认识到,人类的繁荣需要某种社会秩序,但这并不意味着任何秩序都能做到繁荣。如果一个法律体系想要获得权威并维护其生存,它就必须引起人们对其道德有效性的确信(a belief in its moral validity),①仅仅靠同意是不充分的。② 因此,超越法律或法治来解释法律或政治连续性并非不合理。正如莱斯利·格林(Leslie Green)所指出的③:

> 权威的概念比法律的概念更加原始。法律本质上是制度化和系统化的:有专门机关解释和执行其规则。这些特征对研究法律权威非常重要,而且因此有一种诱惑,即仅仅停留在这些特征上,或者更糟糕的是,将这些特征引入权威关系更为一般的理念中。而这会使人产生误解,因为法律权威的理由是与法治的理念联系在一起的,亦即法律体系系统性权威的性质是一种社会秩序的模式。声称一个特定的社会处于法治之下,并不仅仅是作出这个描述性主张,即它有一个生效的法律体系。它是将生活中某种程度的成功归于一组具体的程序性理想……

---

① See Ronald Cohen and Judith D. Toland, *State Formation and Political Legitimacy*, Transaction Books, 1989, p.2 ff. J. Raz, *Legitimate Authority*, in Joseph Raz, The Authority of Law, Clarendon Press, 1979, p.3 - 33.
② See John H. Schaar, *Legitimacy in the Modern State*, in William Connolly ed., Legitimacy and the State, Basil Blackwell, 1984, p.109.
③ Leslie Green, *The Authority of the State*, Clarendon Press, 1988, p.8.

换言之，将法治辩护为对政治权威的解释太过狭隘。① 因此，香港人似乎由于普通法支持某些与法治有关的特征而接受普通法，该事实不能确立这一体系的合法性。② 事实上，政府的权威，就像它现如今这样，似乎建立在实用主义的考虑上③，这些考虑几乎没有反映出对政府统治权力的道德共识或承认的证据。

如果凯尔森的基础规范和哈特的最终承认规则看起来都不能解决合法性的一般问题，那么人们是否应该在法律秩序有效性的规范理论中寻求解释？

一个有用的出发点可能是韦伯（Weber）对理性有效性和经验有效性的区分。前者（建立在认识论假设上，即规范处于一个单独的"应然"世界）是法律科学的对象，后者（"实然"的事实世界）是社会学的关注焦点。④ 凯尔森的理论当然是一个理性的或规范的理论，尽管正如我已经试图表明的那样，基础规范的规范性是有问题的。尽管如此，与哈特的理论不同，它以其实证主义，寻求到一个合乎逻辑的结论：它通过坚持法律规范的有效性只来源于其他法律规范，维持了法律与道德的分离。对哈特来说，法律规则的有效性建立在承认规则之上，而承认规则是一个事实问题而不是规范问题。在证明法律体系作为一个整体的宽泛意义上（相对于官员采用的狭义的"内在视角"），哈特转向了一个经验或者现实的解释。

一个更加精细的将"实然"与"应然"范畴联系起来的尝试，可以在尼尔·麦考密克（Neil MacCormick）和奥塔·魏因贝格尔（Ota Weinberger）的"作为制度事实的法律"（Law as Institutional Fact）理论中找到。⑤ 简而言之，这一理论的出发点是事实，事实预设了由规范性规则组成的人类制度（如婚姻制度）。这种"制度性事实"为真，"由于是对世界发生之事的解释、根据人类实践和规范性规

---

① Leslie Green, *The Authority of the State*, p. 8.
② See Berry Hsu, *The Common Law in Chinese Context*, Hong Kong University Press, 1992; Lau Siu-Kai and Kuan Hsin-Chi, *The Ethos of the Hong Kong Chinese*, The Chinese University Press, 1988, p. 119–143.
③ 伊恩·斯科特（Ian Scott）识别了五个因素：(1) 政府"在提供公共产品上过去的表现和已证明的能力"；(2) "统治认识论上的权威"（epistemocratic authority，即政府声称有专门的知识和智慧）；(3) 政府将其所说解释为共识的能力；(4) "完全的习惯或冷漠"；以及 (5) 经济繁荣。Ian Scott, *Political Change and the Crisis of Legitimacy in Hong Kong*, Oxford University Press, 1989, p. 328–330.
④ 在这一节中，我依据该作者的有用论文。Kaarlo Tuori, *Validity, Legitimacy, and Revolution*, delivered at the Fourteenth World Congress of the International Association for Philosophy (IVR) held in Edinburgh in 1989.
⑤ See especially Neil MacCormick, *Law as an Institutional Fact*, in Neil MacCormick and Ota Weinberger, An Institutional Theory of Law: New Approaches to Legal Positivism, Reidel, 1986.

则对事件的解释"。① 它们包括构成法律制度的法律规则。然而,法律秩序的有效性最终取决于哈特式的承认规则。

尽管如此,麦考密克和魏因贝格尔承认法律不止由"有效性的标准和根据这些标准而有效的规则"组成。② 换言之,尽管承认规则决定法律规则的形式有效性,它的实质融贯性(substantive coherence)要求德沃金所谓的"原则"。在德沃金的观点中,法官根据这些(道德或政治)标准来作出决定:"不存在区分法律原则与道德原则的承认规则。一个法官在疑难案件中因此必须诉诸原则,这些原则将包括他自己对于什么是'共同体政治结构和决定的广大网络'最佳解释的概念。"③他必须询问"这个解释能否形成证立整个网络的融贯理论的一部分"。④ "不存在超越法律的法律",与实证主义的观点相对,法律中没有"漏洞"(gaps)。法律和道德不可分割地交织在一起。因此,不可能存在一个确定什么是"法律"的承认规则。

韦伯著名的形式理性与实质理性的分类,是基于一个法律体系"内在自足"的程度,即在多大程度上决策所要求的规则和程序可以在该体系内获得。理性的最高阶段,在所有分析得出的法律命题以这样的方式整合时达到,即它们构成了一个逻辑清晰、内在融贯且至少在理论上没有漏洞的规则体系。在这个体系下,所有可以想到的事实情况都必须能够在逻辑上被归入。⑤ 德沃金式的平行理论是清楚的,即承认规则无法解释法律中原则的普遍影响。

有效性的形式测试为规范问题所困扰。为什么承认规则不应受到哈特认为是法律解释学(the hermeneutic account of law)核心特征的"批判性反思态度"(critical reflective attitude)的影响?它"包括一种要求理由的有效性主张。如果对承认规则的接受表明法律秩序的经验合法性,则我们能说法律的经验合法性本身并不能保证其规范合法性。所以一个合法性的经验理论也必须由一个批判性的合法性的规范理论来补充"。⑥ 这种暗含于普通公民批判性反思态度中

---

① MacCormick and Weinberger, *An Institutional Theory of Law*, p. 10.
② Neil MacCormick, *Law as an Institutional Fact*, p. 73.
③ Ronald Dworkin, *Law's Empire*, Harvard University Press, 1986, p. 245.
④ Ronald Dworkin, *Law's Empire*, p. 245.
⑤ Max Rheinstein ed., *Max Weber on Law in Economy and Society*, translated by Edward Shils and Max Rheinstein, Harvard University Press, 1954, p. 62.
⑥ Kaarlo Tuori, *Validity, Legitimacy, and Revolution*, p. 21.

的理论,在哈特的解释中,与法律秩序的存在基础或有效性基础都无关。它只延伸到律师、法官、官员。就普通公民而言,只需体系的实效性就足够了。但是,正如韦伯所述,这种实效性是相信法律规则的理性的结果。并且,这反过来又表明,这些规则可以被挑战、被理性辩论。因此,即使如韦伯和哈特所言,法律一般是通过习惯来遵守的,这种遵守也可能如韦伯所言,是基于法律的理性。如果是这样,合法性终极测试的性质就很难摆脱经验和规范的性质。至少在一个民主社会中,这种测试是从尤尔根·哈贝马斯(Jürgen Habermas)所谓"商谈"("discourse")过程中发展出来的。[1]

香港即将从英国殖民统治区域变成中国的特别行政区,这为法律连续性理论提出了一个令人费解的挑战。除了前述政治或意识形态的怪异之外,基本法中的条款从未得到香港人民的同意,这些条款是一项香港人民并不知情的国际协议的结果。在人们能够确定的范围内[2](在缺乏参与式民主的情况下),多数人确实认为普通法值得支持。这并不是说基本法条款赋予该法律体系以合法性,不过作为解决连续性问题的一个步骤,这可能并不必要。自愿遵守法律的规定,就香港的情况而言,就已足够。

在"一国两制"之下,香港将维持其目前的普通法体系。假设香港居民和他们的官员认为这一安排至少是令人满意的,这种削弱的基础为这个或者实际上任何一个法律体系的连续性,提供了最有希望且最不模糊的解释,这样的说法是否具有一定的合理性?

普通法已经显示了其非同寻常的适应能力[3]——甚至是在面对革命时[4]。尽管普通法能够持续保持活力主要归因于香港法院[5],但是显而易见,只有当其能够引发一般支持时,这一体系才可能存续。1997年后,香港法律体系的连续

---

[1] See, for example, Jürgen Habermas, *Legitimation Crisis*, translated by Thomas McCarthy, Beacon Press, 1973; Thomas McCarthy, *The Critical Theory of Jürgen Habermas*, Polity Press, 1984.
[2] 参见前述涉及的调查, Ian Scott, *Political Change and the Crisis of Legitimacy in Hong Kong*, Oxford University Press, 1989, p. 328-330。
[3] See Peter Wesley-Smith, *Understanding the Common Law*, in Raymond Wacks ed., The Future of the Law in Hong Kong, Oxford University Press, 1989.
[4] See A. Czarnota and M. Krygier, *Revolutions and the Continuity of European Law*, in Z. Bankowski ed., Revolutions in Law and Legal Thought, Aberdeen University Press, 1991.
[5] Raymond Wacks, *The Judicial Function*, in Raymond Wacks ed., The Future of the Law in Hong Kong, Oxford University Press, 1989.

性最终取决于普通法习惯①和传统②的耐久性(durability)。正是这种决定、价值、意见和仪式的复杂混合物(complex *mélange*)，构成了法律教义的结构，并将它的过去传递到它的现在和未来。因为正如马丁·克里吉耶(M. Krygier)所指出的:"法律的过去，就像每一个传统的过去一样，不只是其历史的一部分；它是其现在的权威而重要的部分。没有这种权威的现在，过去就不是一个活的传统的部分，或者至少不是这一传统中活的部分。"③

很难看出，在寻求法律连续性的解释时，实证主义(或者甚至是惯习主义)④能带我们走多远。我试图表明，香港法律体系的未来，用植根于强制的形式理由的理论(如基础规范和承认规则)来解释是不充分的。试图使道德与法律分离，可能会阻碍我们对社会现实的理解，基本法正是对此的严峻提醒。

---

① 一个支持普通法作为习惯的论证，参见 B. Simpson, *The Common Law and Legal Theory*, in William Twining ed., Legal Theory and the Common Law, Basil Blackwell, 1986。
② 一个支持普通法作为传统的论证，参见 M. Krygier, *Law as Tradition*, 5 Law and Philosophy 237 (1986); M. Krygier, *The Traditionality of Statutes*, 1 Ratio Juris 20(1988)。
③ M. Krygier, *Law as Tradition*, p. 245.
④ "如果法律只是社会惯习问题，那么它要求权威的主张就为假。"(第 118 页) See Ronald Dworkin, *Law's Empire*, p. 4; Leslie Green, *Authority and Convention*, in Leslie Green, The Authority of the State, p. 89 - 121.

溯因法律推理的潜能*

［挪］比亚特·阿斯克兰德（Bjarte Askeland）著** 陈超译***

摘　要：本文论述了溯因法律推理的潜能，阐述溯因（abduction）作为一种方法，能够在法律推理中系统地探究相关推理过程。笔者从美国哲学家皮尔士最初描绘的例子——"四骑手记"中提到的溯因结构出发，指出皮尔士实际上确立了一个针对制度性事实（institutional fact）的"假设"（hypothesis）。因此，可以设想溯因推理在将新现象归类至相应规范（norms）方面有很大的潜能。然而，与其他科学领域相比，溯因推理在法律领域内仍未成体系，理论化程度有待进一步提高。本文在"双重溯因"的框架内阐述了"比较"（comparison）的思想，并将其视为法律推理的重要特征之一。

关键词：法律推理　溯因推理　最佳解释推理　双重溯因　比较

1. 引言

　　归纳法和演绎法已为多数学者所耳熟能详，成为各科学研究领域广为运用的两种推理方式。而此外，名为"溯因"的推理方式对学者们来说则较为晦涩、模糊。溯因推理是一种整合了知觉者（perceiver）脑中的想象、联想和直觉的推理。美国哲学家皮尔士（C. S. Peirce）于 1878 年提出了"溯因"理论，作为其实用主义

---

* 本文原文请参见 Bjarte Askeland, *The potential of abductive legal reasoning*, in Ratio Juris, 2020, vol. 33, Issue 1, pp. 66 - 81. 本文翻译已获得作者授权。原文来源网址：https://onlinelibrary. wiley. com/doi/full/10. 1111/raju. 12268? af = R。

** ［挪］比亚特·阿斯克兰德（Bjarte Askeland），挪威卑尔根上诉法院（GULATING LAGMANNSRETT）法官，挪威卑尔根大学法学院教授，研究方向为侵权法和法律方法。

*** 陈超，浙江宁波人，华东政法大学硕士研究生，研究方向为法律语言学。

纲领的一部分。① 简单来说,皮尔士最初构想:人类心智将观察到的新现象和已然内化的背景知识结合起来,在直觉和联想的基础上进行推理。在后来的著作中,皮尔士进一步发展了这一思想,他还指出:"能够解释新现象的推理'像一束闪光'(like a flash)出现在知觉者面前。"②

皮尔士的思想被后来的学者发展成名为"最佳解释推理"(IBE;inference to the best explanation)的理论。③ 在某些语境下,后来的"最佳解释推理"被称为溯因推理的"强"式,重视推理的解释特征;而皮尔士早先提出的"假设"(hypothesis)或(其后被称为)"溯因"的思想,则被命名为溯因推理的"弱"式,重视溯因推理的创造性方面。溯因推理的这两种变体的说法,或者我们称其为"种类",已经出现在许多刊物中。④⑤

在"弱"式中,知觉者在观察到一个新现象时,仅仅是推断出一种可能的解释。例如,安妮观察到她的两个朋友迈克和哈里一起在大街上放声大笑(新现象),而她事先知悉他们两个人曾有过一场激烈的争吵。安妮此时推断:迈克和哈里已经和好,重新成为了好朋友⑥(此处即是溯因推理的"弱"式)。

在"强"式中,"最佳解释推理"理论既提供了对新现象背后多种可能的解释的"初步选择",又提供了从这些解释中筛选出"最佳解释"的方案。⑦ 有鉴于此,在这种相对完善的形式中,溯因推理提供了基于知觉者的背景知识和新获取的信息的"最佳解释"。

上文所论及的心智活动与解决法律问题之间存有许多共同之处。然而,有

---

① Peirce, C. S., *Deduction, Induction, and Hypothesis* (1878). In *The Essential Peirce: Selected Philosophical Writings*. Chap. 12 of vol. 1(1876 – 1893). Ed. N. Houser and C. Kloesel, pp. 186 – 99. Bloomington and Indianapolis: Indiana University Press, 1992.
② Peirce, C. S., *Pragmatism as the Logic of Abduction*. In *The Essential Peirce: Selected Philosophical Writings*. Chap. 16 of vol. 2(1893 – 1913). Ed. Peirce Edition Project, pp. 226 – 41. Bloomington and Indianapolis: Indiana University Press, 1998. 见第227页。
③ Harman, G. H., The Inference to the Best Explanation, in *The Philosophical Review*, 1965, 74(1), pp. 88 – 95.
④ Abimbola, K., Abductive reasoning in law: taxonomy and Inference to the Best Explanation, in *Cardozo Law Review*, 2001, 22(5 – 6), pp. 1683 – 9.
⑤ Schum, D. A., Species of abductive reasoning in fact investigation in law. In *Cardozo Law Review*, 2001, 22(5 – 6), pp. 1645 – 81.
⑥ 该例转引自Douven(2017)所引用案例的一个变体。请参见 Douven, I., Abduction. *The Stanford Encyclopedia of Philosophy*. Summer 2017 edition. Ed. E. N. Zalta. https://plato.stanford.edu/archives/sum2017/entries/abduction/(1st pub. March 9, 2011)。
⑦ Iranzo, V., Abduction and Inference to the Best Explanation, in *Theoria*, 2007, (60), pp. 339 – 46.

关法律中的溯因推理这一主题的研究仍寥寥可数。在本文中,笔者将探讨溯因推理在法律及法律推理中的潜能。

2. 法律推理中的溯因推理

2.1 引言

著名的归纳法和演绎法已经广为熟知,但显然,溯因推理作为第三种推理方法,在法律方法、法律判决/裁决和法教义学等领域内尚未得到进一步的探索,以获得更多认知。这实则令人费解,因为纵观过去几十年,溯因推理"投石"于其他科学领域,已然掀起浪花。尤其是溯因推理在哲学、医学和心理学领域,以及关于人工智能(AI)现象的特别辩论中,已然引发广泛探讨。[①②] 然而,在法律领域,尚未见其有丰富的成效。有学者明确指出,溯因推理迄今还未在社会科学中得以普遍地发挥其潜能。[③]

据此,下文将重点探讨社会科学的其中一个特殊领域——法律领域,阐述溯因推理在法律推理中的潜能。首先,尝试将溯因推理适用于法律,一方面是追寻对判决/裁决领域和法教义学学科的认知,另一方面是作出对用来解决法律问题的认识论的贡献。激动人心的是,鉴于溯因推理的特征可以在各个司法管辖区、各种法律文化和"超国家性"(supernationality)的各个层面中探得一二,溯因推理的观点可以为整个欧洲律师界及其他利益攸关方提供"共同的新见解"(new insights common)。在这方面的利益攸关方中,我们可以算上法哲学家、法学研究者、法官以及在法律领域工作的法律专家们。

迄今为止,在法律领域,溯因推理主要就"证据问题"进行阐述。这并不足为奇,无论是其原先的形式(Peircean),还是后来发展的形式,溯因推理都被认为是"洞悉世间存在之物"的一种方式。因此,艾玛亚(A. Amaya)指出,法学学者

---

① Magnani, L., *Abduction Cognition*: *The Epistemological and Eco-Cognitive Dimensions of Hypothetical Reasoning*. Berlin and Heidelberg: Springer, 2010.
② Park, W., *Abduction in Context*: *The Conjectural Dynamics of Scientific Reasoning*. Cham: Springer International, 2017.
③ Thagard, P., Review of abductive cognition: the epistemological and Eco-Cognitive dimensions of hypothetical reasoning, by *L. Magnani*. *Mind & Society*, 2010, 9(1), pp. 111-2.

主要将"最佳解释推理"视为一种"发现机制"。① 一个例子是沃尔顿(D. Walton)的著作《溯因推理》一书,其中的相当一部分内容是关于法律领域的证据理论。② 然而,以上所解释的一般推理模式,似乎更有可能在法律规范性问题的错综复杂的推理体系中发挥作用。

因此,在规范性法律推理(normative legal reasoning)领域,艾玛亚尝试运用溯因推理,将其作为她努力发展更为普遍的一致结构的一部分。③ 她的研究引人入胜,并提供了最合适的切入点,以进一步研究溯因推理的潜能。然而,艾玛亚的研究大纲是以一种相当抽象的方式进行的,她强调自己对于这一主题的探究仅仅是"找到供建立模型的一些可能性"④。

尽管如此,艾玛亚的尝试仍卓有成效,特别是看到她在融贯性(coherence)和溯因推理之间的相互作用上的研究成果。然而,她研究的切入点或有过些许调整,这体现在,她并没有充分、明确地将溯因推理和"最佳解释推理"的思想转化运用到法律推理的确切实体中去。而笔者认为,这恰恰是最重要的,即让一个理论真正适合并用于处理更实际的法律问题。因此,笔者首先将尝试找出同样适合的切入点和等同于"最佳解释推理"的范式,以将其转化到法律领域的实际运用中去。一定程度上,这一尝试基于2004年笔者于挪威发表的一篇文章⑤的成果。

2.2 溯因推理与解决法律问题的范式相适应

首先,笔者认为,后来的"最佳解释推理"(IBE)作为真正意义上的溯因推理,其必须通过调整自身逻辑操作/运算(logical operations)的整个范式来适应法律推理。传统的溯因推理是为了推断"事实世界中存在之物",而经过调整的溯因推理型式旨在推断某一既定事实从属于法律规范问题中的哪一类规则。因此,深刻的认识论问题(epistemological question)更多的是一个把某一既定事实

---

① Amaya, A., *The Tapestry of Reason: An Inquiry into the Nature of Coherence and Its Role in Legal Argument*. Oxford: Hart Publishing, 2015.
② Walton, D., *Abductive Reasoning*. Tuscaloosa: University of Alabama Press, 2005.
③ Amaya, A., *The Tapestry of Reason: An Inquiry into the Nature of Coherence and Its Role in Legal Argument*. Oxford: Hart Publishing, 2015, pp. 503-20.
④ Ibid., p. 503.
⑤ Askeland, B., *Om analogi og abduksjon* (On analogy and abduction), in *Tidsskrift for Rettsvitenskap*, 2004, 117(4-5), pp. 499-42.

或事实情况、事件或关系进行归类的问题,而不是对事实的"存在"进行推理的问题。

正因如此,溯因推理的结构在一定程度上必须与法律的范式相适应。溯因推理和法律推理之间的主要区别就在于,溯因推理是将新信息与背景知识相结合,对观察到的事实现象进行事实解释的一种方法;而法律推理由于融合了关于事实和法律的知识,显得更为复杂。

法律推理是为了"解决一个问题",而这个问题更确切地说,是在所发生的事实现象(如哈里击打了迈克的脑袋)和法律规范的背景知识之间的互动中浮现的。法律规范可以是对于事实事件产生的法律后果的规范。就哈里打了迈克这一事实而言,相关的法律规范可以是刑法(criminal law)或侵权法(tort law),且事实事件必须受到上述领域内的规范的制约。

因此,对于有望通过溯因推理来解决的问题,要考虑以下结构:

该事实事件/现象 A 能否适用规范 X？

只有把这个问题置于溯因推理的框架中,才能考虑应用溯因推理来解决它。

首先讲述的是一个简单的事实能否适用于某一规范的问题。例如,1993 年挪威最高法院"室内猫案"(case of Rt. 1993,p. 1260,"the Indoor Cat case")中室内猫的法律适用问题。该案涉及某公寓业主是否被允许在公寓里养室内猫的问题,尽管在公寓业主协会的条款中的确已规定了应禁止饲养动物。既然需要适用的规范是这样制定的,那么这只室内猫究竟是否可以允许留在公寓里？

最高法院通过将不同品种的猫与法定条款所针对的"目标宠物类型"进行比较,解决了这个问题。在法定条款所列出的"理想类型"中,犬类是其中之一,尽管很有可能脑中浮现的是一条恼人的吠犬。由于该法定条款的规范指出,犬这类很有可能让人心烦意乱的生物是针对的目标宠物类型之一,因此本案的关键在于安静、慵懒的室内猫是否反而会对公寓邻居造成任何滋扰。所以,具体事实(证明了是安静的猫)和相关规范所描述的图景之间的比较是一种应有的权利。猫和犬之间的比较是通过调查它们各自的属性或特点进行的。

这样的推理是否可以转化为或者说是适用于溯因推理？在下文的第 2.3 小节中,该案例将被转化为溯因推理的型式,以证明溯因法律推理的潜能。

在这一点上,我们应该意识到,溯因推理在某些情境下能够产生关于世界事实的"理论"①。一些学者倾向于首先将溯因推理视为一种工具,以产生具有概括性特征的科学理论。然而,法律推理中的溯因推理,可能仅当其应用于规范领域时,才具有概括性特征。在私法(private law)领域,为了构建一般原则或理论,通常运用的是归纳推理(inductive inference)。如北欧债法,它规定在许多特殊领域的特殊行为中,根本违约(substantial breach)是合同解除的必要条件。因此,人们可以归纳推断,即使在不受法律规定管制的领域,关于合同解除的一般原则也是相同的。同样地,在观察到法律现象时,溯因推理可能作为构建理论的一种手段发生。事实上,溯因推理内化于法教义学领域的许多心智活动中。

例如,构建的判决/裁决理由(ratio decidendi)思想。当一位学者核查一个案件及其证成(justification)时,突然领悟到法官"真正"或"实际"重视的东西,这个想法"像一束闪光"出现在学者面前。这是一种溯因推理,它将判决/裁决视为一种法律现象,并将其与法律背景知识相结合。然而,构建的判决/裁决理由并不一定会产生一个可以升华为理论的概括性陈述。相反,它只是为了对具体个案的结果作出解释。这只是溯因法律推理如何起作用的个例之一。正如下文所示,溯因法律推理更多的是个案解释,而不是普遍性解释。

2.3 将法律推理转化为溯因推理的结构

正如所解释的那样,我们显然需要对溯因推理进行调整,以适应一个将事实对象与置于法律规范结构中的范畴相结合起来的领域。乍一看,这似乎改变了发生溯因推理的整个范式。

说到这里,即使是关于事实的溯因推理,在需要建构制度性事实(institutional fact)的情境下,也包含了范畴的要素。就连皮尔士早期的一个例子也涉及制度性事实,其便是著名的"四骑手记"②:

"有一次,我在土耳其某省的一个港口上岸[……]。我遇见一个骑马的人,周围有四位骑手撑着一顶华盖遮在他头上。我以为只有一省之总督才可享有如此大的礼数,于是就推论,他是总督。"

---

① Tavory, I., and S. Timmermans., *Abductive Analysis: Theorizing Qualitative Research*. Chicago and London: Chicago University Press, 2014.
② Peirce, C. S., *Deduction, Induction, and Hypothesis* (1878). In *The Essential Peirce: Selected Philosophical Writings*. Chap. 12 of vol. 1(1876 - 1893). Ed. N. Houser and C. Kloesel, pp. 186 - 99. Bloomington and Indianapolis: Indiana University Press, 1992. 见第169页。

这便是个"假设"（hypothesis）。皮尔士推断这个头顶撑有华盖的人是总督，这是对世界上一个事实的归类，以及此人是从属于总督之类的对象。皮尔士从对世界上的事实的观察中进行推断，并结合他的背景知识，提出了"假设"（后即溯因推理）：他遇见的人就是总督。"其人是总督"是一个制度性事实，介于"原初事实"（brute facts）的事实世界和人为的种种规则的规范体系的边缘，其中的规范体系起到规范特定法律秩序的作用。"总督"的概念事实上预设（presuppose）了某种法律秩序，当然也预设了其自身的形象——有权"镇压"其他公民。皮尔斯提出的假设，实际上是法律的涵摄（subsumption）。因此，上述例子表明，皮尔士的核心思想完全适用于法律推理。

原则上，在法律推理中也可以进行上述类似的解释。然而，引起假设（hypothesis）的客观存在，往往比上述关于"总督"的涵摄（subsumption）一例要来得复杂。这些客观存在，可能包括许多应用于常规法律推理的规范性部分。在困难的案件中，可能关乎审查现有的有利事实，同时遵循衡量法律秩序中的"渊源"（source）的原则。许多模型可能适用于这一过程，如德沃金（R. Dworkin）的"法律的整体性"①（law as integrity）或图里（K. Tuori）对法律不同层面上"法律渊源"②（sources of law）的叙述。这些内容仍然可以充当"最佳解释推理"的工具和材料。

首先必须要做的，是使提及的法律问题与溯因推理（"最佳解释推理"）的结构相适应。要实现这一点，我们可以从约瑟夫森（J. Josephson）等人提出的结构出发。③ 该结构是对皮尔士早期的溯因推理思想的抽象，但同时也搭建了通往后来的"最佳解释推理"思想的"桥梁"。沃尔顿也采用了一个相当类似的结构：④

D是一系列值（包括事实、观察到的现象、给定的情形）。

H可解释D（若H为真值，则可解释D）。

此外无其他假设能比H更好地解释D。

因此，H或为真。

在下文中，上述结构将同时用于皮尔士的"四骑手记"例子和1993年挪威最

---

① Dworkin, R., *Law's Empire*. Cambridge. MA: Belknap Press of Harvard University Press, 1986.
② Tuori, K., *Critical Legal Positivism*. Aldershot, UK: Ashgate, 2002.
③ Josephson, J., and S. G. Josephson, eds. *Abductive Inference: Computation, Philosophy, Technology*. New York: Cambridge University Press, 2004.
④ Walton, D., *Legal Argumentation and Evidence*. University Park, PA: Pennsylvania State University Press, 2002. 见第44页。

高法院的"室内猫案"(case of Rt. 1993, p. 1260, "the Indoor Cat case")。后例是为了说明,溯因推理不仅可用于前例,在法律推理中也同样适用：

D是一系列值(包括事实、观察到的现象、给定的情形)。

这个人有四个骑手围护,头上方撑有一顶华盖。

这是一只被允许待在公寓里的猫。

H可解释D(若H为真值,则D必为不言而喻的事实)。

此人是总督,所以有四个随身骑手并头顶撑着华盖。

禁令内容并不包括这只猫,所以可以解释D。

此外无其他假设能比H更好地解释D。

无其他假设能比此人是总督这一假设更好地解释四个骑手和头顶的华盖这一现象。

无任何其他的法律范畴可以像H那样恰当地赋予猫主人权利。

因此,H可能为真。

因此,这个人可能是总督。

因此,这只猫(可能)被允许待在公寓里。

这个例子表明,为了使溯因推理适用于法律领域,我们必须把给定规则的预期效果整合到开始的一系列值的集合中。因此,引起溯因推理的观察必须由事实(observation)和预期权利(desired right)整合而成。只有在作出此类"观察"时,法律专家才能运用他的背景知识来创造一个作为"法律解释"的假设。[①] "背景知识"是一个著名的概念,其基于伽达默尔(Hans-Georg Gadamer)的阐释学认知理论(hermeneutical cognition),在法律解释的一般问题研究中广为应用。[②]

有关解释"像一束闪光"出现在裁决者面前。从这一点上看,这又是一个如何确定最佳法律解释的问题(见下文第2.4节的详细论述)。

事实从属法(fact-subordinated law)的要素在"四骑手记"中也是存在的,因为总督事实上位于总督一职,享受着这一职位的权力和特权,因此享有四个骑手为他头顶撑起华盖这一礼遇。有鉴于此,皮尔士实际上可以察觉到他所遇之人因法律地位带来的事实后果。为此,他对眼前之景进行溯因推理,得出一个法律

[①] "背景知识"也应用于以伽达默尔阐释学认知理论为基础的诠释理论中;见下文讨论。——作者注

[②] Brozek, B., *Legal Interpretation and Coherence*. In *Coherence: Insights from Philosophy, Jurisprudence and Artificial Intelligence*. Ed. M. Araszkiewicz and J. Šavelka, Dordrecht: Springer, 2013, pp. 113 – 22. 见第115页。

解释。对于那只室内猫,关于猫(和猫主人)假设的事实、法律地位(legal status)所作出的初始观察必须更具建设性,以使猫能够待在公寓里,并不受任何阻碍。为了证明这种地位,必须找到一个有效的法律范畴。更确切地说,必须制定出能够带给猫十分理想的假设的状态的法律解释。因而,对于"观察到的"现象,有必要找到一个法律解释的理想"候选"(candidate)。通过将事实(公寓里的猫)与能干的法律专家心目中的既定归类相结合,便能找到这一候选。

要想呈现一个上文提到的从属关系的候选并不难。真实的情况是,当面对一个必须归类于众多规范之一的新的"奇特事实"(singular fact)时,有关主体(subject)会作出一个规范性解释(通常是正面的解释)。公寓里的生活规则得到了解释,使感知到的事实可以从属于这些规则。因此,背景知识确实存在于物质规范和解释规则中。

另一个例子可以是前文提及的"迈克打哈里"这一事实事件。为了使这一事件与溯因推理结构相适应,我们必须将这一事实事件与哈里希望得到"赔偿"这一事实结合起来。只有先把事实事件与某种法律地位或后果相联结,才能进行溯因推理。原则上,即使当事人完全不了解所涉及的规范,也可以构想出预期效果。对相关法律规范的选择和限定,由法律专家或裁决者决定。

在前面的例子中,迈克打了哈利的事实符合故意造成人身伤害的法律范畴。然后,这一事实事件可以通过含有(赔偿)责任基础(basis of liability)、因果关系(causation)等要件的"侵权法"模式来解释。对这些规范的溯因推理,"像一束闪光"出现在相关主体面前。这个简单的例子或许可以表明,法律规则和规范的背景知识是一个重要途径,以呈现合理解释的初始候选。对于哈里和迈克重归于好的解释,得自于人们之间如何相互交往的背景知识,而法律领域内的解释则是从法律规范的既定背景知识中选取而来。

这在处理疑难案件时尤为重要,解决手段可能会运用到溯因推理。其中,"强"式溯因推理卓有成效。接下来的过程,是努力使初始候选成为最佳解释。这是一种与法律推理最相关的模式。

2.4 关于"强"式溯因推理的深入检验

上述方案在约瑟夫森等人的研究[1]中得到了补充,即对最佳解释的候选进

---

[1] Josephson, J., and S. G. Josephson, eds, *Abductive Inference: Computation, Philosophy, Technology*. New York: Cambridge University Press, 2004.

行深入检验(further examination)。该检验最初显然侧重于确定本体论(ontological)问题,或更确切地说是一个"真势"(alet[h]ic)问题,即一个事实(或更确切地说是一个解释)在世界上存在或已经发生的可能性。要将检验方案转化为法律推理的图式就必须进行一些调整,但这种调整只有在一定程度上才可能实现。在法律推理中,要确定的主要问题是何为最佳的法律范畴,而不是关注这个世界上已经发生了什么事情。或许,皮尔士最初认为的"弱"式溯因推理比后来约瑟夫森所解释的"强"式溯因推理更适合法律推理,但尽管如此,对溯因法律推理进行深入检验的做法仍然值得一试。关于"强"式溯因推理可否设想,并进一步适用于法律推理,一个可能的负面研究也不无一定价值。

在"室内猫案"中,有一种大多数法官共同提出的属于特定法律范畴的解释:室内猫不在公寓楼内禁止养动物的规定范围内。多数理由是:《业主和租户法》(*The Landlords and Tenants Act*, Husleieloven 16 June 1939 no. 6)在其第22条中规定了"房产所有人要求承租人遵守一般'房屋秩序规则'"的法律依据。该法案的起草历史表明,租户在不受其他租户带来的"无法忍受的烦扰"的情况下行使其权利十分重要。因此,《挪威租佃法》(*Norwegian Tenancy Act*)第22条的规定,无疑是为防止饲养可能干扰其他租户的动物而制定的家庭禁令的法律依据。问题是,这种禁令是否应适用于室内猫的所有者。事实上,此类猫并没有对其他租户造成任何烦扰。

法院承认,要想把规定细分到如只允许养室内猫而禁止养室外猫,这在实践中可能很难落实。然而,对于这种实际困难的考量,相较于要保护租户私人生活和许多人因养猫而提高生活质量这些观念,显得微不足道。因此,法院的大多数人推断:细分规定很必要,且必须认可养室内猫的行为,因为这对其他租户来说绝非"无法忍受的烦扰"。

而少数人认为,养室内猫的行为应在禁止的范围内。少数派适用了与多数派相同的法律渊源,但却对规则作出了相反解释。少数派认为,在住房合作社有意制定严格规则的情况下,法院不应干涉其权利。相应地,也必须尊重其禁止饲养所有动物的规定。两个阵营都典型地适用了建立在规范层级之上的法律论据解释。不同之处在于,鉴于所涉及的价值观,多数人更倾向于否定住房条例的严苛措辞。我们可以用上述两种"解释"或"法律范畴"来检验法律推理中"强"式溯因推理的潜能。

约瑟夫森等人的研究①继而指出了以下需要检验的问题：

（1）H 在多大程度上决定性地超越了替代方案。

（2）若不考虑替代方案，H 本身有多合理（哪怕 H 显然是现有的最好假设，若其本身并不足够合理，则应十分谨慎地考虑是否予以采纳）。

（3）对予料（data）的可靠性的判断。

（4）有多大信心认为已经穷尽了所有可能合理的解释（找替代解释的彻底程度）。

将这些问题放在法律推理领域中，是多少有点存疑的。在某种解释能多大程度上决定性地"击败"其他可选解释的这一问题上，人们往往不得不承认，这种决定性的优势程度相当有限。这是因为在解释过程中经常遇到"困难的情况"，"室内猫案"就是一个很好的例子。

对于"H 本身有多合理"这一问题的考虑，可能导致我们不愿去作出解释，但在现实中，这并不是解决问题的方式。至少从哲学上讲，在解决实际法律问题时，用到溯因推理是法律推理所不可避免的，总要推断出一个"最佳解释"。不管怎么说，法律问题必须被解决，法官无法选择不作出判断。这一点在法律方法和法律秩序的制度框架中都有体现②③，因而规避作出解释根本不现实。所以，只要是遵循了公允的法律方法（包括哈特[H. L. A. Hart]的"承认规则"），每一种可能的解释（范畴）本身就足够合理。在解决法律问题上，只要尊重法律方法的规范，就没有"不合情理的解决方法"一说。在此案中，占多数的解决方法是允许室内猫存在，这本身一定有其足够合理之处。哪怕是对于占少数的解决方法，也是同样的道理。这表明，也许约瑟夫森的考查并不真正适合法律层面的溯因推理。要想找出一个本身就不够合理的解决方法或范畴，只可能是在法官很明显作出了完全站不住脚的裁决的时候，比如说对一个过马路闯红灯的行人判处终身监禁。然而，这种不着边际的裁决将受到实体性规范（material rules）和承认规则（rules of recognition）的抵制。显然，这样的裁决根本没有法律依据。因此，有人认为，在法律渊源基础上进行法律推理，更多的是为了防止"本身"就不

---

① Josephson, J., and S. G. Josephson, eds, *Abductive Inference: Computation, Philosophy, Technology*. New York: Cambridge University Press, 2004. 见第 14 页。

② Eckhoff, T., and J. Helgesen., *Rettskildelære (On the Sources of Law)*. 5th ed. Oslo: Tanum, 2001.

③ Hart, H. L. A., *The Concept of Law*. 2nd ed. Oxford: Clarendon Press, 1994.

合理的解释的出现。

至于对"予料(data)的可靠性"的判断,实际只有在极少数情况下,才会在法律推理中出现。当型式(scheme)转化为法律时,充当"予料"的规范几乎没有受到关乎其"可靠性"的质疑。并且,这些规范通常以公开的书面文本形式出现,否则人们有太多机会通过一些案例或文献,或者结合这两者来"自创"某个规范,并自圆其说。然而,在室内猫案中,这方面的确有值得商榷之处。少数法官预设了住房合作社禁止动物是一种普遍做法,然而这种做法在原则上不免会受到质疑。因此,如约瑟夫森等人在 2004 年出版物中所表达的那样,要在法律推理中判断"可靠性"的标准是有意义的。

对于第四个问题,即是否已经彻底检验过可能的替代方案,法律方法的特征已经给出了回答。在处理得当的情况下,法律推理的实践正是对不同可能的解释及支持或反对某种法律理解的论据进行彻底检验的过程。正因为检验的彻底性是法律推理活动本身所固有的,所以对于该问题可以得出肯定的回答。

除了上述四种可能的检验外,约瑟夫森等人列出了评估溯因推理所需的另外两点思考[①]:

(5)出于对实际的考量,包括犯错的代价,以及正确处理的效益。

(6)(尽快)得出结论的必要性有多大,尤其考虑到在定论前仍有进一步寻求证据的可能性。

考虑到用法律推理来解决法律问题的本质,这些思考也似乎变得毫无意义。当法官面对法律问题时,他/她本身无法选择不作出判断或判决,因而没有必要过多考虑"犯错的代价";若有,也无法规避。最后一个问题也是如此。民事诉讼程序是法律推理彻底的保证,同时也保证法律推理所依据的事实有充分的证据。在挪威法律中,这些规定明确于《挪威民事诉讼法》(*Tvisteloven*,17 June 2005 no. 90)并受其保护,特别是其中第 1-1 条和第 11-3 条。

研究表明,约瑟夫森等人用于检验"弱"式溯因推理的方法,不太适合转为法律推理领域的溯因推理。这一发现为通过更协同适应于法律推理范式本身的方法来检验溯因法律推理的理论开辟了道路。关于这一点的理论阐述,可能会在其他著作中得到进一步发展。其中涉及的一些出发点见下文。

[①] Josephson, J., and S. G. Josephson, eds, *Abductive Inference: Computation, Philosophy, Technology*. New York: Cambridge University Press, 2004. 见第 14 页。

3. 溯因推理、最佳解释推理(IBE),及两者的比较

3.1 导言

如上文所述,一些学者对"最佳解释推理"和溯因推理是否真为同一现象提出了质疑,指出溯因推理是基于直觉的,而前者则更具有解释的性质。[①] 两者之间存在的差异,正好可以解释专为法律推理而设计的一种适当的溯因推理形式。下文进一步阐述:溯因法律推理无疑是基于直觉的初始想法("像一束闪光")和后续对这些想法的一套可行解释的结合。

应该注意的是,传统的"最佳解释推理"专注于产生一系列可能的选择,并旨在选出其中的最佳解释。然而,法律推理则侧重于鉴定"像一束闪光"出现在相关主体面前的第一个解释。如果与第一种解释相关的法律推理存在缺陷,裁决者可以继而寻求另一种解释。因此不难想象,相关主体可能会发现多个可能的解释,如发现了三个,接着在鉴定过程中将其中两个剔除在外。在这种情况下,不管是传统的,还是法律推理下的"最佳解释推理",两者之间存在一致性。

然而,在法律推理中找寻的要点,显然是鉴定出最佳解释的方法。那么,决定解释质量好坏的参数有哪些?我们需要的是一种对所获得的解释进行审查的方法,以确定其质量。笔者认为,评价解释的方法与"比较"(comparison)的过程密切相关。因此,在法律的溯因推理中,一个重要的因素是"比较",且具体的比较操作(comparing operations)也很重要。

3.2 法律推理中的比较

在文章开头安妮观察迈克和哈里的例子中,缺少了"比较"这一元素。同样,在其他有关事实解释的溯因推理中也并不存在"比较"。然而,"比较"几乎总是存在于法律推理中,它实际上对裁决极为重要。之所以如此,是因为要归类的事实性事件或关系几乎不可避免地必须与所建议的规范的含义进行比较。当质疑某种解决方案是否与德沃金观念(Dworkinian sense)相"一致"时,人们实际上是在问事实和规范之间的比较是否产生了令人接受的相似性。这种相似性的高

[①] Park, W., *Abduction in Context: The Conjectural Dynamics of Scientific Reasoning*. Cham: Springer International, 2017, 25ff.

低,取决于在规范的意义上和手头的事实中存在的相应或等同的特征之总和。我们通过一系列给定的角度来比较两者的不同元素,从而得到这一总和。

在这方面,需要注意的是德国理论家拉德布鲁赫(G. Radbruch)的观点:对两个对象之间是否存在相似性的判断,取决于所采取的视角。① 两个事实对象从某一个法律视角看可能相似,而换一个视角就会变得不同。比如说,如果是从保护公园里脆弱的鸟类的角度出发,不管是猫还是狗,在人们看来是一样的。因此,禁止狗进入公园的规则可以类比适用于猫,以达到相同的目的——保护鸟类。② 然而,在其他法律规定的情况下,如在避免危险的狂犬病方面,猫和狗可能被视为截然不同的对象。因此,要研究哪些方面的相似性,哪些方面的差异性,取决于所讨论的法律规范的目的以及法律情境。这个例子涉及类比(analogy),类比特别强调一定的相似性。同时,"比较"这一因素也确乎主要在类比推理中脱颖而出。③ 而笔者认为,"比较"这一过程对于常规的法律推理也至关重要,其在解决更直接的将事实归类于特定规范的问题时起到显著作用。

上述例子证明,"比较"的确至关重要。然而,在描述法律推理的文本中,"比较"的过程本身却被忽视,当然也没有提升到理论的高度。因而重要的是,我们进一步探讨"比较"在作为溯因法律推理的一部分时的性质。此外,"比较"是用来衡量最佳法律解释的候选(candidate)的一个重要因素。融贯性(coherence)的思想可以指导人们寻找被调查对象之间的相似性和差异性,因此融贯性指示相关的比较,或者更准确地说,指示被比较的两个事物的共同点(tertium comparationes)。无论从什么角度看,只要对象 A 和 B 之间存在相关相似之处,就法律后果而言,就有理由将这两者归于同一范畴——"法律效力"(Rechtwirkungen)。

基于维特根斯坦(L. Wittgenstein)提出的"家族相似性"思想(family resemblance)的比较,往往是解决棘手案件时的关键操作。因此,可以采用"家族相似性"的哲学思想来更好地理解解决法律问题的过程。④ "比较"因而也成

---

① Radbruch, G., *Rechtsphilosophie*. 6th ed. Stuttgart: Koehler Verlag, 1963. 见第 123 页。
② 该例转引自 Hans Petter Graver(2008)。参见 Graver, H. P., *Juridisk overtalelseskunst* (*The Art of Legal Persuasion*). Oslo: Universitetsforlaget, 2008。
③ Langenbucher, K., Argument by analogy in European law, in *Cambridge Law Journal*, 1998,57(3), pp. 481 – 21.
④ Wittgenstein, L., *Philosophical Investigations*. Trans. G. E. M. Anscombe. Oxford: Blackwell, 1992. 见 notes 65 – 7。

了衡量解释的最初候选时的一个重要部分。通过将提出的解释中的各种要素与将从属于一个规则的事实要素进行比较，人们可以得出该解释质量如何的结论。下面将对这一点给出更详细的解释。

3.3 法律推理包含"双重溯因"

需要注意的是，选择哪些属性进行比较是由溯因推理决定的。关于将事实对象的哪些属性和理想的规则类型进行比较，这一想法"像一束闪光"出现在裁决者面前。相关主体将他的法律背景知识与要归类的事实和"融贯性"的思想结合起来，以筛选出要进行比较的属性。

此外，谨记溯因推理的核心是基于头脑思维对背景知识的利用而产生的创造力、想象力，以最终达到创新。头脑在观察到的现象和背景知识之间建立联系，以构成新的想法。如上所示，只有在一方提出了期望的法律立场之后，也就是猫主人希望把他心爱的动物留在公寓里，新的想法才会形成。

当一个法律解释或范畴的想法被构思出来，接着就开始了衡量筛选最佳解释。在这一点上需要指出，在法律推理中，溯因的要素也会出现在提供最佳解释的过程中。因此，在结构上存在着与法律推理相适应的"双重溯因推理"（double abduction）。这是研究项目所依据的理论中一个非常核心的重要思想，同时也是"比较"过程崭露头角的出发点。在结构上，法律推理围绕着事实是否符合规范这一问题展开，其基于事实与一个规范在言辞之间所表现的理想事实类型之间的比较。

"室内猫案"可以表明，事实和理想的效果给裁决者带来了这样的假设：禁止性法规不适用于安静的室内猫。因此，事实（安静的室内猫）与应被禁的目标理想类型（一只吵闹的狗）进行了比较。在处理法律问题时，裁决者要寻找事实中的猫和应被禁的动物的理想类型之间的相似和异同。这些相关的比较点在裁决者背景知识的基础上，"像一束闪光"出现在其面前。同样，在这一点上用到了溯因推理。

这仅是其中一个在解决法律问题的心智活动过程中发生的溯因推理的例子。事实上，在解决一个法律问题的过程中，往往会有大量的溯因推理行为。然而，"双重溯因"这一术语最能体现两种"像一束闪光"一样出现的洞见：(1)法律范畴的候选和；(2)相关待比较的属性。

3.4 最佳解释推理、比较和融贯性之间的关系

要想合理决策,一个不可或缺的特征是提供一致的解决方案。融贯性的思想和原则认为,相似的事实案例应该被法律相近对待。这是西方世界的法治和法律安定性(Rechtsicherheit)思想中的一个重要因素。

因此,人们需要一些工具来判断两个事实对象或事件是否确实相似。在这方面,显然要调查两个对象之间的相似性和差异性。因此,在确定两个对象之间的某种相似性或差异性是否明确相关的心智活动之过程中,进行比较是至关重要的。

在此背景下,重要的一点是承认"比较"是基于融贯性概念进行法律推理的重要基石。例如,"比较"是类比推理(analogical reasoning)的一个重要组成部分。正如笔者在过去的文章中认为,"比较"对于导致产生溯因推理的类比推理来说至关重要。[1]

从根本上来说,发现相似性和差异性相当简单。然而,可以更深入地阐述检测异同的过程,以提供一种有用的工具来分析法律推理,特别是法律推理在融贯性思想方面的性质。因此,融贯性的思想对于溯因的第二步和衡量最佳解释推理来说很重要,追求融贯性的目的将指引我们寻找相关的异同。这一立场与艾玛亚关于最佳解释推理在法律推理中的使用的说法一致。[2]

因此,前文最近一个例子中的猫可以归为一类应该禁止进入公园的对象,因为它们具有不理想的特性——仍会干扰脆弱的鸟类。这是一个为了实现融贯性的溯因推理。这一过程的本质是所描述的一系列循序渐进的元素,可以通过哲学(如维特根斯坦的"家族相似性"理论)和认知心理学等支撑学科的运用来彻底研究。当然,总体而言,一般意义上的溯因推理的丰富成果将被用来进一步研究溯因法律推理的本质。[3][4] 对法律推理中溯因推理的改进和明晰的阐述,或许能

---

[1] Askeland, B., Om analogi og abduksjon (On analogy and abduction), in *Tidsskrift for Rettsvitenskap*, 2004, 117(4-5), pp. 505-11.

[2] Amaya, A., *The Tapestry of Reason: An Inquiry into the Nature of Coherence and Its Role in Legal Argument*. Oxford: Hart Publishing, 2015, pp. 503-20.

[3] Park, W., *Abduction in Context: The Conjectural Dynamics of Scientific Reasoning*. Cham: Springer International, 2017.

[4] Magnani, L., *Abductive Cognition: The Epistemological and Eco-Cognitive Dimensions of Hypothetical Reasoning*. Berlin and Heidelberg: Springer, 2010.

为更具实践意义的实证研究提供一个有益的理论基础。

3.5 溯因和"溯源"演绎推理

前文的阐述表明,通过法律推理来解决一个法律问题包括双重溯因。首先,溯因出一个法律范畴的候选;接着,将手头的事实和选定的法律范畴产生的理想类型进行比较,溯因出一个候选。后者可能经常受到作为裁决者背景知识一部分的融贯性思想的引导。

在这一平台上,"强"式溯因推理可作为一种用来认定溯因推理中法律范畴的手段而发挥作用。继而这又成了一个"比较"的问题,实际上更像是一种演绎(deduction),基于事实对象和理想类型的属性的相似性和差异性。

在"室内猫"案中,法律针对的目标宠物(恼人的狗)和事实当中的(安静的)猫相比较,也就是事实(安静的室内猫)与应禁止的动物的目标类型(吵闹的狗)相比较。比较的相关要点在人的背景知识的基础上,"像一束闪光"出现在裁决者面前。

这样,事实中的猫以及基于理想规范的猫的相关属性就很容易在裁决者的背景知识基础上显示出来。至于在剔除候选的过程中,"比较"是演绎推理(deductive inferences)的一部分。如果裁决者发现规范的理想类型和事实对象之间存在相关相似性,如理想类型和事实对象都可能在公寓楼里留下粪便,那么这种相似性就意味着要将事实置于规范之下。相应地,发现的差异[如室内猫很安静,而本来针对的目标类型——"狗"很吵闹]可以说明,不应该把事实归入规范之下。像这种从最初的溯因推理中继续下去的演绎推理,在许多法律领域都为法律专家所熟知,但并没有人命名并揭开这其中模糊不清的过程。这一观察要求我们进行有关研究,以提高解决法律问题的过程之合理性。

4. 溯因法律推理的潜能

令人兴奋的是,在已解决和未解决的法律问题领域内,许多操作都以溯因推理为核心,其特点是用"比较"来实现某种融贯性,哪怕解决问题的行为主体完全没有意识到使用了溯因推理的模式。因此,有理由相信,通过不断探究溯因推理来提升其透明度、合理性和洞察力,就改进我们在西方世界所熟知的解决法律问题的方法方面,本身具有很大的潜能。

这种潜能建立在一种可能之上，即当人们在特定的知识背景下面对某种观察到的现象时，思维构造方式是相同的。当然，这可能是一个有些自负、大胆的预设。然而，许多哲学著作都确乎坚持对人类理性中一系列共同特征趋于有共同性的见解。最重要的是，这一预设是康德(I. Kant)哲学的重要基石，首要地可参见《纯粹理性批判》。① 因此，这并不是一个牵强的预设，我们有理由认为哪怕是仅仅用来作出推断的法律推理，对所有裁决者来说也都相同，或者至少说，在溯因推理的心智活动上有足够的共性，足以提出一般性意见。从这些思考中得出的一个推论是，越是能够将背景知识从主观预设中剥离出来，溯因法律推理的潜能就越大。尽管如此，即便在裁决中存有一些主观因素，在作为理解所涉及的推理过程的指导工具——溯因推理和最佳解释推理的结构基础上去分析法律推理，结果也会是卓有成效的。

　　一个可期待的想法是，在所有将事实要素置于规则之下的法律推理中，裁决者必须在比较的基础上进行推理。在事实要素和相应规范要素之间进行比较，考虑规则所定下的结果是否应该生效非常必要。溯因法律推理这一理论的潜能，更在于厘清已完成的法律推理案件中系统性出现的一系列推理过程。此外，文中论述的系统性方法，或许还为法律推理中迄今未形成理论的"比较"因素提供了一个合理的框架。为了利用该方面的潜能，还需要进一步研究。

---

① Kant, I., *Critique of Pure Reason*. Unified edition. Trans. W. S. Pluhar. Indianapolis and Cambridge: Hackett Publishing Company, 1996. (Orig. pub. 1781; 2nd ed. 1787.)

法治话语专论

"和合共生"法治话语与生物安全刑法观

张可* 张勇**

摘　要：在生物安全领域，人类中心主义学说和非人类中心主义学说均存在理论缺陷。基于中华传统文化中人与自然、社会和谐共生的和合文化，我国应当确立"和合共生"的法治话语，根据生物安全法益二元结构，确立风险预防的刑事法治理念。通过对生物安全的分级分类保护，发挥行政前置法的刑行衔接作用，构建生物安全保障的刑法体系。

关键词：和合共生　生物安全　风险预防　刑法体系

一、问题的提出

当前，生物安全已成为我国乃至世界重大安全问题和重要挑战，新冠肺炎疫情的爆发和蔓延意味着整个人类面临严重的生物安全风险，"贺建奎基因编辑婴儿案"敲响了人类遗传资源安全的警钟。生物技术为人类社会发展提供蓬勃动力时，也使得人们深深地忧虑生物技术发展过程中所产生的不确定性和风险性。生物安全关系到国家安全、人类安全与个体安全，是关乎人类命运共同体的重要法益，不仅涉及人类整体的利益，而且涉及民众的生命、健康等重要法益，需要法律提供强有力的保障。

党和国家高度重视生物安全问题，将生物安全作为总体国家安全的重要组成部分。然而，我国与环境相关的法律起步较晚。中华人民共和国成立后，为迅

---

* 张可，华东政法大学刑事法学院2020级硕士研究生，研究方向为刑法学。
** 张勇，华东政法大学刑事法学院教授，博士生导师，研究方向为刑法学.

速建立法律制度,我国的相关立法受西方的制度和价值体系的影响,所产生的后果是直至今日,在对于如何处理人、社会、自然三者之间的关系的问题上,我国仍受到西方环境伦理观的掣肘,在国际社会上长期缺乏法治话语。2017年,习近平总书记在中国政法大学考察时强调,我们需要以我为主、兼收并蓄,用正确的法治理论引导法治实践。如何从中华优秀传统文化中汲取资源,在生物生态环境问题上,建立一套符合我国民众法感情与价值观的法治话语,并用其指导制度建设与法治实践,成了法律工作者在新世纪无法回避的重点课题。

近些年来,我国一直在国际社会上倡导"人类命运共同体"思想。2019年,在第二届中国国际进口博览会上,中方提出的"和衷共济、和合共生"的全球治理之道,在国际社会凝聚起构建人类命运共同体的广泛共识。其中的"和合共生"这一概念来自于中国古代传统文化,习总书记曾评价说,"和合"文化是"中华文化的精髓之一""我们追求人与自然之间的和谐,经济与社会的和谐"。"和合共生"思想蕴藏着传统文化"天人合一"的自然观,体现了平等包容的文明观,更彰显出合作共赢的发展观。① 十九大报告指出,"我们要建设的现代化是人与自然和谐共生的现代化。""和合共生"的价值倡导是"人类命运共同体"理论的延伸,契合国家治理需求。同时,作为探究人与自然、人与社会关系以及利益衡量的思想主张,"和合共生"也蕴藏着法治思想。我国于2020年10月颁布实施的《生物安全法》立足于维护国家生物安全,明确了八大类生物安全问题。作为法治利器,刑法需发挥预防功能,以积极应对生物安全风险。《刑法修正案(十一)》对生物安全领域的犯罪作出了新的规定,进一步加强了生物安全的刑法保障,实现了与生物安全立法的衔接协调。在新法出台的背景之下,重构生物安全相关法律制度的价值起点,用法治理念来助力制度实践,是我国刑法与时俱进、完善生物安全刑事法治保障的重要举措,对维护国家安全和生物安全具有重要意义。

二、"和合共生"的传统文化与法治话语

法治话语是国家治理体系和治理能力的重要基础和表现形式,它并没有统一的评价标准,关键是要考察法治话语与国家治理的实际需求是否相契合。新时代的法治国家建设,必须构建具有中国特色的法治话语体系。在生物安全领

---

① 参见卢静:《中国特色大国外交话语体系构建刍议》,载《教学与研究》2018第9期。

域,无论西方国家的"人类中心主义"还是"非人类中心主义"都难以体现人类、自然与社会和谐共生的价值,无法兼顾"发展"与"保护"的价值目标。和谐社会在本质上就是法治社会,蕴含中国传统思想文化的"和合共生"作为我国构筑法治国家、法治政府、法治社会进程中的重要法治话语,应当同样成为我国构建生物安全法律体系的指导思想。

(一) 西方环境伦理观之争

在人与自然的关系中,西方学者提出了人类中心主义学说,即将人类作为观察事物的中心,人类是主体,自然是客体,人类的一切活动是为了满足自己生存和发展的需要。古希腊普罗塔哥拉的"人是万物的尺度"常被看作是最早的人类中心主义的思想表达;中世纪神学和传统基督教义认为,上帝创造人就是为了让人统治万物;文艺复兴时期,人在自然界的主体性和能动性得到强调,此后的哲学家认为人反映了整个宇宙;[1]16、17世纪自然科学的发展使人类中心主义得到进一步强化,以笛卡尔为代表的机械论世界观认为,人可以通过科学手段成为自然的主人和所有者[2]。这些学说都反映了人类中心主义思想。然而,人与自然之间并非人类单向度作用于自然,自然界也并非是与人类社会对立的独立世界。当人类通过劳动与自然界发生物质交换时,人类和自然就已成为一个整体。[3] 由于人类中心主义存在忽视环境灾害和割裂生态系统的整体性等问题,加之进入20世纪后,工业文明的发展带来越来越多的生态环境问题,人类中心主义遭到了诸多环境学家的批判。此时,强调人与自然平等的非人类中心主义得到推崇,成为治理生态环境问题的主流学说。非人类中心主义包括了"动物权利论""生物中心论""生态中心论"三大主流学派。[4] 其中,动物权利论者认为,权利的主体范围不仅仅包括人,还包括动物,中枢神经系统发达的动物同样应该受到人的道德关怀;生物中心论者则是在动物权利论的基础上进一步扩张权利主体的范围,将所有生物都包含在内,敬畏生命是其核心价值;生态中心论的核心思想则是将整个生态系统,包括水、山川、土地等非生命体,都囊括在权利的主

---

[1] 参见刘建伟、禹海霞:《西方环境伦理思潮的主要流派述评》,载《西安电子科技大学学报(社会科学版)》2009年第3期。
[2] 参见叶冬娜:《中西自然概念的历史嬗变与自然观变革的实质》,载《自然辩证法研究》2021年第2期。
[3] 参见赵成、于萍:《马克思主义与生态文明建设研究》,中国社会科学出版社2016年版,第138页。
[4] 参见杨通进:《人类中心论与环境伦理学》,载《中国人民大学学报》1998年第6期。

体范围内。这三大主流学派虽然对权利主体的范围认定各不相同,但是三者的共同特征都是认为人并非是唯一的权利主体,强调整体主义立场和权利主体的平等性,主张应从自然本身利益出发保护自然。① 虽然非人类中心主义展现出更高层次正义的伦理道德,但是非人类中心主义同样存在着诸多问题。其中,最大的问题就是这一主张过于理想化,不具备可操作性。非人类中心主义强调自然和人具有绝对同等的主体地位,这就要求人在制定法律规则时做一个超然的中立者,在人类和自然万物之间公平地分配权利和义务。但事实上,人很难摆脱自己的各种立场来实现绝对中立,人也不可能真正代替自然来回答它应当享有何种权利。最终,这样的主张只能作为法律文书上的理想道德,无法照进现实。其次,作为一个承担着14亿人口民生福祉的发展中国家,中国仍有消耗大量环境资源的客观需求,短期内不可能进入到种际公平的时代,无法舍弃产业发展的需求,绝对地尊重非人类物种的权利。

应当看到,西方学者创建的价值观和学说理论受社会发展影响,在不同历史时期有着不同的价值主张。无论是人类中心主义还是非人类中心主义,都是西方世界提出的环境伦理观,是在西方思想文化土壤中结出的果实。不同国家的社会治理和法治运行状况各不相同,世界上并不存在单一的价值观和治理模式,关键看一个国家的法治理论与其社会发展需要是不是相契合。② 非人类中心主义学说在西方可能行之有效,但移植到中国可能就会产生"南橘北枳"的窘境。在法治话语的构建中,如果忽视中西方政治制度的差异,忽视地缘政治,忽视本土法治民情,所导致的只会是本土问题意识虚无与自有话语权退缩的境况。③

(二)"和合共生"的传统文化

其实,对于"人"与"天"关系的思考,一直绵延于中国古代哲学发展史上。从语义上看,"和合共生"中的"和"来源于"和谐"一词,最早用于描述音乐。《尚书·舜典》有言:"八音克谐,无相夺伦,神人以和。"意指八种乐器的声音能相互调和,乐声井然有序,人类和神明则都会得到和谐。"和"字有求同存异、对立统

---

① 参见张锋:《通往自然之路:人与自然关系和谐化的法律规制》,中国环境科学出版社2010年版,第47页。
② 参见孙家红:《讲出我们自己的法治话语》,载《人民日报》2019年3月25日,第10版。
③ 参见钭晓东:《论新时代中国环境法学研究的转型》,载《中国法学》2020年第1期。

一的含义,正所谓"君子和而不同"。① 除此之外,"和"还有调和、恰到好处之意。"合"指矛盾的双方相互配合、作用,成为统一价值整体。在儒家文化中,"和"是政治伦理学说的中心内涵和价值追求,"天人合一"是"和合"文化的核心思想,"中庸之道"是"天人合一"的实现方法。儒家文化从整体角度探究人与自然之间的互动关系,董仲舒提出:"事物各顺于名,名各顺于天。天人之际,合而为一。"这一论断强调了遵循自然规律,人与自然皆为一体的思想。《礼记》对于"大同社会"的刻画,更是将儒家思想追求人、自然、社会和谐共生的价值追求描摹得淋漓尽致。在道家文化中,也有相似的主张。《庄子》曾言:"天地之德者,此之谓大本大宗,与天和者也;所以均调天下,与人和者也。与人和者,谓之人乐;与天和者,谓之天乐。"可见,中国古代的传统思想将人与社会和谐、天地自然和谐作为共同的价值追求。"和"的本质是描述多元、多样事物遵循一定规则而达成的适当的稳定状态;"合"则强调多元事物融合后的整体性。当"和"与"合"有机结合成为"和合"一词时,意指万物融洽协调的理想状态。自然、人际、社会、国家等诸多要素相互对立统一,凝聚成为统一的价值整体,共同实现人类社会的发展理想和价值追求。

"共生"一词最早是指生物共生(biological symbiosis),由德国植物学家德·巴里(A. De Bary)在1878年提出。② 之后,生物学家及生物哲学界都对"共生"的概念作了不同维度的解读。所谓"共生",是指"人与自然之间、人与人之间,关于资源所形成的关系,是人的基本存在方式"。③ 随着20世纪50年代"共生"这一概念被引入社会科学领域,其性质也演变为研究社会人文问题的一种社会哲学概念。从本质特征来看,"共生"可以概括为:不同生物之间互相支持、互相作用、互相利用的一种紧密的社会关系或生物现象。"共生"以"和合"为前提,"和合"以"共生"为目的。人与自然的"和合共生"体现为,要尊重自然、顺应自然、保护自然。万物"和合"而生,"和合共生"是一切事物产生的根本法则,是事物通过互利竞争来实现共同发展,是事物冲突融合的理想状态。"和合共生"是对中国古代传统文化中的环境伦理观和自然法思想最准确的概括,也是最贴合现代中国国民朴素法感情的法治理念与生态价值观。

---

① 参见孙国华、龚刚强:《和谐社会的法治基础》,知识产权出版社2012年版,第3页。
② 参见杨仕健:《关于"生物共生"的概念分析》,载《自然辩证法通讯》2019年第6期。
③ 参见胡守钧:《社会共生论》,复旦大学出版社2012年版,第3页。

(三)"和合共生"的法治话语

法治话语是国家法治内容的综合表达,集中表达为法治理念和知识体系。法治话语彰显着一个国家国民对于法治的价值信仰,能够折射出本民族的思想、文化、历史、语言,更体现了一个国家所处的现代文明形态。在功能上,法治话语不仅是控制意识形态的手段,更是促使人们接受法治的方法。[①] 在我国传统法学理论中,关于法益的学说基本上都是围绕着"人的利益"或者"人类社会的利益"展开,包括人的生命、健康、财产、社会秩序等。[②] 这种对法益本质的理解,主要是受人类中心主义伦理观的影响。然而,不论是人类中心主义还是非人类中心主义,都过分强调绝对的主导或绝对的平等,无法适应新时代防范生物安全风险的需求。

如前所述,"和合"是万物融合的理想状态,强调生态系统整体性的特征,意在强调权利的主体不仅包括人类,还包括生态环境利益,其本质是追求自然和人的共同发展。"和合共生"的价值观要求人类在处理自然与人类社会的关系时,尊重环境生态法益的独立地位;在处理生态环境与人类利益的冲突时,以实现二者长远的共同发展为目标。必须指出,"和合共生"并非一种折衷主义,它并不是在两种主义之间摇摆不定,而是基于我国国情作出的立法理念倡导。人类中心主义和非人类中心主义都企图在人类与自然之间寻求"权利的主体",以期通过明确主体,进而围绕主体制定一系列的权利义务。日本在20世纪70年代,围绕环境权展开过激烈的探讨。然而,环境权在日本遭遇了"普遍怀疑、普遍拒绝"的困境。日本在立法、司法和行政中都没有推广环境权的概念,最大的原因在于环境权无法明确权利主体、无法明确具体内涵、无法明确责任义务。[③] 人与自然处于一种对立统一的状态,在不同的历史发展时期、在不同的生态事件中,甚至在不同地域的生态环境中,享有优先性的权利主体都应该是不一样的。例如,我国很早就在不同地区制定了不同的污染物排放标准,京津冀等大气污染传输通道城市的大气污染物排放限值比国家标准更为严苛;在新冠疫情防控期间,全国各地根据疫情的差异,发布不同的风险等级,执行不同力度的防控政策。这些差异

[①] 参见陈金钊:《"中国法理学"的特点及修辞方式的改变——社会主义法治话语体系建构的基础研究之二》,载《甘肃政法学院学报》2017第5期。
[②] 参见张明楷:《法益初论》,中国政法大学2003年版,第166页。
[③] 参见徐祥民、宋宁而:《日本环境权说的困境及其原因》,载《法学论坛》2013年第3期。

性的政策,本质上就是根据实际需求,在人类社会和自然之间寻求平衡和共生,以实现双方的利益最大化。在人类与自然的利益冲突中,法治只能维持动态的平衡,无法确定绝对的权利主体及其权利优位性。因此,以"协调各方,共同发展"为核心的"和合共生",是当下最符合我国国情的法治话语。横向上,它要求立法者在制定与生物安全、环境生态相关的法律制度时,兼顾人类社会和生态系统的利益,兼顾我国和其他世界各国的利益;纵向上,它要求不能局限于短期利益,而是追求可持续发展的目标,兼顾代际平等,以此实现整体主义的生态正义,创设一种人与自然、社会的公平、和谐之法秩序。

三、"和合共生"与生物安全法益保护

立法理念直接影响刑法的规范构造和法益内涵。我国自《刑法修正案(三)》开始就不断增设、修改有关生物安全刑法的条文,但因受制于我国的立法技术和工业发展的需求,我国刑事立法和刑法学界一直未能就生物安全刑法的立法理念达成相对统一的观点。此次《生物安全法》和《刑法修正案(十一)》相继出台,二者共同构筑了我国生物安全相关立法的基础,为明晰生物安全问题的立法理念和法益内涵提供了新的实践依据。

(一)"和合共生"的生物安全立法理念

《生物安全法》是生物安全立法体系中最为重要的基础性、综合性法律。该法第一条开宗明义地规定了立法宗旨,其中"促进人类命运共同体建设"的表述,表达了我国期望通过维护生物安全,实现人类社会"和合共生"的美好愿望。该法第二条对"生物安全"保护的对象作出了界定,即"人民生命健康和生态系统",这也就意味着《生物安全法》的立法理念并非主张人类中心主义的价值观,而是协调各方发展的整体主义立场。作为我国在生物安全领域第一部综合性、系统性的法律,《生物安全法》对于构建国家生物安全法律法规体系,推进人类命运共同体建设,提升国家安全治理能力具有非常重要的意义。[1]

在《生物安全法》中,除了明确生物安全的基本含义以及立法宗旨外,"和合

---

[1] 参见莫纪宏:《关于加快构建国家生物安全法治体系的若干思考》,载《新疆师范大学学报(哲学社会科学版)》2020年第4期。

共生"的法治理念也体现在生物安全保护的法律原则当中。该法第三条规定了《生物安全法》的四大基本原则：第一，以人为本。在法学研究的视野里，"和合共生"包括了公民个体与个体之间的关系，其次是人与自然界之间的关系。前者为法律直接调整的对象，后者为法律间接调整的对象。公民个体之间的关系是生物安全法调整的主要内容，要通过明确生物技术开发和创新的尺度与边界，维护人类的整体利益和个人的基本权利。并且，通过调整人类活动的边界，保障动物、植物、微生物等生物的多样性和生态系统的稳定，使各要素在人类社会发展过程中形成动态平衡，实现对人与自然关系的间接调整。第二，风险预防。生物技术与其他科技不同，一旦生物技术出现滥用或者误用，其危害将直指人类赖以生存的生态环境。加之作为新型科技，人类未能完全预测和控制生物技术所产生的危害。因此，为防范重大风险，兼顾人类发展的代际公平，当与生物有关的行为、活动可能对人体健康、生态环境以及国家安全造成严重危害时，必须采取谨慎态度。对于没有确切科学证据证明无害的生物技术活动，应当采取预防措施，以防止该危害的发生。[①] 第三，分类管理。生物安全的范围具有外延性，横跨多个学科，涉及多领域的不同科学技术。在生物安全风险从风险初期到最终结果产生的整个发展周期过程中，应当针对不同类型的生物技术、根源和风险等对象以及相关活动，分别制定不同类别的管控措施。[②] 第四，协同配合。生物安全防控和治理体系的建立，需要政府、公众、企业、社会团体等多部门共同协商协作。国际社会也需要秉承人类命运共同体的精神，为防范生物安全风险寻求国际共识。本次《生物安全法》出台，虽未明确生物安全法益的具体内容，但其强调保障国家安全和生态系统可持续发展的立法内容和基本原则，已然体现出我国在生物安全问题防范上立足整体主义视角，兼顾各方利益的立法理念。

（二）"和合共生"与风险预防刑法观

由于生态系统是一个普遍联系的开放性整体，当人们检视生物安全法治的秩序期待时，必须立足于整体主义立场之下，生物安全所面临的损害风险便是最好的分析样式。《生物安全法》明确了生物安全的种类及其保护体系，主要包括动植物检疫及公共卫生健康管理、生物多样性保护、防范外来物种入侵、微生物

---

① 参见吕忠梅、高利红、余耀军主编：《环境资源法学》，中国法制出版社 2001 年版，第 94 页。
② 参见秦天宝：《〈生物安全法〉的立法定位及其展开》，载《社会科学辑刊》2020 年第 3 期。

与生物实验室安全、基因编辑技术和人类遗传资源管理、危险病原体及生物毒素管理、生物恐怖袭击与生物武器管制。上述每个方面都意味着生物安全的法律风险。生物安全风险有以下主要特点：(1)不确定性。生物技术的实践与应用，伴随着巨大的不可预测性风险及不确定因素，这种不确定性是风险预防原则的核心内容。① 生物技术作为新生的科学技术，人类尚不能对其在生物科学中的应用和发展以及微生物研究的后果进行准确预估和防范。同时，生物安全风险一旦转化为现实，所造成的危害往往不可逆转并且持续累积。(2)整体性。一般的社会风险具有局部性，生物安全风险则相反。由于地球上的生态系统是一个整体，一个国家和地区爆发生物安全风险，往往会由于生态系统的传导效应而产生"牵一发而动全身"的效果，使得风险波及人类社会整体。(3)多样性。生物安全风险与环境污染风险的累积损害不同，它是一种多样性风险，涉及伦理、医学、生物、环境保护、政治学等多领域学科，并且当不同领域的生物安全问题交织在一起时，会衍生出新的社会风险。(4)人为性。大多数生物安全风险由人类活动直接或间接引发。生物安全风险具有可预估性，这也要求刑法积极对人的行为作出干预，及早遏制生物安全风险的产生，将刑事保障提前化，设置以危险犯和行为犯为导向的犯罪圈。风险预防理念的目的是设法控制不可预测的风险，并使风险能够尽量公正地分配承受。② 生物安全风险具有上述独特的特性，刑法及其相关法规政策需提供配套的救济制度，但承继于西方资本主义的既有法律制度的核心是私权利。受机械论世界观和康德的"目的论"影响③，西方哲学家在法律制度的构建之中将人类中心主义和个人优位主义发挥到了极致。以侵权法制度为例，其保护的核心就是个人权利，但期待以私权为核心的侵权制度能救济公共领域发生的生物安全损害几乎是不可能的；同样，在刑法上，传统刑法在长期发展的过程中，也体现出刑法的本源性价值在于保护个人利益和自由。倘若将生物安全保护强行纳入现有的法律体系中，就会产生一个尴尬的窘境——必须为生物安全寻找权利主体。然而，这样的要求实质上抹杀了整体性生物安全利益存在的法治空间。④ 正因为个体主义导向的制度体系对于防范生物安全风险存在制度供给不足的问题，近几年学界对以国家和政府为风险防范中心的

---

① 参见薛晓源、周战超主编：《全球化与风险社会》，社会科学文献出版社2005年版，第381页。
② 参见劳东燕：《刑法基础的理论展开》，北京大学出版社2008年版，第10页。
③ 参见[德]康德：《道德形而上学原理》，苗力田译，上海人民出版社1986年版，第80页。
④ 参见邓海峰：《生态整体主义视域中的法治问题》，法律出版社2015年版，第6页。

"风险预防"理论颇为关注。

作为一种法律理念,"风险预防原则"较早地出现在生态环境保护领域,法国环境部部长巴尼耶首次将该原则引入法国《环境法典》。如今,随着越来越多的国际公约将风险预防原则纳入其中,风险预防原则已经成为国际社会处理生物安全问题的基本原则。预防和控制公共风险是现代法治的重要功能,而风险社会下的法律治理更能检验其运行的有效性。将风险预防原则确立为生物安全立法的基本原则,是由生物技术发展所带来的高风险性与和谐社会的价值目标所决定的。现代各国刑事政策逐渐强化安全需求和刑罚,刑法随之被赋予了预防与控制社会风险的功能,以此回应人类的"安全需求"。在风险社会的背景下,刑法的预防功能进一步得到强调,预防刑法主张扩张刑罚的适用范围,将刑事违法性的判断前置化,刑罚处罚的依据由以损害结果的出现为标准转向以危险行为的出现为标准,倡导在危险出现端倪时,刑法便积极介入,从而遏制危害的产生。① 在刑事立法上,一般表现为刑法的提前介入,抽象危险犯的设立,预备行为、帮助行为的犯罪实行化,降低入罪门槛。② 法律是利益关系的规范表达,它的作用和任务在于承认、确定、实现和保障利益。③ 和谐社会实现的主要路径就是从化解存量风险和防范增量风险两个维度出发,共同提升风险治理能力,妥善解决社会发展过程中人与人之间的矛盾和对立情绪。这就要求法律和社会规则及早注意社会内外部现存的和潜在的风险,防止风险的升级和扩散,创造人与人、人与自然和谐共处的生存空间。生物安全风险作为一种整体性的社会利益,无法归属于私权法域,但在公法领域却有适配的空间。刑法作为最为重要的公法部门法之一,在构建生物安全体系中具有重要作用。在刑法学界,普遍形成了"法益保护是刑法的核心任务"这一基础共识。④ 因此,在刑事立法领域,重构生物刑法法益,将其与生物安全立法理念结合,应成为生物安全法治革新的方向。

(三)预防刑法观下的生物安全法益结构

对于刑法来说,生物安全是随着生物技术发展、民众安全保障需求增加而形

---

① 参见劳东燕:《风险社会与变动中的刑法理论》,载《中外法学》2014年第1期。
② 参见利子平:《风险社会中传统刑法立法的困境与出路》,载《法学论坛》2011年第4期。
③ See Smith Rbm, *Jurisprudence or the Theory of the Law. by John W. Salmond*, Political Science Quarterly, 699-702(1903).
④ 参见冀洋:《法益保护原则:立法批判功能的证伪》,载《政治与法律》2019年第10期。

成的新法益,涉及人类安全、国家安全与个体安全不同层面。生物安全法益可分为集体法益和个人法益,前者包括社会秩序、公共利益和国家安全,法益保护的重心在于安全;后者包括公民个人和社会组织的权利自由,法益保护的重心在于自由。安全是自由的保障,而自由是安全的目标,两者是既对立又统一的,这也决定了集体法益和个人法益并不是非此即彼的关系。

欲正确认识并处理集体法益与个人法益二者间的关系,必须回溯到生物安全法益的内涵与功能定位。对此,学界存在法益的"一元论""二元论"和"缓和的一元论"等不同学说。早期的"一元论"主张,个人是法益的唯一主体,法益围绕个人展开,包括人的生命、健康、财产、社会秩序等,唯有如此才能实现法益对刑事立法的限缩。早期"一元论"的主张由于存在过于片面、难以囊括群体性利益、忽略国家和社会对于个人权利的保障作用等诸多弊端,从而遭到许多学者批判。在此基础之上,"缓和一元论"得以诞生。"缓和一元论"将法益的范畴外延,认为法益不仅包括个人利益,也包括可还原为个人利益的国家利益与社会利益。[1] "二元论"则认为,集体法益与个人法益息息相关,集体法益保障个人法益生存和发展的空间。但是,"二元论"否认集体法益与个人法益之间的推导关系,认为集体法益的根本特征恰恰在于不可分配性。[2] 诸如社会经济秩序、国家安全等集体法益,它们虽然与个人法益相关,但是二者之间却有巨大的差别,这些集体法益也不可能完全归属于某个个人。其实,"缓和的一元论"和"二元论"都认为,集体法益可以受到刑法的保护。不同之处在于,前者认为集体法益必须能够还原为个人法益才具有正当性,后者则认为集体法益具有不可分配性,是刑法独立的保护客体。根据公共法益还原考察方式,此类同时保护公共法益和个人法益的预防刑法具有正当性。[3] 不可否认,生物安全具有脆弱性、易受攻击性和不可控制性,属于抽象法益、集体法益,实践中存在认定上的困难。然而,生物安全法益在法律机制上表达为,包括人在内的多种生物主体对于生存和发展的利益需求,因而具备被感知、衡量、评价的现实条件,不能轻易否认对生物安全法益明确性的可能。

---

[1] 参见马春晓:《现代刑法的法益观:法益二元论的提倡》,载《环球法律评论》2019 年第 6 期。
[2] See Roland Hefendehl, Kollektive Rechtsgüter im Strafrecht, Köln u. a.: Carl Heymann Verlag 2002, S. 141,274.
[3] 参见房慧颖:《预防刑法的天然偏差与公共法益还原考察的化解方式》,载《政治与法律》2020 年第 9 期。

但问题是，集体法益是否必须能够还原为个人法益才具有可评价、可衡量性？是否必须将与个人法益无直接关联的公共法益排除出预防刑法的保护范围？本文对此持怀疑态度。如前文所述，整体性是生物安全问题最显著的特征，生物安全利益由全社会共享，无法被某个个体独占。同样，生物安全损害也由全社会共担，并且其所带来的损害后果将影响生态系统和社会的整体功能，无法被分割与确认。"缓和的一元论"所强调的"集体法益可还原为个人法益"之主张，其实是与生物安全风险的本质特征背道而驰的。如果机械地坚持以个人利益为中心的"一元论"，则会使刑法对于新兴法益的反应出现迟滞与缺失。集体与个人的利益之间也不只是简单的保护与被保护关系，国家和社会存在的意义是使多数公民甚至是下一代人得到长远的发展，而这样的价值考量可能会以损害某些群体或个人利益为代价。例如，《刑法修正案（十一）》禁止运用于人的基因编辑技术可能并非从当代人的利益角度进行考量，甚至损害了一部分基因技术发展的利益，其立法意图更侧重于保护下一代人伦理秩序的稳定性。这样的集体法益具有保护的必要，却难以被还原为具体的个人或某代人的利益。

在生物安全领域坚持法益二元论，并且呼唤使生物安全问题回归到以国家顶层制度设计为核心的法权构造，侧重于预防刑法的建设，将会形成新的利益分配秩序。"公民个体生物安全权利——公民个体义务"的制度结构将逐渐转变为"国家生物安全制度设计——社会生物安全政策——公民生物安全权利及义务"的结构。① 这一多方结构需要协调各方利益，使之达到"和合共生"的理想状态。在这样的制度选择下，强调国家顶层制度的设计能力，将个体化的生物安全利益融入整体化的利益分配与风险调控秩序之中，国家和政府的公权力将会得到扩张。因此，也有不少学者担忧，当个人的生活利益存在于立法之前时，围绕个人利益的法益概念才具有对现行法律制度进行评判性研讨的功能。② 若坚持"法益二元论"，无法被还原为个人法益的集体法益会使得法益内容丧失实质的现实基础，公民的法益立法批判机能衰退，进而助长国家主义和刑罚的扩张，侵犯公民自由权。③ 上述观点的合理性值得商榷。"二元论"中的集体法益只是无法分

---

① 参见邓海峰：《生态法治的整体主义自新进路》，载《清华法学》2014年第4期。
② 参见张明楷：《法益初论》，中国政法大学2003年版，第166页；[日]内藤谦：《刑法总论讲义》（上册），有斐阁1983年版，第211页。
③ 参见杨萌：《德国刑法学中法益概念的内涵及其评价》，载《暨南学报（哲学社会科学版）》2012年第6期。

配到公民个人,并非与公民生活割裂。无论是经济秩序、国家安全,还是生态环境法益,都处于我们生存空间的整体之中,能被公民认知和感受。防范生物安全风险的前提便是认识到世界万物有所联系,集体法益与公民个人息息相关,同样具有解释和批判立法之功能。另一方面,承认集体法益的抽象性,并不意味着否定其客观性、独立性,评价和衡量集体法益并非一定要采取法益还原方式。由于法规范的概括性、模糊性,即便是个人法益,也不可避免地带有抽象性。司法实践中,对个案中具体犯罪行为所侵犯的法益判断,也离不开司法者的主观认识和自由裁量。我们虽然主张承认集体法益的独立地位和法益保护的积极功能,但是并不"唯法益论"。① "一元论"所担忧的集体法益对自由主义的侵犯,恰恰是因为将法益概念作为犯罪化的全部标准。对于立法者而言,法益概念并非划定刑法可罚性边界的唯一参考系,"单个法益概念担当不起恰当犯罪化的理论任务"②。立法者可以借助宪法、民法等其他公法来探究制度构建,以及借助损害原则、侵扰原则、温情主义原则、法律道德主义原则等法哲学理念为刑法规范的合法化提供论据,同时限制因刑法范围的过度扩张而导致公民自由克减。疫情防控期间的制度实践也依然证明,这样的法治构造并非无稽之谈。以国家行政为载体来调配各方权利义务,既能维护公民个人的生物安全利益,又能站在社会优位的视角上,化解生物安全利益纠纷。事实上,面临生物安全这样具有整体性、不确定性,甚至损害结果发生具有迟延性特点的风险防御,以公民个体视角为出发点的权利体系具有极强的局限性,无法发挥有效作用,国家防御是目前唯一且最有效的道路。当然,刑事立法并非其中的唯一手段,生物安全立法真正要解决的问题,是如何把法治原则有效地贯彻到生物安全的各个适用领域,推动国家生物安全工作和活动的法治化。③ 架构一套刑法、行政法、民法等多部门法相互衔接、分而治之的法律制度,可能才是解决生物安全问题的关键。

四、构建生物安全保障的刑法规范体系

在生物安全犯罪领域,《刑法修正案(十一)》作了以下立法修改:一是新设

---

① 参见马春晓:《现代刑法的法益观:法益二元论的提倡》,载《环球法律评论》2019年第6期。
② [英]安德鲁·冯·赫尔希:《法益概念与"损害原则"》,樊文译,载《刑事法评论》2009年第1期。
③ 参见莫纪宏:《关于加快构建国家生物安全法治体系的若干思考》,载《新疆师范大学学报(哲学社会科学版)》2020年第4期。

了三个罪名,填补了刑法在相关领域的规制空白;二是修订了三个旧有罪名的犯罪构成,扩大了刑法的处罚范围;三是情节犯的设置,可较为灵活地应对各种犯罪情形;四是将行政法义务上升为刑法义务,使严重的行政违法行为变成刑事犯罪行为。这些修订内容和修订方式正是预防功能导向的积极刑法观的典型体现,很大程度上严密了生物安全保障的刑事法网,体现了"防患于未然"的刑事立法策略。此次《刑法修正案(十一)》修订之后,我国的刑法罪名已能够覆盖主要的生物安全犯罪种类。但是,由于生物安全犯罪有极强的行政从属性,如何区分单纯的行政违法行为和生物安全犯罪,成为构建生物安全法治体系的难点之一。刑法规制的应当是具有高度法益侵害性的犯罪行为,在此前提之下,需要区分不同等级的生物安全风险,为刑法法益识别铺设路径。

(一)分类分级:生物安全刑法保护的前置识别

生物刑法的保护法益是生物安全,但是如何定义生物安全,有不同维度的解读。例如,有的以生物技术种类为标准对生物安全法益进行类型化分析,有的从生物安全风险的强度进行划分,也有的从生物安全风险对人类的影响范围进行分类,等等。在"和合共生"的视角下,法律制度的构建应当兼顾人类社会的发展和生态环境的保护,既要为生物技术的良性发展留下空间,也要发挥刑法防范风险的机能。当然,生物安全之预防刑法也应有其限度。与生物安全相关的刑事政策应当以具有重大紧迫性(即立即采取行动的必要性超过保护公民自由的必要性)以及具有重大社会危害性为标准。同时,刑法也应当保持积极但又谨慎的态度,针对生物安全法益可能遭受侵害的严重程度,设立分类分级的生物安全风险评价制度,配合刑法、行政法进行多层次、等级化的应对。

生物安全风险可以按照被害者范围、被害的急迫程度、社会危害性程度等标准,从低到高分为四级。等级越高,所受到的刑法限制越多。[①] 具体包括:(1)最低级。影响局部地区的生物安全风险,这类风险转化为实害结果的时间较短,但转化为实害后,社会危害性较小。此类犯罪的法益主要涉及生物安全的社会管理秩序,如妨害传染病防治罪、妨害国境卫生检疫罪等。因此,此类犯罪的法益层级较低,应当采取较低的刑法幅度。(2)较低级。影响局部或全部地区的生物安全风险,但风险距离升级为实害结果较远,一般具有代际性特征,实害结果往

---

① 参见姜涛:《生物安全风险的刑法规制》,载《中国刑事法杂志》2020年第4期。

往发生在下一代人上。此类危险一旦转为实害结果,会带来严重的灾害,如涉及基因编辑、克隆胚胎、人类遗传资源、外来入侵物种等领域的犯罪。此类犯罪是否会产生实害,以及实害的具体程度,均具有很强的不确定性,因此不宜设置过于严密的刑事法网,可以将其设置为抽象的危险犯。(3)较高级。影响局部或全部地区的生物安全风险,风险升级成实害结果具有紧迫性,且实害结果一旦发生,就具有严重危害。这里的严重危害可作用于人类社会或生态环境中的任何一方,如造成危险病原体及生物毒素扩散的行为。此类犯罪可设置为行为犯,对其处较为严重的刑罚。(4)最高级。影响局部或全部地区的生物安全风险,风险升级成实害结果具有紧迫性,实害结果一旦发生就会造成巨大的灾难。与较高级生物安全风险不同的地方在于,其实害结果的发生更具紧迫性,危险性程度更高,一旦产生将会对人类社会和自然环境造成双重灾难,且危害后果往往具有不可逆性,如核能泄露、生物恐怖袭击等。对于此类犯罪,要设置最为严苛的刑事限制,必要时可以将某些行为设定为举动犯。

对生物安全风险进行分类分级,是刑法法益识别的前置性条件。作为最为严厉的制度保障,刑法需要保持谨慎的立场。只有当行政法规等前置性规范供给不足且触犯重大生物安全风险时,才能激发刑法来介入。由于在生物安全领域,国家防御权和集体法益得到强调,个体认知能力和发展条件等差异性条件被弱化,刑罚处罚极易陷入过度侵犯公民自由的泥淖,因此国家行政制度安排的合理性便显得尤为重要。刑法必须和行政规范相互联合,用不同力度的制度来应对不同等级的生物安全风险。

(二)内外衔接:生物安全刑法保护的体系构建

生物安全立法的发展变化影响着刑事立法。对某种犯罪行为所侵犯法益的认定,离不开以相应的前置性法律规范为参照,并将其作为罪质和罪量评价的依据。我国现行刑法关于生物安全的罪名,主要有侵犯动物权利类犯罪、破坏生物资源犯罪、侵犯人类遗传资源类犯罪、公共卫生安全犯罪、环境管理渎职犯罪等,散见于《刑法》第六章妨害社会管理秩序犯罪的第五节、第六节,以及《刑法》第九章渎职犯罪之中。《刑法修正案(十一)》加大了对生物安全的保护力度,增设了"非法采集人类遗传资源、走私人类遗传资源材料罪""非法植入基因编辑、克隆胚胎罪""非法猎捕、收购、运输、出售陆生野生动物罪""非法引进、释放、丢弃外来入侵物种罪",并修正了"污染环境罪""妨害传染病防治罪"等罪的构成要件。

这些罪名大都以"违反……规定"为规范表达范式,并以"情节严重"为限制性条件。大量空白罪状的规定会引发至少两个问题,即前置法选择的冲突适用问题,以及一般行政违法行为和刑事犯罪的区分问题。

第一,生物安全罪名的构成要件中并未明确具体的前置法,而不同行政法的立法主体、时间、目的等因素的不同,会导致不同行政法之间存在内容上的冲突,造成司法机关确定前置法依据时的阻碍。例如,《生物安全法》第五十六条、第五十七条在对外提供人类遗传资源的问题上,采用的是备案或审批制度,必须依照规定向国务院科学技术主管部门备案或批准,而《人类遗传资源管理条例》第八条、第九条在此问题上则采取实质合法的立场,要求提供者的行为符合技术规范,通过伦理审查,不得危害我国公众健康、国家安全和社会公共利益,但在形式上却未设定过多要求。在这样的冲突之下,《刑法》第三百三十四条之一非法采集人类遗传资源罪中"违反国家有关规定"产生了法律选择的困境。生物安全前置法和刑法的衔接不畅问题,是由多方面原因导致的,但其核心原因还是受限于目前的立法技术,刑法无法对生物安全犯罪作出事无巨细的规定。再加之实践中,生物安全犯罪领域没有出现大规模、类型化案例以供立法者研究参考,所以《刑法修正案(十一)》并没有对生物安全犯罪的罪名作细节化修改,而是增添了诸如非法引进、释放、丢弃外来入侵物种罪等概括性的罪名,为日后的法律完善留有余地。

第二,由于刑法可罚性的范围受到前置法限制,因此刑事犯罪和行政违法的区分仅在于严重程度不同。除了部分罪名有相对具体的判断标准,其余多数的罪名并没有"情节严重"的判断依据。并且,和其他刑法罪名不同的是,其他刑法罪名即使没有司法解释予以专门确定情节严重的标准,刑法上致人伤亡的数量、造成财产损失的金额等相对明确的客观危害结果的严重程度认定也是相近似的,可以参照适用;而生物安全犯罪却因其兼顾生态系统利益的特殊性,对于生态系统的侵害尚没有较为统一的考量因素,最终司法机关在入罪标准的判定上拥有极大自主权,容易造成同案不同判的情况。

但即使具有行政从属性的罪名会带来诸多问题,这样的立法模式也依旧是积极作用大于消极作用的,它能避免刑法变得过于臃肿,保持刑法的稳定性。这是一种简洁、高效的立法技术,也是无法回避的立法潮流。立法者需要做的是尽可能解决上述问题,协调行政法与刑法之间的矛盾冲突,努力实现生物安全法律保护的体系化,实现"整体大于部分之和"的效能。①

首先,须统一刑法和生物安全犯罪前置法的立法理念,以"和合共生"观念为指引,努力实现《刑法》与《生物安全法》《环境法》《森林法》的保护理念一致。当下,不同部门法对于生态利益独立性地位的态度是模糊的,更多地是以"为经济社会发展服务"来描述维护生态利益和生物安全的目的。然而,随着提高国家治理能力和生物科技产业布局的推进,必然需要更新法治理念,承认生态利益的独立地位,立足于整体主义视角来布局生物安全防范制度。立法理念的革新与统一不仅对民众的行为有指引作用,更能在刑法与其他部门法产生差异和冲突时,为刑法解释确立原则。

其次,应当区分刑法和生物安全前置法的规范范围。刑法与其他部门法的调整对象不同,立法价值目标不同,手段方式不同,各司其职、互不替代②,刑法只调整重要的法律关系。在生物安全领域,应当比照生物安全风险的四级分类,具有针对性地确定刑法规制范围。对于比一级生物安全风险更轻微的违法行为,应当由民法、行政法、知识产权法等对应的部门法予以解决。

最后,生物安全法律体系的构建还需要大量的部门规章、技术规范、行业准则作为填补。生物安全刑法存在大量空白罪状的原因之一,是我国目前在生物安全风险防范和治理方面缺乏制度实践。《生物安全法》的出台只是为生物安全法律体系搭建了骨架,缺乏生物安全预估体系、生物实验室管理体系、环境危害评价体系等成熟的配套制度,会造成刑法的前置法缺乏明确性。同时,这也导致在实践中,执法机关和监管部门不认真履行职责,监管不力,没有将生物安全风险扼杀在早期阶段,最终酝酿成更为严重的生物安全问题。前置行政法和行业规范的供给充沛,是维护刑法谦抑角色的必要前提。因此,未来仍需生物安全行业从业者、刑法学界和司法实务界在实践中不断细化行业配套管理制度,探求刑法内外部的协调统一,构建更加完整的生物安全法律体系。

五、结语

生物科技作为21世纪大国竞争的重要筹码,与其相配套的生物安全法治体

---

① 参见张勇:《生物安全立法中附属刑法规范的反思与重构》,载《社会科学辑刊》2020年第4期。
② 参见张勇:《生物安全立法中附属刑法规范的反思与重构》,载《社会科学辑刊》2020年第4期。

系已然成为国家安全战略部署的重要内容。中国必然要进行一场从以经济发展为优位向兼顾生物、生态、环境的可持续发展转型的法治革命。生物科技的发展为人类社会带来巨大变化,其在改善人类社会生活的同时,也增加了自然和社会的风险。生物技术风险具有不可控性、不可知性,即使技术开发者自身也难以预料技术应用的实际效果并有效控制生物技术风险。在我国今后的生物安全立法中,应当注意妥善处理安全与发展的关系,确立"和合共生"的刑事法治理念,在生物技术发展、资源利用和安全监管之间找到平衡点。在刑事立法和司法层面,应当树立"安全可控"的刑事法治理念,在安全保障的前提下促进利用。从个人、自然与社会和谐共生的角度统筹考量,既要应对生物技术和资源利用的伦理问题,也要注重国家安全、个体安全和社会安全问题。此外,还应当考虑刑法介入的比例原则,在不同利益发生冲突或者不能兼顾时,要按照国家安全优先的原则加以保护。同时,还应注意刑法与其他相关立法的配合与衔接。《生物安全法》已正式实施,相关配套法规的立法与修法活动也正在进行中,《野生动物保护法》《动物防疫法》的修改已经列入全国人大常委会的立法计划,最新出台的《个人信息保护法》和《数据安全法》也已然涉及人类遗传资源信息保护的内容。如何使这些不同立法共同构建起体系更协调、辐射范围更广泛,制度、原则和规则更统一的生物安全法律保障体系,是将来进一步深化研究的方向。

论改革开放后我国法治建设的自发与自觉
——兼论我国法治话语权自主化的实现

靳甬南*

摘　要：我国法律在改革开放进程中经历的变革，以移植西方国家的法律制度为基础。而随着中国特色话语体系的构建和对国际话语权的争取，法律移植在我国应当被给予反思。我国法治建设自改革开放以来，存在从自发到自觉的过程。法治建设自发阶段以构建性为特征，以法律移植为主要进路，并以功能主义为主要方法。在此过程中，自主话语权逐渐被抛弃，并体现于法律与法学中的西方中心主义、对法律"现代化"的错误认识和"中国问题西方解决"的思维定势之中。随着"中国特色法律体系"的形成和近年来中西国家治理能力的此消彼长，我国法治建设具备进入自觉阶段的条件，并产生问题意识转向异化分析和研究方法重视法律文化主义的转变。我国法治建设在自觉阶段的任务，是实现我国在法律领域的话语权自主化。这一目的可通过以中国方法解决中国特有问题、重新认识法律现代化和否定西方"普世价值"来实现。

关键词：法律移植　功能主义　法律文化　西方中心主义　法律自觉

长期以来，我国在法律和法学学科上缺乏自主的话语权，进而也未能形成自主的话语体系、学科体系、学术体系。尽管自改革开放以来，我国取得了惊人的经济成就和综合国力的优势，但是这些并未自然、有效地转化成话语优势。在国际话语权上，"西强我弱"的格局还没有根本改变。[1] 其原因可以归结为，在改革开放前期，我国法治建设将"法律移植"作为主要进路。具体而言，在市场经济转

---

* 靳甬南，中国人民大学法学院2020级比较法学硕士研究生，上海市海华永泰（沈阳）律师事务所律师，研究方向为比较法学、法学理论。

[1] 张艳涛：《构建全球化视野下的中国话语体系》，载《中国社会科学报》2021年4月20日，第8版。

型的背景下,我国一方面要实现法律体系现代化并与世界接轨,另一方面要建立健全我国的法学学科体系与理论体系。因此,法律移植因其探索时间短、避免试错成本的特点,成为了上述问题的"解题技巧"。[①] 时至今日,随着"加强中国特色法学学科体系、学术体系、话语体系建设"[②],在我国的立法实践和法学研究之中,"法律移植"的运用应当被反思。纵观我国改革开放后的法治建设过程,可以以2011年"中国特色社会主义法律体系"的形成作为分界点,分为"自发阶段"和"自觉阶段"。"自发"和"自觉"本是一对哲学概念,而在本文中,笔者借用这一对哲学概念来表述我国法治建设由2011年之前以构建适应市场经济改革的法律体系为目标的构建过程,转变为2011年之后对现有制度以及其背后以西方理论为基础的法律学科与法学理论进行反思的过程。在这一转变中,自发阶段中被丢弃的自主话语权,也将在自觉阶段中实现回归。

一、我国法治建设自发阶段的特征

历史上,我国自近代始已经历了三次大范围的法律改革。其中,发生在清末和民国的第一次大范围改革,迫使我国古代法体系瓦解,也促使我国主动放弃了古代法传统。在第二次大范围改革中,由于意识形态上的考虑等因素,我国大量移植、全盘吸收苏联法学,形成了革命法制和政法传统。[③] 而在改革开放以来的第三次大范围改革中,我国在促进社会主义市场经济发展、实现法律现代化和"与国际接轨"这三大目的的指引下,将过去的苏联影响予以剔除,以克服"缺乏法治、缺乏民主、缺乏人权"的苏联弊端,[④]并对西方成熟市场经济国家的法律制度进行移植,以建立符合我国社会主义市场经济发展要求和现代化建设要求的法律体系。这一过程,就是我国改革开放以来法治建设的自发阶段。

(一)法治建设自发阶段的源起与推进

在改革开放初期,为回应经济全球化对我国提出的市场经济改革要求,解决

---

① 参见顾培东:《中国法治的自主型路径》,载《法学研究》2010年第1期,第5页。
② 习近平:《习近平谈治国理政》(第四卷),外文出版社2022年版,第304页。
③ 参见邵六益:《法学知识"去苏俄化"的表达与实质——以刑法学分析为重点》,载《开放时代》2019年第3期,第101页。
④ 参见龚刃韧:《建立法治国家必须尊重宪法权威——基于对"苏联模式"的反思》,载《法学》2015年第5期,第133—134页。

旧有苏联模式对生产力的束缚,我国必须进行法律改革,使之能够推动市场经济改革——这实则趋近于一个从无到有、破旧立新的过程。这一过程由于法律知识和资源的局限,法治建设只能率先满足国家发展的需求而不能同时充分认识法治建设的规律,也不能且不应期许其完成法律与本土社会的互动。因此,笔者将这一阶段称为"自发阶段"。由此,借鉴成功的市场经济国家的先进经验成为"解题思路"。我国首先将目光落在香港特别行政区,并于20世纪80年代末提出了"造香港"战略。"造香港"战略,就是将深圳打造成另一个香港,因此国家提出深圳应该移植大批香港的经济法律和香港的行政管理体制。[①] 对此战略,法学核心期刊《比较法研究》曾于1989年出版特刊,对"造香港"战略进行学术探讨。香港特别行政区确实是一个非常合适的参考样本——成熟的市场经济、来自英国的服务于市场经济的法律制度的丰富经验,并且不存在语言上的障碍。而从对"造香港"战略的目标描述中不难看出,我国在彼时已经开始选择以"法律移植"为进路来实现市场经济改革下的法律改革。而笔者认为,"造香港"战略便是我国法治建设自发阶段的开端。

此后,随着社会主义市场经济改革初具成效,我国迎来了加入世贸组织的机会。而当时我国的市场经济法律体系,如国民待遇、市场准入、透明度等方面,与WTO规则体系仍相差甚远。[②] 自此,世贸组织规则再次成为我国法治建设的外在影响力,加入世贸组织则成了我国法律改革的又一波"高峰"。其中,知识产权法律部门的变革最为显著,如我国在《中国加入报告书》中以专章对知识产权法律的改革作出承诺,并提出已对《专利法》作了进一步修改,并且在"入世"之时完成《著作权法》《商标法》以及涵盖《TRIPS协定》不同领域的有关实施细则的修改的承诺。[③] 这一系列法律改革,实质上也是对WTO体系规则的"移植"。随后,在改革开放进程中,立法中运用法律移植的方法逐渐增多,且在民事、刑事两大法律部门中尤为显著。其中,不仅存在对制度、理论、观念的移植,而且存在对整个体系的移植[④];不仅存在通过立法方式的移植,也存在通过司法方式的

---

① 参见[美]安·塞德曼、[美]罗伯特·塞德曼:《评深圳移植香港法律建议》,赵庆培译,载《比较法研究》1989年第3—4辑,第1页。
② 参见倪建林:《中国"入世"与完善法律环境》,载《上海对外经贸学院学报》2000年第7期,第9—10页。
③ 参见《中国加入报告书》,载中国政府网 http://www.gov.cn/gongbao/content/2002/content_63361.htm。
④ 参见王立君:《法律移植的界定》,载《法学论坛》2004年第2期,第42—45页。

移植。①

(二) 法治建设自发阶段的特点

1. 以法律移植为主要进路

我国法律自 20 世纪初以来的三次"破旧立新",均以"法律移植"为主要进路——清末民国初期移植第二次工业革命后的西方法律体系,中华人民共和国成立初期移植苏联的法律模式,而改革开放后至今移植现代西方市场经济法律体系。起初在是否选择"法律移植"作为主要进路这一问题上也产生了一定争议,并引发了一定的讨论。其中,核心问题就是"法律能否摆脱其地方特殊性进行移植"。法律产生于一定的社会实践,并与该社会的文化、价值观紧密相连。因此,法律规则不仅是命题性陈述,也存在着历史和意识形态的支撑。② 而市场经济环境下,法律的趋同化为法律移植提供了可行性支撑。法律的趋同化是指不同国家或地区的法律随着社会的发展和国际经济文化交流的不断加深,逐渐相互吸收、相互渗透、相互融合,从而使法律规范内容趋于接近或在某些方面保持一致的现象。③ 由于经济全球化等因素,进入 21 世纪以来,世界各国之间的联系越来越紧密,市场经济成为世界各国通行的经济模式。市场经济背景下,世界各国之间交易、贸易频繁,因此需要建立一个共同的市场经济的"游戏规则"。④ 因此,法律移植在不同国家间的展开是可能的,也是必要的。

并且,移植不仅发生在制度层面,在理论层面,法学理论的建立和完善也以对西方理论和知识体系的移植和引入为基础,形成了明显的西方"基底"。例如,我国的民法学是建立在德国民法理论之上,刑法学也是建立在以德国为首的古典主义刑法理论之上,而商法、环境法和知识产权法的理论"基底"则更接近于英国法和美国法。因此,不论是我国法学理论还是部门法学,其体系结构、原则原理、概念范畴都存在对西方法学的大量借鉴;不论是理论、视角还是方法,都密切地与西方法学理论相联系。最终,西方理论逐渐成为人们对法律问题进行判断和论证的主要依据。⑤

---

① 参见张德美:《浅论法律移植的方式》,载《比较法研究》2000 年第 3 期,第 286—287 页。
② [法]勒格朗:《何谓"法律移植"》,马剑银译,载《清华法治论衡》(第 8 辑),第 331 页。
③ 参见陈金威:《论法律移植》,载《求实》2002 年第 4 期,第 47 页。
④ 参见何勤华:《法律移植与法的本土化》,载《中国法学》2002 年第 3 期,第 11 页。
⑤ 参见顾培东:《中国法治的自主型路径》,在《法学研究》2010 年第 1 期,第 4 页。

2. 以功能主义为主要方法

在我国法治建设的自发阶段中,除了采用法律移植作为主要进路外,功能主义方法的运用也是这一过程的另一主要特点。功能主义是比较法研究中的一个重要的方法,由德国比较法学家茨威格特和克茨提出。功能主义方法(functionalism)的基本观点是,"在法律上只有那些完成相同任务、相同功能的事物才是可比较的"。① 因此,功能主义方法可以让比较法研究"不受本国法律制度体系上的各种概念所束缚"②,而在法律移植的研究中,运用功能主义方法则可以排斥法律问题的地方性、特殊性障碍。③ 功能主义从共性出发展开研究,可以实现对法律问题中存在的地方性和特殊性的规避,且对本国的"教条成见"予以摒弃④,极大程度上满足了我国短时间内建立现代化法律体系的需求。从改革开放初期以来,我国法学研究的重心落在对新生的社会问题的应对和"与世界接轨"的改革。因此,我国的法律移植必然更加注重功能主义,以求排斥地方性障碍,通过移植西方成熟市场经济国家的法律制度来解决问题。这一方式势必带有强烈的实用主义色彩,好比顾客在选择螺丝刀之时,只会考虑螺丝刀的尺寸、口型,不会考虑其生产厂家的企业文化。

二、自发阶段中话语权的丧失

由上文可知,我国法治建设自发阶段的目的,是快速建立适应市场经济改革的法律体系。为了实现这一目的,我国以"法律移植"作为主要进路,并采用了"功能主义"作为主要方法。因此,在自发阶段,我国移植或借鉴西方国家成熟的制度来为我国法律改革提供方案;同时,通过派出留学学者等方式,引入西方法学理论来构建我国的法学理论。然而,在这一过程中,西方法律、法学不仅是学习的对象,也成为了模板和标准,整个法律体系和法学学科体系以西方为标杆、以西方制度和理论为填充,最终导致在自发阶段,我国法治建设主要围绕西方话语展开,我国在法治建设的进程中逐渐丧失了话语。笔者认为,我国法治建设自

---

① [德]茨威格特、[德]克茨著:《比较法总论》,潘汉典等译,中国法制出版社2017版,第46页。
② [德]茨威格特、[德]克茨著:《比较法总论》,潘汉典等译,中国法制出版社2017版,第58页。
③ 参见李晓辉:《理性认识"中国特有问题":从比较法出发的考察》,载《比较法研究》2012年第2期,第108页。
④ 参见李晓辉:《理性认识"中国特有问题":从比较法出发的考察》,载《比较法研究》2012年第2期,第108页。

发阶段的话语权丧失现象体现在如下三方面：(1)在法律移植的过程中,我国法律及法律学科形成了"西方中心主义"的弊病；(2)对法律"现代化"的错误认识；以及(3)"中国问题—西方答案"的思维定势。

(一)"西方中心主义"思维弊病

法律及法律学科中的"西方中心主义",是指将西方的法律发展模式当作普世真理,而"自我东方主义"是自动接受西方世界的构建并以西方为己之标准。如前文所论,我国法治建设的自发阶段是以法律移植为主要进路来开展的。而在法律移植的展开中,很难不造成我国法律及法律学科产生"西方中心主义"的思维弊病。为了实现市场经济改革,我国在进行法律移植之时,选择了具有先进市场经济经验的西方法律作为移植受体。因此,我国开展法律移植的过程中,难免形成以西方法律制度作为衡量我国立法标准的思维定势：西方有的,我们也应当有,否则就是不健全；西方没有的,我们也不应有,否则就是不规范；西方是此种状态,我们就不应是彼种状态,否则就是不完善。①

对于我国法律移植不慎落入"西方中心主义"窠臼这一现象,笔者认为存在三方面原因。其一,比较法学这一学问就天然地带有西方中心主义的色彩。比较法学自1900年巴黎比较法大会后成为一个独立学科,主要关注点也始终集中在欧美西方资本主义社会,很少虑及非西方国家。② 其二,改革开放后,我国法律"破旧立新",以对美国为代表的西方法治的移植为主,法制建设上越来越多地与西方国家靠近。③ 其中,以刑法为典型,近二十年来的"去苏俄化"倾向尤为严重。然而,"去苏俄化"的实质显然并非"将中国法学从政治的藩篱中解救出来",而是从苏联法学传统倒向以德日理论为代表的西方法学传统。④ 其三,对先进的、有影响力的制度模板(prestigious models)进行学习以实现改革,是一国开展法律移植的重要原因之一。⑤ 西方国家在当时拥有更强的国家实力和更为发达

---

① 参见顾培东：《中国法治的自主型路径》,载《法学研究》2010年第1期,第5页。
② 参见[英]埃辛·奥赫绪、[意]戴维·奈尔肯编：《比较法新论》,马剑银、鲁楠等译,清华大学出版社2012年版,第90页。
③ 参见公丕祥主编：《当代中国的法律革命》,法律出版社1999版,第38—39页。
④ 参见邵六益：《法学知识"去苏俄化"的表达与实质——以刑法学为分析重点》,载《开放时代》2019年第3期,第101页。
⑤ Mathias Reimann & Reinhard Zimmermann eds. *The Oxford Handbook of Comparative Law* (2 ed.), Oxford University Press p. 458.

的经济实力,这使得其法律制度更容易被理解为"先进的""发达的";①而非西方国家普遍希望对相对先进、成熟并具有一定普遍性的制度进行移植。② 这种对"先进性"制度的"追求",必然将西方的法律与社会的进化模式当作蓝本,并以此对我国法治发展进行评价,而在西方模式之外是否还存在其他模式,似乎从来没有被怀疑。③

(二)对"现代化"价值追求的错误认识

长期以来,在建设社会主义市场经济的背景下,我国一方面要实现法律体系的现代化并与世界接轨,另一方面要建立健全我国的法学学科体系与理论体系。因此,法律移植探索时间短、避免试错成本的特点,成为了上述问题的"解题技巧"。④ 西方现代法律——马克斯·韦伯所言的"形式理性主义"法律,在文化上主要反映的乃是奠基于个人主义的民主权利诉求,在制度上与民族国家的政治结构以及市场经济相适配,更迎合了市场经济的需要,看起来更加具有"现代性"。⑤ 同时,在近代的中西文明碰撞中,面对西方文明的冲击,中国传统文化没有起到"保国保种"的功能,因此丧失了工具意义上的价值。⑥ 因此,在现代,由于现代西方法律内含的个人主义诉求与市场经济相适配,中国等非西方国家出于经济发展的需要而选择了"西方化"作为本国法律的现代化路径。⑦ 现代化本是符合历史客观规律的必然进程之一,然而若将法律的"现代化"当作一种价值追求,势必形成"现代化优于'非现代化'"的位阶排序。这种根据价值形成的位阶排序,极易造成人们在思维上追随西方"二元对立"的模式,陷入非此即彼的视野。在本国法律传统失去工具意义,以及西方自近现代以来积累的经济、政治、军事实力之影响的共同作用下,我国在法治建设中很容易主观地为西方法律制

---

① 参见李晓辉:《中国式法律移植之反思》,载《国家检察官学院学报》2014年第1期,第93页。
② 参见李晓辉:《中国式法律移植之反思》,载《国家检察官学院学报》2014年第1期,第92页。
③ 参见朱景文:《比较法研究中的中国法——关于法律的地位和权力组织形式的思考》,载《法学研究》2013年第4期,第84页。
④ 参见陈培东:《中国法治的自主型路径》,载《法学研究》2010年第1期,第5页。
⑤ 参见袁贺:《现代性与中国法学的迷思——一个思想史角度的思考》,载《浙江社会科学》2006年第1期,第23页。
⑥ 参见强世功:《迈向立法者的法理学——法律移植背景下对当代法理学的反思》,载《中国社会科学》2005年第1期,第116页。
⑦ 参见袁贺:《现代性与中国法学的迷思——一个思想史角度的思考》,载《浙江社会科学》2006年第1期,第23页。

度和法律思想加上"光环",并自动地、不加怀疑地将西方模式当作法律与社会发展的蓝本予以参考、效仿。① 这一现象的影响,便是我国法律及法律学科会逐渐地自动放弃自主话语权。

(三)"中国问题—西方答案"的思维定势

在自发阶段,"在中国法治的发展方向上应当效仿西方并建立权利本位的法治"的观点长期占据主导地位。② 法学界一度也形成了"中国问题—西方答案"的思维定势。在法学研究中,学习域外理论和域外法经验成为了一个既定的研究模式,即"A+B=C论证模式"———A. 中国实践或制度的某些弊端(病兆);B. 几条国外的立法例(药品);C. 移植外国立法例的建议(疗方)。③ 这个现象源自改革开放以来,我国曾经派出留学的学者们在归国后对我国法学研究的影响。留学归国学者难以避免地受到其留学国家的影响,并将其带入自己对于本国的法学研究之中。例如,我国法学界有名的法教义学与社科法学的方法论之争,本就是美国法学理论和德国法学理论在方法论上存在的分歧。④ 这一现象本无可厚非,因为留学学者在传递信息、开展研究之过程中,必然会受到自身学术背景的影响。但是,长此以往,这类学者自身会以自己留学所学之内容为参照,而其学生也在一定程度上受其影响,以某国的某法律、某流派或某学说为尊。这样的研究模式所带来的结果,便是让我国的法学研究更加丧失自主话语权,需要借助西方法学的问题来表述自身问题,也需要寻求西方的制度、学说来解决问题。

综上,由于改革开放初期发展经济和推进社会主义市场经济改革的客观需求,我国法律体系不得不迎来"弃苏向西"的转变。在这一转变中,西方成为了学习对象和"现代化"的标准,并且伴随着留学归国学者的传播介绍,我国改革开放后的法治建设几乎以西方法律和法学理论作为基础。法治建设中的话语权自主性在此过程中被忽视,似乎我国法治建设的话语要围绕西方话语展开,我国的法律问题可以通过西方国家的理论和经验进行解决已成为既定模式。

---

① 参见朱景文:《比较法研究中的中国法》,载《法学研究》2013年第4期,第84页。
② Mathias Reimann & Reinhard Zimmermann eds. *The Oxford Handbook of Comparative Law* (2 ed.), Oxford University Press, p. 246.
③ 参见傅郁林:《改革开放四十年中国民事诉讼法学的发展:从研究对象与研究方法相互塑造的角度观察》,载《中外法学》2018年第6期,第1442页。
④ Mathias Reimann & Reinhard Zimmermann eds. *The Oxford Handbook of Comparative Law* (2 ed.), Oxford University Press, p. 247.

三、我国法治建设的自觉化转变

"'自发的成分'是自觉性的萌芽状态。"[①]随着我国法治建设的深入,自发阶段必然走向自觉化,此过程中丧失的自主话语权也将得以寻回,2021年上半年对"努力构建中国特色社会主义的学科体系、学术体系和话语体系"的提倡便是一个信号。2011年,随着我国宣告已形成"中国特色社会主义法律体系",加之国际大环境中西方国家在应对金融危机和新冠肺炎疫情时的疲软,以及我国国家治理能力的提升,我国具备了步入自觉阶段的条件,而自觉阶段的目标则是我国对法治建设自主话语的重视。

(一)实现自觉化转变的条件

我国法治建设从自发阶段转向自觉阶段并非一蹴而就,而是与我国21世纪的发展过程相互呼应。首先,2011年"中国特色社会主义法律体系"的形成,为法治建设实现自觉化提供了内部条件。[②] 自此,我国至少在形式上拥有了较为完备的法律体系。同时,随着我国的社会主义市场经济也在持续稳定发展,法学研究无需过多为建立适应市场经济的法律体系而奔走。因而,在自发阶段中"建立为目的,移植为手段"的逻辑也发生转变,反思和完善成为目的,分析成为手段。因此,笔者认为,2011年第十一届全国人大第四次会议宣告形成"中国特色社会主义法律体系",是我国法治建设进入自觉阶段的标志。

同时,我国与西方在国家治理能力上的此消彼长,也为法治建设实现自觉化提供了外部条件。在2011年后,西方资本主义国家深陷2008年金融危机的泥沼而难以自拔,西方法律的国家治理能力与社会治理能力低下的劣势也逐渐暴露在外。2020年以来,西方国家在治理新冠肺炎疫情中,将西方法律与西方制度的治理能力疲软体现得一览无余。同时期,我国却能够实现"经济快速发展、

---

① 参见《列宁全集》(第六卷),载中央马克思主义文库 https://www.marxists.org/chinese/lenin-cworks/06/005.htm.
② 《新中国峥嵘岁月:中国特色社会主义法律体系形成》,载学习强国平台 https://article.xuexi.cn/articles/index.html?art_id=8695802128524352486&study_style_id=feeds_default&t=1576568932605&showmenu=false&ref_read_id=edc131cb-faca-46ac-8794-1842c20ff26d_1621590512431&pid=&ptype=-1&source=share&share_to=copylink.

社会长期稳定"的两大奇迹①,国家治理能力不仅日益增强,国家治理体系和治理能力现代化的步伐也在铿锵有力地前进。此时,我国国内对西方不再持神化态度,对"西方化＝现代化"的命题开始怀疑,也因此对法治进程中的法律移植以及带有西方基底的法律体系与法学理论体系展开反思。

(二)法治建设自觉化的转变过程

1. 从可移植性分析转向功能分析和异化分析

在21世纪初到2011年之间,法学研究领域仍侧重对域外制度的可移植性分析。这类论证要解决的问题是,在我国存在一定的法律问题,但缺少直接对其进行规制的手段,进而需要在其他国家的法律体系中寻找能够实现对这一法律问题进行规制的相应制度,将其移植进入国内法体系,并证明这一制度具有可移植性。而2011年之后,一方面,"中国特色社会主义法律体系"已经形成,无需再过多讨论新法律、新制度的移植问题;另一方面,一些舶来制度已经与我国社会产生了一段时间的互动,一些问题得以暴露。此时,法学学者开始将研究方向逐渐转为对于该制度被移植入我国后的功能分析和异化分析。例如,在我国"环境影响评价制度"的异化分析中,学者首先通过规范分析的方法,发现我国大陆地区删除了美国"环评制度"最重要的"替代性方案"这一环节,这使得环评制度的比较、判断功能扭曲成为单一地论证某一方案符合环保要求;而我国环评制度从美国的监督政府行政行为,"调整"成为监督企业项目,这使得政府可以在其中进行操作,导致许多"先上马,候补环评"的现象,使得"环评制度"在实践中没有得到很好的落实。其次,学者通过对环境公益诉讼的社会功能在中国大陆和中国香港地区的比较分析,得出没有广泛的、能够让一般公民直接参与的公益诉讼,抑制了"环评制度"的环境保护和规制政府行政行为的作用这一结论。② 综上,我国移植后的环评制度产生了较大的异化,没有实现其预期应当实现的目标。

2. 方法论中"法律文化"的回归

"法律文化"仅就外延而言,有广义和狭义之分。其中,广义的法律文化在外延上包括了法律器物(刑具、监狱和法袍等)、法律制度和法律观念,而狭义的法

---

① 《中共中央关于坚持和完善中国特色社会主义制度 推进国家治理体系和治理能力现代化若干重大问题的决定》,载中国政府网 http://www.gov.cn/zhengce/2019-11/05/content_5449023.htm。
② 参见黄晓慧:《论环境影响评价制度的移植异化——以粤港两个案例的比较为视角》,载《广东社会科学》2014年第3期,第256页。

律文化是社会中植根于历史和文化的法律价值和观念。① 法律文化主义于 20 世纪 90 年代在比较法学研究中兴起,是相对于"功能主义"的另一比较法学方法。"法律文化主义"的基本立场是,认为法律是生成于特定的文化中,因此在比较法研究中要考虑文化、传统等非规范因素。② 然而,自改革开放以来,在实用主义导向中,法律的文化属性、特点,以及法律在被移植国家、地区的法体系中的地位、顺应情况,并未在我国得到足够关注。③ 功能主义方法长期以来是主导性方法论,但功能主义的弊端就在于将法律简化为形式工具,割裂了法律和政治、道德之关系,使法律成为没有经验和价值内容的空洞形式。④ 因此,基于功能主义的法律移植之立法模式带有强加色彩,势必引发与本土社会中的稳定秩序和既有观点相左的"不同意见"。⑤ 例如,民众对"于欢案"的一审判决不满。近十年来,对移植法的本土适应情况的反思逐渐增多,法律文化主义方法也被更多地运用。例如,针对"于欢案"二审的改判,有学者指出这是司法对于其社会效果的关注和正向社会引导的追究,以及"民众共同认可的实质性伦理价值的载体"的体现。⑥ 再如,针对类似"中国式过马路"的违法现象,有学者提出其原因在于法律移植中供体与受体之间的适配性,即"客观上为受体是否具有相似于供体规则的社会文化,主观上为受体国国民是否具有接纳供体规则的社会心理态度"⑦。

(三) 自觉阶段的目标:实现自主话语

随着内部条件"中国社会主义法律体系的建立"及外部条件"中西国家治理能力此长彼消"的满足,我国法治建设具备了自觉化的基础,即可以摆脱原生需求(配合市场经济改革)的束缚,把握法治建设规律并实现更为科学的法治建设。如果对法治建设的自发阶段以"构建性"来概括,那么自觉阶段则应当用"反思

---

① Friedman, *Legal Culture and Social Development*, Law and Society Review, 6(1969), p. 34;转引自高鸿钧:《法律文化与法律移植:中西、古今之间》,载《比较法研究》2008 年第 5 期,第 12 页。
② Mathias Reimann & Reinhard Zimmermann eds. *The Oxford Handbook of Comparative Law*(2 ed.), Oxford University Press, p. 711.
③ 姚建宗、孟融:《当代中国法律移植的反思和实用主义法律移植观的兴起》,载《甘肃政法学院学报》2015 年第 2 期,第 21 页。
④ 参见李晓辉:《理性认识"中国特有问题":从比较法出发的考察》,载《比较法研究》2012 年第 2 期,第 111 页。
⑤ 参见刘星:《重新理解法律移植——从"历史"到"当下"》,载《中国社会科学》2004 年第 5 期,第 33 页。
⑥ 参见郭星华、何铭灏:《从机械走向有机:法律移植的本土化调适》,载《新视野》2020 年第 3 期,第 111 页。
⑦ 李安、王家国:《法律移植的社会文化心理认同》,载《法制与社会发展》2018 年第 1 期,第 151 页。

性"和"完善性"来概括。在这一过程中,以西方话语叙述的法律体系与本土社会之间存在的部分矛盾不仅得以展现,也具备被解决的条件。在这一阶段,我国法学开始反思法律体系与社会和文化的关系。同时,反思法律与本土社会的关系,成为在法治建设中追寻自主话语权的前提——从本土社会中诞生的法才能围绕本土话语展开,以"法治体系"代替"法律体系"便是典型之例。因此,法治建设自觉阶段的目标是实现自主话语,而任务则是以既有的法律资源为基础,从既有法律资源与我国法律文化、传统之间的联系中找寻实现我国法治自主话语的可能进路。

四、自觉阶段中自主话语的实现进路

由于我国特殊的国情、历史条件和发展需求,快速建立"现代化"的法律体系是难以避免的,因此采用法律移植的进路也是难以回避的。不能以现在我国的综合实力、发展状况去盲目否定三十年前的道路选择,也不能简单地将20世纪90年代到21世纪初对"法律移植"和"本土资源"两种进路的讨论结果判定为错误结果,更不能认为前辈法学家采取法律移植的进路是错误选择。随着经济实力、综合国力的增强,我国已然成为世界第二大经济体。近些年,中国对世界的贡献越发突出,不仅本国全面依法治国事业蒸蒸日上,而且也为全球治理贡献了更多"中国智慧"。我国已经在改革开放的四十余年间实现了经济快速发展和国内长期稳定的两大奇迹,已经实现了两个一百年目标的第一个,并正在努力实现第二个百年目标——成为社会主义现代化强国。在这一背景下,取得法学的自主话语,以及建设具有中国特色的法学学科体系、学术体系和话语体系是势在必行,且时不我待的。习近平总书记在2021年三次强调"学科体系、学术体系、话语体系"正是一种信号。如前文所述,法学界不断对我国法律中的西方中心主义弊端开展反思与突破,促进了我国法律从自发走向自觉,同时也将引领我国法学自主话语的形成。在我国法治建设的自觉阶段,如何能够实现对西方中心主义弊端的破除,进而实现我国法律及法律学科的话语自主化,笔者认为有如下三个方法,即以中国方法解决中国特有问题、对"现代化"单一路径的破解和对西方"普世价值"的否定。

（一）以中国方法解决中国特有问题

长期以来，由于功能主义在法律移植问题研究中的主导性，学界会忽视法律问题的地方性和特殊性，转而对共性之处投入精力。这会导致以下两方面问题：一则是在研究中借助西方的概念来表达本土问题意识，造成本土问题和西方"源问题"之间产生了偏离；二则是会不知不觉地把西学所要解决的西方问题当成了我国当下要解决的问题。① 为实现法律、法学的话语自主化，必须使法律和法学研究解决中国特有问题。中国特有问题，是指基于中国特殊社会和制度实践而存在的，较其他法域具有特殊性的法律问题，如彩礼问题。彩礼源自于我国传统婚姻中的"六礼"。在古代社会，彩礼具有象征"明媒正娶"的礼仪正当性和对男女婚约的担保作用。然而，自清末修律以来，我国在国家法层面否定了"婚约"的法律效力，"彩礼"也随之在法律层面被"废黜"。② 然而，彩礼引发的社会问题却不减反增，"天价彩礼"现象屡见不鲜，甚至出现彩礼价码随女方学历递增的可笑现象；③2021年初，也有女子因彩礼纠纷而服毒自杀的新闻④。尽管《民法典》第1042条规定"禁止借婚姻索取财物"，但是当代青年为结婚所付出的成本并未因此减少。结婚在法律上需要以双方达成合意为基础，尽管《民法典》禁止借婚姻索取财物，但是能否提供足够数量的财物，在当代社会也足以成为左右一方婚姻意愿的因素。况且，在社会实践中，结婚不仅需要两个当事人的合意，更需要两个家庭的合意，且后者往往比重更大。仅仅将彩礼简单地认定为"附条件赠与"，是套用现行法律框架得出的结果。现行的、有浓厚西方个人主义色彩的法律框架与学科体系，不能回应整个结婚行为中男女双方家庭的参与和影响，更无力处理传统婚恋家庭观念和现代生产生活方式的冲突。无独有偶，近年有学者在提出"以婚姻约定的期待利益赔偿"代替彩礼返还时，仍然用美国法律取消"定婚礼物"的立法例和《德国民法典》通过信赖利益损害赔偿保护婚约的立法例进行论

---

① 参见强世功：《迈向立法者的法理学——法律移植背景下对当代法理学的反思》，载《中国社会科学》2005年第1期，第122页。
② 参见金眉：《论彩礼返还的请求权基础重建》，载《政法论坛》2019年第5期，第151页。
③ 参见侯虹斌：《彩礼越高，女性地位就越高？》，载《新京报》2016年2月26日，第4版。
④ 参见刘瑞明：《官方回应17岁女孩因彩礼纠纷自杀：男方曾称离婚需退15万彩礼》，载新京报网 https://www.bjnews.com.cn/detail/161898153315090.html。

述。① 显然,这再一次将中国特有问题的解决诉诸西方理论/立法,再一次落入了上文所述的"A+B=C"的思维定势。因此,笔者认为,为实现自主话语,必须为中国特殊问题寻找"中国方法"——对"A+B=C"的思维定势进行"拨乱反正",结合我国的文化传统,从我国的社会实践出发,寻找符合中国人社会生活习惯的、契合我国传统美德和价值观的解决方法。

(二) 破解现代化"单一路径"

20世纪末,我国开展法律移植的目的是实现法律现代化。现代化本无可厚非,但当"现代化"升格为价值追求后,便产生了一个思维陷阱:以迈向现代化作为思考法律的出发点,把法律层面上"中国与西方"的文化比较问题转换到"传统与现代"的历史发展问题。② 在近代的中西文明碰撞中,面对西方文明的冲击,中国传统文化没有起到"保国保种"的功能,因此丧失了工具意义上的价值。③ 由于现代西方法律内含的个人主义诉求与市场经济相适配④,中国等非西方国家出于经济发展的需要而选择了"西方化"作为本国法律的现代化路径。自此,"现代化等于西方化"的命题被法学界逐渐接受,更有甚者会将其奉为圭臬。

然而,西方国家自2008年金融危机以来经济疲软,又自2020年全球新冠肺炎疫情爆发以来在治理国内新冠肺炎疫情中表现糟糕,这充分展现出西方法律在社会治理方面的能力低下和效率低下。例如,在2020年3月的日本"钻石公主号"事件中,以美日为主的西方资本主义发达国家不能高效地组织国家资源来应对突发公共卫生事件,更不能有效地控制公共卫生事件的扩大,最终使得大邮轮"钻石公主号"成为了新冠病毒的"培养皿"。⑤ 在这一背景下,"现代化等于西方化"便不再掷地有声。一方面,人们往往把西方思想家的理想描绘当作西方世

---

① 参见李付雷:《论彩礼的功能转化与规则重构》,载《中国社会科学院研究生院学报》2021年第1期,第77页。
② 参见强世功:《迈向立法者的法理学——法律移植背景下对当代法理学的反思》,载《中国社会科学》2005年第1期,第111页。
③ 参见强世功:《迈向立法者的法理学——法律移植背景下对当代法理学的反思》,载《中国社会科学》2005年第1期,第116页。
④ 参见袁贺:《现代性与中国法学的迷思——一个思想史角度的思考》,载《浙江社会科学》2006年第1期,第23页。
⑤ 参见 Coronavirus: Are cruise ships really 'floating Petri dishes'?,载 https://www.bbc.com/news/world-asia-51470603。

界的真实状况。① 用这样一种假想的模式评价乃至指导我们的实践,不仅不能客观地认识我国法治的现实,还可能导致实践中的重大偏误。② 另一方面,在以"西方化"为主导的法律现代化进程中,功能主义的运用造成法律制度与政治、道德基础的割裂,并带来法律强加。③ 然而,强加性的法律规则因缺少文化基础而缺乏正义性。④ 由此可见,西方中心主义在非西方国家的现代化中占据主导的实质,就是错把西方化当作现代化的"唯一解"。事实上,实现现代化并不存在"唯一解",适合本国国情的道路就是最好的道路。在实践中,我国便向世界提供了许多经济发展、国家治理和国际治理的"中国方案"。因此,在自觉阶段,"现代化等于西方化"这一命题应当被证伪;而探寻适合本国国情的法治现代化道路,也是实现自主话语的题中应有之义。

(三) 否定西方价值的"普世性"

"西方中心主义"出自"理性至上"的政治哲学,即将权威归于科学的认知主体,并在此基础上"将对世界的表述划分成真理对民俗或世界的意识形态模型",进而为西方现代文明树立其进步性、优越性和普世性,以凭借其"优势"来改造其他"不够文明"的地区。⑤ 同时,在西方哲学的"二元对立"思维的加持之下,西方世界形成了"西方为正确,非西方为错误"的观念。进而,西方世界将自己当作"主体/彼者",而将东方世界——主要是中国——当作"客体/他者"进行塑造,将东方塑造成"无法"的形象。这一现象或这种思维定势被美国法学家络德睦称作"法律东方主义"。⑥ 这种思维定势在西方由来已久。古希腊哲学家柏拉图就曾把希腊的雅典和亚洲的波斯视为民主政治和君主专制的代表,提出正因为雅典奉行民主政治,所以能在希波战争中打败强大的波斯。⑦ 近代以来,孟德斯鸠、

---

① 参见顾培东:《中国法治的自主型路径》,载《法学研究》2010 年第 1 期,第 7 页。
② 参见顾培东:《中国法治的自主型路径》,载《法学研究》2010 年第 1 期,第 5 页。
③ 例如,由于我国对外贸易和技术引进的需要,美国屡次在中美谈判中占据优势地位,并以此将自己的要求强加给我国,进而促使我国建立起西方式的知识产权体系。参见魏森:《法律文化帝国主义研究——以中国知识产权立法为中心》,载《法商研究》2009 年第 3 期,第 126 页。
④ 参见魏森:《法律文化帝国主义研究——以中国知识产权立法为中心》,载《法商研究》2009 年第 3 期,第 128 页。
⑤ 参见袁贺:《现代性与中国法学的迷思——一个思想史角度的思考》,载《浙江社会科学》2006 年第 1 期,第 25 页。
⑥ 参见[美]络德睦:《法律东方主义:中国、美国与现代法》,魏磊杰译,中国政法大学出版社 2016 年版,第 5 页及第 12 页。
⑦ 参见[古希腊]柏拉图:《法律篇》,张智仁、何勤华译,上海人民出版社 2001 年版,第 102 页。

黑格尔、马克斯·韦伯等西方思想家都提出过"中国是东方专制主义"的论断。中国作为一个被欧洲学者营造出美好形象的东方强国,以"东方专制主义"加以贬损是树立西方之正统的最直接、有效、有冲击力的做法。进入20世纪以后,"法律东方主义"的继承,则是为了在全世界推行西方的政治模式和价值观,使得以美国为首的西方国家永远占据话语的主导地位。

为实现法治建设的自主话语,必须认识到西方价值并非"普世价值",且不能主动接受西方对我国的"他者"设定——形成"自我东方主义"。因此,为破除西方话语垄断,实现自主话语,我国应当尝试基于本国的实践,发展具有中国特色的理论。实践中也确有尝试。例如,我国于2014年召开的党中央第十八届四中全会明确了全面推进依法治国的总目标是"建设中国特色社会主义法治体系,建设社会主义法治国家"。① 2019年召开的党的十九届四中全会亦指出,要"坚持和完善中国特色社会主义法治体系"。② 我国从"法律体系"到"法治体系",不仅体现了我国在推行全面依法治国之过程中的理论创举,更体现了我国对自西方学习、移植的法律及法学理论的扬弃。"法律体系"是一个典型的西方法理学概念,其外延只能涉及全部法律规范,但我国的法治建设不仅需要在规范体系这一个领域进行发力,更需要各方面的协调和共同发展。"法治体系"这一概念囊括了立法、司法、执法、守法、监督、保障等多个领域。③ 由"法律体系"向"法治体系"的转变,体现了我国法治建设在当下力图打破西方法学理论对法律学科的话语垄断,并尝试结合我国的法治实践,创设、发展具有中国特色的法学理论。

结语

以2011年"中国特色社会主义法律体系"的建成为分水岭,2011年前期和后期的立法实践与法学研究呈现出不同的时代性特征。2011年之前的自发阶段不免因快速构建现代化法律体系的"目的达至"而不慎落入西方中心主义的窠

---

① 《中共中央关于全面推进依法治国若干重大问题的决定》,人民出版社2014年版,第4页。
② 习近平:《习近平谈治国理政》(第三卷),外文出版社2020年版,第18页。
③ 参见《中共中央关于坚持和完善中国特色社会主义制度、推进国家治理体系和治理能力现代化若干重大问题的决定》,新华社,载学习强国平台 https://article. xuexi. cn/articles/index. html? art _ id = 6900330653628515973&study_style_id = feeds_default&t = 1573460836805&showmenu = false&ref _ read _ id = fb8f005b-4c12-41d8-8866-c76ceb7a2955 _ 1621675300261&pid = &ptype = -1&source = share&share_to = copylink。

曰;而 2011 年之后,我国法律的自觉阶段实质上是对我国法律中的西方中心主义之反思与突破,以及对构建中国特色学科体系、学术体系和话语体系的追求。党的十八届四中全会、十九届五中全会都对我国法律体系的"中国特色"予以强调,并且提出要坚持四个自信,这不是一句政治宣传,而是要求我国在制定、设计法律制度时,要充分考量我国的文化与社会,不能"在外国学者所构建的理论笼子里'跳舞'"。① 因此,未来在"法律自觉"语境下的法律移植问题研究,可能将呈现出如下两种研究导向:一方面,注意研究我国古代法制传统和成败得失,挖掘和传承中华法律文化精华,汲取营养、择善而用;另一方面,坚持"文化多样性"和"价值多元性",避免"西方化唯一解"的错误认识,平等、开放地认识各民族、各文明面对现代化问题所贡献的智慧与方案。②

---

① 张胜、王斯敏:《为全民法治教育提供切实保障——教育部组织马工程专家热议四中全会精神进法学教材》,载《光明日报》2014 年 11 月 24 日,第 11 版。
② 参见冯玉军:《夯实法治"一体建设"的文化基础》,载《中国社会科学报》2021 年 5 月 14 日,http://www.cssn.cn/zx/bwyc/202105/t20210514_5333269.shtml。

个人破产免责的正当性证成
——基于对"权利话语"的反思

陈子雨[*]

摘　要："失败者正义"本质上是一种权利话语，它忽视了权利实现的代价，无法解释法律对债权人权利的克减。不应当将个人负债纯粹当作一个私人问题，而是要置于社会整体利益中进行认识。以社会整体利益最大化作为免责制度的正当性依据，既可以解释对"诚实"的债务人准予债务豁免，也有利于当事人利益与社会利益、债务人利益与债权人利益的恰当平衡。个人破产免责制度的理论基础重构，应当坚持社会本位的立法理念，在明确破产与免债之界分的前提下，以社会公共利益为基准，调和破产法的惩戒意义与重生价值、债权人利益最大化追求与债务人人格尊严保护之间的张力。

关键词：个人破产　免责理论　失败者正义　社会本位

一、问题的提出

自 2018 年以来，最高人民法院着力推动建立个人破产制度，以"畅通'执行不能'案件依法退出路径"。2019 年，《加快完善市场主体退出制度改革方案》印发，明确提出："研究建立个人破产制度，重点解决企业破产产生的自然人连带责任担保债务问题。明确自然人因担保等原因而承担与生产经营活动相关的负债可依法合理免责。逐步推进建立自然人符合条件的消费负债可依法合理免责，最终建立全面的个人破产制度。"2021 年 3 月 1 日，《深圳经济特区个人破产条

---

[*] 陈子雨，浙江温州人，华东政法大学法律学院 2020 级硕士研究生，研究方向为法学理论。

例》(后文简称《条例》)正式施行,开启了我国个人破产立法的试点。2021年7月19日,深圳破产法庭公告审结全国首例个人破产案件,引起社会各界的广泛关注。事实上,个人破产制度的实体性内容包括债务豁免、自由财产和失权复权等制度,但其中最核心也是争议最大的制度无疑是债务豁免,即免责制度。与制度上大刀阔斧的改革、势如破竹的推进形成鲜明对比的是,民众在观念上对破产免责立法的排斥、对法律为何要保护欠债不还者的怀疑以及对个人破产制度会变成老赖避风港的担忧。事实上,早在21世纪之初,新破产法的制定就有过吸纳自然人主体作为破产人的想法,但最后因"条件不成熟"而被否决。究其缘由,既是囿于我国财产登记制度和社会信用体系未臻完善,也是顾虑到公众的法感情。十余年过去,国内信贷消费市场迅速膨胀,现有个人债务清偿机制失灵,高速发展的经济社会呼吁个人破产制度的出台;法院执行难问题凸显,非法催债现象蔓延,恶性事件层出不穷,国家意志层面确立了构建个人破产的蓝图;科技应用提供了财产追踪的技术支持,财产登记制度和社会信用体系日臻完善,建立个人破产免责制度的可行性得到了充分的保证。然而,尽管学界对建立个人破产多持肯定态度,相关论文、研究积极为个人破产免责的合理性背书,但是对商人的不信任、对债务人的不宽容、"欠债还钱、天经地义"、"为何破坏规则者反而受到更多关照"依旧是公众在情感上接受和认同个人破产免责的重要阻碍。无怪乎学者感慨:"如何正确引导公众法意识转型,尽可能减少制度构建所带来的社会矛盾,也就成为破产制度构建的痛点。"①

有鉴于此,本文以当前个人破产免责证立中"权利话语"的泛滥为契机,思考理想的免责理论应当具备哪些要素。同时,基于对多元免责理论的综合性理解与整体性运用,尝试重构中国个人破产免责制度的正当性证成方案。

二、现实审视:对"失败者正义"原则的反思

(一)"失败者正义"原则的理论诠释

一般认为,现代个人破产免责立法,主要受到人道主义精神的影响,基于失败者正义原则,对债务人进行倾斜性保护。

"'失败者正义'原则是在'选择的多样性'及'失败的可能性'的前提之下,通

---

① 张善斌、钱宁:《论个人破产制度构建的痛点——公众法意识的转型》,载《商业研究》2021年第2期。

过为弱者提供一种重新出发的'第二次机会',使其能恢复到社会上正常人的能力与地位的法律制度安排。"①这一范畴包含三个基本内容：(1)"选择的多样性"。选择体现了个人对自己生活计划的安排,决定了个人才智与资源的投入,塑造了每一个独一无二的独立人格与自由个性。因此,要尊重选择的自主性与多元化,以保障个人的自我发展与自我实现。"失败者正义"原则便是为选择的错误而进行的制度矫正,也因此"没有选择就没有失败"②,在意外事故中遭受损害的弱者并非"失败者正义"原则所保护的对象。(2)"失败的可能性"。虽然人拥有理性,拥有作出正确选择的全部潜力,但是对于市场竞争浪潮中的个体,并非拥有理性便万事俱备了。理性是发展着的,理性的实现需要一定的知识储备与经验积累,并且还依赖着人们接收、处理与传播信息的能力——信息不完全、信息不对称都会阻碍理性的利用。是故,人既非完全无知的,也非完全明白的,人的理性是有限的;人的选择、判断在一定程度上都是冒险的事业,失败绝非个例、特例,失败是不可避免的。(3)"第二次机会"。选择是多样的,失败是可能的,那么在法律上,为了减少错误选择的风险,鼓励人们投入市场竞争,充分发挥个体的勇气与才智,就必须给予失败者重新出发的"第二次机会"。

(二)"权利话语"的论证路径

国内学者将"失败者正义"原则运用于个人破产免责制度的正当性证成,据此推导出法律应当给予债务人"触底反弹"的终局性保障,个人破产免责是债务人的正当权利,这一点可以基于三个理由而获得证立。

第一是风险社会的特征。卢曼在《风险社会学》中提出,风险本就存在,而现代商业行为将风险放大,逐渐成为整个社会的特征,从而伴随着人们的每次选择。"在传统社会里,由于社会发展得相对恒定,我们可以将命运掌握在自己手中,但在风险社会里,没有哪个人能够完全掌控自己的命运,由此而论,在这样一个具有高度不确定性的世界里,人们在作出判断与选择时,失败的可能性或者说失败的风险必然是在增加之中。"③因个人身处于风险社会,面临的是信息不完全和信息不对称的现实困境,而自我理性又不可避免地存在误判和差错,所以"失败者"的存在是一个客观事实。生产经营和生活消费是一个自然人正常参与

---

① 胡玉鸿:《"失败者正义"原则与弱者权益保护》,载《中国法学》2014 年第 5 期。
② 同前注
③ 同前注

社会活动的必要行为。破产者之所以能够被原谅,不外乎是因为生产经营决策上的复杂性和风险性。作为经济学家的伟大导师马克思提醒我们:"商品到货币是一次惊险的跳跃。"如何制定生产计划,如何选择销售策略,不仅取决于经营者个人的聪明才智,还与国家政策、产业结构、消费偏好、地域文化等隐秘却又深刻地绑定在一起。个人基于有限理性,盲目乐观地进行选择,刻意贬低或忽视每一个选择背后可能的风险,都会导致选择的失败,需要第二次机会重新开始。因此,从理论上说,"失败者正义"是面对一切人给予的机会,即每个人都可能面临选择的失败,每个人都有理由期待法律的拯救。因此,基于风险社会的特征,这种可普遍化的"对可接受性的期待"[1],构成了支持个人破产免责立法的当然理由。

第二是正义原则。"失败者"也是社会构成的有机群体,国家有义务进行保障,这是社会公平的必然要求。19世纪中叶的西方,社会观念经历了从个人主义向集体主义的重大转向。在这之前,古典自然法学派使得个人主义得到极大的发展,每个人重视的是自我价值实现,这种孤立、自由、平等的人的形象成为定义法律正义的出发点。而19世纪机器化大工业的生产活动使得原有的生产关系发生了翻天覆地的变化,经济上贫富悬殊进一步拉大,政治上阶级对立日益尖锐。此时,国家如果还只是充当守夜人的角色,放任经济自由主义的发展,那么势必会为强凌弱、富欺贫的社会环境提供温床。国家的不作为是对不正义的社会现实的认可,为实现社会公平,需要国家积极作为,对不正义的情形进行干预,对社会弱者进行扶助,为每个人有尊严的生活提供保障。由此,国家行政开始介入私人关系中,这促成了"私法公法化"的形成。[2] 狄骥的社会连带主义思想认为"法律是维护社会团结不可或缺的黏合剂",社会连带主义希望通过"重新发现社会,为游弋在资本主义四周的个体幽灵提供一个栖息安顿的家园"。[3] 而破产人作为弱者,是个体幽灵的典型代表。如果不重视弱者对于个体实现的利益诉求,那么便会导致类似20世纪风起云涌的社会主义运动思潮,对整个社会倒逼,造成巨大的破坏力。因此,个人破产免责制度的发展,反映了法律公正观从个人

---

[1] 法律论证的正确性宣称由三个要素组成:正确性主张、对可证立性的担保、对可接受性的期待。对可接受性的期待意味着,主张该法律命题正确并为此承担证立义务的人有理由期待,每个理性的参与者都会接受该命题为正确。这是正确性宣称"可普遍化"的要求。参见雷磊:《法律论证中的权威与正确性——兼论我国指导性案例的效力》,载《法律科学(西北政法大学学报)》2014年第2期。
[2] 参见胡玉鸿:《正确理解弱者权利保护中的社会公平原则》,载《法学》2015年第1期。
[3] 参见高鸿钧等著:《新编西方法律思想史》(下册),清华大学出版社2015年版,第32页。

应得到社会公平的历史流变。①

第三是保护"失败者"人格尊严的必要性。习近平法治思想提出"坚持以人民为中心",改变了过去"坚持人民主体地位"的提法,是对新时代人权建设的进一步深化。② 在建设美好生活的实践中,"人民不是一个空洞无物的词汇,而是有着具体指称的生命个体。"③"我们应当将追求美好生活的勃勃雄心看成是最基本的个人利益:这是真实的、值得尊敬的,而非卑鄙的或可耻的。"④满足人民群众对美好生活的向往的过程,就是保障和实现公民人格尊严的过程。在对人民建设美好生活的实践经验进行总结的基础上,新兴的权利得以应运而生,"人的尊严"的内涵也随着该实践的开展得以更新及扩充。当前,我国商业实践中,诚实而不幸的债务人因无法偿还债务而背负过于沉重的负担,急需与债权人协商进行破产清算、重整、和解。一般情况下,为了维护交易的稳定,当然应该注重保护债权人的债权,而当债务人因为债务无法维持基本的生活水平,进而损害债务人人格尊严时,法律在这种特殊情况下,需要重新进行利益衡量。人格权具有优先性,债权作为一种财产权,无法对抗债务人的人格权。⑤ 因此,法律授予债务人免责的权利,是保障其主体地位和人格尊严的需要。⑥

(三)权利问题上的闭关自守

显而易见的是,这三个理由并非无懈可击,而是至少都存在可以质疑的地方。

理由一诉诸同情,核心是"对我们社会中不幸的人的同情和关心"。历史上,债权人有时为了更好地回收债权,约定免除债务人的其余债务,这是基于双方意思自治达成的合意。与此不同,个人破产免责立法本质上是公权力对私人债权进行干预,强迫债权人放弃部分债权,理由何在?在传统公私领域的二元划分下,每个人都有选择仁慈和宽恕别人的自由,但"帮你是情分,不帮你是本分",而破产免责则强制债权人进行宽恕,是否形成对债权人权利的不当克减?

---

① 参见胡玉鸿:《从个人应得、社会公平到复合正义———法律公正观的历史流变》,载《求索》2021年第5期。
② 参见莫纪宏:《习近平法治思想的法知识学特征分析》,载《求是学刊》2021年第1期。
③ 胡玉鸿:《"以人民为中心"的法理解读》,载《东方法学》2021年第2期。
④ [美]罗纳德·德沃金:《刺猬的正义》,周望、徐宗立译,中国政法大学出版社2016年版,第213页。
⑤ 参见张晨颖:《破产免责制度中的平衡理念》,载《浙江大学学报(人文社会科学版)》2006年第2期。
⑥ 参见胡玉鸿:《我国现行法中关于人的尊严之规定的完善》,载《法商研究》2017年第1期。

理由二诉诸正义观念,核心是人道主义与国家救助。据此,个人破产制度被视为社会保障体系的重要一环,没有个人破产制度的企业破产法,只能算"半部破产法",缺少个人破产免责立法的债务人权益保障,只能是阶段性的、暂时性的保障。然而,无论是社会保障还是国家救助,责任主体都应当是国家而非个人,那么为何不是由国家掏腰包填平损失,而是要求债权人承担宽恕的义务?

理由三诉诸人的尊严,核心是"法律对人的尊严的内在价值的承认"。不过,一味强调人格权的优先性,容易引发道德风险和逆向选择。需要指出的是,"鼓励创新,宽容失败"的破产政策本身就是一把双刃剑。个人破产制度的建立和免责制度的落地,确实可以使相当一部分"无法执行"的案件通过宣布破产予以化解,但其自身对债务人风险偏好也存在事前的激励效应,从而引发过度负债问题。后果本身是一个不能被轻易忽视的关于正义的考量因素,对一个行为的道德评价,不可能完全脱离它所产生的后果,对一项法律的道德评价,更不可能不考虑它的社会影响。一旦纳入后果的考量,就意味着权利不是绝对优先的,权利行使必须有其边界。因此,度的确定是重要的,也是需要标准的,而绝对化的权利话语并没有提供这一标准。

以上的讨论并不充分,但可以证明,分歧是存在的,而且分歧绝不仅仅是因为"发轫于计划经济、小商品经济的陈旧传统观念"的束缚,或者是因为"个人破产制度的反对者对破产制度存在误读,缺乏对个人破产制度运行机制的认知"[1]。学者们认识到"合理平衡债权人与债务人利益关系是贯穿个人破产法的根本遵循"[2],必须将债权人与债务人利益平衡贯穿于制度构建的各个环节。但是,在个人破产免责立法的正当性证成中,却总是有意无意地令债权人一方"隐身",从而形成了"孑然而立的权利承载者"与"绝对化的权利话语"。

在叙事视角上,"孑然而立的权利承载者"忽略了权利的相互性。法律与道德的不同在于,"道德处理的是个体的动机、愿望和渴求,而法律处理的是某种添加于或强加于各种个体孤立意志上的联合意志,这种意志将所有人的目的连结在一起,并使一个人的目的成为服务于他人目的的手段。"[3]道德律令的目的在于净化心灵。在道德上,追求的是个体意图纯洁性的完善和"像爱你自己一样爱你的邻居"的动机,因而是孤立的,不存在任何相互的保证;而法律则要处理自由

---

[1] 杨显滨、陈风润:《个人破产制度的中国式建构》,载《南京社会科学》2017年第4期。
[2] 唐晓雪:《审慎推进我国个人破产法的若干思考》,载《南方金融》2020年第11期。
[3] [德]施塔姆勒:《正义法的理论》,夏彦才译,商务印书馆2016年版,第12页。

意志的联合,协调个人与个人的关系。因此,在法律上,为了保证没有人成为他人目的的手段,权利义务应当是对立统一的。在权利冲突的情形下,要充分论证某种权利是法律应当保护的,除了论证这种权利的正当性之外,还必须论证因此牺牲另一种权利可以算作一种正义实现的合理成本。因此,一种好的免责理论,必须能够为针对债权人权利的克减进行辩护。

在论证路径上,"绝对化的权利话语"试图引导我们去相信,人们之所以应当享有某一权利是基于人自身的神圣性和无限性,从而忽视了权利实现的社会维度。

首先,权利的内涵是随着经济、社会的发展不断拓展的,权利的实现依赖于一定的社会资源与现实条件。事实上,权利并非由"上帝之手"写下,"人的尊严"也并未给世人列出一张巨细无遗的权利清单。因此,"为权利而呼唤,为权利论证,为权利而斗争"①的重要任务,是认真对待权利实现所需要的现实条件。

其次,在个人破产免责立法所依赖的诸多现实条件中,一个重要因素是公众的道德感情。个人破产免责制度的正当性证成,需要在抽象的正义原则和具体的直觉性判断之间寻求辩护的一致性。在这个意义上,分歧是重要的,我们需要认真对待分歧。因此,"为权利而呼唤,为权利论证,为权利而斗争"绝非一种无关他者的自我独白,而是一种关涉他者的对话。为个人破产免责立法辩护,应当以说服异见者为目标。

最后,说服的前提是设身处地为对方着想。如果我们希望与异见者达成基本的共识,就必须倾听对方的意见,尊重对方的合理关切。现阶段,破产法的惩戒意义与重生价值、债权人利益最大化追求与债务人人格尊严保护构成了有关个人破产立法讨论的根本分歧。然而,"失败者正义"原则却未给个人破产制度的反对者留下足够的语词以表达自身的诉求,支撑自己的主张。因此,一种好的免责理论需要为不同的声音提供发声的途径,以使我们能在理论框架内畅谈所有我们关心的事项。

基于上述讨论可以看出,将个人破产免责制度的正当性立基于"失败者正义"原则,本质上是一种权利话语的运用。这种权利话语依赖于道德判断,并具有天然的道德感染力。正如张文显和姚建宗两位教授在《权利时代的理论景象》一文开篇所指出的,"我们的时代是一个迈向权利的时代,是一个权利备受关注

---

① 张文显、姚建宗:《权利时代的理论景象》,载《法制与社会发展》2005年第5期。

和尊重的时代,是一个权利话语越来越彰显和张扬的时代。"①

然而,"权利话语"的使用者在"为权利而呼唤,为权利而论证,为权利而斗争"的同时,却很少去考虑权利保障所需要的资源和成本,忽略了权利的实现是有代价的。在倡导"失败者正义"与债务宽恕的另一面,是对债权人独占控制债务人财产的权利的克减,从而形成了"孑然而立的权利承载者"与"绝对化的权利话语"。

在叙事视角上,为了给个人破产免责制度的正当性背书,诉诸"失败者正义"原则者往往着力于描绘破产者之"不幸",试图通过展示情绪来激发共鸣。但不同于西方社会的重商主义传统与基督教宽恕文化,我国长期处于小农经济中,奉行着重农抑商的基本国策,对商人群体存在着偏见,并且受儒家文化影响,"欠债还钱""父债子偿"的文化心理根深蒂固,因此缺乏与破产者共情的文化土壤。在论证路径上,"失败者正义"原则无力提供据以平衡破产法的惩戒意义与重生价值、债权人利益最大化追求与债务人人格尊严保护的标准与途径。事实上,"失败者正义"原则所选择的那种单一的叙事视角与专断的话语结构,也并未给个人破产制度的反对者留下足够的空间来表达自身的诉求。这种唯我式的独白只能感动自己,却很难打动他人。因此,一种好的免责理论必须能够为针对债权人权利的克减进行辩护,并且给予债权人权利合理保障。脱离这些,"权利话语"很容易沦为一种情绪化的公平观念,既失于理性,也易与主流公众意见脱节。

三、历史溯源:破产有罪观念的破除

"权利话语"的使用者强调,西方个人破产制度的产生与发展根植于西方社会的重商主义传统与基督教宽恕文化。此种文化基因在特定时期促成了个人破产从破产有罪向破产免责的转型。立法指导思想从惩罚不能清偿的债务人到保护诚实但不幸的破产者的转变,标志着现代破产法的诞生,现代法律精神呼唤破产有罪观念的破除。然而,何谓"现代法律精神"?破产有罪观念的破除与破产免责制度的确立,究竟是现代法律精神的产物,还是西方经济社会发展的一个缩影?一味强调"现代法律精神呼唤破产有罪观念的破除",会让人疑心是否存在把西方"迈入现代社会以后所抽象概括出来的种种现代性因素倒果为因地视作

---

① 张文显、姚建宗:《权利时代的理论景象》,载《法制与社会发展》2005 年第 5 期。

中国推进和实现现代化的前提性条件"①的逻辑错误。此外,如何理解"此种文化基因在特定时期就促成了个人破产从破产有罪向破产免责的转型"？扯上"文明""进步""现代化"的大旗,而不去考察实施一项法律或者保护某种权利所必须的现实条件,不免使人怀疑一种论证上的懒惰。事实上,破产有罪观念的破除,既非自然而然,也不是一劳永逸。个人破产免责因特定的社会需要而产生,也依赖特定的社会环境而存续。

(一) 从破产有罪到破产免责

在西方社会,破产有罪的观念由来已久。罗马法中,债务人如果不能按期偿还债务,债权人有权将其作为财产进行出卖,以偿还债务,这便是"人格减等"制度。债权和债务被视作"法锁",这种负担与人格紧密联系在一起,即所谓的"无财产即无人格"。到了中世纪,债务人拖欠债务被视为是耻辱的,没有留下足额财产清偿债务的人,死后不能实行基督教葬礼。② 18世纪初的英国,债权人仍有资格将债务人投入监狱之中,以逼迫其还债。③ 这种带有浓厚破产有罪观念的破产法,自然缺少一种破产免责机制与财产豁免制度,产生了诸多负面后果:如实申请破产的债务人会被完全剥夺经济能力,陷入一蹶不振的境地,影响了债权人债权的后续回收。出于对破产的惧怕,一方面,债务人在濒临破产时,不会想着及时申请破产、迅速退出市场,而是苦苦支撑,增加了个人破产成本;另一方面,基于"破罐子破摔"的心理,破产者也不愿意主动公布财产,而是积极隐匿和转移。

(二) 债务人合作理论

有趣的是,传统破产立法采取严格的债权人保护模式,实行完全的惩戒主义,却造成了不利于债权保护的局面。"许多17、18世纪的交易账簿表明,与资不抵债的债务人进行债务和解是一个更具效益的选择。"④正是出于债权人利益

---

① 邓正来:《中国法学向何处去——建构"中国法律理想图景"时代的论纲》(第二版),商务印书馆2011年版,第96—97页。
② 参见袁跃生:《近代英国个人破产观念的变迁》,载《河北大学学报(哲学社会科学版)》2021年第2期。
③ 参见徐阳光:《个人破产立法的英国经验和启示》,载《法学杂志》2020年第7期。
④ 项焱、张雅雯:《从破产有罪到破产免责:以英国个人破产免责制度确立为视角》,载《法学评论》2020年第6期。

最大化的考虑，17、18世纪的法律实践开始关注建构债权人与债务人双赢局面的可能。一个重要成果便是英国《1705年破产法》（又称《安妮法案》），它以债务人合作理论为指导，首创破产免责制度。

债务人合作理论认为，免责能给予债务人一种正向激励，鼓励债务人在破产案件中，与债权人、破产管理人就自身资产的定位、收集和清算进行合作。[1] 如果债务人遵守规定，就准予免责；如果债务人不遵守规定，就不予免责。免责制度在传统的债权人对债务人"穷追不舍"的讨债模式之外，提供了一个债务人与债权人双方共赢的债务清算模式：诚实的债务人可以从自己不幸的困境中解脱出来，重新开始正常的工作和生活；债务人遵守规定无疑会使债权人受益，因为它增加了可供分配资产的规模，并减少了进行分配所需的管理成本；债权人可以更充分有效地实现并且了结自己的债权，而不至于陷入无尽的猜疑和纠察，在一个实际上已无清偿能力的债务人身上耗费过多的时间和精力。

（三）引入社会维度平衡债权人与债务人利益保护

一方面，《1705年破产法》体现了债权实现与债务人保护之间的张力。由于《1705年破产法》在创制破产免责制度的同时，也引入了死刑来制裁有欺诈行为的破产人，因此具有"一半是天使，一半是魔鬼"的特征，这正反映了债务人合作理论应用下"英国破产立法的双轨制——对诚实却不幸债务人的宽容与对欺诈型债务人的惩罚"[2]。据此，破产有罪观念的破除并非直接来源于人道主义考量，免责的最初目的在于实现债权人利益的最大化。债权人的利益保护一直是破产制度的重要价值，破产法的惩戒底色是保障债权实现的必要工具，债权人与债务人的利益平衡是贯穿个人破产的正当性考察与规范构建的核心问题。是故，在个人破产立法的正当性讨论中，无论是债权人的隐身，还是对于重生价值的过分强调，都会造成理论焦点的模糊与转移。这一理论上的"失焦"表现在规范构建上，即会导向破产与免责不分。需要指出的是，"债务免除不是个人破产的固有内容，个人在破产后原则上还对未清偿债务负有偿还责任。""破产是破产，免债是免债，两种机制在对象、效果和基本理念方面都有实质差异。"破产关注的是破产人经济地位的降级，"从基本理念上看，破产只管'触底'，不管'反

---

[1] 参见徐阳光：《个人破产免责的理论基础与规范构建》，载《中国法学》2021年第4期。
[2] 项焱、张雅雯：《从破产有罪到破产免责：以英国个人破产免责制度确立为视角》，载《法学评论》2020年第6期。

弹',免债却承载着债务人重生主义的精神。"①破产的本质是一种惩戒法,破产研究如果一开始就奔着债务人重生而去,对破产的目标、内容、门槛及效果的把握就容易出现偏差。

另一方面,《1705年破产法》也展现了对债权人利益最大化追求与债务人人格尊严保护进行调和的可能。《1705年破产法》以债权人利益保护为中心,将多数债权人同意作为债务人免责的先决条件,并引入比例原则,将债权实现与债务豁免保持在相对平衡的比例范围之内。此外,《1705年破产法》还对欺诈隐瞒财产的债务人进行严惩,以绝对的诚实作为债务人免责之必需。② 但在客观上,这却实现了兼顾债务人利益的效果。这一共赢局面的达成,依赖于市场经济与社会合作。债权人仰仗市场经济以实现债权,债务人需要社会合作来保障生活质量,因此"大家好,我才能真的好",公共福祉或者社会利益无论对债权人还是债务人来说都是重要的。这启发我们:若仅仅将个人破产免责制度理解为债权人与债务人之间的角力,则要么债权人利益受到优待,要么债务人利益受到优待,债权人利益最大化追求与债务人人格尊严保护似乎永远处于对立、冲突与矛盾之中;但若将个人破产免责制度置于社会整体利益中来认识,则债权人利益与债务人利益最终都可以统一于社会整体利益追求中。正是因着共同的关切,我们寻找到了开启对话的合适平台。

四、路径选择:以社会利益最大化为目标

(一)可欲性证立:免责制度如何实现社会利益最大化

随着社会的发展与进步,破产法的立法宗旨经历了"从债权人本位,到债权人与债务人的利益平衡本位,再到当事人利益与社会利益平衡本位的逐步变化过程"③。

社会效用理论认为,给予绝望的债务人以免责特权,有利于社会整体利益追求。因为把债务人从沉重的债务负担中解放出来,可以鼓励债务人再事生产;相

---

① 欧元捷:《论个人破产建构的中国逻辑——以破产与免债的界分为起点》,载《山东社会科学》2020年第3期。
② 参见项焱、张雅雯:《从破产有罪到破产免责:以英国个人破产免责制度确立为视角》,载《法学评论》2020年第6期。
③ 徐阳光:《个人破产免责的理论基础与规范构建》,载《中国法学》2021年第4期。

反，如果不给予债务人重生机会，庞大的破产人群体势必会造成社会动荡，社会需要拨出额外资金去"供养"他们，从而产生资源的浪费。① 随着时代发展，中国经济与世界发展的联系愈加紧密，个人破产的可能性增加；债权人胜诉后，债务人并没有可支配的财产以偿还债权人，法院面对众多"执行难"的案件无力作为；同时，中国人民银行牵头商业银行建立个人征信系统，对于老赖的管理和监督更加透明和严格。因此，理论上，个人破产免责制度提供了一个债务人、债权人和社会多方共赢的债务清算模式：债务人可以从自己"诚实但不幸"的困境中解脱出来，重新开始正常的工作和生活；债权人可以在债务人个人破产免责制度下更充分有效地实现并且了结自己的债权，而不至于在一个实际上已无清偿能力的债务人身上耗费过多的时间和精力；整个社会也可以因债务人"重新振奋"创造新的价值，免受不稳定因素的威胁，最终实现社会福利的有效增加。

（二）正当性辩护：社会效用理论如何解释免责制度

将个人破产免责制度置于社会整体利益中来认识，并以社会整体利益最大化作为个人破产免责制度的正当性依据，使得这一理论具有很强的解释力。首先，它可以证明给予债务人免责是合理的。其次，它可以以财产权的社会义务概念，为债权人权利的克减提供正当性依据。财产权的社会义务，是私人财产为了社会公共福祉所应承受的正常负担。财产权伴随社会义务的理念，是对"财产权绝对"理念的反思，"其社会经济背景是个人的基本生存状态从主要依赖私有财产到主要依赖社会关联的转变"②。个人破产制度百年演进的一个重要变化，就是不再将个人债务当作纯粹的私人之间问题，而是纳入社会公平与社会保障的考量，进行当事人利益与社会整体利益的平衡。最后，它可以以与社会公共利益相协调为基准，在制度的选择与规范的构建中，实现债权人与债务人的利益平衡。"法律制度是理性构建的产物也是利益平衡的产物。"③庞德认为，法律的功能在于调节和调和各种错综复杂和冲突的利益，以便使各种利益中的大部分或我们文化中最重要的利益得到满足，而使其他利益的牺牲最小化。因此，法之理在法外，给予法律制度生命与活力的，正是我们生动的社会生活与具体的社会实

---

① 参见徐阳光：《个人破产免责的理论基础与规范构建》，载《中国法学》2021年第4期。
② 张翔：《财产权的社会义务》，载《中国社会科学》2012年第9期。
③ 梁上上：《制度利益衡量的逻辑》，载《中国法学》2012年第4期。

践。"制度利益要与社会公共利益相一致"①,这既是社会对法律制度的合理期待,也是公众对某一制度是否具有可接受性的评价标准。

五、理论融合:重构免责立法的正当性证成方案

我国个人破产免责立法需要结合现实国情,对多元免责理论进行恰当融合,并且这些理念要在破产法的制定和实施过程中进行落地,才能为新设制度的正当性提供充分的证明与论证。

(一)逻辑起点:破产与免债的界分

重构我国个人破产免责立法的正当性证成方案的逻辑起点,是破产与免债的界分。在我国语境下,强调破产并不等于免责有其必要。一方面,不顾破产在先的法理逻辑,无助于公众在法感情上对免责制度的接受。英国个人破产免责制度的产生与发展,根植于西方社会的重商主义传统与基督教宽恕文化,并且经历了破产有罪与破产免责异质取向的长期斗争,通过实践确证了免责制度存在之必要,才最终凝练为重要的立法成果。②而在我国,"在宽容债务人的心理基础本就薄弱的环境之下,单纯谈对债务人的人文关怀,于债权人、社会公众也缺乏说服力。从社会接受度的角度考量,更要旗帜鲜明地强调破产责任的承担,以增加立法的筹码。"③另一方面,过于强调免责制度的伦理基础之一——重生价值,还会给理解和建构破产制度制造干扰,表现在:第一,过于强调重生价值会导致破产目标被遮蔽。《条例》和相关文献更加注意宣传个人破产免责制度的"重生价值",但这种主张本质上是一种宽容失败的制度,带有美国法的烙印。美国在债权保护和宏观经济增长之间选择了后者,默认债务人在个人破产免责制度中获得的大部分收益都会在社会上产生外溢效果,但我国政府当前提倡去杠杆化,政策上是要降低而不是鼓励自然人负债。过度强调重生价值会刺激债务人在进行选择时更加轻视风险,盲目投资,从而会背离个人破产免责制度制定的

---

① 梁上上:《制度利益衡量的逻辑》,载《中国法学》2012年第4期。
② 参见项焱、张雅雯:《从破产有罪到破产免责:以英国个人破产免责制度确立为视角》,载《法学评论》2020年第6期。
③ 欧元捷:《论个人破产建构的中国逻辑——以破产与免债的界分为起点》,载《山东社会科学》2020年第3期。

初衷,加大金融风险。第二,过于强调重生价值会导致破产效果被美化。个人破产免责制度下,做不到对债权人的全部清偿,破产不可避免会伤害到债权人。对社会来说,破产并没有增加新的财富,而是通过公权力的运作,消解了社会的消极资产。因此,一味美化破产的积极作用而忽视其消极影响并不可取,债务人如若利用破产作为跳板来抹除债务,免责的正当性就消失了。

(二)立法理念:坚持社会本位

重构我国个人破产免责立法的正当性证成方案,应当坚持社会本位的立法理念。这是因为,若仅仅将个人破产免责制度理解为债权人与债务人之间的角力,则要么债权人利益受到优待,要么债务人利益受到优待,立法无法有效实现利益平衡。只有引入社会公共利益作为利益衡量的基准,才能在立法选择上进行进一步的类型化作业和精细化区分。个人破产是一个经济社会问题,应当将制度设计建立在社会整体利益最大化的稳固基础上,而不是用抽象的权利话语或者正义观念去呼吁情绪化的因而也是短暂易逝的同情、善意和良心。

坚持社会本位的立法理念,有助于厘定破产制度中惩戒意义与重生价值的边界。债务人欲进行个人破产的申请,便需要做好个人行为被限制的准备,失权制度就是为此设计。《条例》第23条的规定曾是我国为了解决"执行难"问题而限制失信被执行人消费行为的措施,反映了我国个人破产制度的惩戒底色。然而,问题在于,债务人在此期间究竟应该维持什么样的生活水平?一种观点认为,应当以当地的低保人员为基准,如果债务人有多余的收入,都需要用于偿还债务人。这种观点类似于我国的民事执行制度,将债务人的生活水平限制为最低生活保障。另一种观点认为,应该按照不同债务人的职业以确定相应的标准,从而为债务人重新融入市场竞争保留足够的启动资本。基于社会本位的立法理念,可以发现,个人破产免责制度包含对人的生存权和发展权的积极引导,要为债务人提供重拾自尊并再次成为社会中富有生产力的一员的机会。因此,旨在贬损其经济人格,没有为其发展权的实现保留足够空间的最低生活水平保障标准,并不是妥当的制度设计。

《条例》并非没有为司法实践提供裁量的空间,这就要求法官准确把握个人破产立法的精神,根据不同职业发展的需要和不同地区经济水平的差异,对《条例》第23条的例外规定采灵活解释。对于债务人确因生活和工作需要而实施的消费行为,债务人申请的,法院应当同意。

(三)调和重点:债权人与债务人利益平衡

重构我国个人破产免责立法的正当性证成方案,重点在于调和债权人利益最大化追求与债务人人格尊严保护之间的张力。可以展开的内容包括但不限于:

第一,自由财产制度。自由财产又称豁免财产,是指专属于破产人的财产,以及为维护破产人生计等不纳入破产财产范围的保留财产。自由财产制度是债务人生存权和发展权在个人破产法中的具体化。比较法上,英国更重视保护债权人,豁免财产有额度限制;美国则采较为宽泛的态度,同时针对财产额度和财产的类型作出限制,各州均可结合本州的实际情况,自由进行规定;而德国和日本的破产法则结合破产人自身的职业状况,对部分特定财产进行额度限制,因人而异,具有相应的弹性。[①] 总的来说,自由财产制度既要保证破产人在此期间正常的职业活动,又要避免过度宽松,针对财产进行适当的限制。《条例》第36条允许破产人保留具备特定象征意义的物品,生活、学习、医疗、职业发展的必需品和合理费用,以及具有人身专属性的人身损害赔偿金、社会保险金以及最低生活保障金,并针对特定类型豁免财产进行额度限制[②],体现了债权实现和重生价值之间的较好平衡。同时,《条例》第36条以"公序良俗"作为豁免财产列举的兜底条款,有利于裁判者充分运用其实践智慧,探索免责制度在实践中的扩展可能。此外,《条例》第36条还将各分项具体价值上限标准交由市中级人民法院另行制定,有利于利益平衡的实质化、精细化实现。

第二,自动免责抑或许可免责。考察英国的自动免责模式,会发现自动免责制度的建立,依赖于特定的社会环境与完善的配套制度,而这两个条件在我国都尚不成熟。因此,我国免责立法应当采取许可免责主义。同时,破产人"诚实且不幸"的理论预设,实际上构成了免债正当性的来源。所以,在公众普遍抱持着对债务人借助个人破产制度逃废债的担忧的当下,要更加旗帜鲜明地强调破产责任的承担和免责情形的限制,如债务人在考察期内仍负有积极还款

[①] 参见陈本寒、罗琳:《个人破产免责制度中豁免财产范围规则的本土化构建》,载《湖北大学学报(哲学社会科学版)》2021年第1期。

[②] 这一额度限制包括比例上的限制和总量上的限制。比例上的限制如"前款规定的财产,价值较大、不用于清偿债务明显违反公平原则的,不认定为豁免财产";总量上的限制如"除本条第一款第五项、第六项规定的财产外,豁免财产累计总价值不得超过二十万元"。

的义务①、债权人对于免责宣告享有撤销权②等。

六、结语

"法是'理'与'力'的结合"③,有理走遍天下,无理寸步难行。个人破产免责制度要在中国落地生根,必须做好新设制度的理论基础构建与正当性辩护工作。现有研究多倾向于为个人破产树立一种积极、正面的形象,将免责制度美化成债务人、债权人与社会多方共赢的机制。然而,这种纸面形象无论如何都与社会的一般认知相矛盾——"欠债还钱的公理即便存在例外,但为何破坏规则能成为一件好事,破坏规则者反而受到更多关照?"④

本文通过梳理现有研究对于个人破产免责制度的正当性证成理论发现,盲目追逐重生主义的光环,过于强调对债务人的人文关怀,既无助于公众在法感情上对免责制度的接受,也会给理解和建构破产制度制造干扰。因此,需要重构我国个人破产免责制度的理论基础,提出新的正当性证成方案。新的方案不仅要具备合理性,还要具有可接受性:一方面,新的方案要具备充分的解释力,它既要能够解释免责的情形,也要能够解释免责的例外;另一方面,新的方案还要注重选择的可接受性,充分考虑我国的社会需求与公众心理。据此,本文在结合现实国情的基础上,对多元免责理论进行恰当融合,进而提出重构我国个人破产免责立法的正当性证成方案,应当坚持社会本位的立法理念,在明确破产与免债之界分的前提下,以社会公共利益为基准,调和破产法的惩戒意义与重生价值、债权人利益最大化追求与债务人人格尊严保护之间的张力。但是,需要指出的是,破产和免责不只是抽象概念,真实的案件牵涉到真实的人。⑤ 这些理念只有在破产法的制定和实施过程中落地,才能为新设制度的正当性提供充分的论证。

---

① "中国内地破产第一案"中的破产人承诺"自履行完毕之日起 6 年内,若家庭收入超过 12 万元,超过部分的 1/2 将用于清偿未清偿的债务"。参见(2019)浙 0326 执清 3 号。《条例》第 99 条规定了个人财产状况登记制度,并以公示公开的方法对债务人进行监督,力图防止债务人在考察期内逃避还款责任。《条例》第 100 条规定,债务人欲申请免除剩余债务的前提是偿还至少三分之一的债务。
② 《条例》第 103 条规定,债权人或者其他利害关系人发现债务人通过欺诈手段获得免除未清偿债务的,可以申请人民法院撤销免除未清偿债务的裁定。
③ 孙国华、黄金华:《法是"理"与"力"的结合》,载《法学》1996 年第 1 期。
④ 欧元捷:《论个人破产建构的中国逻辑——以破产与免债的区分为起点》,载《山东社会科学》2020 年第 3 期。
⑤ 参见徐阳光:《个人破产免责的理论基础与规范构建》,载《中国法学》2021 年第 4 期。

《民法典》标点符号使用的失范与匡正

王泽鹏* 戴泽萍** 李慧慧***

摘　要：《民法典》使用的标点符号有逗号、顿号、句号、引号、分号、书名号等，但句号、分号、顿号等标点符号在使用上都存在着某些值得探讨的失范问题。本文对失范类型作了简略的分析，列举了造成这种情况的一些可能原因，并就标点符号使用不当对法律文本所造成的不利影响进行了简要分析，初步讨论了标点符号失范的匡正途径和解决办法。

关键词：民法典　标点符号　立法语言　立法语言规范化

一、引言

被称为"社会生活百科全书"的《中华人民共和国民法典》[①]（以下简称为《民法典》）是一部极为重要的法律法规文献，是我国历史上首部以"法典"命名的法律，这部法典是对我国已施行多年的民事法律法规（如《婚姻法》《继承法》《民法通则》《收养法》《担保法》《合同法》《物权法》《侵权责任法》《民法总则》等）进行系统整合、编订纂修的成果。《民法典》关系到公民的生老病死、衣食住行等一切社会活动，这样大而全的法典对于每个人都有着重要的意义，它不仅为公民提供了行为规范，使民事活动有制可循，也为行政执法和司法活动提供了基本遵循，使

---

*   王泽鹏，山东夏津人，南开大学汉语言文化学院副教授，研究方向为汉语词汇学、语义学、词典学、词汇教学。
** 戴泽萍，安徽临泉人，南开大学汉语言文化学院硕士研究生，语言学及应用语言学专业，研究方向为词汇学。
*** 李慧慧，江苏东海人，南开大学汉语言文化学院本科生，汉语国际教育专业。
① 全国人民代表大会：《中华人民共和国民法典》，中国法制出版社 2020 年版。

得司法审判与行政执法有法可依。

因此,《民法典》中的所有内容都值得我们去关注和研究,大到篇章结构的布局,小到语言文字、标点符号的使用,都需反复斟酌推敲。我国宪法史上就有因标点符号引起歧义而最终被修改的案例,如《中华人民共和国宪法修正案》经第十届全国人大二次会议研究讨论,删改了涉及对土地和私有财产征收、征用及补偿问题部分条款中引起歧义的逗号。[①] 这一改动,不仅能够使立法原意得到准确清晰的传达,同时还让公民财产、集体财产等合法权益得到了更充分的保障,标点符号的重要性可见一斑。[②] 另外,对照2019年12月16日发布的《民法典(草案)》文本,可以发现多处"对条文内容未做变动而仅对标点符号进行修正"的情况。[③] 重视标点符号的使用,是立法行文中不可忽视的一环,但正式颁布的《民法典》,在标点符号使用方面还有进一步分析讨论的空间。

二、《民法典》与标点符号

标点符号是书面语言中不可缺少的一部分。从历史源流来看,标点符号是区别文言文与白话文的标志;从发展进程来看,标点符号也是语言规范化进程的重要内容。《民法典》作为现代极为重要的法律文献,其篇章结构、字句段落乃至标点符号都是值得仔细推敲的。

(一) 标点符号的前世今生

从汉字起源看,"标"原作"標",由"木"和"票"构成,而"票"则由"西"和"示"构成。"標"是个形声会意字。"西"八卦中为兑,为金,为钱财,如"税"(种田给国家交纳钱物)。"示",天垂象,著明事物轨迹。票,是花费钱物的标志。用"木"(古代可以很容易找到的告示书写材料)来明示事物。"标"可作动词,如"用红笔标一下,做个记号";也可作名词,如"标点、草标"之类。"点",即点号,是古代句读断句时常用的符号,并无固定的形式。一般断句时用笔"点"一下即可,既非顿

[①] 参见崔丽、程刚、万兴亚等:《将写入国史:宪法修正案里一个逗号的删改》,载《中国青年报》2004年3月15日。
[②] 参见董晓波:《我国立法语言规范化的法社会学分析》,载《甘肃理论学刊》2013年第3期,第88—92页。
[③] 参见观得法律:《新增与实质性修订条文共占比31.2%!〈民法典〉全文修订梳理汇总》,载威科先行法律信息库。

号,也非逗号。顿号、逗号是后来白话文运动之后,吸收西方书面语形式所做的发明。因此,就"标点"这一词语组合而言,其既可以理解为动宾关系,如"标一个点""标几个点",也可直接作为名词,如"中文标点""英文标点"。

中国古代文书中,一般不加标点符号,而是通过语感、语气助词、语法结构等断句。直到清代末年,新式标点符号产生,我国才形成一个全民使用、趋向规范的标点符号体系。标点符号的使用,对我国的白话文推广起了很大的作用,因此我们甚至可以说,有无标点符号是白话文区别于文言文、区别于旧时代的一个重要特征。

(二)标点符号的作用与地位

标点符号是辅助文字记录语言的符号,是书面语的重要组成部分,用以表示停顿、语气以及词语的性质。语义上,部分标点在特定语境中往往兼有表义功能,具有准确传达思想和情感的重要作用,如若使用不当,不仅影响对句义和语气态度等的理解,甚至会改变文句的原意;语法上,由于汉语重意合的特点,汉语语法关系不外显,标点符号可作为标示不同的语法结构关系和结构层次的外显形式;逻辑上,标点符号使得字、词、语、分句、句子之间的关系由模糊变为清晰,语言的内在组织逻辑得以体现和彰显,正如胡适先生于《论句读及文字符号》中所言:"无符号则文字之结构、与句中文法上下之关系,皆无由见也。"

就社会现阶段而言,标点符号也是语言规范化的一项重要内容。在语言规范化中,词汇规范可使语言表达准确、表义明了,所指毫不含糊;语法规范可使语言表达句法正确、符合逻辑;语音规范可在广大的范围内被人听懂;标点符号的规范化则可以使语言表达更符合表情达意的需要,符合逻辑的要求。① 实际上,标点符号用法本身就是一种规范,它的使用具有内在的一致性。无论是标号还是点号,只有规范使用才能显示出它们的作用。然而,相较于具有明确语义的文字、词语而言,标点符号表达的更多的是抽象的内容,在语义展现方面的能力则相对较为欠缺,因而也更容易被轻视。对于更大的词、句、段等语言单位而言,标点符号往往被当作毫不起眼的细枝末节。

近年来,我国倡导培育精益求精的工匠精神,追求注重细节、一丝不苟的精神态度。对于语言单位的使用来说,不仅要字斟句酌,重视字、词、句等语言片段

---

① 参见教育部语言文字信息管理司组:《常用语言文字规范手册》,商务印书馆2016年版。

的精准与恰当,也不能忽视对标点符号的规范使用。然而,结合实际来看,"标本兼治"只是口头上的原则,人们往往更关注的是"本"而非"标"。"本立而道生","标"算什么呢?标只是树之末梢罢了。潜在的这种认识,当然会造成不重视标点符号的情况发生。标点符号在文学语言中对于表情达意发挥着相当重要的作用,因而近些年产生了创造性地使用多个叹号来表达强烈感情的用法,但这类标点符号在文书类写作中并不常见,在法律文献中更是没有使用的必要性,其他如省略号、破折号、问号也是如此。这样,标点符号在法律文献中的作用也就更不容易显现出来了。

(三)《民法典》中的标点符号

根据2011年发布的国家标准《标点符号用法》,标点符号分为标号和点号两大类,一共有17种。《民法典》正文中使用的标点符号仅包括顿号、逗号、分号、冒号、句号5种点号,以及括号、引号、书名号3种标号,像省略号、感叹号、破折号、问号等隐含情感态度的标点符号则均无使用——这也与法律法规类文本的语言风格具有庄重性、严肃性的特点相符合。《民法典》中各类符号的使用情况及各种标点符号的具体使用数量见表1。

表1 《民法典》正文(不包括目录)中各类字符数量统计表

中文及数字字符数		97650
标点符号字符数	顿号	1419
	逗号	3118
	分号	559
	句号	2154
	冒号	95
	括号	748(374对)
	引号	14(7对)
	书名号	18(9对)
	合计	8125
总字符数		105775

如上表所示,《民法典》正文中一共有105775个字符,其中包括中文及数字字符共97650个,标点符号共8125个。由于《民法典》中使用的句末点号只有句

号一种,根据上面的统计,总字符数共97650个,其中句号共有2154个,可以算出《民法典》正文平均每句话约为45个字。

正确使用标点符号,是立法语言基本的内在要求。标点符号使用不恰当乃至使用错误,不仅影响立法者借助立法表达技术实现其应有的功能目的,甚至可能导致法律文本中词句含义的曲解、误解或不解。标点符号是理解书面语言词句含义的重要参考因素,也是立法语言不可或缺的重要构成成分。作为我国法律体系中地位仅次于《宪法》且是第一部被称为"法典"的《民法典》,其对标点符号的使用应更加严谨、规范。然而,在学习过程中,我们发现《民法典》在标点符号使用方面存在着一些值得讨论的问题。

三、《民法典》标点符号使用失范类型举例

《民法典》中使用失范的标点符号主要为句号、逗号、分号、顿号,失范类型分为误添、缺失、误用等。下文将依据《标点符号用法》、内容逻辑、词句表达等,例举每种符号使用失范之处。此外,由于但书的特殊性及其符号使用的规律性,但书符号的使用问题将被单列阐释。

(一) 句号使用不当

根据我们的检查,《民法典》中使用值得商榷的句号数量达20处之多。如:

例1 中介人促成合同成立的,委托人应当按照约定支付报酬。对中介人的报酬没有约定或者约定不明确……根据中介人的劳务合理确定。(第九百六十三条)

根据《标点符号用法》[1],句号用于陈述句末尾的停顿,分号用于复句的分句之间,停顿长度介于句末点号和逗号之间。而上例中第一个句号所处位置为前后具有并列对举关系的分句间,显然不能标识为句意表达的终止。因此,句号应改为分号,否则会割裂处于同一层次的两个方面的内在联系。

例2 死亡宣告被撤销的,婚姻关系自撤销死亡宣告之日起自行恢复。但是,其配偶再婚或者向婚姻登记机关书面声明不愿意恢复的除外。(第五十一

---

[1] 中华人民共和国国家质量监督检验检疫总局、中国国家标准化管理委员会:《中华人民共和国国家标准·标点符号用法 GB/T 15834-2011》,中国标准出版社2011版。

条)

上例中,"但是"连接的两个分句虽为转折关系,但前后暗含的主语是一致的,即前一分句和后一分句的指示代词"其"指代的主语,皆为"具有婚姻关系、死亡宣告被撤销的一方",若使用句号隔开,指示代词则无法从其所处的分句中找到其指示内容,严重割裂了语句表达的连贯性与完整性。因此,转折连词"但是"前的句号应改为分号。

(二) 逗号使用不当

1. 缺失

例3 完全民事行为能力人……造成他人损害有过错的,应当承担侵权责任;没有过错的,根据行为人的经济状况对受害人适当补偿。(第一千一百九十条)

"造成他人损害"与"有过错"同为动词性成分但并非连谓结构,连用并不合适;同时,由于两者同属于"承担侵权责任"的条件,作为并列成分中间应有语义停顿,因此应添加逗号,从而使分号前后的"有过错的……"与"没有过错的……"构成并列对举关系。

例4 建筑物、构筑物或者其他设施倒塌、塌陷造成他人损害的,由建设单位与施工单位承担连带责任,但是建设单位与施工单位能够证明不存在质量缺陷的除外。(第一千二百五十二条)

根据前文习惯,转折连词"但是"后的主语若相对较长,其后应添加逗号以示短暂的停顿,因此"但是"后应补上逗号。《民法典》中转折连词"但是"前后的标点符号的使用存在明显不统一的现象,这一问题将在本章第五小节的"但书"部分详细讨论。

2. 误用

例5 合伙合同是两个以上合伙人为了共同的事业目的,订立的共享利益、共担风险的协议。(第九百六十七条)

上例中,逗号的使用使前一分句"合伙人为了共同的事业目的"缺少谓语,后一分句"订立的……协议"缺少主语,不仅不合语法规范,也不符合一般的语义停顿习惯,使句子逻辑混乱。因此,应删去此处逗号,或者调换逗号的位置,改为"……为了共同的事业目的订立的,共享……的协议"较为合适。

例6 但是,自权利受到损害之日起超过二十年的,人民法院不予保护,有

特殊情况的,人民法院可以根据权利人的申请决定延长。(第一百八十八条)

上例中,"……人民法院不予保护"处句意已表达完整,"有特殊情况的……"与前一分句为转折关系,且是对前述内容其他情况的补充,该分句前的逗号改为分号较为合适,否则主要阐述内容与附加说明置于同一层次中易造成逻辑混乱。

(三) 分号使用不当

分号使用不当或存在问题多达40余处,如:

例7 许可人未按照约定许可技术的,应当返还部分或者全部使用费,并应当承担违约责任;实施专利或者使用技术秘密超越约定的范围的……承担违约责任;违反约定的保密义务的,应当承担违约责任。(第八百七十二条)

根据《标点符号用法》,分号用于分行列举的各项之间、复句内部并列分句之间、非并列关系(如转折关系、因果关系等)的多重复句中第一层的前后两部分之间。

上例中,第一个分号前的句子主语为"许可人",第二个分号前后句子的主语为"被许可人",显然并不属于复句的同一层次,第一个分号应改为句号。其后的两个句子主语一致,构成同一层次的两个方面,可用分号隔开,但应在第一个分句句首补上主语成分,或在更改的句号处另起一行,作为独立的段落,即改为"许可人……承担违约责任。被许可人实施专利或者使用技术秘密超越约定的范围的……承担违约责任。"或"许可人……承担违约责任。(另起一段)被许可人实施专利或者使用技术秘密超越约定的范围的……承担违约责任。"

例8 承租人经催告后在合理期限内仍不支付租金的,出租人可以请求支付全部租金;也可以解除合同,收回租赁物。(第七百五十二条)

上例中,处于"可以……也可以……"这一结构的内容语义连贯,且由于这一结构连接的成分属于选择关系而非同一层次的两个方面,中间若使用停顿长度比逗号长的分号,会使处于选择关系的两个成分之间衔接得不够紧密,降低语义的连贯性。因此,将分号改为停顿时间稍短的逗号较为合适。

(四) 顿号使用不当

1. 误添

例9 本法自2021年1月1日起施行。《中华人民共和国婚姻法》、《中华人民共和国继承法》、《中华人民共和国民法通则》、《中华人民共和国收养法》、《中华人民共和国担保法》、《中华人民共和国合同法》、《中华人民共和国物权法》、《中华人民共和国侵权责任法》、《中华人民共和国民法总则》同时废止。（第一千二百六十条）

根据《标点符号用法》，标有书名号的并列成分之间通常不用顿号，若有其他成分插在并列书名号之间（如书名号之后还有括注），宜用顿号。上例中，处于并列关系的法律文件已由书名号标示，且中间并无括注等其他成分插入，其间的顿号应该删去。

2. 缺失

例10　有关合同标的、数量、质量、价款或者报酬、履行期限、履行地点和方式、违约责任和解决争议方法等的变更，是对要约内容的实质性变更。（第四百八十八条）

上例中，所有并列成分的限定修饰语皆为主语"合同"，由于连词"和"应位于最后两个并列项之间，因此"履行期限、履行地点和方式"中"和"的使用是不恰当的，应将其间的"和"删去并用顿号代替，否则会造成偷换主语的错误，即改为"……履行期限、履行地点、履行方式……"。

例11　业主装饰装修房屋的……并配合其进行必要的现场检查。（第九百四十五条）

"装饰""装修"同为谓词性成分，与"房屋"构成动宾搭配，因此应属于并列关系，不应连用，且由于中间停顿较短，使用顿号隔开较为合适。

3. 误用

例12　法律规定属于集体所有的土地和森林、山岭、草原、荒地、滩涂。（第二百六十条）

三个及以上词语并列，位于前面的并列词语用顿号隔开，最后两个并列词语使用连词连接。上例中，"土地"与"森林"并非最后两个并列成分，因此中间的"和"应改为顿号，最后两个并列成分"荒地"与"滩涂"之间的顿号应改为"和"。此外，第五章的标题、第二百六十二条中的"和"都应调换到最后两个并列成分之间。

例13　施工合同的内容一般包括工程范围、建设工期、中间交工工程的开工和竣工时间、工程质量、工程造价、技术资料交付时间、材料和设备供应责任、拨款和结算、竣工验收、质量保修范围和质量保证期、相互协作等条款。（第七百九十五条）

根据以往条款,主语一致的并列成分之间使用顿号,主语不一致的并列成分之间使用逗号,如第六百四十九条:"供用电合同的内容一般包括供电的方式、质量、时间,用电容量、地址、性质,计量方式,电价、电费的结算方式,供用电设施的维护责任等条款。"为保证条款格式前后统一,上例主语不一致的并列成分之间应该使用逗号。

(五)"但书"的标点符号使用问题

法律但书,是对法律条文中主文规定的例外、限制、附加等内容所作出的特殊规定,与主文相辅相成,常由转折连词"但"或"但是"引导。作为一种特殊的法律规范,但书具有自身结构的完整性,能够促使针对复杂社会关系、社会现象进行调整的法律法规进一步周备、完善,是非常值得注意的一种表达现象。如若立法者、法案起草者把结构不完整的内容采用但书形式加以表述,或以不规范的形式构造但书,不仅容易造成对法律文本的理解偏差,还会影响行政、法律法规的执行。① 因此,应重视但书使用的规范问题,从而有效发挥法律但书的作用。

《民法典》中,但书标点符号的使用有多处值得注意。尽管这些问题也可以归属于前文所列举的标点符号使用失范类型,但是由于但书的特殊性与重要性,我们在这里单独提出来加以分析和说明。《民法典》中,但书标点符号使用的问题主要表现在主文与但书之间、但书自身的标点不统一。例如:

例14 善意受让人取得动产后,该动产上的原有权利消灭。但是,善意受让人在受让时知道或者应当知道该权利的除外。(第三百一十三条)

例15 承诺应当以通知的方式作出;但是,根据交易习惯或者要约表明可以通过行为作出承诺的除外。(第四百八十条)

例16 依法成立的合同,自成立时生效,但是法律另有规定或者当事人另有约定的除外。(第五百零二条)

上述条文均是"主文+但书"的结构范式,即先对某一法律行为作出定性或规定,再列出或补充例外情形,然而这一结构内部却有三种不同的标点方式。据统计,《民法典》中共出现"但是"223次,"但是"前后的标点方式共有四种,标点方式和出现频数见表2。

---

① 参见周旺生:《论法律但书》,载《中国法学》1991年第4期,第54—62页。

表2 《民法典》中"但是"前后标点方式统计表(♯表示无标点)

类型	标点方式	出现频数
a	。但是,	26
b	;但是,	41
c	,但是♯	153
d	♯但是♯	3

如表2所示,上面所举的三个条文中,但书的标点方式分别属于a类、b类、c类。《民法典》中,c类标点方式最多,b类次之,a类再次,d类最少。由于d类数量太少,说明性不足,故本文暂不对此类标点方式进行讨论。

例14即《民法典》第三百一十三条,主文与但书之间使用了句号,使得前后分句的独立性显著增强。此条文中的"权利"本指"动产上的原有权利",然而由于句号具有标示句义完整的作用,前后分句语义信息的连贯性被打破,但书中的"权利"必须突破原句范围找到语义所指。因此,a类标点方式在一定程度上减弱了前后语句隐含共同信息的紧密联系。

例15即《民法典》第四百八十条,主文与但书之间使用了分号。虽然两者并无并列关系,也并不属于多重复句的多个层次,但是两者存在转折关系,所以此处的分号使用是符合规范的。因此,b类标点方式是较为合适的。

"但是"前后的内容若在意义上紧密相关,整体作为一个复句比在"但是"前断成两个单句更为合适。因此,c类也可作为但书的一种可选标点方式。

《民法典》中,但书的标点符号使用应当有一个统一的逻辑,类似的结构层次或语义关系应使用统一的标点方式标识。如上文三例,应当从中选择最合适的一种类型使用。根据《标点符号用法》中的句号、分号和逗号的用法,结合具体的句子情况,我们认为a类最不合适,c类最为常见,因而也最为合适。

四、《民法典》标点符号使用失范的原因分析

为文当如行云流水,绝不能间断。该用句号的时候用句号,就如同水归大海,有了终点;该用分号的时候就用分号,如同河流流至大湖,几条支流汇集,之后再奔向远方。该用分号的地方用了句号,会不同程度地影响到语言的流畅性,成为书面语言表达中的"眼中沙"。《民法典》标点符号使用失范的原因,大致来

看有如下情况：

（一）有限的标点符号和丰富的内容之间的矛盾

语言文字是人类思想的物质载体和表达工具，法律文本也正是由有限的语言文字按照一定的组合规则构成的。语言即使作为一个包含语音、词汇、语法等多层结构的符号体系，有时仍无法全面完整地反映客观世界和人类丰富的主观情感，这足以体现其表达的局限性，更不必说起标示作用的标点符号系统了。

"百科全书"式的《民法典》涉及的内容非常广泛，在选用标点符号时，难免会存在难以拿捏之处。《民法典》十多万字，内容涉及社会生活的诸多方面，如婚姻、继承、收养、担保、合同、物权、侵权责任等，内容如此之多，又相互交错联系，具有复杂的逻辑关系，且法典汇编又是出自多人之手，因而在一些方面存在标点符号使用不统一的现象也是无法规避的。

（二）既有法律文件中标点符号使用失范的遗留

《民法典》是基于之前施行的众多法律文本汇编修订而成，因而也会"继承"这些法律本来就有的问题。如前文所提到的但书标点问题，在其他法律法规中也都有存在，如"；但是"这类标点方式，根据我们对法律法规类语料库的搜索，发现在124份法律文件中皆有使用，用例共265次；"。但是"在305份法律文件中皆有使用，用例共478次。我们并不否认这些用法存在的合理性，而是主张其使用范式应根据表达和逻辑的需要做到规范、统一。

《民法典》由一部部单独的法律文本汇合形成"草案"，直至最后正式文本的颁布，虽然经过多次多人的精心打磨，但是从编纂至成文颁布所经的时间跨度来看，依然显得有些仓促。这从词汇语法方面出现的大量问题也可以看出，诸如用词不当、搭配残缺、介词缺少、句法不全、语句不通、表意不明等问题时有发现，这些问题待作另文专析。

有学者曾经统计过《民法典》从"草案"到正式颁布所作的修改情况，其中既有文本内容、语言表达的修改，也有标点符号的变化。据统计，《民法典》和草案相比较，新增与实质性修订条文共占比31.2%，其中既有词条的调整、移除、修改，也有个别文字和标点符号的修改。由此可见，既有法律文件中的标点符号使用并不是准确无误的，需要根据时代的变化、人类认识的发展以及客观需要进行调整。

(三)对标点符号的重视程度可能存在欠缺

标点符号作为书面形式虽然有其书写形态,但是并无可以感知和想象的具体语义,它更多地是表达一种抽象意义。然而,越是抽象的东西越是不容易掌握,越是抽象的东西在具体的运用中越容易出现问题。不管在一般的写作中,还是正式的文本写作中,标点符号问题都被或多或少地忽略了。① 此外,我国立法长期存在重视实体而轻视表达技术的倾向,对立法语言乃至标点符号的重要性认识不够。

虽然《民法典》从"草案"到正式颁布经过了标点符号的程序修改,但是修改并不多,大约只有 16 处。这也表明,《民法典》在制定过程中虽然兼顾了标点符号的使用问题,但是关注程度显然不够。

五、《民法典》标点符号使用失范的不利影响

法律语言的表达除了要求词句、逻辑、表达的准确、专业外,标点符号的正确使用也是非常重要的。然而,标点符号的正确使用往往也是最容易被忽略的,正所谓"失之毫厘,差之千里"。标点符号使用错误不仅有违语言文字规范,还会造成条款语句的歧义理解,甚至有可能损害诉讼程序中当事人的权益,对法律的权威性造成不可逆转的影响。

(一)影响法律的权威性、严肃性,降低立法质量

立法语言文字应是所有语言文字中最为严谨规范的一种,如果条款表意明确、含义清楚,却与该条的标点符号不符,虽然不大影响原意的理解,但是降低了立法语言的严谨性;如果错误使用标点符号,那么可能会妨碍对条款的理解,造成条款含义的多种解读,从而无法实现立法的功能与目的,影响法律条文的庄严性与权威性。对一个标点符号锱铢必较,不是对立法者的苛责,而是维护法治的尊严和规范的统一。

以《民事诉讼法》为例,其第一百二十条规定:"人民法院审理民事案件,除涉及国家秘密、个人隐私或者法律另有规定的以外,应当公开进行。离婚案件,涉

---

① 戚晓杰:《现代汉语教材编写应重视标点符号及其运用》,载《中国大学教学》2020 年第 6 期,第 86—93 页。

及商业秘密的案件,当事人申请不公开审理的,可以不公开审理。"此条款中,"涉及商业秘密的案件"后的标点符号使用的是逗号而非顿号,表明可以不公开审理的案件包括离婚案件,涉及商业秘密的案件,当事人申请不公开审理的二类案件。而如若"涉及商业秘密的案件"后的逗号换为多用于并列的词组、词之间的顿号,那么该条款则规定了离婚案件和当事人申请不公开审理的涉及商业秘密的案件为可不公开审理,离婚案件即使当事人不申请,也属可以不公开审理的案件。由此可见,该条款中"涉及商业秘密的案件"后使用逗号而非顿号,是谨慎而妥贴的。

(二) 为执法、普法工作带来疑惑和困难

民法典作为公民权利保护的宣言书,不仅是民事主体的行为准则、依法行政的基本依遵,也是法院裁判民事案件的基本遵循。标点符号的错误使用,易产生对条款的歧义理解,其直接结果是产生多种司法解读,进而影响一系列后续的司法工作和普法教育,使得法律失去其应有的提供行为规范、保护合法权益的效用。

例如,富阳县一起行政诉讼中,根据《治安管理处罚条例》第19条第5款规定"造谣惑众,煽动闹事的",公安局认定夏小松煽动闹事,裁决给予夏拘留12天的处罚。夏不服,向富阳县人民法院提起诉讼。进入二审程序时,双方当事人就该条款规定中由逗号间隔的"造谣惑众"和"煽动闹事"究竟指一种行为还是二种行为产生严重分歧,最终的判决为"夏没有编造谣言,欺骗、迷惑群众,煽动不明真相的群众闹事的故意,其行为尚未构成《治安管理处罚条例》第19条第5款之规定的法定要件",即认定该条款规定中的"造谣惑众"和"煽动闹事"系指一种行为。而后,浙江省检察院依法向浙江省高级人民法院提出了抗诉,该案进入了审判监督程序。公安部征得全国人大法制工作委员会的同意,书面批复浙江省公安厅:"'造谣惑众,煽动闹事'是指两种扰乱公共秩序的行为,……不能认为没有煽动闹事目的的造谣惑众或者不具备造谣惑众情节的煽动闹事不构成违反治安管理行为,不适用《治安管理处罚条例》第19条的规定。"即认定该条款规定中的"造谣惑众"和"煽动闹事"指两种行为,维持富阳县公安局的处罚裁决。由此可见,条文规定中标点符号的解读,对行为定性的重要性仍是举足轻重的。

（三）影响语言文字规范化进程

立法语言首先是语言，其构成要素和各要素的排列方式均来自通用语言，应当遵循现代汉语的一般规范。尽管我国语言文字规范化工作已经取得了显著的成就，但是随着语言文字规范工作的法制建设进一步完善，语言文字相关的法规、规范和标准理应得到严格遵循贯彻。《民法典》的受众对象是社会全体成员，对中国特色社会主义法治体系建设进程具有划时代意义，理应顺应语言文字的规范化进程，重视包括标点符号在内的语言文字的严谨性。

自《民法典》颁布以来，便经法律出版社、人民出版社、中国法治出版社等多家出版社发行销售，且多居于法律图书畅销榜首，足见其广泛的影响力。此外，全社会还掀起了研究《民法典》的热潮，与《民法典》相关的解读、释评、案例探讨等书籍层出不穷，以"民法典"为关键词的文献便有2000余篇。这样一部受众极广、深入人心的法典，其语言必须具备经典性，容不得半点差错，如若标点符号使用失范而被辗转引用，可谓覆水难收。

六、标点符号使用失范的匡正途径

针对标点符号使用失范可能带来的不利影响，我们将从立法技术、语言审查、标准执行等方面阐述减少标点符号使用失范现象应当采取的措施。

（一）重视立法技术规范

我国立法存在重实体内容、轻立法表达的倾向，虽然《立法技术规范（试行）（一）》（2009）、《立法技术规范（试行）（二）》（2011）对立法工作中常见的、具有共性的有关法律结构、条文表述、常用词语、法律修改、废止形式等技术问题提出了兼具实用性与操作价值的规范要求，但是未在整体上提炼总结出统一的语言标准。即使是专门的《立法法》，也多着眼于解决立法权限、立法程序、立法监督等问题，忽视了对立法表达技术的要求。为进一步推进法治化进程，应重视并建立着眼全局、统一规范的立法技术规范，从而为法律的起草、修改和审议提供技术层面的支撑，减少标点符号使用失范现象的出现。

（二）设立立法语言审查机构

立法语言属于立法技术层面，是与立法质量直接相关的一种专门语言，它既与语言学交叉，又与法学密不可分，具有独特的规律和体系，因此既需较高的法律素养，也需深厚的语言文字功底。① 针对《民法典》以及其他现行的法律文本在技术上存在逻辑、语法、词汇和标点符号等使用不规范的现象，设立立法语言审查机构能够对法律草案进行语言筛查，过滤不规范的立法语言文字，实现立法标点符号的规范化和科学化。

（三）重视标点符号使用规范与国家标准的执行

我国自 20 世纪中期大力推广普通话以来，汉语规范化工作得到了较为广泛而深入的推进。近年来，随着文盲的减少，以及学校教育水平的提高，普通话已经在全国范围内基本普及，人民群众对普通话的认可度也越来越高。国家层面上，相关部门也总结性地颁布了一些关于语言规范化的法律法规文件，如 2000 年 10 月 31 日，第九届全国人民代表大会常务委员会第十八次会议通过了《中华人民共和国国家通用语言文字法》；2013 年 6 月 5 日，国务院公布了关于《通用规范汉字表》的通知；2011 年 12 月 30 日，中华人民共和国国家质量监督检验检疫总局、中国国家标准化管理委员会发布了《标点符号用法》；2014 年 6 月，国家语言文字工作委员会发布了《夹用英文的中文文本的标点符号用法（草案）》。这一系列的文件，无疑为立法语言的规范化提供了一些规范手段。现在要做的是，认真执行上述规范性文件，这样可以保证法律文本在标点符号使用方面的统一。当然，限于多方面的因素，上述规范性文件也可能存在各种各样的问题，也会有不适应语言文字发展的情况存在，遇到这种情况则应另当别论。

（四）加强对《民法典》语言表达中内容和逻辑的分析

毫无疑问，法律内容和法律逻辑是法典的根本，合理地运用标点符号有助于充分展现内容和逻辑的条分缕析。语言中，"成年人"和"未成年人"是对举的两个概念，相提并论时，不应在句中割断联系，从而使其对举关系隐没。将其置于具体法律条文中，如将《民法典》第十七条"十八周岁以上的自然人为成年人。不

---

① 参见朱涛：《民法典编纂中的立法语言规范化》，载《中国法学》2017 年第 1 期。

满十八周岁的自然人为未成年人"中的句号改为分号,就会使得行文流动不断,一气呵成。法律法规常以"条"为表达的基本单位,这个"条"本身就如同是一棵树上的枝条,条与条之间绝对不能互无联系、各自为政,而一条之中也绝无断开的可能。将枝条一样的一句话用"句号"断开,无异于是将枝条剪断,割裂了表达对象间的紧密关系。深入理解对象,选择合适的标点符号,必将有助于展示对象的丰富含义和各种各样的逻辑关系,这理应引起法律制定者的重视。

(五)借助社会力量参与法律法规的语言规范检查

现今,法律一般由专门的机构和人员来制定,虽然可能会征求社会大众的意见,但是由于诸多因素的限制,很多人难以全身心地投入到法规的审阅之中。并且,这一审读程序由于缺乏规范,存在流于形式之嫌,民众的修改意见有时会被法律起草者以法律用语的特殊性或法律文本的惯例为由而不予采纳。

不少国家为了提高立法质量,常邀请语言学家和法学家一起参与法律的起草,对草案中的语言进行推敲、研究并提出修改意见。[①] 我国也早就有请语言学家参与法律法规制定的经验,如1954年宪法和1982年宪法在起草工作中就有语言学家吕叔湘先生参与其中;1954年宪法起草过程中的最后核心专家小组中,也有两位语言学家,他们分别是著名作家、语文教育家叶圣陶,以及语言学家、作家吕叔湘。现在的法律起草、制定过程中,不能仅仅限于"征求"语言学家的意见,而应该让法律法规制定成为语言学家工作的一部分,同时让更多的社会力量参与进法律法规的制定程序之中。

七、结语

《民法典》应该被制作成为一部严谨庄重的法律文献,标点符号是法典的有机组成成分,因而不管从立法语言的角度,还是从执法、用法、法典传播的角度,标点符号都应该引起重视。我们对现有《民法典》标点符号的使用进行统计和分析后可发现,全文虽无省略号、感叹号、破折号、问号等含有情感、态度、言外之意作用的标点符号,但使用频率较高的句号、分号、顿号,以及使用频率特别高的逗号,却存在或有违使用规范、或易产生歧义理解等方面的问题,这无疑会对《民法

[①] 参见邹玉华:《立法领域的语言服务》,载《佛山科学技术学院学报(社会科学版)》2018年第6期。

典》的权威性造成一些消极影响,甚至进一步影响普法、执法等一系列工作的顺利开展。这些问题强烈地提醒我们:在法律法规语言使用中,要有强烈的语言规范意识,要认识到语言中标点符号对于法律的重要作用。因此,我们提出规范统一立法技术、严格贯彻标准执行、多方参与语言审查等措施,希冀能够促使立法语言规范性与准确性的加强。

人类命运共同体视阈下积极刑法立法观的必要与限制[*]

尹训洋[**]

摘要：积极刑法立法观提倡刑事立法积极应对当下的社会生活事实，主张慎重地增设新罪，而不是随意增设新罪和过度扩张刑罚处罚范围。人类命运共同体理念的核心是强调人类命运休戚与共，这在一定程度上体现了对于风险的关注。刑法偏离以保守、中立为特征的传统司法，是刑法功能转型的重要方面。人类社会的不断变化会促进刑法理念与刑法立法观的革新，而司法实践应对具体社会问题时，法律规范的供给不足也会促使刑法观念的转型，进而促使刑事立法的"活性化"。面对人类命运共同体语境下刑法本位属性的变迁，注重宪法价值秩序、第一保护性规则优先及重申刑法独立价值，能够实现人类命运共同体刑法的纠偏。以积极刑法立法观引导人类命运共同体重点领域的立法，在国家安全、生物安全和环境安全等法益保护上主张刑法介入早期化。

关键词：刑法扩张　人类命运共同体　风险社会　积极刑法立法观

人类命运共同体思想是习近平新时代中国特色社会主义思想的重要组成部分。"人类正处在大发展大变革大调整时期，也处在一个挑战层出不穷、风险日益增多的时代。"[①]在百年未有之大变局的时代背景下，人类命运共同体理念彰显了中国语言全球话语的特点，体现了中国的世界格局观，展现了超凡的国际视

---

[*] 本文系 2020 年国家社科基金重点项目"国家制度和治理体系的地方实践经验研究"（课题编号：20AZD002）的阶段性成果。
[**] 尹训洋，法学博士，北京师范大学法学院博士后研究人员，研究方向为刑法学、刑事政策学。
[①] 《〈求是〉杂志发表习近平总书记重要文章〈共同构建人类命运共同体〉》，载《人民日报》2021 年 01 月 02 日，第 1 版。

野,并且强调了合作共赢的共同发展价值观,包括"持久和平、普遍安全、共同繁荣、开放包容、清洁美丽"五大支柱。法治在应对人类社会发展变化、化解人类社会矛盾等方面发挥着不可替代的重要作用。作为参与全球治理和重大国际行动过程中的重要法律规范,刑法更是不可或缺的。"在时代特征已经发生明显变化时,观念变革、知识范式更新至关重要。"①刑法如何顺应时代发展的动向,采取何种基本立场完成社会治理分配给刑法的任务,刑法理论应该如何回应和引领刑法的时代变革,这是刑法学界需要思考和回答的问题。刑法介入的积极或消极之选,本质上也是刑事政策的选择问题。同时,倾向于支持何种刑事政策,与论者对刑法的看法有关。刑法观关系到论者对刑法的任务、功能定位、犯罪本质、刑罚的正当性等重要概念和价值的认识,影响定罪、量刑、行刑等诸多环节,关系到论者对刑法问题的基本立场乃至价值取向。

在人类命运共同体视阈下,我国刑事立法的犯罪化是否需要扩张?这种扩张的界限又在哪里?人类命运共同体视阈中,我国刑法调适与完善之路(是一个动态与静态相统一的范畴,在本文中笔者暂且称之为"人类命运共同体刑法")向何处去?显然,上述问题不仅关系到对新语境下刑法立法观与传统刑法立法观的实质内涵区分,关系到刑法立法观演进中刑法基础理论问题的发展,而且也影响甚至决定中国参与全球治理的刑事立法的未来走向,以及刑事司法改革的路径选择。在此层面,我们不仅要关注民族国家的刑法立法问题,更要放眼于国际刑法甚至超国家的法律。基于此,笔者拟以人类命运共同体语境下我国刑法立法为分析对象,通过对上述问题的研究,对现代刑法积极立法观进行深入探讨,以求厘清分歧并达成共识。

人类命运共同体理念的核心是强调人类命运休戚与共。人类命运共同体刑法的使命是保护规范制度选择及其确立的法益,包括个人法益和超个人法益。虽然这两类法益的外延不断扩大,但是在风险社会受到冲击和挑战最多的却是后者。② 人类命运共同体刑法的目的也在于推动超个人法益的保护,以及对于关乎人类未来命运的法益的预见与保护。人类命运共同体视阈下,明确刑法扩张与谦抑的界限,在人权保障和社会秩序的价值博弈中寻求平衡,是本文所期望达到的目的。

---

① 程亚文:《新知识短缺的历史与今天》,载《读书》2018年第12期。
② 参见田宏杰:《立法扩张与司法限缩:刑法谦抑性的展开》,载《中国法学》2020年第1期。

一、积极刑法立法观产生的背景及原因分析

所谓积极刑法立法观,是指主张刑事立法应积极回应当前社会生活事实,主张审慎创设新罪,而不是任意创设新罪、过度扩大刑罚范围。现代国家的刑法立法现状,不约而同地引发了刑法观念的转变:从形而上学的理性思考转向更加现实的具体考虑和经验判断;从注重结果到注重行为本身;从惩治传统犯罪到打击新型犯罪(恐怖主义、网络犯罪、生物安全犯罪、生态犯罪);从事后惩罚到事前惩罚,等等。因此,现代刑法立法明显具有功能性,由被动立法向主动立法转变。从1969年到2019年,德国立法者以各种形式对刑法进行了202次修改,涉及的条款数不胜数,众多附属刑法的修改更是不计其数。[1] 日本自20世纪90年代以来,刑事立法也极为活跃,所增加的犯罪无数。[2] 我国晚近刑法立法与修正也体现出刑法介入的早期化特征,反映出刑法在保护人权以及参与社会治理方面的积极态度。例如,《刑法修正案(八)》加大了对抽象危险犯的刑法规制,最典型的是将醉酒驾驶的行为入罪;《刑法修正案(九)》通过"预备行为正犯化""共犯行为正犯化"的立法技术,将涉及恐怖活动的准备、资助、煽动等诸多行为作为正犯论处;《刑法修正案(十一)》增设危险作业罪、高空抛物罪,等等。这些修正将原本由其他法律调整的行为转由刑法干预,或者将原有刑法介入干预的时间点前移。

积极刑法立法观有其特定的时代背景和成长土壤。社会风险的加剧为人类的生存、发展抑或未来命运带来的诸多不确定性;有效应对政治、经济、社会、生态等领域的潜在风险,化解各种危机,已成为国家治理的核心任务;面对新型犯罪的快速增长,现有刑事法律规范又出现供给不足的窘境……种种问题促使需运用积极刑法立法观。

(一)风险社会与现代刑法的使命

人类命运共同体理念在一定程度上体现了对于风险的预判,人类未来命运需要对未来存在的风险加以思考并提前预防。无论是否承认"人类命运共存"这一概念,毋庸置疑的是,人类社会所展现出的风险图景,已经与传统社会大相径

---
[1] 参见王钢:《德国近五十年刑事立法述评》,载《政治与法律》2020年第3期。
[2] 参见张明楷:《日本刑法的修改及其重要问题》,载《国外社会科学》2019年第4期。

庭。与传统风险相比,现代社会的风险体现出人为性、不可知性、后果严重性等特征,这一方面来自于技术进步本身,另一方面则受到政治、社会、文化等因素的影响。① 现代社会日益面临各种类型的人为风险,从电子病毒和核辐射到交通事故,从转基因食品、环境污染到恐怖主义等。② 面对不可预知的人为风险,人们对社会的物质期许转变为安全诉求,相应地刺激着刑法观念的转型。对此,德国学者指出,刑法"背离了旨在保护个人权利的古典自由主义刑法模式,总是延伸到新的领域,如环境、毒品、有组织犯罪、恐怖主义、高科技犯罪和产品责任"③。法益保护的前置(或前期)、法益的抽象化(抽象的危险犯罪)、帮助行为的正犯化、预备行为的正犯化以及犯罪圈的迅速扩大,是风险刑法的重要标志。④ 我国学者也敏锐地指出:"风险社会促使现代刑法的使命发生变轨,应对不确定的风险和维护安全秩序已然成为刑法必须实现的主要目标,社会治理语境下刑法的工具属性更凸显,以自由刑法、危害原则、罪责刑法为主要标志的传统刑法理论体系渐显失灵与旁落态势,这既深刻触动了传统刑法体系的社会根基、价值取向与功能没定等教义学基础,也凸显了风险刑法本质上是一种预防刑法的新思维。"⑤《刑法修正案(十一)》也体现出刑法应对风险社会的价值取向。例如,《刑法修正案(十一)》第39条将基因编辑和胚胎克隆定为犯罪,这体现了对技术风险的防范。就科学方面而言,基因编辑可能使婴儿更容易感染病毒,产生功能获得性突变,此外还会给人类带来基因安全的风险;在伦理方面,基因编辑可能导致侵犯后代人权、人为基因歧视、种族净化和奴役。⑥ 对技术可能被滥用而导致的不可控风险进行预防,体现的便是刑法对社会变迁所带来的风险积极应对的态度。

自20世纪70年代至今,"预防原则已逐渐在环境、食品安全、公共卫生和贸易领域的国家法律和国际条约中规定,并且作为一种风险预防以及保护公共利益或促进永续发展的一项重要原则、策略与措施"⑦。我国作为加入了上述国际

---

① 参见付玉明:《立法控制与司法平衡:积极刑法观下的刑法修正》,载《当代法学》2021年第5期。
② 参见劳东燕:《风险社会中的刑法:社会转型与刑法理论的变迁》,北京大学出版社2015年版,第16页。
③ [德]埃里克·希尔根多夫:《德国刑法学:从传统到现代》,江溯等译,北京大学出版社2015年版,第25页。
④ 参见姜涛:《在契约与功能之间:刑法体系的合宪性控制》,载《比较法研究》2018年第2期。
⑤ 高铭暄,孙道萃:《预防性刑法观及其教义学思考》,载《中国法学》2018年第1期。
⑥ 参见杨丹:《生命科技时代的刑法规制以基因编辑婴儿事件为中心》,载《法学杂志》2020年第12期。
⑦ 洪德钦:《预防原则欧盟化之研究》,载《东吴政治学报》2011年第2期。

条约的缔约国,在国内法中贯彻预防原则,成为国内相关立法的重要内容。不可否认的是,自由生活在这个世界上是每个人最基本的需求,同时也是最难实现的理想。风险社会的到来,使个人与公共的矛盾日益尖锐,人类社会"面临着应该构建自由社会还是共同体社会的抉择"①。人类命运共同体刑法要做到对未来犯罪的风险防控。可以说,无论是网络犯罪、基因编辑犯罪还是环境犯罪,都蕴含着风险社会背景下人为的、不确定的且不可控的风险。人类命运共同体刑法如果恪守限制扩张、消极谦抑的传统理念,必然无法圆满达成保护人类共同法益的目的。只有通过必要的、有限度的扩张,严密刑事法网,从更早的时点对风险进行分配,实现对风险的管辖,才能有效防控风险,进而达到保护法益、增加人类福祉的目的。

(二) 国家职能的转变与积极刑法立法的呼应

在现代法治国形象中,国家是消极的"守夜人"角色。基于对公共权力的高度不信任,法治国家的核心是通过法律的确定性来塑造和约束国家的公共权力,从而保证国家权力的干涉符合正义原则。在行政法中确立法律保留原则和比例原则,在刑法中确立罪刑法定原则,是防止国家滥用职权来侵犯公民权利的基本原则和制度。但随着后现代社会的到来,国家的角色和任务发生了根本性的变化。防范政治、经济、社会等各领域的潜在风险,有效应对诸多危机,促进秩序的持续生产,成为国家的核心任务。② 国家角色的变化和职能的扩大不仅体现在行政领域,也影响到国家的立法和司法活动。"灾害频发的现实,加上公众日益增长的焦虑,已将风险控制置于政治议程的核心。各国政府被要求加强其规划未来和提供安全保障的责任,而扩大这一责任也将产生深远的法律影响。"③刑法偏离以保守、中立为特征的传统司法,是刑法功能转型的重要方面,反映了现代风险社会中,刑法日益贴近政治,日益行政化和政策化。④ 从刑法理论发展与社会形势变化的关系来看,随着现代社会风险的增加,国家通过刑法来提前干预社会治理,有效防控风险,维护安全秩序,已成为国家治理的主要目标。社会治

---

① [日]高桥则夫:《刑法总论》,李世阳译,中国政法大学出版社 2020 年版,第 3 页。
② 参见[德]汉斯·J.沃尔夫等:《行政法(第 3 卷)》,高家伟译,商务印书馆 2007 年版,中文版前言第 3 页。
③ 赵鹏:《风险社会的自由与安全》,载沈岿主编:《风险规制与行政法新发展》,法律出版社 2013 年版,第 3 页。
④ 参见何荣功:《预防刑法的扩张及其限度》,载《法学研究》2017 年第 4 期。

理背景下,刑法的工具属性将更加突出。

需要强调的是,一个国家的社会治安状况和法治文明程度,决定了运用刑法发挥国家职能的力度和强度。在社会保障状况较好、立法更加科学、人民群众对法治更有信心的社会中,刑法介入国家治理,以社会保护为优位价值选择,既确保法典的安定性,又维护其权威性,有助于法治国家的有序运转;但是,在社会保护总体形势较差、各种复杂疑难案件层出不穷、立法落后的社会,如果教条主义地以刑法本身的稳定性为标准,频繁地牺牲对具体案件的合理、妥善处理,不仅无助于法律至上观念的形成,反而会削弱刑法的权威性。[①] 因此,在罪刑法定主义的总体框架下,刑法更应发挥调节社会生活的积极作用,以尽可能实现刑法在个案处理中的适当性和合理性,逐步培养刑法的权威性。

(三)刑法立法的滞后与规范供给的需求

人类社会的不断变化会促进刑法理念与刑法立法观的革新,而司法实践应对具体社会问题时,法律规范的供给不足也会促使刑法观念的转型,进而促使刑事立法的"活性化"。对于现代刑法而言,不应当对规范供给不足而引发的社会问题充耳不闻,要因时而变,在国家治理或参与全球治理的过程中寻找应有的定位。以《刑法修正案(十一)》为例,其中诸多条文的修订与增加无疑都是对已然发生且成为社会热切关注的社会失范问题之回应。从规范供给上来看,如果现行刑法规范能够准确对现实行为作出规范评价,便无需对刑法进行修正;仅当现行刑法规范无法实现这一评价要求时,刑法条文才需要进行相应变动,进而增加内容的包容度和涵摄力。需要刑法作出调适与变动的,主要包括两种情形:

一是当规范评价不足时,现有刑法规范无法准确评价已然发生的具体案件,导致适用罪名不当,此时需要通过对条文进行修正或明确来实现合理评价。例如,在"贺建奎基因编辑婴儿案"中,法院最终认定行为人构成非法行医罪,但非法行医罪完全无法对行为人的行为作出全面评价,行为人的行为也不符合非法行医罪的构成要件。首先,在客观方面上,非法行医罪表现为存在非法行医行为,而基因编辑并非纯医学行为,它更多倾向于生命科学试验。其次,在主体上,非法行医罪的主体为未取得医生执业资格的人,从事基因编辑工作的群体大多

---

① 参见付立庆:《论积极主义刑法观》,载《政法论坛》2019年第1期。

为从事生命科学的研究人员,如果将未取得医生执业资格的人所实施的基因编辑婴儿行为认定为非法行医罪,是否意味着只要取得了医生执业资格便可以实施此类行为?答案自然是否定的。基因编辑婴儿面临的更多是伦理方面的非难,而非对医生执业准入的违反。三是从结果无价值层面分析,非法行医罪要求实害结果,即严重或者造成他人健康受损、造成他人死亡等结果。本案贺建奎的行为并未造成他人健康受损,也未造成他人死亡,或者说至少当下没有对基因编辑婴儿造成严重的危害身体健康的后果。虽然《刑法修正案(十一)》于非法行医罪后增加一条基因编辑、克隆的规定[①],但是很显然罪状超出了罪名的涵盖范围,即基因编辑罪状无法被解释为非法行医罪,从而无所做到规范对行为精准、全面的评价。

二是当规范评价缺失时,根据现有条文,完全无法对具体行为作出评价,此时便需要通过立法来进行规范补足。例如,酷刑罪、奴役罪、战争罪、海盗罪、危害人类罪、灭绝种族罪等危害全人类的犯罪,因我国刑法典尚未设置具体的刑法条文,所以只能按照刑法分则中侵犯公民人身权利、危害公共安全、危害国家安全、违反人道主义义务等具体罪名定罪。同时,在面对这些危害全人类的犯罪活动时,我国司法机关也很少甚至基本无法行使普遍管辖权。针对日益猖獗的国际犯罪,我国也缔结或加入了诸多公约,但是在转化为国内法,调整和完善相应的刑法分则方面仍存在不足。迄今为止,我国缔结或加入的国际刑法公约中的大部分罪行都未在我国刑法分则中作出规定,如海盗罪、酷刑罪、种族隔离罪、种族歧视罪、灭绝种族罪、战争罪等。[②] 也就是说,我国没有及时把条约规定的罪行转化为刑法上的罪行,从而导致规范评价的缺失。

二、人类命运共同体语境下刑法本位的变迁

进入 21 世纪,随着风险社会的加剧形成,全球人类命运相连越来越成为不争的事实。"9·11"事件拉开了新世纪国际反恐战争的序幕,2008 年全球金融海啸成为自 20 世纪 30 年代大萧条以来又一次全球性经济危机,福岛核泄漏事

[①]《刑法》第 360 条之一:"将基因编辑、克隆的人类胚胎植入人体或者动物体内,或者将基因编辑、克隆的动物胚胎植入人体内,情节严重的,处三年以下有期徒刑或者拘役,并处罚金;情节特别严重的,处三年以上七年以下有期徒刑,并处罚金。"
[②] 参见马呈元:《论中国刑法中的普遍管辖权》,载《政法论坛》2013 年第 3 期。

故引发的生态圈核灾难危机,英国脱欧与特朗普执政使得西方的孤立主义、反全球化抬头引发的社会动荡,阿尔法狗问鼎人类最高智力游戏、基因编辑婴儿等人工智能和生物技术的发展撩起了人类的生存危机忧心……而此次新冠肺炎疫情在全球范围内的爆发和肆虐,让我们更强烈地感受到人类危机并存、人类命运共存的现实。人类命运共同体是对"世界发生了什么,我们该怎么做"的积极回应,体现了国际社会的共同愿望。面对这种回应,中国刑法学人也应当思考"人类命运共同体语境下中国刑法向何处去"的问题。

现代法治国家普遍将谦抑性作为刑法的基本原则,将刑罚作为社会治理的最后手段。但在过去的半个世纪里,面对风险社会的到来,刑法的谦抑形象正在发生结构性转变。在安全、秩序等价值的驱动下,刑法工具主义色彩愈发明显,已然成为新的综合安全框架的一部分。① 以社会保护作为优位选择的预防刑法获得了茁壮成长的契机。人类命运共同体刑法更倾向于预防性刑法。所谓预防性刑法,相对于传统古典刑法而言,以对安全的关注为核心,重点防范侵犯法益的潜在危险,致力于实现社会的有效管控。② 传统刑法以结果为本位的价值理念,在人类命运共同体刑法领域基本不再占上风。以恐怖犯罪为例,如果《刑法修正案(九)》之前刑法的立法规定是零散的,主要针对个别类型的行为,那么《刑法修正案(九)》所规定的恐怖主义犯罪就呈现出整体化、类型化的特点。当然,这与近年来我国在反恐立法上追求安全和预防的理念有关。例如,《反恐怖主义法》第5条③规定的反恐怖主义工作原则,明确了"预防为主"的立法导向与反恐战略。与传统事后回应型刑法相比,人类命运共同体语境下刑法本位属性的变迁,主要表现在刑法功能的扩大、刑法法益的重塑、人权保障的强化、刑法体系的完善四个方面,具体如下:

(一) 国家利益与人类秩序并重

传统刑法理论倾向于将刑法作为司法法加以看待,将刑法功能奠定在防卫社会的基础之上,将刑法作为国家强制性规范,将刑法保护功能作为刑法功能的

---

① 参见[德]汉斯·约格·阿尔布莱希特:《安全、犯罪预防与刑法》,赵书鸿译,载《人民检察》2014年第16期。
② 参见何荣功:《预防刑法的扩张及其限度》,载《法学研究》2017年第4期。
③ 《中华人民共和国反恐怖主义法》第5条规定:"反恐怖主义工作坚持专门工作与群众路线相结合,防范为主、惩防结合和先发制敌、保持主动的原则。"

基础,强调国家利益优位,侧重刑法在维护社会秩序上的作用,通过刑罚的威慑力来预防犯罪,巩固人们对法律的敬畏。国家主权原则下,刑法注重对国家利益和社会利益的保护,对超出国家范围的全世界人类秩序的保护没有引起足够的重视,即缺乏国际人权保护的理念。

人类命运共同体语境下刑法本位的变迁,首先体现在刑法功能的扩大——寻求国家利益与人类秩序的均衡。就传统刑法而言,"国权主义刑法"[①]色彩偏重。事实上,我国目前的《刑法》也是一部"民族"[②]主义色彩浓重的部门法。例如,《刑法》第2条关于刑法任务的规定,拘泥于民族国家的立场,缺乏保护全球、全人类共同利益的考虑。从1997年刑法以及1999年刑法第一次修正至2020年12月26日通过的《刑法修正案(十一)》来看,尽管我国刑法在回应我国缔结或加入的国际公约的要求、注意国际刑法的国内化方面有所体现,但是"基于我国新历史时期经济社会发展过程中的新形势新问题,依法遏制和应对危害经济社会发展的犯罪行为"仍是此次《刑法》修订的主基调。《刑法》修正的基调,实际上折射出我国刑法的修正实践更多着眼于"民族",全球层面人类命运一体视野不足,在顺应国际刑法发展趋势、及时回应我国缔结或参加的国际公约方面也存在明显不足。传统刑法的功能仍受限于保护民族国家利益上。

在构建人类命运共同体的进程中,实现刑法功能的扩张,必然要在维护全人类秩序、保护全人类共同价值层面实现突破。而近年来,我国刑事立法进步的表现便是不断缩小与人类命运共同体理念的差距,将事关人类命运和前途的生态环境、生物科技、生命科学、文化遗产,以及特别是人格尊严、人类独特性等领域的风险防控,纳入了刑法调整的范围,追求刑法功能的扩张。人类命运共同体理念要求从关乎人类秩序的人类整体利益、福祉和命运出发来观察和思考人类秩序,将全人类看作一个"大集体"。人类命运共同体语境下的刑法功能扩张,是围绕着人类共同利益展开的,非局限于国民利益。人类命运共同体刑法应当从人类整体利益最大化出发,强调国家秩序和人类秩序的相互联系和辩证统一,人民的生存权、发展权、和平权、环境权不仅是国家利益的重要体现,也是人类秩序得以实现的前提和基础。因此,人类命运共同体刑法的发展,要在国家利益(国家主权原则)与人类秩序(国际人权保护)的博弈中寻找契合点。

---

① "国权主义刑法是以国家为出发点并以国民为对象的刑法。"参见卢建平:《国际人权公约与中国刑事法律的完善》,中国人民公安大学出版社2010年版,第72页。
② 此处民族加引号,实际既包括广义的中华民族(中华民族共同体层面),又包括少数民族(族群)。

（二）刑法保护范围的扩大

传统意义上，刑法完全属于一个国家内部的法律体系。什么样的行为应该被定义为犯罪，应该对犯罪施加什么样的惩罚，完全取决于每个国家自己的文化传统和道德价值观。① 而人类命运共同体刑法不能固守传统刑法理念，要实现刑法在人类命运意义上的担当。正如王世洲教授所言："有担当的现代刑法学不拘泥于已经形成的刑法理论的概念及其含义，而是以社会共识的理想和观念为信条，在必要时就创设新概念来表达新追求，修改旧概念以修正旧观点，在新的社会实践中总结和创设新理论，为法益提供符合时代要求的新保障。"② 实现刑法在人类共同命运中的担当，必然要审视现行刑法调整范围的局限，扩大刑法保护的范围。以人类命运共同体思想所倡导的"持久和平"为例，中国已加入的国际条约中规定了侵略罪、反和平罪、灭种罪、反人道罪、海盗罪等国际犯罪，由于现行刑法没有与这些国际犯罪相应的罪名，只能将这些罪行视为分则中相似的故意杀人、故意伤害、放火、爆炸、非法拘禁、强奸等犯罪进行规制，但这些国际罪行的本质是远非国内刑法中的罪名所能涵盖的，从而可能违背罪刑法定原则。由于没有具体的法律规定，这些罪行很难被查处，即使是勉强列入现有罪行并受到处罚（例如，将灭绝种族罪作为故意杀人罪、将奴役罪纳入强迫劳动罪或非法拘役罪范畴进行规制），也与其本身的严重危害性相去甚远，进而也可能违背罪行相适应原则。

构建人类命运共同体为扩大刑法保护的范围建构"新法益"提供了契机。刑法保护的范围和法益并不是静止不变的，人类命运共同体所强调的"人类中心"以及"五大支柱"都推动着法益在数量、范围和细致程度上不断地伸缩变化，推动着刑法的底线朝着有利于保障人类进步的法益设定方向发展。在此层面，人类命运共同体刑法应倾向于积极刑法观立场，即扩大刑法保护的范围来建构"新法益"。人类命运共同体理念要求任何国家或个人在行使权力或行使私人权利时，都必须考虑到整个国际社会的共同利益。因此，有必要通过国内刑事立法来扩大刑法保护的范围和建构"新法益"。诸如人类命运共同体所关注的"持久和平"问题，就要在惩治国际犯罪方面加强国际立法，不断完善各

---

① 参见王世洲：《从比较刑法到功能刑法》，长安出版社2003年版，第49页。
② 王世洲：《科学界定法益概念指引刑法现代化》，载《检察日报》2018年7月26日，第3版。

国国内刑法中关于惩治国际犯罪的规定；诸如人类命运共同体所关注的"清洁美丽"问题，是人类对环境保护意识的觉醒，导致生态安全逐渐成为人类生存需求的保障，因而有必要在污染环境罪领域适当扩张法益保护的维度，将法益保护前置化。

（三）人权保障优位的凸显

"保护社会（权利）最有力的工具常常也是侵犯个人权利最厉害的手段。"[1]就我国现行刑法而言，作为重要的国内法（部门法），目前的客观现状和发展导向似乎距离人类命运共同体理念仍有较大的差距，主要表现为"民族主义刑法"色彩浓重，强调严厉打击犯罪，以维护社会秩序为价值优先，与限制国家刑罚权、优先保障人权的国际主流刑法还有一定差距。就此而言，我国的刑法如今所处的阶段仍是"自给自足"，而人类命运共同体理念所要实现的是全人类的"富裕"。正如同超级水稻的出现一样，我们的刑法要有超级水稻的使命和担当，不仅要解决本国人民的温饱问题，更要解决全球人类的饥饿、温饱问题。因此，我们应当从人类命运共同体思想的丰富内涵中梳理人权保障的刑法意涵，以人权保障作为刑法价值的优位选择，加快刑法的本位变迁。刑法本位之变迁，反映了刑法调整的利益由国家利益扩展到人类共同体利益，有助于推进刑法的国际化，提升我国参与全球治理的法治能力。

二战后，联合国大会通过了《世界人权宣言》，并制定了《经济、社会、文化权利国际公约》（ICESCR）、《公民权利和政治权利国际公约》（ICCPR），共同构成《国际人权宪章》。之后，联合国大会又通过了一些重要的人权文件，较有影响力的包括《禁止酷刑和其他残忍、不人道或有辱人格的待遇或处罚公约》（CAT）、《消除对妇女一切形式歧视公约》（CEDAW）、《消除一切形式种族歧视国际公约》（CERD）、《儿童权利公约》（CRC）、《保护所有移徙工人及其家庭成员权利国际公约》（CMW）等。就联合国通过的七项重要国际人权公约而言，我国已批准五项，签署一项，尚未签署一项。国际人权公约蕴含丰富的国际刑法规则和原则，其在刑法理念上强调的精神，无非是刑法对于人权的保障意识，最为直接的要求就是严格限制国家刑罚权。通过限制国家刑罚权，不断完善对人权的保护，这无疑是刑法谦抑的本质要求。

---

[1] 储槐植：《美国刑法》，北京大学出版社1987年版，第23页。

尽管近年来,我国对某些法律进行了大量修订,但是仍有一些法律与国际公约确立的人权标准相抵触。例如,《刑事诉讼法》对刑事被告人权利的保护(如不受双重审判、不自我归罪等)与中国政府签署的《公民权利和政治权利国际公约》之间还存在差距。我国早在1996年就签署了《公民权利和政治权利国际公约》,但由于各方面条件不成熟,至今尚未得到全国人大的批准和实施。人类命运共同体刑法若要实现从社会保护优位向人权保障优位的转变,相对于控制犯罪,保障人权价值更有强调的必要。人类命运共同体刑法的"谦抑"是在人权保障方面的谦抑,人类命运共同体视阈下积极刑法立法观是秉持谦抑为本,对关乎人类未来共同命运的重要法益进行相对扩张。

(四)刑法体系的完善

人类命运共同体刑法的发展和完善是一项庞大的工程,它决定着现代刑法以维护和促进人类共同利益为主要宗旨。刑法体系是受刑法观引导的,有什么样的刑法观,就会有什么样的刑法体系。现代刑法所维护的"共同体利益"极其广泛,主要涉及人类和平与安全、人权、生态保护、人类共同遗产、自由贸易、国际合作与公平等方面的内容,这些为建设"持久和平、普遍安全、共同繁荣、开放包容、清洁美丽"的世界奠定了坚实的基础。刑法作为万法之盾,为所有法律保护的利益提供最后的保障。对于事关人类命运的共同利益的保障,刑法理应成为国家(民族)法治向国际(人类)法治迈进的"后方保障"。

从目前的状况来看,尽管我国刑法典对诸多人类命运共同体层面的刑法规范都有所体现,并且作为重要的国内法,其在人权保障价值本位的立法与司法实践中也不断进步,但是仍然还存在着一些问题。例如,我国刑法与国际刑法规范之间的关系不明确;"政治犯"的范围界定不明;死刑制度和死刑适用与国际标准相差较大;刑法典分则规定的国际犯罪屈指可数,诸如灭绝种族罪、种族歧视罪、种族隔离罪等,因没有专门的法条规定而难以受到追究惩处;对于一些非传统安全犯罪,刑法分则没有具体规定,等等。人类命运共同体刑法本位的变迁,必定要打破民族国家的立场局限,完善刑法总则和分则中保护全球、全人类共同利益的有关规定,这也是缩小我国刑法与人类命运共同体理念的差距,实现我国刑法与国际刑法有效衔接的必然要求。鉴于我国目前整体法律网络和个人犯罪法律网络不够严密,刑法需要相对积极地介入社会生活。除了立法层面以"适度犯罪化"完善刑事法网,还要在司法层面秉持人权保障理念,完善出罪规范和制度,在规范与制度的博弈中寻找扩张与谦抑的契合点。

三、人类命运共同体视阈下积极刑法立法观的纠偏

积极刑法立法观并不违反刑法中的谦抑性原则。虽然刑法的存在是为了保护法益，但是它并不是保护法益的唯一手段。刑法以外的法律规范和法律以外的社会规范，也发挥着社会保护和法益保护的作用。人类命运共同体刑法必须明确一点——始终作为保护人类共同法益的最后手段（ultima ratio）。因此，人类命运共同体语境下积极刑法立法观的倡导应把握如下几点：

（一）注重宪法价值秩序

人类命运共同体语境下的刑法依旧属于中国特色社会主义法律体系的一部分，因此在刑法立法观上，依旧要注重宪法的价值秩序。宪法原则推导出了法治国对刑法立法的要求，而刑法立法的重要目的就是实现对法益侵害危险预防的限制。因此，明确刑法的宪法价值，合理"安置"刑法在社会治理、控制体系中的宪法性定位，才能对刑法干预的边界进行清晰划定。刑法包括其他部门法的社会控制边界及其法律解释的范围为宪法所限制，正如刑法的谦抑原则也体现了宪法比例原则的精神。在法治国家，普通法律的干预范围受宪法控制，宪法也有着对普通法律解释的权力。因此，刑法立法秉持谦抑主义，正是贯彻宪法原则的内在要求。宪法的价值秩序与宪法的比例原则是相辅相成的。人类命运共同体刑法的发展应当契合宪法的价值秩序，人类命运共同体刑法的法益是宪法价值秩序中为实现个人自由发展而必要的法益。在保护这些必要法益的过程中，必须用尽前置法规制手段，将达到或接近前置法法律责任程度上限的违法行为归为犯罪行为。只有当法律责任程度的上限和前置法规制的上限有比例地承接刑事责任程度的下限与刑事制裁力量的下限，方能坚守刑法的保障法地位，进而实现刑法的谦抑。

宪法的价值指引，决定了立法发掘、评判、遴选的标准。法益的确定是符合宪法价值指引的自然状态的利益承认，这些利益承认的法律保护有层次之分——经过前置法上的调整性规则确认，也就是进行了第一层确认，刑法担当最后保障，在法体系的末端对其进行刑法法益的设置，由此实现前置法与刑法的有效配合与互动，在宪法价值秩序中共同维护社会生活的核心"利益"，进而实现对

违反合法利益的制裁的比例分配。① 制裁比例配置应坚持妥当性原则、必要性原则与衡平性原则。妥当性原则和必要性原则也体现了刑法的目的性原理。前者主张制裁侵权、违法或犯罪行为的规则应当达到立法目的，否则会造成手段或方式的不妥当；后者主张社会控制方式的选择应当是对人们利益侵害最小的方式，否则就是非必要的。衡平原则主张社会控制虽然是实现法律目的所必需的方式，但是要在秩序与自由中实现衡平，即法律所追求的目的和使用的方法要与公民权利的损失衡平。② 可见，制裁比例配置的三个原则都指向了刑法适用的谦抑、节制。在契约与功能之外，强化一种合宪主义刑法观，是对宪法价值秩序的重申与保护。

（二）第一保护性规则优先

第一保护性规则是宪法价值确认的利益由前置法确认并规制，是对自然状态利益的法律承认。第一保护性规则限制了刑罚权的启动。只要某些法益没有被前置法确认和调整，就不能对侵犯法益的行为行使刑罚权。以侵犯公民个人信息的行为为例，公民的信息权益应由相应的前置法（如民法、行政法）进行确认和规制，只要前置法中的调整性规则未确认公民的信息权益，就不能动用刑罚权对侵犯公民信息权益的行为进行惩罚。

同样，侵犯公民信息权益的行为虽然触犯了前置法，但是却没有产生前置法所规定的法律责任，如果不符合第一保护性规则保护和调整的第一保护性法益，公民的个人信息权也不能成为受刑法保护的法益，侵犯公民个人信息权的行为也不能进入刑法的监管视野。这也是《刑法》第 253 条之一在增加侵犯公民个人信息罪之前必须解决的重点问题。"前置法不备，刑罚权不动；刑事立法不规，刑事司法不治"既是刑法谦抑性的形式内涵，更是刑法形式合法性的规范要求。③ 从构建人类命运共同体的角度出发，如果用刑法规制以外的方式更有利于保障人权，增加人类福祉，那么就尽量不动用刑法，不发动刑罚权。

（三）重申刑法独立价值

值得注意的是，刑法法益的选择和犯罪行为的定性，并不是刑法完全从属于

---

① 参见田宏杰：《立法扩张与司法限缩：刑法谦抑性的展开》，载《中国法学》2020 年第 1 期。
② 参见陈新民：《德国公法学基础理论（增订新版）》（上卷），法律出版社 2010 年版，第 415 页以下。
③ 参见田宏杰：《立法扩张与司法限缩：刑法谦抑性的展开》，载《中国法学》2020 年第 1 期。

前置法的写照,而是刑法有着独立于前置法的内在逻辑,即前置法法益的宪法价值等级的权衡和宪法保护比例的比较。刑法有两次独立判断和定量选择:一是立法上对刑法法益的确定,二是司法上对追诉标准的设定。经历两次定量选择来完成价值判断,进而刑罚权得以发动。这不仅形成了有别于民商法、行政法的刑法基本原则和制度,而且决定了刑法是前置法之规范有效性得以实现的不可或缺的独立之力量救济和终极保障。[1] 刑法有其独立的价值,前置法不应当成为刑法规制的门槛。以保护法益为己任的刑法并不完全是其他法律的保障法,其更有特定的规制对象和规制方式。前置法的缺失也不应当成为刑法止步不前的理由。以公民个人信息保护为例,作为最直接前置法的《个人信息保护法》已由中华人民共和国第十三届全国人民代表大会常务委员会第三十次会议于2021年8月20日通过,与此相关的《网络安全法》则是2016年通过、2017年开始实施的,但2009年的《刑法修正案(七)》已增设非法获取公民个人信息罪。以《刑法修正案(七)》为节点,刑法便已经开始对个人信息进行保护;此后,该条规定为2015年《刑法修正案(九)》所修正,罪名变更为侵犯公民个人信息罪。无论是2009年的增设还是2015年的修改,均早于前置法,然而这并不能被认为违背了刑法的谦抑性。正如有学者所言,刑法的谦抑性"与刑法是否是保障法并无直接的因果关联性"[2]。刑法作为一个独立的法律部门,其体系内已经形成了一套自给自足的教义学原理。人类命运共同体的刑法在发展过程中,需在内部寻找到独特的机理、规则、面向,才不至于丧失其独立的为人类谋福祉的价值。

四、积极刑法立法观引导重点领域立法

人类命运共同体刑法必须面对我国刑法结构"严而不严"的现状,以积极的刑法立法理念为指导,保持总体谦抑。在关乎人类社会生活的重大利益领域,以积极刑法立法观为主导来严密刑事法网,解决刑事法律规范评价缺失或评价不足的问题,是人类命运共同体刑法发展的定位。

(一)人类命运共同体的"持久和平"层面:追求"又严又厉"

中国境内的恐怖活动不容忽视,加之全球化的影响,具有特殊政治思想诉求

---

[1] 参见田宏杰:《立法扩张与司法限缩:刑法谦抑性的展开》,载《中国法学》2020年第1期。
[2] 简爱:《一个标签理论的现实化进路:刑法谦抑性的司法适用》,载《法制与社会发展》2017年第3期。

的外国犯罪集团和为谋取经济利益而组建的犯罪组织与国内犯罪组织和个人勾结,大规模实施跨境违法活动的事件应受到高度重视。显然,我们需要借助刑法的力量,加大"露头就打""打早打小"的刑事政策力度。在打击恐怖犯罪领域,如果需要立法约束,只惩处实害犯绝非务实的态度。因此,《刑法修正案(九)》增设了准备实施恐怖活动罪,强制穿戴宣扬恐怖主义、极端主义服饰、标志罪等罪名,以惩治恐怖活动实施之前的早期行为。从总体国家安全观出发,考虑到刑法与反恐怖主义法、反间谍法的联系,上述立法当然有其合理性。类似的早期有组织犯罪行为,在大多数国家也被视为犯罪行为受到惩罚。如果我国刑法不作出回应,恐怖组织的早期行为在欧美日被作为主犯予以惩处,但在中国难以定罪,这也将导致中国履行国际义务的法律障碍。[①] 对于关乎人类生存基本条件的底线安全领域,人类命运共同体刑法有必要采取"又严又厉"的规范来加以捍卫。建议在《刑法》总则明确第9条普遍管辖权的实质管辖意义,增加第9条"国际习惯法上的罪行";在分则"危害国家安全罪"专章之前设置"危害国际安全罪",以专章形式规定"国际犯罪",在专章之下可考虑增设种族隔离罪、种族歧视罪、灭绝种族罪、酷刑罪、非法获取和使用核材料罪等罪名,参考我国恐怖犯罪的立法模式,打造针对此类新罪的立体化制裁体系。

(二)人类命运共同体的"普遍安全"层面:对生物安全的积极介入

生物安全问题已经成为事关人类生命健康、人类遗传资源安全乃至人类未来生存安全的大局问题。在国内法层面,有关生物安全法益的相关法律法规已初步形成较为严密的保护体系,如最高人民检察院印发的《关于在防控新型冠状病毒肺炎期间刑事案件办理有关问题的指导意见》,最高人民法院、最高人民检察院、公安部、司法部印发的《关于依法惩治妨害新型冠状病毒感染肺炎疫情防控违法犯罪的意见》,全国人大常委会通过的《十三届全国人大常委会强化公共卫生法治保障立法修法工作计划》以及修订的《固体废物污染环境防治法》等。一系列法律法规的出台为刑法的介入提供了前置法基础;而《刑法修正案(十一)》的出台,也为我国健全生物安全法律体系提供了后盾保障。

《刑法修正案(十一)》对涉及生物安全的犯罪进行了密集修改,是预防功能导向、积极刑法理念的典型体现。一是新设了三个罪名,填补了刑法在该领域的

---

① 参见周光权:《积极刑法立法观在中国的确立》,载《法学研究》2016年第4期。

规制空白;二是修订了三个旧有罪名的犯罪构成,扩大了刑法的处罚范围;三是情节犯的设置,可较为灵活地应对各种犯罪情形;四是将行政法义务上升为刑法义务,使行政违法行为变成刑事犯罪行为。① 这些增加和修订的内容对严密生物安全刑法网络至关重要,体现了积极刑法立法观在生物安全领域的制度运作,提升了刑法在该领域的一般预防职能。

刑法对于生物安全法益的保护略显凌乱,应在体系上进行梳理。建议将危险生物安全的核心行为集中在《刑法》分则第二章"危害公共安全罪"之中,危险生物安全的边际行为分散在各个章节中,同时考虑细化罪名和罪状。具体而言,建议新增基因编辑类犯罪,理由不言而喻:人类基因关乎人类未来整体遗传,基因编辑如若滥用,势必使人类未来命运遭受不可撤销的灾难。建议在《刑法》分则第二章"危害公共安全罪"之下增设"滥用基因编辑技术罪",犯罪的主体可以考虑采用双罚制,主观方面应当是故意,可以用列举式与概括式相结合的立法模式,以应对以后不断出现的滥用该技术的新情况;除了将滥用基因编辑行为入刑外,制造针对特定基因人群的致病病毒、细菌的行为也应是刑法规制的重点,建议在第二章增设对特定基因人群传播致病病毒、细菌罪;可将倾倒、排放或者处置含传染病病原体的废物的行为独立成罪,置于"危害公共安全罪"章节;同时,可以考虑在《刑法》第 128 条非法持有、私藏枪支、弹药罪的行为对象中增加"传染病病原体",并增设"非法持有传染病病原体罪"。

(三)人类命运共同体的"清洁美丽"层面:对环境犯罪早期化治理

环境问题是自 20 世纪中叶以来人类所面临的社会问题之一,重点集中在两种类型的环境犯罪,即污染环境和生态破坏的犯罪。在环境犯罪的初期,许多国家都以传统的刑法原理来治理环境犯罪,即"事后治理"是环境犯罪规制的主要方式。② 人类环境保护意识的觉醒,导致生态安全逐渐成为人类生存需求的保障,因而有必要在污染环境罪领域适当扩张法益保护的维度,将法益保护前置化。

从国际社会角度来看,一系列规范性文件表明,人类已开始反思现代化进程所带来的不利后果。从 1972 年的《联合国人类环境会议宣言》到 2012 年的《我

---

① 参见胡云腾、余秋莉:《〈刑法修正案(十一)〉关于生物安全规定的理解与适用——基于疫情防控目的的解读》,载《中国法律评论》2021 年第 1 期。
② 参见李梁:《环境犯罪刑法治理早期化之理论与实践》,载《法学杂志》2017 年第 12 期。

们憧憬的未来》等规定,昭示出"环境问题处理不当对部分地区甚至整个人类就有可能造成毁灭性的灾难"[1]。所以,有必要对环境犯罪从立法理念上进行更新。人类命运共同体思想为环境犯罪的规制提供了新理念、新要求。在发展过程中,我们不能局限于短期利益,不能只考虑局部利益,而要放眼未来,着眼人类共同命运去保护环境,呵护人类共有的生态环境。因此,在环境领域的刑法立法不能着眼于过去,而应放眼于未来,采取预防性措施,即环境犯罪立法早期化理念。这种理念能改变事后惩罚的规制模式下的"温和预防模式"无法预防重大环境事故的弊端,在立法上对具有可能造成重大环境污染源危险的行为进行犯罪化,在具体的环境犯罪治理刑事政策中引入危险犯、行为犯等立法早期化的措施,从而实现对人类生态环境共同体的预防性保护。

从人类整体安全出发,构建严密的环境刑法体系。《刑法》分则第6章第6节有"破坏环境资源保护罪"的规定,但是从第338条至第346条的具体条文来看,仍缺乏国际视野下的大生态犯罪规制理念。当犯罪及其影响超出国家边界时,没有一个国家拥有足够和必要的资源和权力来打击这类犯罪。[2] 首先,在国际层面,应加强国际合作,积极推动环境保护条约或公约的制定。其次,在国内法层面,建议将生态犯罪作为单独一章进行规定,细分生态犯罪的类型,可根据不同环境要素来设置大气污染罪、水域污染罪、海洋污染罪、土地污染罪、噪声污染罪等。与此同时,对部分环境犯罪的罪名和构成要件进行修改和细化,如非法占用农地罪没有将破坏其他土地的行为纳入,应当将犯罪对象扩大至荒地、滩涂[3]等。

五、结语

人类对美好生活的渴望是永恒不变的。世界进步的潮流浩浩荡荡,势不可挡。人类命运共同体理念体现了对全人类共同价值观的追求,是新时代中国全球治理为国际社会作出贡献的新规划。迈向人类命运共同体,在很大程度上意

---

[1] 马章民、张琛:《生态安全的刑法保护及立法完善》,载《河北法学》2014年第6期。
[2] See Jambozorg, M. Pournouri, S. A. Poorhashemi & D. Hermidasbavand, Challenges Ahead of Codification Of Environmental Crime Indices as an International Crime, International Journal of Environmental Science and technology, Vol. 12, 2015, p. 3721.
[3] 参见赵秉志主编:《环境犯罪及其立法完善研究》,北京师范大学出版社2011年版,第140页。

味着重新思考人类的命运,从全球维度思考人类发展,从人类发展维度思考国际关系。虽然《宪法》将"推动构建人类命运共同体"写入了序言,但是就我国的国内法与部门法而言,与人类命运共同体理念仍然存在较大的差距。思考如何去跨越这种差距,实现法学对构建人类命运共同体的贡献,答案便是"万丈高楼平地起",要从国内法和部门法的改变做起。刑法担当着"最后法"(Ultima ratio)的角色,建立在保障人权和弘扬法治的价值基础之上的人类命运共同体刑法的发展,是我国在国际社会中表达与构建刑事话语权的过程,刑法法治水平的提高有赖于正确的刑法立法观的引导。刑法介入的早晚不能"跟国际风",要结合本国实际,参考国内法完善程度、国民法治意识、国家司法水准和执法水平、国内犯罪趋势等因素综合考虑。限制国家刑罚权、保障人权、消极刑法立法观无疑是我们追求的愿景,也是刑法谦抑的要求,但人类命运共同体刑法的发展要应对风险社会的预防、国家职能的转变和刑事法律规范供给不足等因素的挑战。因此,在宏观层面保持刑法的谦抑,在关乎人类共同命运的重点领域做到"积极",不断严密刑事法网,解决刑事法律规范评价缺失或评价不足的问题,是人类命运共同体语境下刑法立法观的最佳选择。

专题：社会主义核心价值观的司法适用

社会主义核心价值观融入裁判文书的叙事逻辑
——以复调式叙事结构探微

李 佳*

摘 要：社会主义核心价值观融入裁判文书释法说理的方式，需要结合参与者主体视角进行设计。从文学创作的复调式叙事逻辑出发，裁判文书的参与者包括法官、当事人和大众。法官在裁判文书的行文创作中，不仅需要扮演裁判者的角色，还需要诠释教化者的作用。基于多角色参与的立场角度进行分析，在当前社会主义核心价值观融入裁判文书的释法说理时，需要把握以法律规范为底线的基本原则，运用法律解释和法律修辞等方式，丰富社会主义核心价值观的法治内涵，以实现定纷止争和达成社会共识的目的。

关键词：社会主义核心价值观 复调式叙事 裁判文书 释法说理

引言

社会主义核心价值观是我国特色社会主义文化建设的重要内容。以社会主义核心价值观引领社会发展，营造共同的文化价值观念，有助于转变行为习惯和凝聚情感认同。[①] 在当前司法领域受理案件数量递增以及纠纷关系复杂化的情况下，仅仅依靠法律规范不足以起到约束和修复的功能，还需要融入共同的社会价值观念来缓和冲突、沟通问题和达成共识。这是社会主义核心价值观融入裁判文书释法说理的文化价值基础。2021年，最高法印发《关于深入推进社会主

---

* 李佳，吉林大学法学院国际法专业博士研究生，研究方向为司法理论、国际法。
① 参见刘卓红、张堃：《以社会主义核心价值观引领新时代中国特色社会主义法治文化建设》，载《马克思主义理论学科研究》2020年第4期，第94页。

义核心价值观融入裁判文书释法说理的指导意见》（以下简称《指导意见》），要求进一步发挥社会主义核心价值观在裁判文书释法说理中的规则引领和价值导向作用。然而，在实践中，社会主义核心价值观的适用存在含义模糊、标准不统一的问题，导致目前尚未形成系统化、体系化的援引方式，示范效应仍不明显。本文分析了2016年至2020年间社会主义核心价值观在裁判文书中的适用现状及典型案例，引入复调式叙事理论，以不同的参与者视角探寻融入裁判文书的路径，总结出四步关于社会主义核心价值观融入裁判文书释法说理的方式，对裁判文书叙事逻辑予以系统化的适用，以增强其在裁判文书释法说理中的效果。

一、社会主义核心价值观融入裁判文书的困境

司法裁判的引领和承载是宣传和实践社会主义核心价值观行之有效的方法之一。[①] 裁判文书网上公开的信息显示，2016年1月至2020年12月，全国共有5967份裁判文书援引了社会主义核心价值观进行释法说理。剔除重复案例以及实质内容与社会主义核心价值观并不相关的案例，剩余的有效统计样本为4500余件。对有效样本进一步分析发现，这5年中，运用社会主义核心价值观释法说理的裁判文书数量呈现出加速增长的趋势。

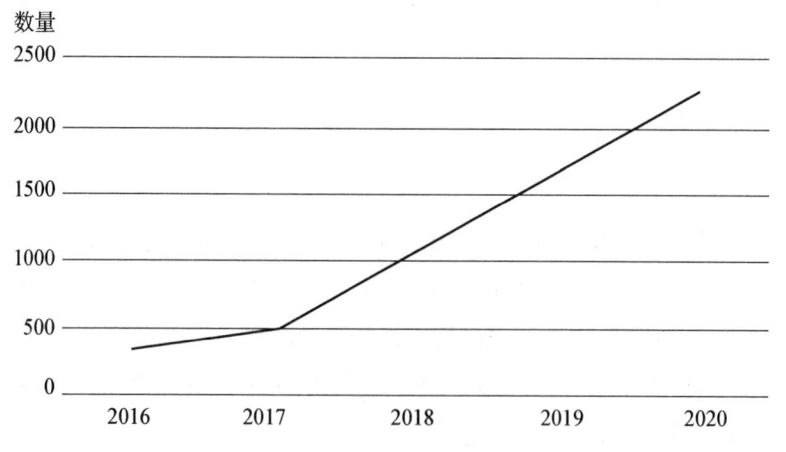

图1 2016年至2020年援引社会主义核心价值观的案例数量

[①] 参见彭中礼、王亮：《司法裁判中社会主义核心价值观的运用研究》，载《时代法学》2019年第4期，第11页。

从统计样本来看,援引社会主义核心价值观的裁判文书以民事案件最多,占比高达90%。在专业性极强的裁判文书中融入道德属性的社会主义核心价值观,增强了法律说理的可接受性。在案件当事人与法官方寸的交流之间,社会主义核心价值观可以起到淡化、缓和矛盾的作用,并连接当事人所陈述的事实、法官基于证据所还原的客观事实以及裁判结果之间可能存在的不一致。与预设相悖的是,为达到这一目的,虽然援引社会主义核心价值观的裁判文书数量不断增加,但是实际效果还有待提升。

(一)社会主义核心价值观在法律依据中的强行植入

裁判文书将抽象的精神文化层面的内容转化为具体的裁判文书说理时,缺少过渡与衔接。具体表现在两个方面:其一是未对社会主义核心价值观的内涵进行阐释。法官对法律问题进行分析之后,在表达观点立场时,仅仅简单加上一句"不符合社会主义核心价值观的要求"[1],并未对社会主义核心价值观在个案中的具体表现进行明确的解释说明。其二是社会主义核心价值观的内容与诚实信用原则和公序良俗原则重叠。具体表现为,法官进行评判时,在运用诚实信用原则和公序良俗原则进行说理的基础上,同时强调不符合社会主义核心价值观的要求。[2]

不可否认的是,社会主义核心价值观的援引有助于提升裁判结果的可接受性,法治向高阶方向发展的过程离不开道德性观念的融入。[3] 但是,在当前道德性话语运用于裁判说理的标准不明确的情况下,强行援引社会主义核心价值观进行说理,反而会产生道德替代法律的偏差。例如,某法院在审理一起民间借贷纠纷的案子时,因原被告双方存在不正当男女关系,为弘扬和维护社会主义核心价值观,法官直接援引社会主义核心价值观,将双方之间的金钱交付认定为借贷关系而非赠予关系。[4] 此案中,法官并没有解释其所援引的社会主义核心价值观具体指什么,而是简单地将该行为评价为不符合社会主义核心价值观的要求。

---

[1] 参见北京市第二中级人民法院(2020)京02民终10337号民事判决书;江苏省徐州市中级人民法院(2021)苏03民终4465号民事判决书;北京市第二中级人民法院(2020)京02民终10337号民事判决书。
[2] 参见江西省新余市中极人民法院(2021)赣05民终150号民事判决书;广东省高级人民法院(2019)粤民终1960号民事判决书;山东省潍坊市坊子区人民法院(2020)鲁0704民初2553号民事判决书。
[3] 参见谢晖:《论法治思维与国家治理》,载《东方法学》2021年第2期,第101页。
[4] 参见江苏省江阴市人民法院(2017)苏0281民初7604号民事判决书。

更有甚者,在有些案件中,被评价的内容与社会主义核心价值观事实上并不存在明显关联,但社会主义核心价值观仍然被强行援引。在社会主义核心价值观融入裁判文书释法说理的大趋势下,概括性的裁判理由和原则概念的适用存在泛化的风险。在未穷尽具体法律规则的适用之前,直接用道德标准代替法律规范,势必导致向"一般条款逃逸"①。

(二) 社会主义核心价值观在裁判结论中的提前预设

在社会主义核心价值观融入裁判文书的实践中,存在对裁判结论进行"提前预设"的现象。这是指在事实认定部分直接援引社会主义核心价值观作为事实推定的前提②,并跳跃式地得出裁判结论,在被"提前预设"的法律价值追求下进行"永远正确"的裁判方式。

表 1 社会主义核心价值观在裁判文书中的提前预设形式

案件类型	表 现 方 式
民事	在论述原告具备诉讼主体资格时,并未引用《中华人民共和国民事诉讼法》第 119 条的规定,而是直接在事实部分引用社会主义核心价值观进行说明。"经医学鉴定,原告的伤势构成十级伤残,原告为充分保护其合法权益而提起的诉讼,符合法律规定,符合社会主义核心价值观。"③
行政	引用社会主义核心价值观对假设的结果进行价值判断,反向说明现行判决的正确性。"假如判决确定林某具有成员资格,相当于是鼓励林某通过非法手段入户的行为,……若最终判决结果被广泛宣扬,……有违宪法倡导的公平、公正,有违社会主义核心价值观。"④
刑事	在事实认定过程中直接对行为进行价值评判,并未援引刑法中关于不能适用缓刑的规定进行释理说明,而是通过认定其行为有悖于社会主义核心价值观的要求而不适用缓刑。"其行为的社会危害性远大于传统开设赌场的行为,明显有悖于社会主义核心价值观倡导的社会价值取向。……不宜再对其适用缓刑。"⑤

在裁判文书的行文过程中,根据法律规则作出的裁判,都是基于被信任为案件事实的内容⑥,这部分内容与当事人的生活经验和法官的自由心证过程有关联。在事实认定的过程中,需要理由和方法予以支撑,而不是过多地代入主观判

---

① 于洋:《论社会主义核心价值观的司法适用》,载《法学》2019 年第 5 期,第 6 页。
② 参见资琳:《案件事实认定中法官前见偏差的修正及控制》,载《法商研究》2018 年第 4 期,第 74 页。
③ 参见甘肃省山丹县人民法院(2021)甘 0725 民初 1920 号民事判决书。
④ 参见广东省佛山市顺德区人民法院(2020)粤 0606 行初 51 号行政判决书。
⑤ 参见河南省太康县人民法院(2021)豫 1627 刑初 54 号刑事判决书。
⑥ 参见[新加坡]何福来:《事实认定》,张保生译,载《证据科学》2019 年第 1 期,第 70 页。

断,对客观行为进行道德性评价。仅以社会主义核心价值观的内容来对案件事实进行描绘,会让司法过程陷入"神秘论"①。

(三) 社会主义核心价值观在适用目的上的方向偏航

理与力的结合,乃成法。② "理"强调的是法律依据,"力"则指的是说服力。所谓的说服力,是指在适用法律规则的前提下,让当事人和社会公众产生信赖。这种心理上的信赖是说服力的来源和反馈。当事人对裁判结果的接受离不开社会公众对司法的普遍信服,符合社会一般期待的裁判结果能够起到息诉止纷的作用。

为实现公众的信赖,在一些社会影响较大的案件当中,法官在作出裁判结果时往往会兼顾社会效果。社会效果在法官裁判中的映射途径有二:其一是法律本身自带的规范性效果,如民法中的诚实信用原则、公序良俗原则和刑法中的宽严相济原则;其二是道德规范所产生的社会效果,比较常见的就是民意挟持法律。当司法被民意"绑架",法官在个案裁判中通过牺牲少数人的利益来赢得大多数人的支持,这种做法看似平息了社会矛盾,实则是对司法公信力的折损。

在裁判文书中援引社会主义核心价值观进行裁判说理,其最终目的是增强裁判结果的可接受度,但如果仅仅为使裁判结果可被接受就盲目融入社会主义核心价值观,那么就是本末倒置,其目的和手段上的逆行势必会导致法律价值的式微。

二、社会主义核心价值观在裁判文书中的叙事逻辑溯源

从法治的角度来讲,社会主义核心价值观融入裁判文书的叙事逻辑基础应当是现行有效的法律规范,这是最直接有效的状态。然而,社会主义核心价值观入法目前依然受到现实条件的制约,在短期内难以实现。这就需要从法律解释等方式入手,探寻社会主义核心价值观融入裁判文书的路径方法。裁判文书的创作是法官分析争议焦点的呈现,体现了矛盾各方主体的观点和立场。这与文学创作中的复调式叙事规则的角色多样性和表达多元化相契合。

---

① 武飞:《论司法过程中的案件事实论证》,载《法学家》2019年第6期,第47页。
② 参见孙国华、黄金华:《法是"理"与"力"的结合》,载《法学》1996年第1期,第3页。

(一) 复调式叙事的逻辑规则

裁判文书的释法和说理功能,承载着维护社会公平和稳定的作用。社会矛盾和冲突需要法律规范予以规制,但社会关系的修复却不能只靠法律规定来处理。法理、情理和伦理交织的背后所体现的,是社会关系的多维度与复杂性。单纯的裁判结果并不足以令当事人信服,法官需要发挥能动性,跳出固有的裁判者思维,尝试从当事人的角度审视问题,完善说理的过程。这种多视角的创作逻辑,在文学理论中被称为复调式叙事。①

在文学研究中,复调式叙事强调多主体的对话和矛盾的立场构造。作为一种修辞手法,其本身就蕴含着对语言的选择和技术的运用,也可以被认为是讲述一个故事②,故事的内容由多个主体的描述构成。从外部视角来看,复调式叙事规则的多主体视角与法律商谈理论中所倡导的法官与当事人之间的沟通、交流和辩论相契合。③ 从内部叙事角度出发,由法官执笔的裁判文书中,法官作为叙述人,需要站在不同的视角对同一事件展开不同声部的描述。这些多面但并不完整的内容最终构成交流式的有机对话体系,实现释法说理的目的。在这一过程中,法官既运用了法律法规进行公正的法律推理,又可以通过社会主义核心价值观,将当事人放在同一价值场域中进行感化教育。也就是说,法官需要在同一个叙事故事之中扮演裁判者和教化者这两个角色,在作出符合法律规定与推理逻辑的裁判的同时,最大程度获得当事人的理解与认同。

与此同时,复调式的叙事逻辑规则与法律的本土化和多元化有着密切的联系。埃里克森曾在《无需法律的秩序》一书中提到:"法律制定者如果对那些会促成非正式合作的社会条件缺乏眼力,他们就可能造就一个法律更多但秩序更少的世界。"④中国法治的现代化不仅需要制定法律规范,还需要道德规范来参与矛盾纠纷的解决,这样的裁判更能获得社会的拥护。⑤ 非正式性的法源渗透到

---

① 参见[苏联]巴赫金:《陀思妥耶夫斯基诗学问题》,白春人译,生活·读书·新知三联书店1988年版,第27页。
② 参见李晟:《作为社会共同体构建技术的法律修辞》,载《法学家》2020年第3期,第5页。
③ 参见[德]尤尔根·哈贝马斯:《在事实与规范之间》,童世骏译,生活·读书·新知三联书店2003年版,第9页。
④ 参见[美]罗伯特·C.埃里克森:《无需法律的秩序》,苏力译,中国政法大学出版社2003年版,第345页。
⑤ 参见张德淼:《法律多元主义及其中国语境:规范多元化》,载《政法论丛》2013年第5期,第5页。

裁判文书的说理当中,最有效的途径就是法律解释。而法官分饰的不同角色需要用社会主义核心价值观的内容予以填充,这也为社会主义核心价值观的法治话语概念奠定了基础。

(二) 复调式叙事逻辑引入的正当性

从比较法上来看,美国司法裁判说理运用"对话式"的独立说理方式,即法官援引学者观点和道德实质性原则进行说理。这些论证中不仅包含法律学说,还存在政治、经济、道德伦理等非法律的理由。这种独立于判例的说理方式从不同的主体视角出发,加深了法律学说和司法实践的影响力,也创建了互动式的论述解释体系,体现了法律之外的其他观点立场。在德国的法律实践中,裁判文书援引法律学说进行说理,通过法官和法学学者的互动,构造出多主体的裁判方式。①

相比而言,我国传统的裁判文书说理方式主要体现为以法官为主体的,依据法律规范对法律纠纷作出的解释和裁断②,单一主体的表现形式效用发挥有限。而法官和当事人之间通过各种形式进行沟通、交流、论辩、说服,帮助其在争议法律问题及其解决方案等方面达成共识,这种法律商谈的形式加强了裁判文书的说理效果。③ 多主体和互动式的说理方式能够促进各方达成一致意见,取得最终的理解和认同。从这一角度来讲,复调式叙事逻辑在裁判文书保持理论优势的基础上,能够提升社会主义核心价值观融入裁判文书释法说理的流畅度和准确度。

此外,解决法律纠纷本身就依靠多主体的参与,当事人表达观点是其诉权的体现。法官通过与当事人的沟通,一是能够了解案件情况,对双方当事人提供的"案件素材"进行重塑,将已经发生的事实整合为法律评价体系中的规范事实;④二是能够了解当事人的诉求,有针对性地采取策略进行说理。说理的内容

---

① 参见杨帆:《司法裁判说理援引法律学说的功能主义反思》,载《法制与社会发展》2021年第2期,第75页。
② 参见谭中平:《民事判决事实认定说理的结构性改革——基于事实认定与法律适用关联性说理的视角》,载《人民司法》2019年第4期,第109页。
③ 参见齐健:《裁判文书援引法律学说实证研究》,载《法律适用》2021年第7期,第133页。
④ 参见胡仕浩、刘树德:《新时代裁判文书释法说理的制度构建与规范诠释(上)——〈关于加强和规范裁判文书释法说理的指导意见〉的理解与适用》,载《法律适用》2018年第16期,第7页。

无论是情理还是法理,都是必要之理。① 需要说理的问题通常体现了不同观点之间的博弈,博弈就存在观点的交锋,这时就必须存在不同主体的观点立场。从写作方式的角度来看,复调式叙事的引入,为裁判文书的创作者提供了新的视角。

(三) 社会主义核心价值观的法治诠释

法官通过援引社会主义核心价值观,以法律解释的方式来强化说理、填补漏洞和续造法律的裁判过程,反映了社会主义核心价值观所代表的道德与现行法律规定所代表的规范之间的较量。

道德与法律之间的分离是分析法学派的主要观点。二者在逻辑上的剥离使得法学理论的研究更加纯粹和独立,法治方法也开始探索路径上的可能性。② 然而,法律实践中存在的法律漏洞需要运用其他方式来弥补。从这一点出发,社会主义核心价值观融入裁判文书的释法说理有了可能。首先,坚持法治是治国理政的基本方式是中共十八大以来的基本战略,无论是在立法、司法或执法方面,都需要以法律为基础和底线。社会主义核心价值观作为道德性和政治性偏向的话语词汇,在裁判文书中的运用与法律适用会有方式方法上的明显差别。法律规范可以作为裁判的准则而直接被引用,但社会主义核心价值观本身并不是法律规范的一部分,因而无法直接被引用成为说理的依据。其次,法治建设不仅仅关涉法律规范的问题,还需要有法治话语的构建,话语体系是思想理论体系的表达。③ 法治话语体系的构建需要思维方式的引领和法治语言上的渲染表达,这与法律的强制性和压迫性有很大的区别。

社会主义核心价值观融入裁判文书释法说理,是法治话语体系建设的重要环节。裁判文书本身的叙事结构具备容纳多元角色的基础,这是复调式叙事逻辑在裁判文书中适用的前提。此外,法理学基础中的分析法学派所强调的法律与道德的区别,是社会主义核心价值观融入裁判文书需要把握的原则。现行法

---

① 参见谢晶:《裁判文书"引经据典"的法理:方式、价值与限度》,载《法制与社会发展》2020 年第 6 期,第 40 页。
② 参见陈金钊:《"中国法理学"的特点及修辞方式的改变》,载《甘肃政法学院学报》2017 年第 5 期,第 21 页。
③ 参见姚莉:《习近平法治思想的创新价值与法学"三大体系"建设》,载《法商研究》2021 年第 2 期,第 17 页。

治建设框架需要法律规范的支撑,坚持依法治国是法治的关键。道德属性的社会主义核心价值观在裁判文书中的运用需要从其他角度发挥效用。社会主义核心价值观在裁判文书中的融入能够发挥引导共识、整合体系、化解矛盾的作用,这也是其在法治建设当中的生动诠释。

三、社会主义核心价值观在裁判文书中的角色反思

社会主义核心价值观融入裁判文书过程中存在的问题,使得社会主义核心价值观与裁判文书的融合差强人意,最终导致社会主义核心价值观在当事人和法官的同一语境场域当中未达到适用目的上的预期效果。

虽然社会主义核心价值观的内容能够在一定程度上起到说服当事人的作用,但是道德性概念无论如何也不能完全代替法律规则进行说理。[1] 遗憾的是,现实中,为了迎合政策要求而盲目援引社会主义核心价值观进行裁判的情况并非个例。社会主义核心价值观在法律层面的内涵不明确、在事实认定中的提前介入以及在使用目的上的偏航,导致其在裁判文书中的内部适用出现了偏差,同时也使得外部场域中的当事人和大众无法达成有效认同与共识,进而无法实现社会主义核心价值观融入裁判文书释法说理的预设目标。

不过,从另一方面来看,自 2016 年 3 月 8 日最高人民法院发布第一批弘扬社会主义核心价值观的典型案例以来,截至 2020 年 5 月 13 日,最高院总共发布了三批关于社会主义核心价值观的典型案例。通过对这些典型案例的裁判文书进行分析,可以总结出社会主义核心价值观在复调式叙事基础上的运用。

(一) 当事人视角:社会主义核心价值观的含义明确化

当事人视角是社会主义核心价值观适用复调式叙事的外部视角之一。对当事人而言,明晰的法律适用是达成理解的第一步。然而,社会主义核心价值观本身的含义具有精神指向上的模糊性。当法律适用出现模糊地带时,法官可以采用法律解释的方法,对法律规范进行进一步的阐释与说明。

法律作为日常的规范,当事人或许需要时间来理解和消化专业的法律术语和条文规定,但道德意义上的社会主义核心价值观早已通过各类渠道渗透到生

---

[1] 参见高国希:《作为社会价值形态的道德与法律》,载《华东师范大学学报》2019 第 6 期,第 22 页。

活中的方方面面。在严肃的法律面前对抽象的社会主义核心价值观予以具体化，是法官进行裁判时必须要考虑的。可参考的做法是在对被评判行为与社会主义核心价值观相悖的情形予以具体说明的基础上，让道德上的要求与法律规范进行有机连接，在整体性思维下进行体系性解释。① 将观察视角延伸至典型裁判文书的适用范例，可感知社会主义核心价值观的具象化。

表2 典型裁判文书对社会主义核心价值观含义解释的范例

案件类型	适用示例
刑事	在于欢故意伤害一案中，法院认为，于欢捅刺杜某2等人时难免不带有报复杜某2辱母的情绪，在刑罚裁量上应当作为对于欢有利的情节重点考虑。杜某2的辱母行为严重违法、亵渎人伦，应当受到惩罚和谴责……于欢行为属于防卫适当，构成故意伤害罪，既是严格司法的要求，也符合人民群众的公平正义观念。②
民事	在淮安谢勇烈士名誉权纠纷公益诉讼一案中，法院用社会主义核心价值观对英烈精神进行维护。英烈精神是弘扬社会主义核心价值观和爱国主义精神的体现，全社会都应当认识到对英雄烈士合法权益保护的重要意义，有责任维护英雄烈士的名誉和荣誉等民事权益。……此种行为对谢勇烈士不畏艰难、不惧牺牲、无私奉献的精神造成了负面影响，已经超出了言论自由的范畴，构成了对谢勇烈士名誉的侵害。网络不是法外之地，任何人不得肆意歪曲、亵渎英雄事迹和精神。诋毁烈士形象是对社会公德的严重挑战。③
行政	在"北燕云依"诉某派出所拒绝办理户口登记案中，法院就"公序良俗"对姓名的规制问题进行了阐释。首先，从社会管理和发展的角度，子女承袭父母姓氏有利于提高社会管理效率，……倘若允许随意选取姓氏甚至恣意创造姓氏，则会增加社会管理成本，……其次，姓氏主要来源于客观上的承袭，系先祖所传，名字则源于主观创造，为父母所授。在我国，姓氏承载了对血脉的传承、对先祖的敬重、对家庭的热爱等，……符合主流社会主义核心价值观念，是中华民族向心力、凝聚力的载体和镜像。反之，如果任由公民仅凭个人意愿喜好，随意选取姓氏甚至自创姓氏，则会造成对文化传统和伦理观念的冲击，既违背社会善良风俗和一般道德要求，也不利于维护社会秩序和实现社会的良性管控。④

从上述裁判文书可以看出，结合案件事实或者法律条文对社会主义核心价值观的含义进行道德话语上的解释，使当事人可感知其具体含义，这是社会主义核心价值观联通法官和当事人话语场域的基础。在此基础之上，再将该解释过渡到公平正义、权利、社会秩序等法律语言层面，通过道德语言的修饰，将抽象的法律语言具象化，使社会主义核心价值观在裁判文书中的含义得以清晰明确。

---

① 参见陈金钊：《体系思维的姿态及体系解释方法的运用》，载《山东大学学报（哲学社会科学版）》2018年第2期，第69页。
② 参见山东省高级人民法院(2017)鲁刑终151号刑事判决书。
③ 《淮安市人民检察院诉曾某侵害烈士名誉权公益诉讼案》，载中国法院网 https://www.chinacourt.org/article/detail/2020/05/id/5214649.shtml。
④ 参见山东省济南市历下区人民法院(2010)历行初字第4号行政判决书。

（二）法官视角：裁判与说理的流畅化

法官视角是社会主义核心价值观适用复调式叙事的内部视角。司法裁判在本质上是一种论证活动，其中包括推理前提的正确性和推论的有效性。① 在论证过程中，社会主义核心价值观应该在外部证成部分发挥指引作用，而不是法律事实认定的部分。

事实认定确保逻辑推理过程的有效性。在事实认定过程中，多以间接事实来推定主要事实。这一自由心证的过程是法官通过剪裁、拼接、重新加工之后所形成的客观事实认定，和现实的事实经过并不能完全吻合。在规范事实的认定阶段，需要通过证据优势来说明其中可能存在的含糊和怀疑，而不是秉持"既不冤枉一个好人，也不放过一个坏人"的传统司法理念，从而模糊事实认定的判断。② 因此，裁判文书应尽可能保持叙述性特征，减少价值判断的使用。

寻找法律依据是外部证成的环节。法官在裁判文书的撰写中，扮演的首要角色是裁断者。法官要为自己作出的裁判结果提供正当的理由和依据，因而如何找法便成为关键。接受过专业训练的法官能够运用"法感"对案件事实进行分类，并在不同的部门法和不同位阶的法律规定当中寻找正当化的理由，社会主义核心价值观的融入在其中起到了指引作用。除此之外，教化者的角色让法官也不得不考虑裁判结果的信服度。裁判结果应当被大众接受，但这并不意味着要无条件按照社会公众意愿进行裁判，而是指在适用法律依据的基础上，运用社会主义核心价值观进行道德上的补强，从而形成法官和当事人的同一话语场域，以便双方能够更顺畅地沟通和相互理解，在信息共享的前提下避免司法机关陷入"塔西佗陷阱"③。

（三）大众视角：适用效应的普遍化

大众视角是复调式叙事的另一外部视角，强调的是司法判决的信服力。在《知识考古学》一书中，福柯曾对仅有服从的判决提出过质疑，他认为这种权力模

---

① 参见雷磊：《从"看得见的正义"到"说的出的正义"——基于〈最高人民法院关于加强和规范裁判文书释法说理的指导意见〉的解读与反思》，载《法学》2019年第1期，第178页。
② 参见张宝生：《事实认定及其在法律推理中的作用》，载《浙江社会科学》2019年第6期，第34页。
③ 参见李奋飞：《论司法决策的社会期望模式》，载《法学》2019年第8期，第17页。

式并不足以支撑社会的有效运作。① 然而,由于含义不明确和适用标准不统一等因素,在卷帙浩繁的裁判文书中,适用社会主义核心价值观的优秀裁判文书目前并不十分多见,其所起到的引领和示范作用较为有限,目前尚未形成良好的社会效果和示范意义。

普遍化往往意味着通俗化和大众的接受程度。除了内容以外,法官还需要考虑的是选择适合的语言进行包装,让裁判文书所传递的精神内核更有效地传达给大众。语言传递的不仅仅是含义内容,在文字的基础上,还能表现情绪价值。道德社会伦理所带动的情绪价值传递了社会大众普遍承认的理念,尽管其本身并不具备法律意义上的可引用性,但是语言包装和其所蕴含的精神内核能够辅助提升裁判结果的可接受性,让冰冷的法律结果带上人性的温度。不仅如此,其所传递的正向社会主义核心价值观念还能够引领社会风向,巩固公共道德观念。

往前回溯,道德性价值适用的普遍化效应在中国古代的判词中便有所体现。中国古代的道德人伦纲常在司法裁判中发挥着重大的、不可替代的效用。相比于现代精细化的法律体系,中国古代的司法裁判官并不完全受法律条文的约束,他们往往拥有相当大的司法裁量权,这一事实从最著名的断狱方法"五听"制度中可见一斑。② 在行使这种裁判权力时,个案中的情理人伦通常是他们的基本考虑因素。在缺少完备的证据制度、诉讼程序制度约束的前提下,中国古代的司法裁判官在其个人品行的指引下进行个人决断,这一过程将教化者这一角色演绎得淋漓尽致。下至乡贤耆老,上至官府皇帝,在特定社会背景下追求个案的公平正义,与当时广泛而深厚的人伦纲常社会文化背景相互辉映。

四、社会主义核心价值观在裁判文书叙事逻辑中的重构

复调式逻辑的机理在于多视角的叙事和多价值的表达。裁判文书的参与角色和说理流程,与复调式叙事逻辑有天然的重叠性。在复调叙事中,各人物观点虽然是来源于执笔者的创作,但是作用却不是为服务统一性的结论,而是另一种

---

① 参见[法]福柯著:《知识考古学》,谢强、马月译,生活·读书·新知三联书店1998年版,第109页。
② 参见何邦武:《发现真相抑或制造冤案:"五声听讼"质论》,载《苏州大学学报(哲学社会科学版)》2013年第5期,第110—117页。

思想观念和世界的独立存在。① 不同角色对同一法律问题产生观点上的交锋,法官主导进程并适时居中进行调停。复调式的多主体性是差异产生的根源之一。裁判结果所追求的统一性要求在结果公正的前提下,尽量减少差异带来的矛盾,这就要求在法律与道德一致的话语中寻找缓释剂,通过重构社会主义核心价值观在裁判文书中的适用路径,达到统一示范的目的。

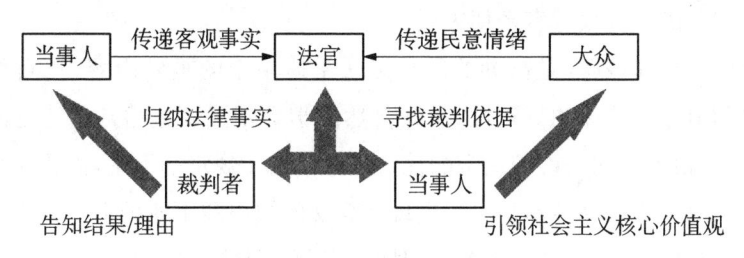

图 2 裁判文书多主体参与角色示例

(一) 基本定位

法官要在法律框架之内,运用社会主义核心价值观开展释法说理的工作,这是对社会主义核心价值观适用于裁判文书的基本要求。法官所扮演的裁判者和教化者的角色要求他们在公正适用法律的同时,对诉讼参与者进行道德上的劝诫与训勉。这二者在裁判文书原本的叙事逻辑中存在一定的割裂性。而当事人对结果的诉求并非仅仅是判决结果,他们需要的是经过充分说理的完整判决过程。这意味着,说理依据的首要原则是以明确的法律规范性条文为准。对弱者施以同情是司法温度的体现,但对于法律界限之外的行为不予保护则是司法的底线。如果"谁闹谁有理""谁伤谁有理",让所谓的"民意"代替司法裁判成为衡量结果的准则,那么公民共建文明社会的道德责任感将受到打击。长此以往,社会的道德水准将大打折扣。② 更严重的是,司法的公信力将难以为继。社会主义核心价值观的适用应以法律规范为基本界限,在法律界限之外的诉求不应也不能成为其被援引的理由。

---

① 参见王丽云、刘巍、于丽萍:《伊恩·麦克尤恩小说〈黑犬〉中的欧洲危机和复调叙事》,载《新疆大学学报(哲学·人文社会科学版)》2019 年第 5 期,第 89 页。
② 参见广东省广州市中级人民法院(2019)粤 01 民再 273 号民事判决书。

（二）内涵意义

2021年最高人民法院印发的《关于深入推进社会主义核心价值观融入裁判文书释法说理的指导意见》明确了六类案件应当强化运用社会主义核心价值观释法说理。这六类案件中，除涉及国家利益和重大公共利益的因素之外，其余五类案件均与公民个人权益有密切关系。

用道德来解释法律，是富勒的新自然法学体系中的重要内容。[①] 自然法学派一贯强调道德与法律的一致性，而新自然法学更是强调道德与法律之间的必然联系性，其根本目的是维护正常的社会秩序。法律规定的不足，需要在其适用的过程中予以完善。这种不足主要表现在含义的缺失和不明确上。社会主义核心价值观在裁判文书的适用，也存在同样的问题。从宏观层面来看，社会主义核心价值观是法治建设的诠释。法律与社会主义核心价值观的相连在思维过程中得以展示，社会主义核心价值观的内容在一定程度上决定了法律解释的意义走向。[②] 从微观含义的层面对社会主义核心价值观进行解释，可以具象化到其所包含的二十四字的含义解释方面。社会主义核心价值观的"诚信"内涵主要用于倡导当事人诚实守信，保护守约方的合法权益，对违约方的失信行为加以惩戒；"和谐""友善"主要被援引用于化解纠纷、解决矛盾，恢复被破坏的社会秩序，尤其是用于解决家庭纠纷、邻里纠纷等人伦社会关系更加紧密的案件，以期恢复和平稳定的社会关系；"公正"主要用于强调合理地分配当事人之间的权利和义务；"文明"则用来强调和维护一种宏观上的社会追求，也用来对法律行为进行评判；"敬业"在劳动争议纠纷中被较为频繁地援引，通过对劳动者作出肯定或者否定的评价，在劳动争议的法律问题上赋予道德上的说服力。

（三）说理方式

司法三段论的推理过程就是抽丝剥茧的过程，在循序渐进中探寻到涉案行为的本质，得出有说服力的裁判结论。有社会主义核心价值观作为道德指引，能够帮助法官在众多规范中寻找最适合的依据。法律发现是连接法律事实和法律适用的桥梁，法律发现的偏差会导致法律适用的失范。

[①] 参见[美]富勒：《法律的道德性》，郑戈译，商务印书馆2007年版，第40页。
[②] 参见陈金钊：《对法治作为社会主义核心价值观的诠释》，载《法律科学（西北政法大学学报）》2015年第1期，第14页。

社会主义核心价值观能够从两个方面帮助法官找"法"。其一是作为"法感"因素,指引法官寻找到契合的法律规则或原则。① 在有法律规则可援引的情况下,法官凭借着自身对社会主义核心价值观的理解和认识,寻找到最契合的可引用法条进行裁判。其二是在规则适用不完备或不恰当的情况下,填充道德需求和法律适用的裂隙。在没有法律规则可援引的情况下,或者当可援引的法律规则推导出的裁判结果明显与法律的原意不符时,法官可发挥社会主义核心价值观在裁判文书中的作用,弥合道德与法律的差距。社会主义核心价值观所起到的这种弥合性作用,对社会道德的指引功能尤为重要。

在法律规范与法律事实的连接中,需要分清事实论证和价值论证。在事实论证阶段,要尽可能减少不确定性的主观因素影响,避免掺杂社会主义核心价值观的主观性评价。在案件事实归属法律规则的价值论证阶段,社会主义核心价值观可发挥其价值判断的属性,表达相应的价值预设和评价。②

(四) 语言修辞

法律修辞是在思维中把法律放到与道德、政治、人情等同样的地位上,使法律成为日常话语系统的因素来评价人们的行为。③ 法律修辞的运用需要融入法律以外的因素才能得以实现。社会主义核心价值观融入裁判文书释法说理,是法官运用法律修辞对当事人行为进行评价的表现。法律的强制力有时候会使得法律与民众之间形成隔阂甚至对抗,缺乏融洽的亲和感。在法律思维上,社会主义核心价值观可以作为一种润滑剂,在强势的法律与柔和的说理之间形成一种联通与衔接,让法律的权威与强制力具备更加充分的理由。也就是说,在寻找到正当的法律依据之基础上,加上柔性的价值说理,能够中和法律的威严给当事人带来的锋利感,让裁判结果更容易被当事人接受。这是法官在裁判文书中扮演两种叙事角色的充分体现。

社会主义核心价值观融入裁判文书说理的法律修辞,要立足于社会主义法治精神,使其自身具备融贯性、稳定性与开放性。④ 法律语言天然就具有抽象、

---

① 参见徐雨衡:《"法感"在法律推理中的价值及其适用》,载《法制与社会发展》2020年第2期,第217页。
② 参见黄泽敏:《案件事实的归属论证》,载《法学研究》2017年第5期,第80—88页。
③ 参见陈金钊:《把法律作为修辞——认真对待法律话语》,载《山东大学学报(哲学社会科学版)》2012年第1期,第76页。
④ 参见邹鹏:《法治话语的理念及其功能》,载《南海法学》2021年第2期,第19页。

晦涩的特性,语言修辞学的中心问题是研究如何增强言语双方的沟通与理解。[1] 不具备专业知识储备的当事人通常很难直接去探究法官的推理过程和逻辑,因此可能会导致其对裁判结果的不信任和质疑。运用社会主义核心价值观的伦理语言修辞来进行外观上的包装,能够很好地弥补这种缺陷。在情感方面,唤起当事人的同理心是理解和认同的关键。尽管社会主义核心价值观本身带有一定的取向性,但是在未经过立法程序上升为法律规范之前,它作为辅助手段仅能够起到补强的作用,而不是超越法律规范成为论证的依据。这种情感上的渲染不是为了灌输法律知识或观点,而是让当事人产生对法律价值的信赖。

结语

当前的社会主义核心价值观融入裁判文书叙事说理的过程依然存在一定的瑕疵,而实现社会大众的价值共识是保障法律确定性、权威性的基础,也是实现统一裁判尺度的基础。[2] 通过裁判文书的释法说理来达成社会共识,需要与行为的目的相一致。将文学创作中的多视角复调式叙事模式引入裁判文书的分析,从裁判文书的外部参与者角度出发,司法机关需要聆听当事人、法官和大众的声音,使社会主义核心价值观的作用得到最大的发挥;从裁判文书的内部行文来看,裁判过程的释法和说理分别对应法官所承担的裁判者和教化者的双重角色,法官在裁判文书中需要考虑法理与情理的共生与平衡。通过复调式的角色延展分析,本文提出了四步阶梯,以完善社会主义核心价值观在裁判文书释法说理中的运用。在当前社会主义核心价值观尚未上升为可供援引的法律规范之前,规范和系统地适用社会主义核心价值观能够在实现同案同判的同时,达到得出公正裁判结果和息讼止纷的目的。

---

[1] 参见刘方圆:《从言语到语言:本土法律修辞研究范式之展望》,载《河南大学学报(社会科学版)》2018年第3期,第66页。

[2] 参见祖鹏、李冬冬:《社会主义核心价值观融入司法裁判的机制研究》,载《法律适用》2021年第2期,第147页。

民事指导性案例中社会主义核心价值观的融入方式与效果提升

张 滕[*]

摘 要：社会主义核心价值观和指导性案例都是中国特色话语的表达，在具有价值多元性和包容性的民事领域，社会主义核心价值观具有融入民事指导性案例的可行性。在民事指导性案例中，社会主义核心价值观的融入主要通过三种方式实现，包括附着于制定法进行宣示，作为提高裁判可接受性的辅助说理工具，以及在法律缺位时补位供给裁判思路。民事指导性案例中社会主义核心价值观的融入活动，存在着社会主义核心价值观表述较为简略疏漏、部分民事指导性案例缺乏价值适用的能动性、运用核心价值观时论证说理不充分的问题。要继续推进民事指导性案例弘扬社会主义核心价值观，可以尝试结合民事指导性案例文本体例明确表述核心价值观，运用法律解释方法深化核心价值观的适用，在民事指导性案例中通过与《民法典》密切结合实现核心价值观的融入，帮助在民事指导性案例中提升社会主义核心价值观的融入效果，从而在提供司法社会治理新形式的同时，推进价值话语向法治话语转化。

关键词：社会主义核心价值观 指导性案例 法治话语 价值适用 司法社会治理

社会主义核心价值观作为对主流的优秀价值观念的集中体现和凝练表达，是现代社会对中华优秀传统美德的传承、延续与改写，是十分重要的中国特色道德话语和价值话语。而指导性案例作为一种凝练总结并表述类型化的裁判经

---

[*] 张滕，山东大学（威海）法学院硕士研究生，研究方向为司法理论、法律方法论。

验,以及能够借助"事实上的拘束力"①形成广泛参照预期和指导效力的案例类型,是产生于、成长于、服务于我国司法实践的本土司法资源,是司法领域中具有代表性的中国特色法治话语。二者同为具有中国特色的话语,自然就存在着彼此交融的一体化运行可能。社会主义核心价值观融入指导性案例的法治实践尝试,使具有中国特色的话语更为集中,可以凝结产生具备双重中国特色的法治话语。司法制度建设需要与特定的价值理念相结合,为此最高人民法院也通过印发《关于深入推进社会主义核心价值观融入裁判文书释法说理的指导意见》对核心价值观融入司法的活动给出了更为细致的规范和指引。司法裁判伴随着价值权衡和价值判断等丰富的价值运用活动②,对司法裁判成果进行凝练表达的指导性案例与司法裁判密切相关,其形成过程也蕴藏着多元价值取向,各种价值观念已然渗入指导性案例。之所以在指导性案例中选择关注民事指导性案例,是因为民事领域中的价值更多元,与社会主义核心价值观具有更大的对接可能:民事领域中,案由更为丰富、法益更为多样、法律体系的定位包容性更强、具有较大的协商空间,会使所涉及的价值观更为多元;相比之下,刑法、行政法等领域更强调对秩序的维护,强制性更为明显,协商空间更小,所以对于价值观的体现较为单一。既然社会主义核心价值观融入民事指导性案例的实践已经存在并不断丰富,那么这种情理融入法理、德治融入法治的过程,具体是借助何种方式实现的?已有融入实践中存在哪些尚需反思和解决的问题?二者今后的融合可以有哪些优化调整?这些问题关涉核心价值观融入民事指导性案例的质量和效果,值得进一步的观察和思考,本文将就此进行讨论和回应。

一、社会主义核心价值观融入民事指导性案例的方式

价值话语融入司法的做法在我国古代司法实践中业已存在,如唐代判词中已经大量运用各种价值情理来解释律意,或在无法可依时依情理续造法律规则,法律条文通过情理式的表达得以适用,价值情理类的表述又成为选择和论证法

---

① 雷鸿:《民事指导性案例研究——一个方法论的视角》,法律出版社2013年版,第115页。
② 参见祖鹏、李冬冬:《社会主义核心价值观融入司法裁判的机制研究》,载《法律适用》2021年第2期,第147页。

律规则的重要资源。① 可见,价值观等情理层面的意识元素融入司法裁判是有史可鉴的,这种兼顾情理与法理的传统做法值得被保留和延续。在现代化法治建设不断推进的今天,可以沿循古代司法实践的经验路径,核心价值观同样可以融入现代司法裁判活动。在法治现代化环境中,社会主义核心价值观已经在不同的场合和情形下通过各种方式融入司法裁判,在案例文本中呈现。这种融入不仅会直接以"社会主义核心价值观"的形式出现,也会以社会主义核心价值观中具体价值观的形式展现。以民事指导性案例为观察和分析对象,可以发现社会主义核心价值观融入民事指导性案例的活动主要是通过如下三种方式实现的:

（一）附着于制定法进行宣示

这种融入方式是一种转化适用,某些具体的社会主义核心价值观已经被写入制定法,被立法固定下来,意识形态层面的核心价值观借此转化进入客观存在的制定法内容之中,在民事指导性案例援引制定法内容作为裁判依据的过程中完成核心价值观的融入活动。需要说明的是,能够担任裁判依据的,是体现了价值观念的制定法条文,而不是核心价值观本身,只是由这些内含价值的制定法条文引出有关核心价值观的讨论。

核心价值观可以附着于成文的法律规则,如指导性案例 66 号中的平等价值观伴随着《中华人民共和国婚姻法》第十七条第二款得到体现。此时,平等价值观附着于法律规则进入民事指导性案例。核心价值观也可以附着于成文的法律原则,一些核心价值观已然作为"法伦理性原则"②被民事立法明确规定和记载,这些原则都蕴藏着社会主义核心价值观的法律化。③ 比如,自由、诚信已被写入合同法原则中,在聚焦合同纠纷的指导性案例 1 号、64 号、67 号、72 号、108 号中有所体现;平等、诚信被写入竞争法原则中,在解决不正当竞争纠纷的指导性案例 30 号、45 号、58 号中有所体现。核心价值观还可以附着于成文的立法宗旨,如指导性案例 18 号所涉的和谐价值观已被明确写入《中华人民共和国劳动合同

---

① 参见李德嘉:《传统司法裁判中的法律发现与道德话语——以唐代判词为中心的考察》,载《学习与探索》2021 年第 1 期,第 80—84 页。
② 参见[德]卡尔·拉伦茨:《法学方法论》,陈爱娥译,商务印书馆 2003 年版,第 293 页。
③ 参见廖永安、王聪:《路径与目标:社会主义核心价值观如何融入司法——基于 352 份裁判文书的实证分析》,载《新疆师范大学学报(哲学社会科学版)》2019 年第 1 期,第 49 页。

法》的立法宗旨。①

这种融入方式的功能主要在于宣示,在援引蕴藏价值内容的制定法条款的同时,通过核心价值观的详细论述来宣扬条款中的特定价值观,并对如何适用这些价值化条款进行示范。具体的核心价值观被转化为制定法内容后,可以在援引制定法明文规定的价值化条款作为裁判依据时融入民事指导性案例。这一援引活动不仅是借助立法权威展现具体核心价值观的过程,也是在民事指导性案例中示范性地执行和贯彻抽象性较强的价值化条款的过程。

无论是法律规则,还是法律原则、立法宗旨,这些成文的制定法内容作为权威的一般化语言都具有不确定性和开放性②,而那些强调某一种价值运用的条款则更为不确定和开放,需要在个案裁判中结合事实对如何使用这些条款进行具体示范。价值化的制定法条款中所明确规定的具体核心价值观,可以成为具象事实与抽象制定法内容的连接纽带,通过阐述个案中具体核心价值观的作用机理,在适用过程中再次宣示价值观,在民事指导性案例中对于如何结合不同法律领域的事实适用这些一般化的内容进行示范。

这里屡次提到了事实的问题,需要进一步指明的是,社会主义核心价值观在民事指导性案例中的融入,与案件事实具有密切联系。这里所说的案件事实并不是实际发生的、"作为事件"的案件事实,而是经过挑选编辑的、"作为陈述"的案件事实。在指导性案例等个案中,作为陈述的案件事实与社会主义核心价值观理念是在对向交流的过程中同时出现的:一方面,作为陈述的案件事实是在具体案例中讨论核心价值观的前提,为核心价值观的呈现搭建了生长空间,提供了附着载体;另一方面,在以是否符合法定构成要件为目标,对事件进行挑选提取后生成作为陈述的案件事实的过程中,会包含着一定的价值判断,这种价值判断是由法秩序的要求及评价标准来提示该案件事实应当如何判断③,而社会主义核心价值观正是一种被法秩序接受的评价标准,能够在生成作为陈述的案件事实时潜在地予以指引。作为陈述的案件事实"是思想加工处理后的成果,处理过程并已包含法的判断"④,在挑选形成案件事实的同时,蕴含着核心价值观的

---

① 《中华人民共和国劳动合同法》第一条:"为了完善劳动合同制度,明确劳动合同双方当事人的权利和义务,保护劳动者的合法权益,构建和发展和谐稳定的劳动关系,制定本法。"
② 参见[英]哈特:《法律的概念》,许家馨、李冠宜译,法律出版社 2011 年版,第 113—117 页。
③ 参见[德]卡尔·拉伦茨:《法学方法论》,陈爱娥译,商务印书馆 2003 年版,第 172 页。
④ [德]卡尔·拉伦茨:《法学方法论》,陈爱娥译,商务印书馆 2003 年版,第 161 页。

场域一并出现。因此,探讨社会主义核心价值观在民事指导性案例中的融入,往往需要回归到案件事实中,结合案件事实进行情境式、具体化的观察。

(二) 作为提高裁判可接受性的辅助说理工具

这种融入方式是一种复合适用,由法律规范与核心价值观一起搭配适用,通过核心价值观的论述来提升适用特定法律规范进行裁判的说服力。许多体现社会主义核心价值观的民事指导性案例都是通过这种方式实现价值融入的。[①] 在存在明确直接的法律依据时,民事指导性案例直接按照对应法条进行裁判,同时运用本案有关社会主义核心价值观的论述来辅助说理,借此提高裁判的说服力来强化案件裁判的可接受性。需要说明的是,这里的法律依据并不是前一种融入方式中那种由价值观念简单转化而来的价值化条款,而是探讨价值观之外的实体内容或程序内容的、并未直接提及价值观念的具体行为规范条款。

这种融入方式的功能主要在于释法说理。换言之,此时具体的核心价值观帮助解释法律依据背后的价值原理,从而实现对裁判结果的"补强证成"[②]。比如,在指导性案例2号中,《中华人民共和国民事诉讼法》(2007年版)第二百零七条第二款是解决本案争议焦点的明确直接的法律依据,在适用这一指明不履行和解协议时可依对方申请恢复执行原生效法律文书的特定法律规范的基础上,该案适用了诚信价值观进行说理,阐明了法律之所以规定允许恢复执行原生效法律文书,是因为不履行和解协议的一方违背了诚信价值观所提出的行为要求。依诚信价值观而给出的论述,既阐明并解释了直接法律依据背后的价值原理,又通过公众普遍接受的诚信价值共识实现了有效说理。

更进一步来讲,价值观能够充当说理依据了增添司法裁判的情理底线,正是核心价值观融入法治环境的正当性所在。[③] 裁判不仅需要通过严格适用法律规范来满足合法性要求,还需要对法律规范所反映的立法者价值判断进行说理,以期裁判获得接受,亦即通过可接受性论辩使裁判具有正当性。而被寄予发挥指导参照作用之厚望的民事指导性案例,需要具备更高程度的裁判正当性来确保

---

① 在指导性案例2号、3号、10号、15号、35号、46号、56号、65号、126号、135号、140号中,具体的核心价值观都是作为提高根据直接法律依据所作裁判的可接受性的说理工具出现的。
② 参见江秋伟:《价值的司法适用及方法——以法院适用社会主义核心价值观的案例为对象》,载《西安交通大学学报(社会科学版)》2019年第3期,第138页。
③ 参见张义清、付梦婷:《社会主义核心价值观融入法治建设的文化结构分析》,载《法治现代化研究》2019年第4期,第46页。

案例质量。包括民事指导性案例在内的裁判获得接受的一项重要标准是获得普泛听众的接受[①]，而获得接受的前提是受众不为专业化法律用语导致的"语言壁垒"[②]所困，突破语言壁垒的有效途径则是选择那些已经获得社会认同的知识来帮助说理。核心价值观正是一种已获社会认同的主流知识，基于一种作为群体成员且接受规则作为行为指引的人的"内在观点"[③]来观察社会主义核心价值观，以这种内在观点为说理出发点，基于共识性的社会价值内容，更容易使民事指导性案例的裁判说理被普泛听众接受，从而可以推进民事指导性案例实现法律效果与社会效果的有机统一。

（三）在法律缺位时补位供给裁判思路

这种融入方式是指在民事指导性案例的争议焦点没有针对性的适切法律规定时，社会主义核心价值观补位给出一种类似于裁判规则的指引性，但尚不具备裁判规则属性的内在裁判思路，毕竟具有弱拘束力的核心价值观不适宜与具有强拘束力的裁判规则等同视之。这种裁判思路的功能主要在于其初步的"解惑"和"指引"意义，提供一种于复数裁判选项的纠结中得以完成"选择"的启迪。换言之，裁判思路并不能被认为是一种裁判规则，此时具体的核心价值观只是成为了敲定裁判方案的重要思路来源，其通过在法律缺位时实施价值指引，帮助在各种备选方案中择其一，以得出裁判结果。比如，指导性案例23号中，针对知假买假者能否以消费者身份行使获得十倍赔偿金的请求权，《中华人民共和国消费者权益保护法》等制定法中没有明确规定。在针对性法律规定缺位的背景下，指导性案例中使用"属于当事人自行处分权利的行为""因该赔偿获得的利益属于法律应当保护的利益，且法律并未对消费者的主观购物动机作出限制性规定"等表述，支持了知假买假者的十倍赔偿金请求权。表述背后所隐含的对于公民个人私权利而言"法无禁止即可为"的深层逻辑，也正是"自由"价值观在法治环境中的理念衍生。实际上是依据"自由"这一价值观，指引着在认定为或不认定为消费者的选项中进行选择。

---

① 参见孙梦娇：《公序良俗司法应用之法理分析：功能、理据与实证机制》，载《法制与社会发展》2020年第2期，第119—120页。
② 参见杨彩霞、张立波：《社会主义核心价值观融入刑事裁判文书的适用研究——基于2014—2019年刑事裁判文书的实证分析》，载《法律适用》2020年第16期，第110页。
③ 参见[英]哈特：《法律的概念》，许家馨、李冠宜译，法律出版社2011年版，第81页。

这种融入方式的功能主要在于补充。受自然语言的模糊性和人类认知的有限性的影响,"法律总是具有滞后性,部分案件存在没有相应的法律规则可以作为判决依据,或者简单适用法律规则这一大前提将得出不符合实质正义的结果"①,制定法无法满足所有案件的裁判需求,在民事指导性案例等司法裁判实例中会出现针对性的适切法律缺位的情况。而社会主义核心价值观具有道德性和规范性的双重属性②,其规范性的属性面向表明其可以帮助指引确定个案裁判走向的规制思路。法律的稳定和刚性与保守和滞后性共存的特质,决定了司法裁判需要引入价值内容进行补充。③ 社会主义核心价值观可以在缺乏直接解决争议焦点的法律规则时予以思路上和选择上的补充指引,使民事指导性案例中包含的新型疑难复杂纠纷得到解决。

谈到这里,可能会产生一种疑问:此时,帮助选择最终裁判思路的社会主义核心价值观是否是一种法源呢? 在主流的概念理解中,法源是指"法的表现形式"。以此标准来判断,道德价值层面的社会主义核心价值观与以国家强制力为保障的法规范这种传统法源理解似乎相去甚远。但近年来,在司法裁判领域出现了"司法渊源说"④,即在具有法律效力的成文法源之外,还可以让具有说服力的论据成为司法活动的法源。⑤ 在法源的拟制性这一属性基础上,道德、思维规则等制定法外的社会规范可以被拟制为法源。⑥ 因此,说服性较强的、具有道德本质的社会主义核心价值观,具有在司法裁判场域中被拟制为法源的可能。但这种法源并不具有强拘束力,并且没有被广泛地认同,尚不应将其视为与制定法地位等同的法源。为了在寻求裁判思路补充的同时,避免司法裁判中的决策风险,可以将社会主义核心价值观视为一种非独立的弱法源,其主要角色在于补充性地为裁判提供指引,帮助完成裁判选择。换言之,可以让社会主义核心价值观补位供给裁判思路,但这种裁判思路不能在指导性案例中独立地、单独地出现,而是作为其他更直接规则的补充产品,以配合其他与争议焦点有间接关联的法

---

① 李祖军、王娱瑗:《社会主义核心价值观在裁判文书说理中的运用与规制》,载《江西师范大学学报(哲学社会科学版)》2020年第4期,第62页。
② 参见刘艳红、刘浩:《社会主义核心价值观对指导性案例形成的作用——侧重以刑事指导性案例为视角》,载《法学家》2020年第1期,第93页。
③ 参见江必新:《司法审判中的价值考量》,载《法律适用》2020年第19期,第42页。
④ 雷磊:《法的渊源理论:视角、性质与任务》,载《清华法学》2021年第4期,第26—27页。
⑤ 参见应松年、何海波:《我国行政法的渊源:反思与重述》,载浙江大学公法与比较法研究所编:《公法研究》(第二辑),商务印书馆2004年版,第14—15页。
⑥ 参见陈金钊:《法源的拟制性及其功能》,载《清华法学》2021年第1期,第53页。

律规范,联合完成裁判取舍、得出裁判结论,以期在不突破制定法权威的界限内,增强该裁判思路的正当性。这一做法可以在民事指导性案例中得到确证。

二、社会主义核心价值观融入民事指导性案例过程中存在的问题

社会主义核心价值观已然通过附着于制定法、充当说理工具、补位供给规则等方式融入到民事指导性案例之中,发挥着宣示、说理、补充等作用,社会主义核心价值观融入民事指导性案例的实践尝试已经初步具备可行经验和积极效应。但通过研读民事指导性案例文本可以发现,社会主义核心价值观融入民事指导性案例的活动并不是一项完美的实践尝试,其在形式上、内容上、操作上存在着一些值得反思和改进的问题。

(一) 形式上:核心价值观的表述较为简略疏漏

民事指导性案例文本中对社会主义核心价值观的表述是比较简略疏漏的,可以划分为适用笼统和用语混乱两种情形。其一,适用笼统是指民事指导性案例文本中虽然明示了社会主义核心价值观在裁判中的运用,但是仅使用宏观笼统的"社会主义核心价值观"字眼,没有进一步指出体现哪种具体的核心价值观,指导性案例 99 号便是其典型,没有明确指明"爱国"价值观。社会主义核心价值观在民事指导性案例文本中的这种融入虽然是明示的,但是太过模糊概括,无法通过民事指导性案例为具体价值观的适用给出有针对性的操作参照。其二,用语混乱是指在民事指导性案例文本中,使用各种具有类似含义的近义词替代 24 字社会主义核心价值观中的相应词语。这种情形的疏漏相较于前一种是比较轻微的,基本的价值理念内容同样也得到彰显。对这种用语表述予以否定性评价,更多是因为其不严谨、不一致,同含义的不同用词会增加沟通成本和理解成本,也会因为机器识别困难而增加类案检索和推送同价值案例的成本。

无论适用笼统,还是用语混乱,民事指导性案例中关于社会主义核心价值观的简略疏漏的表述,需要经仔细阅读、深入分析后,方可察觉到具体核心价值观之存在,这会导致价值发现的成本大大增加。社会主义核心价值观表述的笼统现象和混乱现象,已然催生了在民事指导性案例中发现核心价值观的一系列难题。与此同时,这些蕴藏着核心价值观的语句的分布位置也不够显眼,多是在大段裁判理由中零散、随机出现,浏览时容易被忽略,也无法通过搜索关键词获得

有效的、准确的检索结果,这导致体现社会主义核心价值观的表述更难被发现。如此一来,民事指导性案例无法对其内含的核心价值观进行明确的"言传",后案法官只能通过阅读民事指导性案例进行模糊粗略的"意会",案例文本无法直截了当地显露社会主义核心价值观在裁判中的重要作用,导致社会主义核心价值观融入民事指导性案例的形式效果式微。

(二) 内容上:部分民事指导性案例缺乏价值适用能动性

具体的社会主义核心价值观在民事指导性案例中有着各不相同的法治化表述,这些法治化的表述为核心价值观从社会观念领域进入法律环境创造了可行空间。社会主义核心价值观的融入需要体现出法治内容与核心价值观的默契关系[①],这些基于内在共同属性的核心价值观的法治化表述便是彰显默契的主要场合,成为融入民事指导性案例的载体,有必要考察核心价值观在民事指导性案例中的"出勤率"。

具体而言,在民事指导性案例中观察社会主义核心价值观的法治化表述,可以发现:"富强"侧重于指向经济层面和市场运营维度,表现为公司法、合同法领域的裁判对合理合法的经济发展活动所代表的经济利益的司法维护;"民主"可以体现于股东表决权的行使,以及对各类社会组织的法律地位的认可和对其法律权利的尊重;"文明"主要是侧重于生态文明,体现在各环境民事公益诉讼指导性案例中;"自由"体现在对当事人意思自治、基于自愿所行使的处分权的尊重与司法维护,在与合同相关的大量指导性案例中得以呈现;"平等"的法治化表述涉及物权法范畴的财产权平等、合同法范畴的当事人双方交易地位平等和权利义务平等、家事领域的男女平等和夫妻平等[②],同样在大量指导性案例中得到呈现;"爱国"价值观不仅仅体现于指导性案例99号,通过维护英烈名誉来宣扬民族精神和爱国理念;"诚信"早已依托诚实信用原则而成为法治领域的帝王条款,大量存在于与交易有关的合同法、竞争法领域的民事指导性案例中。此外,"和谐""公正""法治""友善"的价值观体现在所有民事指导性案例的运作中,"根据……法规定""法定""合法""违法"等表述都是依法裁判的民事指导性案例对"法治"价值的彰显,指导性案例所代表的司法裁判以"公正"为基本行为要求,希

[①] 参见莫文秀:《核心价值观融入法治的历史进程、时代特征与实践路径》,载《中共中央党校(国家行政学院)学报》2021年第2期,第98页。

[②] 参见宋云博:《法治多元性视域下考察我国民法"平等原则"》,载《政法论丛》2015年第4期,第15页。

望通过倡导个人在法律活动中的"友善"来实现"和谐"的最终目标追求。

上述民事指导性案例与具体核心价值观的对应固然丰富，但是其中的很多处指导性案例与价值观的对应关系是经解读而来的，并没有在民事指导性案例文本内容之中实际应用。既然社会主义核心价值观在民事指导性案例中具有前文所述的宣示、说服、补充等多种重要功能，民事指导性案例理应在说理论证等环节中重视对具体社会主义核心价值观的明确提及与说明论述，但从已发布的民事指导性案例来看，社会主义核心价值观的实际适用态势却比较低迷。

换言之，民事指导性案例中存在很多需用、能用却不用社会主义核心价值观的情况。比如，"富强""民主""文明"等价值观本就在制定法中较少体现，公众并不明晰在各类社会关系尤其是法律关系中如何践行这些核心价值观。此时，民事指导性案例也被期待着能够对这些价值观在法律关系中的应用方式给出明确示范和指引。但是，指导性案例 132 号等几个关注经济发展和市场经济繁荣的案例，能够适用"富强"价值观却没有抓住机会主动适用；指导性案例 65 号需要借助"民主"价值观来深刻说明代表全体业主利益的业主大会的立场正当性和重要性，但却没有融入适用该价值观；还有许多环境类民事指导性案例，能够适用"生态文明"来强化说理却没有适用，等等。对这些价值观的关注不足会导致相关价值观的司法适用方案依旧模糊，个别价值观无法真正融入民事指导性案例。需用、能用却不用社会主义核心价值观，意味着相关民事指导性案例缺乏适用核心价值观的能动性和积极性，在内容上没有充分重视对于核心价值观的适用。这种能动性阙如的做法，会阻碍社会主义核心价值观充分融入民事指导性案例。

（三）操作上：运用核心价值观的论证说理不充分

"社会主义核心价值观作为一种法外因素，并不能天然地被适用到裁判当中"[①]，所以在特定的场合下，将理念性的社会主义核心价值观融入民事指导性案例，是需要进行有意说明和附带论证的。已有的实证研究表明，社会主义核心价值观在民事裁判说理中的运用操作往往比较简单，缺乏细致深入、初具规模的

[①] 于洋：《论社会主义核心价值观的司法适用》，载《法学》2019 年第 5 期，第 60 页。

详细说理①,这种情况在民事指导性案例对核心价值观的适用活动中同样存在。

社会主义核心价值观融入民事指导性案例的操作活动中的论证说理不充分可以分为两种情形。一是论证缺位,仅仅用单纯的铺陈代替论证。这种情形常见于社会主义核心价值观附着于制定法融入指导性案例的活动中。由于一些价值观念已经在转化后被写入法律规则、法律原则或立法宗旨的条款中,许多民事指导性案例适用核心价值观仅仅是列出了制定法中的对应价值化条款,没有就其中的价值观展开论证。指导性案例66号是其典型,在陈列夫妻对共同财产享有平等处理权的法律规则之后,便匆匆结束了关于"平等"价值观的探讨。除此之外,论证缺位也体现为仅仅陈述了违反某一价值观,却没有阐释所适用的核心价值观的含义,尤其是在个案特定法律范畴中的含义,没有论证本案事实为什么违反了这一价值性的法律原则。指导性案例95号也是其典型,在指出"必须办理最高额抵押权变更登记才能设立抵押权……有悖诚实信用原则"后便戛然而止,没有就"诚信"价值观在裁判中的适用展开论证。单纯的价值陈列并不足以表明核心价值观在本案中适用的正当性。二是论证过短,非常零碎。部分民事指导性案例在适用社会主义核心价值观时有所论证,但其中大多数的论证篇幅非常短,多则用几句话论证核心价值观在案例中的运作机理,少则只有一句话的论证体量,这些篇幅不多的论证语句也不够集中,无法以规模化、集中式的论证提供足够的说理。

价值认同是司法说服力的文化依归②,而这种价值认同需要以充分的论证为支撑。无论是论证缺位还是论证过短,不充分的论证说理都将会导致民事指导性案例无法及时把握社会主义核心价值观所营造的获得价值认同的良好论证机会,甚至有可能减损民事指导性案例在发挥指导作用方面的参照实效。

三、社会主义核心价值观融入民事指导性案例的优化路径

经过数十个民事指导性案例的尝试与实践,社会主义核心价值观通过各种方式初步融入司法裁判的经验与成果,已经被民事指导性案例文本保留下来。

---

① 参见周尚君、邵珠同:《核心价值观的司法适用实证研究——以276份民事裁判文书为分析样本》,载《浙江社会科学》2019年第3期,第41页。
② 参见季金华:《司法说服力的文化机理》,载《政法论丛》2020年第4期,第60—64页。

但社会主义核心价值观融入民事指导性的实践机制尚未成熟，在价值观表述、价值适用的能动程度、价值适用的配套论证等层面上存在着些许不足。为了延续优势、克服不足，我们需要在民事指导性案例的范畴中，针对社会主义核心价值观融入过程中存在的问题探讨优化路径，以期提升民事指导性案例中社会主义核心价值观的融入效果。

（一）结合民事指导性案例文本体例明确表述核心价值观

案例文本中关于核心价值观的表述是否明确，是影响融入效果的重要维度。关于核心价值观的表述越明确，越容易使阅读指导性案例的法官发现和接受这些核心价值观，法官在后续案件中参照该民事指导性案例进行类似的价值适用的几率越高，核心价值观的融入效果越好。具体而言，表述明确的目标可以通过语词选择和位置分布两个层面的改进得以实现。

一方面，彰显核心价值观的语词选择要以"明确表述"为原则，满足明示、准确具体和严谨一致的要求。要使用准确具体的价值观词语进行表述，不能简单地用"社会主义核心价值观"一词来表明价值观在指导性案例中的融入，需要指出究竟是涉及哪一种具体的价值观；对同一价值观要尽可能使用24字社会主义核心价值观中的原始表述，避免使用同近义词，以求用词的严谨一致。并且这种表述应该是明示的，需要尽可能避免隐晦地适用核心价值观，要在文字中明确指出本案裁判蕴含着基于哪种价值观的考量。

另一方面，需要结合指导性案例的文本体例推进明确表述，适用核心价值观的语词需要在指导性案例里较为显眼的体例结构中得到展现。《〈最高人民法院关于案例指导工作的规定〉实施细则》明确了指导性案例的体例包括"标题、关键词、裁判要点、相关法条、基本案情、裁判结果、裁判理由以及包括生效裁判审判人员姓名的附注等"，可以选择在有被关注优势的体例结构中适用核心价值观。首先，在占据文本最大篇幅的裁判理由部分，需要充分借助裁判理由为详细说理和丰富论证所打造的充足空间，重点论述社会主义核心价值观的个案融入过程和融入对于裁判的重要作用，并且需要达到能够使阅读者深刻理解其价值意蕴和价值功能的论证说理篇幅。其次，除了在民事指导性案例的裁判理由中明确适用核心价值观进行论证之外，还可以在民事指导性案例中紧随标题出现的"关键词"部分列明本案所包含的核心价值观，在文本开篇的显眼位置上，以简洁明了的方式获得关注。同时，由于裁判要点"在指导性案例发挥约束力方面居于显而易见的重要位置"[①],这意味着裁判要点能够借助弱规范拘束力而获得显著的关注,因此可以在"裁判要点"部分明确结合核心价值观的内容对本案的裁判经验进行一般化的总结。此外,对于那些附着于制定法进入案例裁判的价值观,如自由、平等、诚信等已经在制定法总则部分作为法律原则被固定下来的价值观,也可以在指导性案例的"相关法条"部分列明这些包含着价值内容的制定法条款,更加明确地彰显民事指导性案例中融入了社会主义核心价值观的内容。

民事指导性案例在显眼的位置,使用明确的语词来适用社会主义核心价值观,可以提升核心价值观融入活动的明确性效果,不仅便于法官进行基础的文本研读,也便于法官在类案检索平台输入有效关键词后,快速准确地获知体现相同价值观的其他类案,从而提高发现核心价值观适用实例的效率和效果。通过运用价值观的案例的数量优势和规模优势,可以强化法官适用该价值观进行论证说理的内心确证,对于推进产出兼顾法理和情理的裁判文书具有重要意义。

(二) 运用法律解释方法深化核心价值观适用

指导性案例是待决案件裁判规范的实践性来源之一。作为一种在先的案例,即使我国并没有英美法系意义上的先例制度,也可以由在先的指导性案例给出可供参照的裁判指导。这种裁判指导不仅需要有补充性和开放性,还需要具备基本的法律理性,才可以发挥科学合理的指导作用。因此,核心价值观能否通过科学且理性的途径融入民事指导性案例,决定着融入效果的高低,对于核心价值观能否在后续众多民事案件裁判中发挥显著作用、能否被自觉应用和科学应用具有重要影响。此时,可以运用法律解释方法限制核心价值观适用的任意性,以增加核心价值观融入活动的理性成分,从而提升融入效果。

后续民事指导性案例的编写,需要在融入核心价值观时重视法律解释方法的运用。其一,民事指导性案例在融入社会主义核心价值观时要运用文义解释方法,既要阐明包含特定价值观的法律条款的精神内涵,也要细致说明该特定核心价值观在指导性案例具体语境中的特定含义与具体适用要求。其二,也要运用体系解释方法,兼顾社会主义核心价值观和法律规范体系进行综合性的观察,

---

[①] 杨知文:《指导性案例裁判要点的法理及编撰方法》,载《政法论坛》2020年第3期,第41页。

从整体的体系性思维出发,对核心价值观在指导性案例中的适用进行解释。其三,还要兼顾目的解释方法的运用,将指导性案例中的社会主义核心价值观与宏观的立法宗旨和微观的法条规范目的结合起来,依托二者之间在理念维度、目的维度的共性内容进行解释。目的解释方法其实已经在指导性案例 7 号、8 号、18 号、46 号、132 号等民事指导性案例中得到运用①,取得了良好的适用效果,这种做法需要继续在后续民事指导性案例的编写中予以保留和应用。除此之外,最高人民法院《关于深入推进社会主义核心价值观融入裁判文书释法说理的指导意见》第九条还点明了需要运用历史解释方法,立足于现阶段社会发展水平进行价值判断和价值取舍,以期通过包括指导性案例在内的司法裁判,实现法律效果与社会效果的平衡统一。

司法裁判中适用社会主义核心价值观要遵循一定的法律方法,法律方法可以作为技术工具,帮助解决民事指导性案例适用社会主义核心价值观时存在的论证缺位、论证过短等问题,借助法理提升情理的运行效果。其中,法律解释方法可以通过产生一种"能够调试因由公共政策司法所带来的经验性解释的开放结构"的逻辑力量,丰富司法的理性构成②,能够在社会主义核心价值观的情感色彩和开放特质与指导性案例需要满足的适用制定法的理性要求之间进行调和,帮助提升社会主义核心价值观融入民事指导性案例的理性效果。

(三)核心价值观融入与《民法典》密切结合

不同于前两种优化路径依托民事指导性案例的内部编写活动实现,本优化路径是借助民事指导性案例之外的《民法典》进行优化,即通过外部力量提升核心价值观的融入效果。本优化路径包括两个方面,既要积极援引《民法典》中蕴含核心价值观的已有规范作为后续民事指导性案例的裁判依据,也要及时用优秀的融入成果反哺于《民法典》的解释与修正。

一方面,民事指导性案例在适用社会主义核心价值观时要积极援引《民法典》对应规定作为裁判依据,由法律条文为适用价值提供强有力的正当性来源,并防止出现规则逃逸现象,可以从正当性强化和尊重法律的角度提升核心价值

---

① 比如,指导性案例 18 号中"为了保护劳动者的合法权益,构建和发展和谐稳定的劳动关系"的表述,在彰显"法治"与"和谐"价值观的同时,也是在通过列举立法宗旨进行目的解释。
② 参见陈林林:《裁判的进路与方法》,中国政法大学出版社 2007 年版,第 205—206 页。

观的融入效果。若单独将社会主义核心价值观作为裁判依据，会忽视相关法律规范，有损法律权威；而且，核心价值观本身只是具有道德意义上的柔性指引效果，并不具备依托裁判发挥强制拘束力的正当性。法治建设进程已经提出了将社会主义核心价值观的内容转化为具有刚性约束力的法律规定的要求[1]，《民法典》正是在此背景下对民事法律规范进行整合优化，其中的许多制度、原则、规则都直接体现了社会主义核心价值观。[2] 在此基础上，民事指导性案例在编写适用核心价值观的案件时，要积极寻找《民法典》条文，或是将《民法典》体现核心价值观的价值化条款作为裁判依据，使具有弱拘束力的价值指引能够具备强拘束力的法律依据；或是在找不到直接论及价值的适切条款时，将直接解决本案争议焦点的规范条款作为裁判依据，由社会主义核心价值观担任说理依据进行释法说理；即使不存在可以直接解决争议焦点的规范条款，也要寻找该法律问题的上位条款、一般化条款或类似条款作为间接的裁判依据，由社会主义核心价值观进行补充性的实际裁判指引和价值补足，但不能将核心价值观作为唯一的裁判依据。同时，也要积极研读体现各种价值观的《民法典》条文，在不同案件中对多元的价值观予以积极适用，在需用、能用价值观时，敦促民事指导性案例积极点明并适用对应价值观。

另一方面，可以将民事指导性案例解决特定法律问题时对特定核心价值观的优秀适用方案，吸收进入《民法典》的配套司法解释或未来的修正案中，在长远意义上提升核心价值观的融入效果。指导性案例是发现问题的重要途径，很多民事法律制度的设计或司法解释中的解释方案虽未提及但却蕴藏着核心价值观的思维，可以借助民事指导性案例对某些价值观的适用，提出具体核心价值观搭配特定规范条款进行适用的一对一组合方案。同时，指导性案例因其发布主体的权威性和自身的制度定位，很容易成为《民法典》配套司法解释或修正案中新内容的来源。在司法责任制的背景下，法官为了规避决策风险，在裁判时会下意识地关注法律法规和司法解释，所以如果能将民事指导性案例中包含的核心价值观与规范条款的一对一组合方案，纳入《民法典》配套司法解释或未来的修正案中，那么可以使其中包含的核心价值观融入方案获得更广泛的关注和更强烈的信任，从而可以在长远意义上提升核心价值观的融入效果。

---

[1] 参见《中办国办印发〈关于进一步把社会主义核心价值观融入法治建设的指导意见〉》，载《人民日报》2016年12月26日，第1版。

[2] 参见王利明：《彰显时代性：中国民法典的鲜明特色》，载《东方法学》2020年第4期，第10页。

结语：价值话语向法治话语的转化

　　社会主义核心价值观作为一种价值话语，既可以通过公开的立法活动直接转化为法律规范的内容来影响规范层面的法治内容，也可以在温和的司法活动中通过法律适用、释法说理、价值补充等活动影响着实践层面的法治活动，由此融入法治活动，转化为法治话语。民事指导性案例可以为社会主义核心价值观等理念性内容进入实践范畴营造具体情境和语境，搭建了价值话语向法治话语转化的制度平台。借助指导性案例所具备的事实上的拘束力和准法源的地位，民事指导性案例中内含的社会主义核心价值观的适用内容就拥有了被后续案件广泛参照的可能。理念性的价值观作为裁判智慧，凭借着案例中生动具体的表现形式，在潜移默化中被法官等法治工作者发现、接受和认可，随之由这些法治工作者带入到更多的法治实践活动中，由此实现了从价值话语迈向法治话语的蜕变。社会主义核心价值观等价值话语不断突破本初角色，从存留于主体内心的内在规范，通过民事指导性案例等外在的裁判活动，逐渐向能够产生实际法律效果的外在规范靠拢。这种价值话语向法治话语转化的过程，也是情理与法理、德治与法治结合互动的过程，对于有质量地调整社会关系而言具有十分可观的前景。

"自由"在指导性案例中的适用及完善*

王义凤**

摘　要：作为社会主义核心价值观的"自由",在指导性案例中有显性适用与隐性适用等形式,表现方式有直接方式和间接方式,包括对积极自由的保护和对滥用自由的否定。通过对适用"自由"的指导性案例分析,可发现其存在不足,包括法律规范层面核心价值观效力定位不清、适用混乱、论证说理不足与法律规范互动不足等。自由之核心价值观在指导性案例中适用的提升措施,包括增加自由类指导性案例数量;自由之概念确定化、具体化,适用类型化;自由的说理精细化;增强公布阶段的合意型权威;对已不具有指导作用的案例予以及时清理等。在以案释法发挥案例指导作用的同时,推进核心价值观在裁判文书中作用的发挥。

关键词：社会主义核心价值观　自由　指导性案例　以案释法　论证说理

一、问题的提出

社会主义核心价值观(以下简称"核心价值观")是社会主义核心价值体系的重要内核。最高人民法院出台意见,要求通过具体案件的办理,引导良好社会风尚,弘扬社会正向价值;③此外,最高人民法院发文要求"裁判文书释法说理,要

---

* 本文系2019年国家社科基金重大研究专项项目"社会主义核心价值观背景下的案例指导研究"(批准号：19VHJ004);山东省高等学校"青创科技支持计划"项目"司法工作全面贯彻习近平法治思想研究"(批准号：2021RW001);山东大学"马克思主义人权理论与中国特色社会主义法治"学生课题的阶段性成果。
** 王义凤,贵州都匀人,山东大学法学院(威海)硕士研究生,研究方向为司法理论、法律方法论。
③《关于在人民法院中培育和践行社会主义核心价值观的若干意见》,法发〔2015〕14号,2015年10月12日发布。

符合核心价值观的精神要求"等。① 这表明核心价值观的运用成为司法实践中必不可少的一部分。核心价值观具有普适性、抽象性和概括性,核心价值观如何在司法裁判中得到适用,需要结合具体的案例才能够得到说明。"自由"是核心价值观的重要组成部分与必然要求,其内涵丰富。在司法裁判中,对自由概念的认定及对自由范围的界定会影响自由在司法层面的权利界限,进而影响现实生活中人们对自由的认知。通过对指导性案例中"自由"的适用情况进行分析,能够窥见"自由"在指导性案例中适用的不足。通过对"自由"在指导性案例中适用提出完善措施,能够进一步提升核心价值观在指导性案例中适用的针对性与准确性,进一步具体化核心价值观在司法裁判中的融入方式与路径,从而丰富核心价值观在司法裁判中的表现形式与内涵。

自由是指个人所拥有的能够行使权利的能力与行为。② 自由被定义为司法裁判的价值取向,通常表现为思想自由、言论自由和行为自由。③ 自由不是绝对自由,而是以人民的生存权和发展权为前提,不损害国家及第三人利益的相对自由。

以在指导性案例中是否明确表述为自由、自由权利等为标准,"自由"在指导性案例中的适用方式有显性适用和隐性适用。显性适用背景下,以自由是否属于《宪法》明确列举的自由为标准,存在直接表现形式和间接表现形式,既包括法院对于当事人积极自由(如合同自由、权利行使自由)的保护,也包括对非直接表达为"自由"但却拥有"自由"内涵的权利的认可,如以消费者权利保护为载体的消费者选择自由、以劳动关系为载体的劳动者的就业自由等。此外,针对《宪法》没有明确列举的自由,以自甘风险为代表,法律并不限制这部分自由,在不违法的前提下不对其行使主体进行惩罚。但是,如果行使这种自由出现了最终对主体不利的后果,由相应主体自己承担,法律上并不给予单独特殊保护。

上述"自由"在指导性案例中的不同适用,对于深入理解核心价值观,推进核心价值观在释法说理中的作用具有积极的意义,能够体现司法中超越个案的价值目标。对于"自由"在指导性案例中的适用及不足,需通过案例指导制度的运

---

① 《关于深入推进社会主义核心价值观融入裁判文书释法说理的指导意见》,法〔2021〕21号,2021年1月19日发布。
② 参见余次淮:《社会主义核心价值观(通俗读本)》,江苏凤凰文艺出版社2018年版,第113页;赵长芬:《社会主义核心价值观学习读本(社会篇)》,新华出版社2015年版,第10页。
③ 参见赵长芬:《社会主义核心价值观学习读本(社会篇)》,新华出版社2015年版,第3页。

行环节(包括案例遴选、编辑、发布、适用、清理)对其进行梳理与重塑,才能够将自由范围廓清,将自由与指导性案例结合起来,从而为核心价值观融入司法裁判提供经验。

二、"自由"在指导性案例中的适用方式

如上文所述,"自由"在指导性案例中有显性适用和隐性适用两种方式。显性适用包括直接与间接两种形式。直接表现为对自由的直接表述,如"公司自治自由""当事人订立合同自由"等;间接表现为对蕴含自由权利的直接保护和对特殊群体自由权利的倾向性保护。隐性适用表现为对于《宪法》没有明确列举的自由,法院需要对其予以评价,包括对积极自由的保护与对滥用自由的否定两种评价方式。此时,合理界定自由的概念、内涵及其在指导性案例中的适用方式十分重要。通过考察"自由"在指导性案例中的适用,探究"自由"在指导性案例中适用的限度和不足,并提出相应的完善建议,以推动指导性案例与核心价值观深度融合。

(一)显性适用

自由在《宪法》中得到了明确与认可,具有合法性基础。在运行逻辑上,除法律法规对其予以明确规定之外,司法对于自由的态度往往通过在相关判决中对当事人权利的支持与否定来体现。自由内涵丰富、适用形式多样。通过对"自由"在指导性案例中的适用进行分析,能够对核心价值观在司法实践中的推进产生启示。通过"自由"在指导性案例中适用的不足,反观指导性案例与核心价值观的融合困境,进而推进两者之间的良性互动。

1. 对积极自由的保护

积极自由通常是指享有要求他人作为或不作为的权利,体现为对自己法定范围内权利的支配权。对于当事人双方符合法律规定范围内意思自治的保护,不仅包括对在法律中明确表述为自由的保护,也包括对蕴含自由内涵的权利的保护。此外,不仅包括对以个人为主体的积极自由的保护与尊重,也包括对由多人组成的群体或者由个人在特定背景下具有的群体属性的自由权利的保护与尊重。指导性案例中对于积极自由的保护,不仅体现为对在法定范围内,不损害国家利益、第三人利益的当事人之间合意的尊重,对于弱势群体蕴含自由权利的倾

向性保护①，也体现为对于市场主体决策自由、交易自由的尊重和保护。

首先，对个体积极自由的保护与尊重。这里的个体是与群体相对应的概念，包括自然人和企业。对自由保护的表现形式既包括直接对相关合同和协议表示认可，也包括间接对其作出不违反法律法规的协议行为的认定，如指导性案例7号、指导性案例95号和指导性案例10号。② 上述三例指导性案例并不属于严格意义上的疑难案件，但最高人民法院在裁判理由部分对于案例意义的阐释和对于当事人自由处分行为的强调，保障了当事人在法定范围内行使合法权利的自由。此外，对属于公司自治的内容，法院仅进行程序审查，体现了司法实践对于公司自治的尊重。

其次，对群体积极自由的保护。与个体自由相对应的是群体自由。在指导性案例中，群体自由往往是通过个体在特定场景下所具有的特殊身份表现出来。例如，自然人参与消费环节成为消费者，其在消费纠纷中就代表了消费者群体的利益。对个案中消费者合法权益的保障，会产生超越个案的效果，形成关于该案的社会行为效应，这也是司法社会效果的体现。再如，自然人参与到劳动关系中，参加生产、生活便成为劳动者。对于劳动纠纷中劳动者自由的保护，就是对社会劳动群体权利的保护。

其一，在指导性案例1号（上海中原物业顾问有限公司诉陶德华居间合同纠纷案）中，最高人民法院倾向于保护消费者的选择权。③ 这对于在市场交易中保护弱势地位的消费者自由权具有积极意义。此外，指导性案例1号所涉及的跳单问题、中介报酬请求权问题在《民法典》新增第965条中得到了积极回应——通过利用中介提供的信息后跳单应支付中介报酬的内容规定，表明了《民法典》

---

① 弱势群体是指在自然的、社会的、政治的、法律的剥夺之下，在心理上、生理上、能力上、机会上、境遇上处于劣势地位的人。参见胡玉鸿：《和谐社会视域下的弱者人权保护》，载《现代法学》2013年第2期。在社会学上，弱势群体泛指由不同原因形成的、靠法律之特别规定而不是靠自身实力或市场竞争来获取权益、维护权益的社会群体，是相对于强势群体，又区别于劣势群体的一个特殊社会群体，广泛地存在于每一个社会发展阶段。参见王兴运：《弱势群体权益保护法论纲》，中国监察出版社2016年版。
② 指导性案例7号，牡丹江市宏阁建筑安装有限责任公司诉牡丹江市华隆房地产开发有限责任公司、张继增建设工程施工合同纠纷案，该案主要涉及在不损害国家、集体和第三人利益的情况下，当事人提起抗诉之后又申请撤诉如何认定的问题；指导性案例95号，中国工商银行股份有限公司宣城龙首支行诉宣城柏冠贸易有限公司、江苏凯盛置业有限公司等金融借款合同纠纷案，该案主要涉及《物权法》无相关规定的情况下，当事人另行达成的关于最高额抵押协议的效力问题；指导性案例10号，李建军诉上海佳动力环保科技有限公司公司决议撤销纠纷案，该案主要涉及人民法院审理公司决议撤销纠纷案件中司法审查的范围。
③ 指导性案例1号，该案主要涉及中介报酬请求权和房屋租赁合同中的跳单问题。

对于指导性案例1号所涉及司法经验的吸收与积极回应。无独有偶,在指导性案例17号①中,最高人民法院首先认定了张莉的消费者身份,其次确定本案适用《消费者权益保护法》,最后支持了张莉的主张。在市场交易中,消费者大部分情况下处于弱势地位,保护消费者的选择权,是对消费者基于自由而衍生的民事权利保护,符合"自由"的内涵。该案对于倡导诚信经营,加强诚信建设,维护公平的市场交易秩序具有显著的引领意义。此外,在指导性案例64号和指导性案例79号中②,消费者面对的是具有强大市场支配地位的电信企业与传统数字媒体企业。在此类交易中,对消费者选择权的保障更具社会意义,更加凸显了司法对于消费者群体权益的重视。

通过考察与消费者权益保护有关的案例,以及多个涉及不同消费场景、不同权利对比情形的消费者权益类型案例,可发现最高人民法院表明了对于消费者权益保护的重视。此外,司法机关通过对消费者权益的保护,强调消费者在法定范围内消费自由权的重要性,以此彰显对于消费者自由权利的保护倾向。

其二,指导性案例18号[中兴通讯(杭州)有限责任公司诉王鹏劳动合同纠纷案]③作为劳动法领域的第一个指导性案例,对于回应广泛存在的末位淘汰制度具有积极意义。虽然该案的实际应用效果并不理想④,但是对于约束用人单位的单方解除权,保障劳动者的合法权益具有积极作用。此外,在指导性案例40号⑤中,最高人民法院对于劳动关系中广泛存在的工伤认定作出了回应,厘清了工作场所中个人自由权利与义务的界限。这对于保护劳动者在劳动关系中的权益,保护劳动者在工伤情况下积极得到赔付具有重要意义。

最后,在涉及消费者和劳动者权利的指导性案例中,往往存在不同权利之间的博弈与平衡。消费者有自行选择购买商品的自由,但对于消费者知假买假问题的认定,涉及消费者权利保护的边界。劳动者与用人单位的劳务关系涉及劳动者权利的保护边界及用人单位用人自由之间的矛盾。因此,上述指导性案例

---

① 指导性案例17号,该案主要涉及为家庭生活消费购买汽车发生欺诈纠纷,是否适用《消费者权益保护法》,以及汽车销售商不能证明在销售时尽到合理的告知义务并且得到消费者认可的,构成消费欺诈的问题。
② 指导性案例64号,该案主要涉及电信服务合同中消费者知情权以及电信企业违约情形的问题;指导性案例79号,该案主要涉及具有市场支配地位的经营者捆绑销售限制消费者选择权的问题。
③ 指导性案例18号,该案主要涉及公司末位淘汰制度的评价及劳动者权益保障的问题。
④ 参见孙光宁:《"末位淘汰"的司法应对,以指导性案例18号为分析对象》,载《法学家》2014年第4期。
⑤ 指导性案例40号,孙立兴诉天津新技术产业园区劳动人事局工伤认定案,该案主要涉及《工伤保险条例》中"因工作原因""工作场所"的认定,以及劳动者存在过失是否影响工伤的认定问题。

中对于该部分群体自由的保护,包括消费者权利、劳动者权利等,给"自由"在指导性案例中的适用提供了启示,进一步明晰了相关案件的审判标准。

2. 对滥用自由的否定

社会主义社会的自由是相对自由,是建立在不损害国家、第三人利益范围内的自由。对自由的滥用,司法会给予否定评价。指导性案例对于滥用自由的否定,通常表现为对自然人之间违反法律法规的合意不予认可、对滥用自由权利进行相应惩罚,以及对企业之间不正当竞争和公民违反公序良俗行为的否定。

其一,对滥用自由权利的否定。具体来看,在指导性案例31号(江苏炜伦航运股份有限公司诉米拉达·玫瑰公司船舶碰撞损害赔偿纠纷案)中,当事人关于交会的约定违背了相关国际规则,造成了双方的损失,法院对于上述合意不予认可。指导性案例48号与82号[①]在关键词中明确提到权利滥用,属于当事人对自由的滥用。法律对权利的保护,终极意义是对权利所蕴含自由的保护,但本案中当事人滥用自由,人民法院对于其诉讼请求不予支持。

其二,对不正当竞争的否定。不正当竞争类案例在指导性案例中占据一定数量,对于不正当竞争的否定是司法贯彻法律规定的体现。指导性案例对于不正当竞争的案件进行再次编辑与发布,表明了法院对于不正当竞争的态度,也体现了法院利用"自由"对相关案件进行裁判说理。具体来看,指导性案例29号、指导性案例30号均涉及市场主体不正当竞争。[②] 上述两例指导性案例中,当事人的经营行为均超出了正常市场竞争的范围,行为不具有正当性,属于滥用法律赋予市场主体的自由竞争权,遭到了司法的否定评价。[③] 同时,案件的裁判结果表明,对于不符合核心价值观的行为,法官会通过裁判行为予以矫正。

其三,对违背公序良俗的否定。在指导性案例89号("北雁云依"诉济南市

[①] 指导性案例48号,北京精雕科技有限公司诉上海奈凯电子科技有限公司侵害计算机软件著作权纠纷案,该案主要涉及计算机著作权的保护范围及相关行为是否构成权利滥用的认定问题;指导性案例82号,王碎永诉深圳歌力思服饰股份有限公司、杭州银泰世纪百货有限公司侵害商标权纠纷案,该案主要涉及使用他人商标,违背诚实信用原则,扰乱市场秩序的权利滥用认定问题。

[②] 指导性案例29号,兰建军、杭州小拇指汽车维修科技股份有限公司诉天津市小拇指汽车维修服务有限公司等侵害商标权及不正当竞争纠纷案,该案主要涉及利用他人具有知名度的名称作为互联网排名关键词,导致消费者产生混淆,从而进行不正当竞争的问题;指导性案例30号,天津中国青年旅行社诉天津国青国际旅行社擅自使用他人企业名称纠纷案,该案主要涉及不正当竞争行为的认定问题。

[③] 参见孙光宁:《大数据时代对司法审判的冲击及其应对-从指导性案例29号切入》,载《湖北社会科学》2016年第5期。参见李有根:《论企业名称的竞争法保护-最高人民法院第29号指导案例研究》,载《中国法学》2015年第4期。

公安局历下区分局燕山派出所公安行政登记案)①中,"北雁云依"属于创设的姓氏,不属于法律规定的"有不违反公序良俗的其他理由",是对于公民自由选取姓名权利的滥用。公民享有选取姓名的自由,以符合中华传统文化和伦理观念为前提。故本案中,法院对于"北雁云依"不予认可,拒绝了原告对于请求认定燕山派出所不予"北雁云依"姓名登记行为违法的诉讼请求。

(二) 隐性适用

按照罗尔斯自然法的观点,第一个优先规则是自由优先,并且该自由只能为了自由的目的而被限制,以求更大程度与范围的自由,包括为了维护总体,巩固所有人的自由而导致的不那么广泛的自由;对遭受不平等自由的人是可接受的。② 对于消费者、劳动者自由的保护和对滥用自由的否定,都是为了实现更大范围的自由。自由具有多形式、多元化的特点。"自由"也不是孤立的,其与核心价值观中的"平等""公正""法治"等都具有内在的联系,价值观之间是相互联系与贯通的关系。对于"自由"的提倡会体现"平等"与"公正";而"平等"与"公正"的倡导,也会促进"自由"的发展。无论是明确列举还是未明确列举的"自由"或"平等",都存在以其他形式表现出来的特点。

我国《宪法》对于公民享有的自由,是以明确列举和未完全列举的形式表现出来。《宪法》明确规定了公民享有的部分自由,但对于《宪法》没有明确规定的自由,并不表明公民就不享有。③ 法律对于这部分自由不作出特殊规定,当事人权责自负。在合法范围内,法律不干涉;超出法定范围,当事人对造成的损害后果自行承担。自由常常与理性联系在一起,而人的行为往往因具备自由与理性而表现出主体性与独特性。自由观念经历了斯宾诺莎倡导的绝对意志自由和康德的复杂多元形态自由等演变过程。④ 纵使强调主体自由,但在社会生活中,自由的行使以不干涉他人为边界。对于无明文规定的自由,相关主体没有要求他人予以配合的权利。指导性案例对这部分未完全列举的自由进行了解释。这部

---

① 指导性案例89号,"北雁云依"诉济南市公安局历下区分局燕山派出所公安行政登记案,该案主要涉及拒绝对于既非父姓,也非母性,但有违其他公序良俗事由的姓名进行登记是否违法的问题。
② 参见[德]阿尔图·考夫曼、[德]温弗里德·哈斯默尔主编:《当代法哲学和法律理论导论》,郑永流译,法律出版社2013年版,第168页。
③ 参见刘志刚:《论宪法权利的本质》,载《政治与法律》2003年第4期。
④ 参见[法]德勒兹:《斯宾诺莎的实践哲学》,冯炳昆译,商务印书馆2004年版,第62页。

分自由往往涉及与传统观念之间的冲突，对于矫正长期以来对这部分自由的不正确理解，弘扬正确价值观具有积极意义。

具体来说，在指导性案例 140 号与 141 号①中，当事人具有行动自由，但该自由是相对的。对于完全民事行为能力人来说，其对自身行为的性质及行为后果能够产生正确的判断，因此能够预见到危险而仍然继续冒险从事该行为，就要对自身行为承担相应的后果。② 上述两例指导性案例体现了法院对于当事人超出范围的权利不予保护的价值倾向，是对社会中长期存在的不正确的价值观念的矫正。通过指导性案例树立行为规范，能够正确培育、倡导核心价值观。

未完全列举自由与积极自由和滥用自由相比，存在隐晦性、复杂性的特点。隐晦性体现在，一方面，法官往往不愿意过多解释，以避免解释带来的职业风险；另一方面，受西方自由主义思想的影响，对于未完全列举的自由进行法律解释，存在着难以把握的问题。复杂性体现在地方各级人民法院由于资源和能力的差异，对相关问题的处理方式往往不能趋于最优，容易与核心价值观偏离。此外，对自由的隐性适用涉及自由如何认定的问题，司法对此保持谨慎、克制的态度。因此，在已经发布的指导性案例中，涉及自由隐性适用的仅有上述为数不多的几例，数量上与显性适用形成鲜明对比。但在案例的时间跨度上，却体现了司法机关不断主动适用核心价值观进行说理的过程。在司法领域不断填补空白地带，对于正确理解自由，引导当事人的行为，弘扬社会道德风尚具有重要意义。

三、"自由"在指导性案例中适用的不足

指导性案例在发展的过程中，对核心价值观及其子价值观（如"自由""平等"）的理解与弘扬不断具体化和精细化。总体来看，以第 25 批弘扬核心价值观类案例的发布为例，核心价值观越来越受到指导性案例的重视。结合类案检索制度，以批次发布的指导性案例正在开始形成案例集群。通过对以往发布过的指导性案例中"自由"的适用进行分析，可发现其不足和探求完善方向，对于未来

---

① 指导性案例 140 号，李秋月等诉广州市花都区梯面镇红山村村民委员会违反安全保障义务责任纠纷案，该案主要涉及公共场所经营管理者的安全保障义务范围问题；指导性案例 141 号，支某 1 等诉北京市永定河管理处生命权、健康权、身体权纠纷案，该案主要涉及公共场所的认定及安全管理人员的安全保障义务范围问题。
② 参见王利明：《论受害人自甘冒险》，载《比较法研究》2019 年第 2 期。

核心价值观和指导性案例良性发展和互动至关重要。当前指导性案例中,对于"自由"的适用存在以下不足:

(一) 效力定位不清

从法律规范的角度来说,受制于核心价值观法律效力定位不清的影响,"自由"在指导性案例中也存在适用效力定位不清的问题,影响指导性案例进一步被参照援引的效果。指导性案例在司法实践中具有"参照"的效力,并且与司法解释相比,指导性案例的"参照"效力被认为具有准法源性质。对于核心价值观在司法中的地位,目前主流的观点认为其应该定位为辅助说理,而不应该作为正式引用的法律渊源。然而,该问题不可一概而论。其一,从法律效力上来说,《宪法》对核心价值观进行了规定,说明核心价值观在根本法的层面得到了认可,具有了合法性基础。虽然我国尚无直接引用《宪法》条文作为审判规则的先例,但是可以佐证核心价值观在法律层面是正式法源这一观点。其二,目前的法律法规分为已经将核心价值观纳入法律规范之中和尚未将核心价值观纳入法律规范之中两种,已经纳入的如《民法典》第 1 条等。[①] 已经纳入相关法律规定的情况下,核心价值观可作为审理民事案件时直接予以引用的正式法源;在尚没有纳入相关法律规定的情况下,核心价值观只能作为辅助说理的理由。

(二) 概念确定性不足

法律概念对于法律的准确适用及依法裁判具有重要意义。核心价值观作为具有合法性的法源及辅助性说理手段,在已经纳入正式法律的情况下,大多数是存在于原则性和目的性法律规范之中。对于核心价值观的适用,本身就需要将抽象的原则和概念具体化,对适用进行充分的说理论证。更进一步来说,需要确定是整体适用还是部分适用,以及整体适用核心价值观是否会造成核心价值观适用的泛化。核心价值观概念在司法中的适用需要确定性,以避免自由裁量权的无限扩大。此外,自由因其具有的扩张属性,更加需要将其概念在司法中予以确定,规范自由的权利边界,明确自由的适用情形,达到既保护自由,又防止自由被滥用的目的。法律概念因其抽象与概括,需要经过解释才能予以适用,核心价

[①]《民法典》第 1 条:"为了保护民事主体的合法权益,调整民事关系,维护社会和经济秩序,适应中国特色社会主义发展要求,弘扬社会主义核心价值观,根据宪法,制定本法。"

值观在法律规范中的概念也需要经过解释才能予以适用。在双重抽象、概括的背景下,进一步通过法官的自由裁量权对其进行解释,无疑会造成核心价值观的口袋式滥用、自由的主观性理解。因此,自由概念确定性不足会造成自由适用的泛化,危及法律的确定性与稳定性。

(三) 与法律规范互动性不足

指导性案例适用"自由"时与法律规范互动性不足,难以发挥指导性案例的指导作用。互动性是指导性案例对于法律的原则性规定进行细化和对于法律空白部分进行填补等行为,得到新修订的法律规范的吸收、肯定或否定,从而实现指导性案例与法律规范的互动。这种互动可以是积极、主动的,如上文提到的《民法典》第1条主动将指导性案例对法律的填补纳入新的法律规定之中;也可以是消极、被动的,表现为对于指导性案例裁判要点涉及的法律规定进行否定并且清除相关的指导性案例。例如,指导性案例20号因《民法典》的制定与修改而不再具有指导作用,因此需要对其进行清理。以上事例表明,指导性案例可以利用其针对性强、灵活性高等特点,借助裁判要点与法律规范进行互动。但是,指导性案例只具有"参照"效力,并且大部分指导性案例的裁判要点仅是对相关法律法规及司法解释的重复"宣读"。例如,刑事类指导性案例受制于"罪刑法定"的影响,只能严格按照法律规定进行审理与裁判。这部分指导性案例对于实践的指导作用相对较弱,与法律规范的互动性不佳,不能对法律空白起到填补的作用。民事类指导性案例涉及大量适用"自由"的情形,但是目前指导性案例并没有将该部分案例的裁判要点进行创新与细化,造成民事领域的自由类指导性案例与法律规范的互动也不足,难以形成自由类指导性案例的司法经验,也难以对法律规范的制定与修改起到推进作用。

(四) 适用混乱

从司法实践的角度来说,"自由"在指导性案例中适用混乱。"自由"适用场域定位不清,缺乏说理论证。指导性案例的技术性司法权威没有通过严谨的论证得到加强。如上所述,并非所有案件、所有场合都适用核心价值观。核心价值观作为价值层面的倡导,比较适合用于需要倡导伦理道德的民商事案件与婚姻家庭类案件之中,而不太适合运用于"罪刑法定"的刑事类案件之中。但是,该种划分也并非绝对。核心价值观的子价值(如"自由""平等"等)分别具有其适用的案件类型与场域,需要分情况、分类型予以适用。现有的自由类指导性案例并未区分不同类型"自由"的适用情况。

其一,司法裁判对自由的运用并不区分层次,没有从广义上和狭义上对自由进行区分运用,也没有从宏观上和微观上对自由进行阐释上的区分。广义上的自由不仅包括《宪法》中规定的自由,也包括部分《宪法》中没有规定的自由;狭义上的自由仅指《宪法》明文规定的自由。宏观上对自由仅作了笼统阐释,没有从微观上详细阐释自由在案件中涉及的具体权利内涵等情形。此外,司法裁判没有对"自由"如何在当前案例中运用进行释法说理,也没有对"自由"的适用方式及范围进行明确。最高人民法院作为指导性案例的发布机构,作为核心价值观的重要实施主体,应在指导性案例文本中对该问题进行解决。对"自由"在核心价值观,以及在司法裁判中的表现形式进行明确认定,能够避免因理解不同造成的同案不同判。当前对自由的适用类别划分不清晰、内涵理解不清楚等问题,导致在司法裁判中尚未形成自由类指导性案例集群。除第25批指导性案例之外,最高人民法院发布的指导性案例均未直接表明案例所涉及的核心价值观,需要对案例进行进一步的解读和分析,才能发现其中蕴含的核心价值观因素。这种对核心价值观的"隐性适用"与对指导性案例的"隐性适用"[①],共同降低了核心价值观在指导性案例中的比重。在此背景下,作为核心价值观重要组成部分的"自由",其案例占比与援引率占比更低。

其二,对各种类型自由的分类不足,不能满足司法实践的需要。自由不仅包括合意自由、言论自由,还包括蕴含自由的权利等,如消费者购买自由、劳动者就业自由等。指导性案例并没有对上述自由进行划分,也没有结合案情释法说理,从而造成在司法裁判中,地方各级人民法院对于核心价值观中"自由"内涵的把握不够准确。此外,法官在裁判中没有强制运用核心价值观进行说理论证的义务,这也是造成核心价值观融入司法裁判过程缓慢的原因之一。对于核心价值

[①] 参见郭叶、孙妹:《最高人民法院指导性案例司法应用年度比较分析报告——以 2011—2019 年应用案例为研究对象》,载北大法宝信息网,2020 年第 2 期,法宝总第 35 期,http://www.pkulaw.cn/fulltext_form.aspx?Db=art&Gid=cc409a38cd0113a4af482ed1d4e75074bdfb&keyword=%e6%9c%80%e9%ab%98%e4%ba%ba%e6%b0%91%e6%b3%95%e9%99%a2%e6%8c%87%e5%af%bc%e6%80%a7%e6%a1%88%e4%be%8b%e5%8f%b8%e6%b3%95%e5%ba%94%e7%94%a8%e5%b9%b4%e5%ba%a6%e6%af%94%e8%83%83%e5%88%86%e6%9e%90%e6%8a%a5%e5%91%8a&EncodingName=&Search_Mode=accurate&Search_IsTitle=0。分析报告表明,当前法官对于指导性案例的运用,以明示援引和隐性援引为主,隐性援引占主要地位。

观在司法裁判中的运用,应该明确需要运用的情形和对运用效果良好案件的奖励。明确运用的情形也包括明确各个子价值观及各类自由适用情形,以此来激励法官在裁判中主动融入核心价值观进行释法说理,并且应该定期组织宣讲团对相关价值观内涵进行宣讲,从而提高法官对核心价值观的理解与认识。

其三,在裁判文书中,对于自由的说理论证不充分,主要体现在裁判理由部分对自由的阐述不足且不清晰。对于自由,需要结合我国国情和司法政策进行说理论证。地方各级法院在司法裁判中融入对"自由"的理解,将其表现在裁判文书中,能够反过来促进最高人民法院相关政策的细化与优化。目前,司法裁判对于"自由"的说理论证不够充分,尚未达到共识层面的权威[1],这会削弱司法裁判在人民群众中的接受度。随着网络的发展,自由存在权利边界模糊及扩张倾向,更加需要法官在个案中对其进行解释。地方各级人民法院可能是畏于对解释自由可能造成的政治后果,从而在裁判中回避对自由的解释,造成了相关案件说理论证不充分的情形。

(五)自由类指导性案例数量不足

自由类指导性案例数量较少,不能满足司法实践的需求。在156例指导性案例中,以"自由"为关键词进行全文检索,共检索到34个结果。除去《刑法》中限制人身自由这一罪名的表达[2],还有案情简介中涉及自由的描述和与裁判理由重复的部分,最后得到有效结果为14个。这14个在文中涉及"自由"的指导性案例,"自由"大多出现在案情和裁判理由部分,仅有少数在关键词中提到滥用自由。上述结果表明,"自由"在指导性案例中的运用具有隐蔽性的特点,与上文提到的对核心价值观的运用多为隐性运用相互印证。大部分体现"自由"的指导性案例,需要进一步解读与分析才能发现其蕴含的"自由"元素。这对于大部分只关注裁判要点和关键词的法官来说,降低了发现关于"自由"的指导性案例之概率,不利于地方各级人民法院学习与"自由"相关的指导性案例。因此,受制于指导性案例本身数量较少的原因,体现"自由"的指导性案例数量更少,难以满足利用案例推动司法实践发展的条件。

---

[1] 参见孙跃:《案例指导制度的改革目标及路径——基于权威与共识的分析》,载《法制与社会发展》2020年第6期。
[2] 由于《刑法》对于限制人身自由已经作出了明确的规定,因此本文关于自由的研究不包括《刑法》中的限制人身自由,检索日期截至2021年9月。

四、指导性案例中适用"自由"的完善措施

"自由"是核心价值观的子价值,讨论"自由"在指导性案例中的完善,离不开对两者上位概念的讨论,即对于核心价值观和案例指导制度的讨论。指导性案例借助核心价值观提升其判决的公信力与可接受性,能够使案例指导制度的发展更加成熟与全面;核心价值观借助案例能够具体化和精细化,使其更好融入司法裁判,二者是相辅相成、共同作用的关系。对于"自由"在指导性案例中适用的完善,需要结合指导性案例的遴选、编辑、公布、适用、传播、清理阶段来讨论。

(一)遴选阶段增加自由类指导性案例的数量

遴选阶段需要增加指导性案例的数量,特别是弘扬核心价值观类指导性案例的数量,进一步增加自由类指导性案例的数量。如上所述,案例指导制度从2010年发展至今,经过了10余年。然而,截至2021年11月,指导性案例仅有171例。与全国每年平均审结两千万件案例相比,指导性案例的数量明显不能与日常审判活动发展相协调。数量的提升能够在一定程度上可提供更多可选择的空间,能够为指导性案例的发展提供前提基础。因此,当前首要的任务就是在把控质量的基础上,增加自由类指导性案例的数量,并且在发布个数与发布日期上固定,从而有利于法官及社会公众对指导性案例的学习与关注。在增加数量的基础上,分类型(如刑法、民法、行政法)与分子价值(如"自由""平等")地分别发布指导性案例,逐渐形成不同部门法类指导性案例和核心价值观类指导性案例,后者可以在不同部门法中得到体现,并且核心价值观与部门法的结合也可以呈现出多样性的特点。指导性案例由于体例较固定,利于标注输入数据库中,能够参与智慧法院案例数据库建设,既能进一步提高指导性案例的援引率,也能进一步提高"自由"在指导性案例中的被援引率,从而在司法实践中弘扬核心价值观。在增加的方式上,可以采用地方各级法院定期报送和最高人民法院利用已有案例数据库进行再次整理发布等形式,从现有案例和新生案例中选拔和培育指导性案例。

(二)编辑阶段

1. 重视自由概念具体化与适用类型化

编辑阶段重视自由概念的具体化,并进一步确定自由适用的类型化。一是

因为内涵的丰富及存在自由主义无限扩大的危机,需要对"自由"在司法中的适用予以具体化。特别是在中国具体国情下,自由概念在司法适用中需要具体化。二是对其概念具体化,可以避免对自由和核心价值观适用的泛化,也可以避免因过度强调解释而造成的法律概念的不确定性,从而防止对法律定义功能的消解。① 核心价值观在社会生活中具有普适性及认可度,从而成为司法裁判说理的强有力工具,其能促进裁判文书释法说理,提升裁判文书的可接受性。但是,由此也带来了自由适用的泛化问题。对自由适用不区分情形,会造成自由内涵的进一步混乱,与自由在司法中的适用目的相违背。自由的表现形式多样,因此自由适用需要类型化。当事人合意自由、公司自治自由、特殊群体消费者自由、劳动者自由等,均需要类型化区分与保护。同样情况同样对待,不同情况区别对待,从而能够在类案类判背景下提供更加具有针对性的自由类指导性案例。

2. 重视自由的说理精细化

编辑阶段重视自由适用的说理论证。通过科学详尽的说理,弥补法律规范的空缺与模糊,减少情理型司法权威的缺陷,努力在技术型司法权威与情理型司法权威中找到平衡点。编辑阶段既包括原生案例的裁判文书,也包括再编辑过程中对既有案例裁判文书的处理。因此,自由的适用完善也就包括原审法院运用自由进行说理论证,以及最高人民法院对入选案例进行再编辑时,利用自由加强说理论证这两种情形。针对第一种情形,对于原生效判决法院来说,已经入法入规的自由,由于具有正式的法效力,可以直接使用。但也需要注意到,此种情形下的自由主要是作为法律目的和法律原则存在。在尚没有穷尽法律规则的情况下,是不能使用法律原则的。因此,自由的适用存在前提。需要在适用自由时进行充分的说理,将适用的目的及方式和自由在案件中的作用都阐释清楚,以获得判决的合法性与正当性;满足自由适用的事理及情理条件,在合法性适用前提下,满足法理性,达到事理、情理、法理的融合。

自由论证说理精细化离不开文理的精细化。在指导性案例培育阶段,地方各级人民法院可以利用法律方法,增强自由类及其他类型指导性案例的论证说理。地方各级人民法院要主动适用"自由"进行释法说理。对于自由,要结合我国的社会实际对其予以把握。指导性案例在还没被遴选为指导性案例之前,只是存在于地方各级人民法院的普通案例。地方各级人民法院要主动发掘可能会

---

① 参见陈金钊:《带伤的思考及法律方法矫正》,载《探索与争鸣》2020年第8期。

成为指导性案例的自由类案例。在裁判理由部分,要利用文义解释、体系解释、目的解释、类推解释等法律解释方法,对自由进行深刻阐释,从而在提升法官释法说理能力的同时,也能够借助强有力的论证说理,提升司法裁判的说服力。首先,应根据文义对自由进行解释。其次,将自由放置于整个法律体系中,保持整个法系统的连贯性与协调性。再次,在遇到法律对自由没有规定或者规定不清晰的情形时,法官应该主动利用漏洞填补进行补充说明。最后,在某些特殊情况下,地方各级人民法院的法官可以利用社会学解释方法,根据案件可能会造成的社会后果,由果到因进行选择。在满足事理、情理、法理的情况下,进一步完善自由类指导性案例的文理。上述法律方法的适用并没有严格的顺序,大多数情况下,一个裁判往往是多种法律方法融贯使用的结果。"自由"通过司法裁判得到具体化与深化,这也是核心价值观在司法领域继续推进的题中之意。最高人民法院在对入选案例进行再编辑时,同样需要运用法律方法进行细化说理。将技术型司法权威贯彻于指导性案例全过程,以弥补行政化流程带来的缺点。在重视自由说理精细化的同时,要警惕自由适用的政治化倾向,要将自由的适用控制在司法允许的范围内,警惕裁判的过度政治化,从而避免自由司法适用的危机。

(三) 公布阶段增强自由的合意型权威

公布阶段可以在正式公布之前增加内部公示或者预公示环节,对指导性案例中"自由"的适用进行公示,听取来自各方主体的意见,增加指导性案例的说服力。内部公示和预公示环节主要是为了避免指导性案例遴选和编辑参与主体单一所造成的偏见与片面,避免自由适用的过度主观性。内部公示可以听取来自法律职业共同体及地方各级法院关于即将公布的指导性案例的意见,特别是原参与案件审理的法院及法官的意见对于指导性案例的完善来说十分重要。司法的主要特征之一是亲历性,通过原审法官对于即将公布的指导性案例发表意见,能够推动指导性案例良性发展,也能够借助内部公示这一环节,提高法律职业共同体对指导性案例的积极性和重视程度。预公示面向的主体为社会民众,除采用传统渠道、最高人民法院自己的官方网站与权威发布平台之外,还可以借助新型传播渠道,如微博、微信公众号、短视频、小程序等,征集社会民众对于即将公布的指导性案例的意见和建议,从而以社会公众的广泛关注,换来指导性案例质量的显著提升。自由往往会受到很多争议,因此自由类指导性案例对社会公众的预公示十分必要。利用指导性案例对核心价值观进行弘扬与传播,让社会公众参与案件遴选过程，也是核心价值观接受检验与不断完善的过程。纳入公众的参与，能够提升指导性案例遴选过程中协商权威、协商民主的比重，进而提升指导性案例的合意型权威。

（四）适用阶段

在指导性案例的适用阶段，可以借助核心价值观受众广、易于接受的特点，推动自由类指导性案例以案释法作用的发挥。指导性案例与核心价值观在功能层面都能够促进对于现有法律法规的解释与运用，"自由"在司法中的运用可以由指导性案例提供发挥场景。"自由"可以促进指导性案例释法作用及同案同判作用的发挥，可以在指导性案例中得到创造性适用。尚未入法入规的自由能够通过指导性案例的适用来明确适用情形，已经入法入规的自由能够借助指导性案例来向后案法官展示自由适用的方式及途径，以及自由适用的论证说理、逻辑等。

（五）清理阶段

指导性案例的清理阶段是案例指导制度良性发展必不可少的阶段，对于促进指导性案例不断推陈出新及优胜劣汰具有显著优势。自由具有时代性，其内涵与外延会随着时代的变化而有所改变，但这并不表明自由处在无限、无尽的变化之中。自由是动态平衡的，在较长一段时间内是相对稳定的。对自由具体化的提倡，是为了避免对自由的过度解释所造成的法治话语的瓦解。然而，不符合时代发展内涵的自由要予以及时厘清与剔除。对于不符合社会发展的自由类案例进行及时清理，对于互联网时代下"自由"的新表现形式予以及时补充，是"自由"在指导性案例中适用的应有之义。目前，指导性案例的清理方式有两种，一种是硬性清理，一种是柔性清理。硬性清理是指导性案例所适用的法律已经和现有法律法规相抵触，不再具有参照效力，从而被清理；柔性清理是指导性案例被新的案例替代或指导性案例援引率低甚至从未被援引，从而造成事实上被清理。对于自由类指导性案例，如果自由已入法入规，可以采取硬性清理方式，保证法律体系的一致性与规范性；对于尚未入法入规的自由，其在融入指导性案例的过程中，如该案例不再具有指导作用，或案例对于自由的阐释不符合社会大众对自由的期待，被实践证明案例不具有指导作用，也应及时清理。及时清理既能保证指导性案例的活力与参照效力，也能保证核心价值观的引领地位。

五、结语

"自由"在指导性案例中的适用形式丰富、类型多样,对其进行分析能够发现"自由"在指导性案例中适用存在的问题,从而映射出核心价值观融入司法裁判文书可能存在的困境。对于"自由"融入指导性案例的完善措施,需要结合指导性案例的遴选、编辑、公布、适用、清理等阶段进行讨论,体现不同阶段指导性案例的特点和核心价值观在不同阶段的结合重点与方式,分层级、分阶段地将核心价值观与指导性案例进行结合。"自由"融入指导性案例不仅在形式上满足指导性案例的程序性要求,在内容上也能够增强指导性案例的论证说理,并且能够为核心价值观融入司法实践中提供案例场景。指导性案例与核心价值观能够在不断的尝试中进行深度融合,但仍需恪守法治底线,坚守法治思维,不可将德治与法治的界限相混淆。要警惕司法过度政治化的倾向,在坚持法治的基础上,利用核心价值观来增强案件的说理论证,利用指导性案例来弘扬核心价值观,引领良好的社会风尚。

社会主义核心价值观融入法治建设的理据
——兼论新时代法学教育的使命

于 洋*

摘 要：社会主义核心价值观融入法治建设，标志着社会主义核心价值观由价值倡导步入社会治理实践。社会主义核心价值观融入法治建设对实现国家治理转向、消除法律工具主义思维倾向及拯救社会道德离散性具有重要意义。培育社会主义核心价值观是中国特色社会主义的铸魂工程，将社会主义核心价值观融入法学教育才能实现立德树人、德法兼修的时代使命。社会主义核心价值观融入法治建设的路径，除了写进立法文本、融入司法实践与培养守法意识外，更需在法学教育中将社会主义核心价值观的理念根植于准法律人的法治思维当中，为未来的法律职业打下良好的职业道德基础。

关键词：社会主义核心价值观 法治建设 案例教学法 立德树人 课程思政

不同的国家、不同的时代，都有与之相适应的核心价值观存在。社会主义核心价值观的提炼与总结历经了酝酿、提出与深化等不同阶段。[①] 2013 年，中共中央通过的《关于培育和践行社会主义核心价值观的意见》明确提出了社会主义核心价值观基本内容，标志着我国社会主义核心价值观建设进入拓展阶段。习近平总书记指出："培育和弘扬核心价值观，有效整合社会意识，是社会系统得以正常运转、社会秩序得以有效维护的重要途径，也是国家治理体系和治理能力的重

---

* 于洋，女，上海财经大学法学院讲师，法学博士，硕士研究生导师。本文系上海财经大学研究生课程思政项目"行政法与行政诉讼法学"(2020120044)的阶段性成果。

① 参见李文阁：《论社会主义核心价值观的形成、内涵与意义》，载《北京师范大学学报（社会科学版）》2015 年第 3 期。

要方面。历史和现实都表明,构建具有强大感召力的核心价值观,关系社会和谐稳定,关系国家长治久安。"①国家也从顶层设计层面上提出了一系列关于培育与践行社会主义核心价值观的纲领性文件。2016年12月,中共中央通过了《关于进一步把社会主义核心价值观融入法治建设的指导意见》(以下简称《意见》),对社会主义核心价值观融入法治建设提出了总体要求、价值目标及融入路径等,标志着社会主义核心价值观由价值倡导步入社会治理实践,对塑造中国特色的法治体系具有重要意义。2017年,党的十九大报告亦指出:"社会主义核心价值观是当代中国精神的集中体现,凝结着全体人民共同的价值追求。要以培养担当民族复兴大任的时代新人为着眼点,强化教育引导、实践养成、制度保障,发挥社会主义核心价值观对国民教育、精神文明创建、精神文化产品创作生产传播的引领作用,把社会主义核心价值观融入社会发展各方面,转化为人们的情感认同和行为习惯。"通过理论研究发现,学界当下将目光聚焦在社会主义核心价值观融入立法、司法与守法等阶段,忽视了作为"法律人"培养的大学法学教育。习近平总书记在视察中国政法大学时指出:"法学教育要坚持立德树人,不仅要提高学生的法学知识水平,而且要培养学生的思想道德素养。"由此可见,社会主义核心价值观融入法治建设的路径,除了要写进立法文本、融入司法实践与培养公民的守法意识外,更需要在大学的法学教育中将社会主义核心价值观的理念融入到学生的法治思维当中,使社会主义核心价值观成为思考问题、解决问题的有效方式。本文首先论述社会主义核心价值观融入法治建设的理据,其次回应当下法学教育对于培养社会主义核心价值观应当遵守的原则,最后阐释法学教育将社会主义核心价值观融入学生的法治思维当中的具体路径。

一、社会主义核心价值观融入法治建设的时代意义

《意见》指出,社会治理要承担起倡导社会主义核心价值观的责任,注重在日常管理中体现鲜明的价值导向,使符合社会主义核心价值观的行为得到提倡和鼓励,违背社会主义核心价值观的行为受到制约和惩处。② 这意味着将社会主义核心价值观作为国家治理的价值引领。

---

① 习近平:《习近平谈治国理政》,外交出版社2014年版,第163页。
② 《中办国办〈关于进一步把社会主义核心价值观融入法治建设的指导意见〉》,载《人民日报》2016年12月26日,第001版。

（一）实现国家管理向国家治理的转向

习近平总书记指出："法治是治国理政的基本方式,要更加注重法治在国家治理和社会管理中的重要作用,全面推进依法治国,加快建设社会主义法治国家。"[1]法治中国建设亟待转变治理理念。"传统国家管理倾向于把效力视为政府行政管理的最终目标,从而常常使自己陷入单纯工具理性的泥淖。由于过分强调对效力和工具理性的追求,公共行政无力反省自身的根本价值,将其变为执行与管理的工具,以致它不但无力担负起捍卫民主政治价值的责任,也无法实现提升公民道德水准的使命。"[2]建立在传统的官僚制度之上的社会,主要采用管理与压制等手段,在追求秩序的过程中逐渐淹没公正、民主、自由、法治等诸多价值,管理的合法性不断遭受诘难,亟需转变传统治理理念。

早在党的十八届四中全会会召开之前,十八届三中全会提出的"法治中国"进路已在社会各界引发广泛探讨,"建设法治中国,必须坚持依法治国、依法执政、依法行政共同推进,坚持法治国家、法治政府、法治社会一体建设",为全面推进法治建设铺设理论基石。党的十八届四中全会审议通过的《中共中央关于全面推进依法治国若干重大问题的决定》从战略意义上为法治实施提供了制度化支撑。从宏观层面上来讲,只有持续倡导"法治中国",才能在社会中营造法治氛围,继而形成法治理念;而微观层面上采用"法治思维与法治方式",才能形成坚守规则、奉行法治的传统。全面推进依法治国成为当下实现国家稳定与发展的一条重要出路。在这种语境下,"法治"被赋予了特殊的历史使命,它已不再是简单的一种理论构想,而是国家治理体系中最重要的治理方式。如果说十一届三中全会开启了以经济建设为中心的发展之路,那么党的十八届四中全会则走向了一条依靠法治来稳定秩序的国家治理之路。

全面推进依法治国,首先需要立法层面提供的"良善"之法。良善之法或称良法不仅需要强制性的法律规则,还需要价值层面的理念支撑。把社会主义核心价值观融入法治建设,就是要用社会所倡导的主流价值观为法律价值进行扩容,用于指导法律制定、执行等过程。社会主义核心价值观吸收了人们所向往的普遍性价值,因而需要将这些价值融入到法律概念、规则及原则等法律的基本要

---

[1] 习近平:《习近平谈治国理政》,外交出版社2014年版,第138页。
[2] 张方华:《共同善的镜像叙事——公共利益的西方政治哲学考量》,南京师范大学出版社2016年版,总序第5页。

素之中。"党的十八大从国家、社会和公民三个层面对社会主义核心价值观的高度凝练和概括,从理论层面彰显了国家、社会、公民的基本价值目标及其内在逻辑,从现实层面反映了中国国家建设、社会治理与公民培育的基本价值取向及其时代诉求。"①社会主义核心价值观作为我们共同追求的价值目标与愿景,必然要制度化为我们共同遵守的行为规则才具有现实意义。

然而,作为制度化的法律概念、规则与原则并不会自动执行,它需要与之相配套的执行主体与程序。因此,在形成了良善之法后,紧接着的任务便是将蕴含社会主义核心价值观的法律规范外化于行,以约束与引导人们的行为。比如,司法作为社会治理中的一种形式,在当下国家治理中具有不可替代的作用。一方面,司法过程将制度化的法律概念、规则及原则用于社会实践,引导社会行为的法治化,同时它能有效地纠正执法过程中对公民权利侵害的行为,限制公权力张扬,保障公民权利落实;另一方面,司法过程通过法律适用,能够纠正不正义法律之规定,挖掘被立法淹没的社会价值,起到对立法的修正作用。由此可见,国家治理转向的本质在于借助法治思维和法治方式化解社会矛盾,缓解权利与权利、权力与权利、权力与权力之间的紧张关系,使公权力的行使于法有据、权利得到法制化保障。而内含于法治之中的社会主义核心价值观,能够通过立法的方式予以固化,以及通过司法的方式得以释放,从而用于引导建构自由、平等、公正的法治秩序。

(二)借助社会主义核心价值观消除法律工具主义倾向

法治作为社会主义核心价值观之一,既是国家治理的价值目标,也是国家治理的重要手段。但是,作为国家治理手段的法治通常带有工具主义的色彩。法治强调规则之治,强调法律规定在国家治理中的重要意义。然而,严格僵化地理解与实施法律规定,不讲法律原则、法律精神、法律价值,往往会使法律成为一种纯粹的治理工具。"我们强调社会主义核心价值观是国家治理的灵魂,强调要进一步把社会主义核心价值观融入法治建设,就是要防止国家治理偏离价值理性,防止价值理性异化为一种纯粹的工具理性,防止国家治理异化成为赤裸裸的权力主导的'治理'。"②

---

① 苗瑞丹:《社会主义核心价值观融入问题探析》,载《科学社会主义》2016年第4期。
② 左高山、徐亦嘉:《国家治理中的核心价值观与法治建设》,载《当代世界与社会主义》2017年第4期。

法治的实现依赖于法律的实施,而法律实施需要建立在规则主义的基础之上。比如,司法权作为一种判断权,它的被动性特征决定了它不可能像行政手段那样主动进行社会治理,但是司法作为保证公平正义的最后一道防线,又决定了它在社会治理中的兜底性作用。法律的工具主义对权力运行的法制化、政治权威的合法化及政治生活的制度化和规范化具有重要意义,但是过度张扬法律工具主义,严格执行法律规定,可能忽视法律本身的不公正性与不正义性。法律本身存在合法性危机的问题。在法律工具主义看来,严格执行法律规定,塑造法律所倡导的秩序,符合了形式法治的要求,是对法律本身合法性的一种确认。但是,严格遵守形式法治理念,不仅会失去自身合理性,更会淹没平等、公正等法治价值。正如拉德布鲁赫所言,极端不正义法不是法。倡导社会主义核心价值观融入法治建设,就是为了解决僵化执法、司法等问题,应对"依法掩盖下的错误"。社会主义核心价值观从国家、社会与个人层面上提出了不同价值追求,它是法治赖以生存的价值根基,是法治本身运行的价值导向。当下的执法与司法过程失去对社会主义核心价值观的关注与适用,容易引发司法与执法过程中的道德危机,危及社会的信念体系。

　　社会主义核心价值观融入法治建设之中,不仅能够解决法律的工具主义倾向,也能化解法治信任危机。比如,社会主义核心价值观通过立法方式融入法律规定之中,借助蕴含社会主义核心价值观的法律规范来引导社会实践。在法律适用过程中,可以将社会主义核心价值观所倡导的价值类推适用到漏洞填补及价值补充当中,将社会主义核心价值转为法律原则加以适用。而在执法与司法的社会效果判断上,可以将社会主义核心价值观作为法律适用社会效果的判断标准,衡量是否符合社会期待性与可接受性。

(三) 借助社会主义核心价值观拯救道德离散性

　　"一个文明秩序中的权威系统包括权威象征、权威理性、权威文件、权威解释者、权威人物和权威机构。如果说道德文明秩序中的权威系统具有单一、专制但有效的特点,那么法律文明秩序中的权威系统则恰恰相反。"[①]道德话语系统依赖于信仰的认同,根植于一个民族、地域所形成的环境,在一个相对封闭、自给自足的社会中,道德话语系统以其强大的社会适应及调节能力引导与规范着系统

---

① 於兴中:《法治东西》,法律出版 2014 年版,第 61 页。

内部成员的行动范式。但是,伴随着系统环境的变化,尤其是现代性的波诡云谲,建构于道德之上的行为规范面临解体及分崩离析的现实问题。中国治理方式转变的主要原因之一,就是建构在传统道德治理之上的国家治理形式,在遭遇现代性——尤其是市场经济——的冲击时,面临法治治理尚未成熟、道德治理离散的困境。"随着改革进入'深水区',已面临着思想观念的价值撕裂,体制内与体制外的错位运行,社会冲突的随机性迸发,拜金功利心态下'丛林秩序'等困境和危机问题。"①这需要借助法治文明秩序来解决当下的道德离散、价值认同涣散等问题。

建构在法治之上的文明秩序,要求社会成员的行为方式必须符合法治要求,法治思维和法治方式担当着化解社会矛盾与拯救道德离散的重任。"法律文明秩序中的权威机构是多元的,主要体现在行政、立法、司法三权分立上。虽然从形式上看,这三权是并列的,但有关一个社会的重大事情的最终裁决权是在司法机构即法院系统。这一点是托克维尔早就提出了的。"②正如托克维尔所说:"在美国,几乎所有的政治问题迟早都要变为司法问题。"③现如今我们面临着诸多道德困境,特别是"彭宇案"发生之后对法治信仰的冲击。为此,社会主义核心价值观的许多内容都与道德相关。"在习惯的分类中,社会主义核心价值观的内容有的可以称为道德,有的称为价值,有的则是目的或目标;爱国、敬业、诚信属于道德范畴;富强、文明、和谐则可以称为目标或目的;民主、自由、平等、公正在习惯上被称为法治的价值或法律的价值。"④社会主义核心价值观的提出对于解决执法、司法过程中的僵化,以及塑造主流价值意识形态,具有重要的意义。

需要明确的是,社会主义核心价值观属于意识形态范畴,如果没有制度化的保障及规范化的执行与适用,那么其仍然属于意识形态倡导,缺乏规范适用的制度性特征。"价值观念与意识形态之间有本质的一致性。……主观上的价值观念如果能客观反映价值关系,那么它就是一套合理的、有效的、好的价值观念。"⑤作为主流价值观念的核心价值观融入法治建设,既能有效地引导司法裁判的价值导向,又能通过制度化、程序化、规范化的运行予以固化,可以说两者是

---

① 马长山:《"法治中国"建设的问题及出路》,载《法制与社会发展》2014年第3期。
② 於兴中:《法治东西》,法律出版2014年版,第61页。
③ [法]托克维尔:《论美国的民主》(上卷),董果良译,商务印书馆1997年版,第310页。
④ 陈金钊:《"社会主义核心价值观融入法治建设"的方法论诠释》,载《当代世界与社会主义》2017年第4期。
⑤ 李德顺:《关于价值与核心价值》,载《学术研究》2007年第12期。

相互拯救的。《意见》指出,深入开展道德领域突出问题专项教育和治理,依法惩处公德失范、诚信缺失的违法行为,大力整治突破道德底线、丧失道德良知的现象,弘扬真善美、贬斥假恶丑。① 道德需要救治,法律的道德性同样需要救治,而这需要借助权威的法治系统自身予以完成。目前,司法实践已有大量用社会主义核心价值观指导审判的先例。例如,北京市东城区人民法院在审理一起家庭房产纠纷案中,法官在裁判文书说明部分引用《孝经》进行强化说理论证,在尊重既有法律规则的前提下,倡导"孝义",引发社会的道德认同,取得了良好的社会效果。② 一方面,社会主义核心价值观作为国家"软文化实力的灵魂、文化软实力建设的重点"③,需要司法权威系统对其内涵进行解读、界定,进而通过司法裁判加以提倡,以引导社会风气,塑造社会秩序。另一方面,社会主义核心价值观对诚信、友善、爱国等道德性的倡导,反向推动司法裁判的正当性,让司法重寻"合理性"命题,在依法裁判的基础上寻找被忽视及淹没的社会价值。而为了更好地发挥社会主义核心价值观的引领功能,最高人民法院已经颁布一批指导性案例,为司法系统提供审判参考,以实现和谐、自由、民主、公正、法治等价值目标。

二、社会主义核心价值观融入法学教育的现实基础

"法律必须被信仰,否则形同虚设。"而如何培育法治信仰与倡导法治秩序,是当下法治中国建设不可回避的现实难题。《意见》指出:"要从巩固全体人民团结奋斗的共同思想道德基础的战略高度,充分认识把社会主义核心价值观融入法治建设的重要性紧迫性,切实发挥法治的规范和保障作用,推动社会主义核心价值观内化于心、外化于行。"④社会主义核心价值观作为价值倡导,通常只有内化为人们的理念,才能起到引导人们行为的功能。但是,作为理念的社会主义核心价值观建立在人们认同之上,这种认同因缺乏规范、程序等因素而具有不稳定性与持续性。只有将社会主义核心价值观转化为法治的"元理念""元知识",转

---

① 《中办国办〈关于进一步把社会主义核心价值观融入法治建设的指导意见〉》,载《人民日报》2016 年 12 月 26 日,第 001 版。
② 参见孙光宁:《判决理由的融贯性——从〈孝经〉判案说起》,载《浙江社会科学》2012 年第 7 期。
③ 习近平:《习近平谈治国理政》,外交出版社 2014 年版,第 163 页。
④ 《中办国办〈关于进一步把社会主义核心价值观融入法治建设的指导意见〉》,载《人民日报》2016 年 12 月 26 日,第 001 版。

化为法律思想、法治思维等,才具有运用的稳定性、规范性与自觉性,才能内化为人们的认同。其中,作为法律人培养摇篮的法治教育,显然居于根本性的地位。事实上,早在2014年,十八届四中全会通过的《中共中央关于全面推进依法治国若干重大问题的决定》便要求,我国法治人才培养以立德树人、德育为先作为导向,培养熟悉和坚持中国特色社会主义法治体系的法治人才。我国大学的法学教育承担着立德树人与传授专业知识之双重任务,而社会主义核心价值观则发挥着桥梁作用。只有在学生的法治思维和法治方式的培养中融入社会主义核心价值观,才能期待步入社会的法律人能够自觉地践行与运用社会主义核心价值。在新时代背景下,社会主义核心价值观融入法治建设的经验,为其进入法学课堂提供了现实基础。

(一) 社会主义核心价值观融入立法提供了规范文本

每个国家、每个地区都有与其社会形态相适应的价值观体系。比如,我们古代社会强调"仁义礼智信、温良恭俭让",发展出了德主刑辅的价值理念;法国"公选公决"的法治模式发展出了"法律至上""自由""平等"及"博爱"的价值理念;美国"宪政分权"的法治模式发展出了"自由""民主"与"人权"的价值理念。"人类制定的法律是我们行动的指导,所以应该是戒律,而不是劝说。"①但建立在道德基础上的劝说形式缺乏适用的强制性及违背道德要求时的惩戒性,从而难以建立起较为稳定的社会秩序。社会主义核心价值观只有融入立法,以规范文本的形式予以体现,才能发挥规范的指引作用。同样,社会主义核心价值观只有融入立法文本,法学教育才具有学习的基础性样本,才能真正地以学习法律文本为起点,将社会主义核心价值观注入法治思维当中。

2018年5月,中共中央印发的《社会主义核心价值观融入法治建设立法修法规划》强调,力争用5年到10年时间,推动社会主义核心价值观全面融入中国特色社会主义法律体系,筑牢全国各族人民团结奋斗的共同思想道德基础。事实上,作为社会主义一脉相承的价值体系,尽管以"三个倡导"为基本内容的社会主义核心价值观是在党的十八大报告中明确提出的,但是诸如爱国、自由、平等、公平、诚信、法治等核心价值一直为法治实践所践行。《中华人民共和国宪法》的序言对国家建设提出了明确的目标:"中国各族人民将继续在中国共产党领导

---

① [法]孟德斯鸠:《论法的精神》(下册),张雁深译,商务印刷馆1963年版,第143页。

下,……推动物质文明、政治文明和精神文明协调发展,把我国建设成为富强、民主、文明的社会主义国家。"《中华人民共和国宪法修正案(2018年)》第二十四条第二款明确指出,国家倡导社会主义核心价值观,提倡爱祖国、爱人民、爱劳动、爱科学、爱社会主义的公德,在人民中进行爱国主义、集体主义和国际主义、共产主义的教育,进行辩证唯物主义和历史唯物主义的教育,反对资本主义的、封建主义的和其他的腐朽思想。"爱国""富强""民主""文明"等核心价值观早已写入宪法。

而就部门法而言,民法体系中,2020年1月1日实施的我国第一部法典,即《中华人民共和国民法典》第一条立法目的条款明确指出:"为了保护民事主体的合法权益,调整民事关系,维护社会和经济秩序,适应中国特色社会主义发展要求,弘扬社会主义核心价值观,根据宪法,制定本法。"第一章基本规定的第四、五、六、七、八、九、十条等条款以法律原则的规定形式,对相关核心价值进行了立法体现,为法学学习提供了规范文本。事实上,在民法典颁布之前,《中华人民共和国合同法》第一章一般规定中也有对"平等""自由""诚信"等核心价值的体现;第三条平等原则规定,合同当事人的法律地位平等,一方不得将自己的意志强加给另一方;第四条自由原则规定,当事人依法享有自愿订立合同的权利,任何单位和个人都不得非法干预;第六条诚实信用原则规定,当事人行使权利、履行义务应当遵循诚实信用原则。其中,"诚实信用原则"已经发展为民法中的"帝王条款"。刑法体系中,"2015年8月颁布的《刑法修正案(九)》针对当前社会诚信缺失、欺诈行为多发的实际情况,将组织作弊以及代替他人或者让他人代替自己参加考试等破坏考试秩序的行为规定为犯罪;将以捏造事实提起民事诉讼、试图谋取个人非法利益的虚假诉讼的行为规定为犯罪;将在互联网或者其他媒体上传播谣言等严重干扰和破坏社会秩序的行为规定为犯罪。"[1]这些法律规范的增设与修订,彰显了法治对诚信行为的引领和推动作用。《中华人民共和国刑法》第二百四十八条对考试作弊相关规定的适用范围不限于各种"入学考试",诸如"驾驶证考试"等国家资格考试也涵摄于其中,足见法治对诚信的要求。

由此可见,社会主义核心价值观融入立法,为法学教育提供了规范性文本,借助相关法律条款能够全面认识我国法治建设中的"德法融贯",为社会主义核

---

[1] 褚丽、彭凤莲:《践行社会主义核心价值观的法治路径》,载《南通大学学报(社会科学版)》2017年第1期。

心价值观融入法治思维奠定基础。

(二) 社会主义核心价值观的司法实践提供了分析样本

法律的生命在于实施。即便社会主义核心价值观融入立法文本,如果没有法律的实施,没有将蕴含社会主义核心价值观的法律规范用于裁断纠纷,它也只能具有价值宣示性,从而成为"稻草人"条款。因此,只有将蕴含社会主义核心价值观的法律规范应用到司法实践中,社会主义核心价值观才会具有普遍的生命力与解释力。同时,只有那些真正践行与运用社会主义核心价值观的司法案例,才能成为法学教育的有效样本,使社会主义核心价值观具有塑造法治思维的意义。

一般而言,在中国特色社会主义法律体系形成之后,大范围的立法意味着社会变革。与立法可能带来较大社会变革与影响社会稳定的情况相比,司法通过个案裁判来引领社会秩序的方式在法治建设当中,尤其是在社会主义核心价值观融入法治之中,更具有实践意义。"司法活动提供的产品是'道义力量',也就是通过恢复正义、伸张正义,给人民提供道义上的精神支持,给社会创造道义上的精神环境。法院通过审判活动和惩罚结果,使受损害的正义得以恢复和矫正,使被扭曲的正义得以伸张。这种活动就其本质而言,不是管理性的物质力量,而是判断性的精神力量,是一种道义力量。简单地说,司法是一种精神活动,只为社会生产道义这种强大的精神力量。"[①]社会主义核心价值观所倡导的道德话语系统,本质上也是一种基于道义力量所产生的约束力,只是社会主义核心价值观要想发挥制度性价值,自身话语系统需要转变。转变后的话语系统需为法治所包容,并运用法治思维和法治方式来发挥作用。

法治的根基是通过个案的公正审判堆砌而成的,法治秩序是通过一个个案件的公正裁判规则引领而成的。法律适用带有价值导向性,而运用社会主义核心价值观的司法案件显然具有价值引领性,为掌握与运用社会主义核心价值观提供了分析样本。比如,有些法律原则本身就是社会主义核心价值观的体现,诸如平等、公正、诚信等原则在司法适用中一直扮演着重要的角色。像爱国、和谐、敬业、友善等原则作为社会公德或者社会公序良俗,在民法、刑法等不同法律部门的法律适用中都有所体现。社会主义核心价值观对平等、公正、民主、法治等

[①] 孙笑侠:《司法的性质》,法律出版社2016年版,第5页。

价值的倡导超乎过往,这是对我国美好价值理念的再提倡,也是对机械司法、不公正司法、不正义裁判结果的甄别与钳制。

为了更好地发挥社会主义核心价值观的引领作用,最高人民法院于2016年3月公布了10起关于弘扬和践行社会主义核心价值观的典型案例,分别从家庭美德、公序良俗、社会公德、友善互助、诚实守信、诚信经营、诚信诉讼、诚实守法、诚实守规、环境公益等弘扬价值的角度列举了典型案件。① 2020年12月,最高人民法院发布了第25批共4件指导性案例,均为弘扬社会主义核心价值观案例,供各级人民法院审判类似案件时参照。这些案例不仅从弘扬价值角度指明了裁判的价值导向、价值目标与价值准则,并结合具体法律规范依法进行裁决,实现了合法与合理裁判的交相辉映,而且也为案例教学提供了生动的法律素材,为全面地剖析社会主义核心价值观融入司法的路径提供了样本。通过引导学生分析指导性案例中的裁判要点、法条指引、基本案情、裁判结果、裁判理由等,能够提升学生法律适用的能力,积累法律实践的技巧与经验,为走向社会奠定坚实基础。

三、社会主义核心价值观融入法学教育遵循的基本原则

习近平总书记指出:"法治凭借其自身力量可以较好地平衡各种社会利益,规范约束社会成员的个人行为,调节方方面面的社会关系,凝聚社会共识和民族力量,使我国经济、政治、文化、社会生态等方面有序发展。"②因此,即便社会主义核心价值观具有社会价值引领功能,也不能违背法治的基本理念与常识。作为培养法律人的主要场所,大学法学教育在弘扬社会主义核心价值观与塑造法治思维的过程中,应当坚持法治的基本原理,以法治建设统领社会主义核心价值观。换言之,法治是社会主义核心价值引领功能的根基。"众所周知,中国共产党和中央政府在改革开放和现代化建设中扮演了核心角色,自上而下的权力主导体制,使得各种改革措施易推行,比较少地受到传统价值观念、社会多元力量、

---

① 《最高人民法院公布10起弘扬社会主义核心价值观典型案例》,载《人民法院报》2016年3月10日,第3版。
② 习近平:《关于〈中共中央关于全面推进依法治国若干重大问题的决定〉的说明》,载《人民日报》2014年10月29日。

现实复杂利益的牵绊钳制,能够快速实现改革目标,即时获取改革成果。"①在社会主义核心价值观融入法治建设的进程中,作为法治人才培养的重要场所,需要坚守法治原则、遵守司法规律,明确法治与社会主义核心价值观之间的关系。

(一)坚持法律规范对其他社会规范的统合

在社会学法理学看来,无论我们将文明视为事实还是观念,它都是各门社会科学的出发点。文明是人类对外在的或物质的自然界和对人类目前能加以控制的内在的或人类本性的最大限度地控制。②如果人们自己内心的本性没有得到控制,那么就难以征服外在的自然界。人们只有对内在的本性进行控制及加以支配,才能继承这个世界,并保有和增加他们所继承的东西。庞德指出:"这种支配力是直接通过社会控制来保持的,是通过人们对每个人所施加的压力来保持的。"③社会控制的主要手段是道德、宗教与法律。在开始有法律时,这几种手段并没有什么区别,甚至文明先进的古希腊时期,这一概念都没有区分。这些方式被视为一个整体,法律包含了社会控制的所有手段。当伦理发展到一定程度,产生了道德体系,就出现了一种法律发展的阶段。在这一阶段中,人们试图将法律与道德等同起来,使一切道德戒律本身上升为法令。在文明史的很长一段时间内,宗教也负担了大部分的社会控制。今天法律中的一些理想成分,仍然与宗教有着密切联系,哲学不能给我们所需要的价值尺度,我们必须依赖于宗教。④而现如今,法律已成为主要的社会控制方式。"此刻人们最坚持的就是法律这一方面,即法律对强力的依赖。但我们最好记住,如果法律作为社会控制的一种方式,具有强力的全部力量,那么它也具有强力的一切弱点。"⑤法律是刚性的,社会主义核心价值观是柔性的,社会主义核心价值观反向丰富法律内涵;没有丰富的价值文化内涵,法治的强力与僵化将更加凸显。

尽管社会治理规范体系多种多样,法律规范、道德规范、伦理规范、宗教规范、社会惯习、政策规范等多元规范体系都不同程度地影响人们行为,但是在全面推进依法治国及法治中国建设背景下,法治已成为社会治理的共时性方式。

---

① 冯玉军:《法治中国:中西比较与道路模式》,北京师范大学出版社2017年版,第259页。
② 参见[美]罗斯科·庞德:《通过法律的社会控制》,沈宗灵译,商务印书馆2008年版,第5页。
③ [美]罗斯科·庞德:《通过法律的社会控制》,沈宗灵译,商务印书馆2008年版,第9页。
④ 参见[美]罗斯科·庞德:《通过法律的社会控制》,沈宗灵译,商务印书馆2008年版,第9页。
⑤ [美]罗斯科·庞德:《通过法律的社会控制》,沈宗灵译,商务印书馆2008年版,第10页。

法律的稳定性、一般性、可预测性、不溯及既往、公正性、程序性、系统性、规范性等价值相较于其他规范来讲，是国家治理理性的体现，是价值理性与工具理性的集合体，因此必须强化法律规范对其他规范的统合意义。用法律规范统合其他社会规范，不是淹没其他社会规范的作用，而是在法律规范发挥功能的前提下，适当引入其他社会规范，以弥补法律规范治理的缺陷与弊端。在全面推进依法治国的背景下，社会主义核心价值观融入法治建设，其目的在于让核心价值观在多元规范体系中引导司法适用价值导向，注重司法价值与目标追求，塑造法治秩序。换个角度讲，法治是社会主义核心价值观的一种形式，培育和践行社会主义核心价值观，必须要有一条坚不可摧的主导路线——法治路径。

因此，即便在高校课程思政建设大背景下，我们仍然要坚持法治建设的基本方针与路线，倡导社会主义核心价值观融入思政课程、融入法学教育。同时，我们也应该以规范法学为基础，以法教义学为基本方法，在保证法律体系稳定性的前提下，采用恰当的方式融入社会主义核心价值观。特别是在法学教育中，应当避免"强入""硬入""直入""嵌入"等方式，避免法律体系与社会主义核心价值观两张皮的现象，注重强调规则治理、恪守法律至上，重视法律规范在法律适用中的作用，强调法律规范是法律适用的正式法源，而社会主义核心价值观的各种价值内容可以作为非正式法源，为司法提供原则、理念、法哲学的支撑。

（二）社会主义核心价值观向法治话语系统转变

社会主义核心价值观融入法治建设，并不是要改变法治发展的既有轨迹，而是要在法治发展或建构过程中，将社会共识性价值融入法治发展之中，以此形成一个既讲法律规范又讲传统价值与美德的社会治理图景。"社会主义核心价值观是新时期中国共产党人为了凝聚时代道德共识提出的一系列道德原则，不仅体现了人类追求的共同的价值，而且体现了中华民族在自身的生存和发展过程中形成的道德规范和道德意识。依法治国是治国理政的基本方略，社会主义核心价值观理应融入到当代中国的法治建设中去。"[①] 法治是治国理政的基本方式，这决定了法治话语系统在当下社会治理中的决定性意义。社会主义核心价值观要想发挥作用，必然要向法治话语系统转变。

---

① 黄涛：《从社会主义核心价值观看当代中国法治理论的应有品格》，载《当代世界与社会主义》2017年第4期。

转变社会主义核心价值观话语系统，就是要在法学教育、法律适用等法律实践过程中，将社会主义核心价值观蕴含的具体内容以法律规则、法律原则的形式加以显现，以法律规范的形式体现社会主义核心价值观。法治是靠规则治理，这里的规则包括了法律规则和法律原则。社会主义核心价值观所倡导的各种价值的内涵必须进行丰富与实质性融入，不能仅停留在概念层面上进行言说，需要将核心价值观转换成法律思想、法律原理及法律原则，使核心价值观的内容实在化和具体化。因为社会主义核心价值观在本质上属于道德话语系统，它是建构在人们认同、规劝基础上的道德性共识，"道德规劝的柔弱性不足以抵抗人们利益驱使下的非道德欲望的冲动。"① 基于缺乏普遍性、稳定性、强制性等原因，需要将社会主义核心价值观进行话语系统转化。

十八届三中、四中全会强调，要用法治思维和法治方式化解社会矛盾，法治思维和法治方式是运用法律规范思考的行为方式。社会主义核心价值观所承载的和谐、公正、民主、友善、敬业等基本内容，以及建构的道德话语系统，可以弥补法律规范责任缺失、诚信意识匮乏等现象，却无法作为法治思维的思维依据，为司法实践提供理性、商谈、规制、惩戒等实践性和系统性行为方式。"将法治思维作为一个思想动因，把其蕴含的规范性、制度性和程序性等观念与核心价值观中的公正相连接，从而构成改革观所需要的一条完整意义链，即用法治思维使核心价值观中的公正得到应有的重视。"② 将社会主义核心价值观进行话语系统转变，就是在社会主义核心价值观中注入规范性因素，使其成为法治思维方式，形成法律规范与社会主义核心价值观相互交融的形态。

新时代背景下，借助法学教育融入社会主义核心价值观，秉持了本土化、中国化问题导向。作为与传统中国文化一脉相承的现代中国，在意识到道德滑坡涣散的问题，特别是看到机械执法、僵化司法所带来的法律合法化危机后，果断提出以课程思政的方式弘扬社会主义核心价值观，在法治人才培养中注入价值要素。高等教育法治人才培养，要求坚持立德树人、德法兼修，主动适应法治国家、法治政府、法治社会建设新任务与新要求。"必须放眼世界处于百年未有之大变局，着眼社会主义法治国家对法治人才的现实需要，站在经济全球化的大趋势下，对接国家和地方发展战略要求，把握新时代法治人才培养，凸显办学特色，

---

① 褚丽、彭凤莲：《践行社会主义核心价值观的法治路径》，载《南通大学学报（社会科学版）》2017年第1期。
② 亓利等：《培育和践行社会主义核心价值观需要法治思维》，载《科学社会主义》2015年第6期。

积极推进教育教学改革,探索一流法治人才培养路径。"①社会主义核心价值观融入法治教育,目的就是通过道德话语系统的再提倡,重塑法科学生对和谐、友善、文明、公正等社会秩序的追求,摆脱机械的规则解释之倾向,于法治思维之深处耕种社会公正与和谐认识。

(三) 社会主义核心价值观进入法学教育应当建立在认同之上

中国语境中的法治和社会主义核心价值观的思维路径既有差异性,又有关联性。就差异性来讲,法治思维以逻辑性思维为基础,以演绎推理、类比推理等为主要推理形式,它是形式性思维方式。社会主义核心价值观在思维上注重三个倡导内容,讲究在行为方式上关注和谐、民主、自由、公正等价值,它是实质性思维形式。就关联性来讲,"中国法律思维中一个特别顽强持续的特征是,在实质真实和法律(程序下所建构的)真实之间,具体经验和抽象理论之间,侧重实质真实和具体经验。"②中国的法律思维形式既有形式理性维度,又包含了对实质性价值理性的追求。

但是,法治思维或者司法实践从不是以实质性思维作为开端的。法治是在强调法律规范普遍适用性前提下之法的一般性价值,意在通过法律规范对社会现象的调整与规制,实现行为的可预测性。法治所塑造的法的一般性价值,是建立在形式合法性基础之上的。"形式主义理性主张的是普适性(如人权、演绎逻辑、法学乃一门科学),而实体主义道德倾向主张的则是特殊性。在韦伯那里,道德被视为局限于一定时空情境中的德性;它不可能超越时空而凭借逻辑被证明为普适原则。"③社会主义核心价值观所倡导的道德理性,是建立在个案基础之上的实质性价值判断,沿袭个案到个案的思维路径,而法治思维则是遵循了一般到个案的思维形式。社会主义核心价值观融入法治建设,绝不能突破法治思维路径。在依据法律作出裁判之时,可以用社会主义核心价值观来甄别或判断裁判结论是否具有可接受性。

事实上,法治建立在制度性认同之上,"制度作为调整主体和主体活动的规范,总是内在包含着社会主流价值和道德伦理精神,直接或间接地影响着人的存

---

① 郭为禄:《坚持立德树人培养一流法治人才》,载《中国大学教育》2020年第5期。
② 黄宗智:《道德与法律:中国的过去和现在》,载《开放时代》2015年第1期。
③ 黄宗智:《道德与法律:中国的过去和现在》,载《开放时代》2015年第1期。

在与发展。"①然而,在法学教育中融入课程思政的内容具有天然的难点。"法学课程思政是将思想教育融于法学课堂教学。在实施中,要求德法兼修、与思政教育天然共通、职业导向、追求公平正义等是其鲜明的特点。这些特点既为实施课程思政提供了条件,也导致以下难点:(1)专业教学与思政驾驭目标有别、融合不易;(2)专业课教师思政意识、思政知识欠缺,执行不易;(3)协同育人机制只初步具备,尚不配套。"②习近平总书记指出:"法律是成文的道德,道德是内在的法律。"③一方面,社会主义核心价值观建立在价值认同之上;另一方面,社会主义核心价值观融入法治为践行社会主义核心价值观提供了规范路径,社会主义核心价值观融入法治就是要从道德认同转换为法治认同。哈贝马斯亦认为:"认同归于相互理解、共享知识、彼此信任、两相符合的主体之间的相互依存。认同以对可理解性、真理性、正当性、真诚性这些相应的有效性要求的认可为基础。"④价值认同就是价值主体在社会实践中通过交往、对话和互动,不断适应自身的价值及其适用、接受和遵循社会价值规范的过程。⑤它建立在自觉认同基础之上,以价值要求作为指引和衡量人们行为的标准。建构在自觉认同基础之上的核心价值观不足以解决当下价值迷茫、道德沦丧等诸多问题,并且社会主义核心价值观在遭遇利益之争时,道德规劝难以应对人们欲望的冲动。法治则是以规范方式引领社会秩序,它建构在强制性认同之上,凭借自身的强制惩戒力量,使用硬性方式来迫使人们接受它的价值观念。法治通过刚性规则、强制力量及其裁判规则,直接约束人们的行为取向,"表现为公共诉求和公共意志的外在强制力"⑥。由此可见,法学教育过程中融入社会主义核心价值观,其本质在于由道德认同转换为法治认同,将社会主义核心价值观作为法治思维的关键词。

---

① 刘超良:《制度德育论》,湖北教育出版社2007年版,第7页。
② 朱继胜:《论法学课程思政特点、难点与实施路径》,载《高教论坛》2021年第9期。
③ 习近平:《习近平谈治国理政》,外交出版社2017年版,第133页。
④ [德]尤尔·哈贝马斯:《交往与社会进化》,张博树译,重庆出版社1989年版,第3页。
⑤ 参见冯留建:《社会主义核心价值观培育的路径探析》,载《北京师范大学学报(社会科学版)》2013年第2期。
⑥ 褚丽、彭凤莲:《践行社会主义核心价值观的法治路径》,载《南通大学学报(社会科学版)》2017年第1期。

四、社会主义核心价值观融入法学教育的路径

就法学教育而言,社会主义核心价值观是社会主义法治建设的灵魂。把社会主义核心价值观融入法学教育,既能促进法学理论课的体系化建设,又能促进社会主义核心价值观内化于心,培育信仰土壤,是坚持依法治国和以德治国相结合的必要要求。有学者认为,当前法学教学偏重于知识传授和能力培养,并取得了一定成效,但是与课程思政的要求和期待仍有差距,没有很好地发挥立德树人的作用。① 因此,在新时代背景下,法学教育需要进行适当调整,教学方法也需要进行丰富,从而整体上实现优化。

(一) 前提:界定社会主义核心价值观的法源性质

要想将社会主义核心价值观融入法学教学,其前提乃是社会主义核心价值观与既存实证法体系不违背。因此,在法学教育中,要充分认识社会主义核心价值观的本质内涵,寻找到最佳的融入方式。

相比于以规范法学为知识体系的法学教学,对于法律适用者而言,用于裁判的依据不仅限于制定法供给的法律体系,以公共政策、道德伦理、社会惯习、法理学说、经验法则、合同、契约、先例、公平、平等、正义标准、公序良俗、秩序等为表现特征的法外资源,通常也作为审判参考的依据。② 根据表现形式的不同,前者称为正式法源,后者称为非正式法源。不同表现形式决定了不同的法源性质,亦决定了功能与适用方式的不同。事实上,社会主义核心价值观呈现出不同的表现形式,应当根据其表现形式来界定其法源性质,从而为法学教学提供最佳的切入点。

一是对于已经转化为法律规范的社会主义核心价值观,其性质为正式法源。当前,已经有多部法律将社会主义核心价值观进行了总体融入与个别融入,包含法律规则与法律原则。整体融入,如 2018 年 5 月 1 日实施的《中华人民共和国英雄烈士保护法》第一条立法目的条款及第三条"英雄烈士事迹和精神是中华民族的共同历史记忆和社会主义核心价值观的重要体现"。个别融入,如《中华人

---

① 韩桥生:《社会主义核心价值观融入法学概论课程的教学探究》,载《大学教育》2021 年第 6 期。
② 参见杨铜铜:《论不确定法律概念的体系解释——以"北雁云依案"为素材》,载《法学》2018 年第 6 期。

民共和国民法典》第七条规定:"民事主体从事民事活动,应当遵循诚信原则,秉持诚实,恪守承诺。"该条文中的"诚信原则",实际上是作为个人层面的社会主义核心价值观"诚信"的规范体现。

需要注意的是,尽管有些法律条文并未使用社会主义核心价值观的字样,但是其深层次的立法目的却是在弘扬社会主义核心价值观,因此也是社会主义核心价值观融入法律规范的具体体现。以《中华人民共和国民法典》第一百八十五条"侵害英雄烈士等的姓名、肖像、名誉、荣誉,损害社会公共利益的,应当承担民事责任"为例,根据立法资料显示,增加该条款的理由在于,"英雄和烈士是一个国家和民族的精神体现,是引领社会风尚的标杆,加强对英雄烈士姓名、名誉、荣誉等的法律保护,对于促进社会尊崇英烈、扬善惩恶、弘扬社会主义核心价值观意义重大。"[1]可见,该条款事实上是蕴含社会主义核心价值观的法律规则,亦是社会主义核心价值观融入法律规范的体现。

二是对于没有转化为法律规范,但实际上已经被公共政策、司法政策、指导案例等吸收的社会主义核心价值观,应将其界定为非正式法源。例如中共中央办公厅于2013年印发的《关于培育和践行社会主义核心价值观的意见》、两办于2016年印发的《关于进一步把社会主义核心价值观融入法治建设的指导意见》,以及最高法发布的10起弘扬社会主义核心价值观典型案例及公布的指导案例等都属于此种类型。前者属于公共政策;后者则是对公共政策的转化,属于司法政策。除此之外,亦必须注意尚未转化为法律规范或尚未被公共政策等吸收,作为价值观存在的社会主义核心价值观,其可以作为法律规范的解释资源,即作为解释法律原则、明晰不确定法律概念、揭示立法目的之解释资源。社会主义核心价值观作为我国共识性价值的凝练与概括,深刻反映了社会的总体价值取向和价值要求,因此其仍然具有非正式法源的属性。

对社会主义核心价值观法源性质的界定,使其能够与法律规范体系相融贯。一方面,社会主义核心价值观已经通过入法方式融入法律规范当中,其本身就具有法律规范的性质,成为法律体系的有机组成部分;另一方面,尚未入法的社会主义核心价值作为一种价值要素,具有非正式法源的性质,在解决法律体系的僵化与价值不足等问题时,可以作为辅助性论据为法律体系所吸收,从而解释相关规范性概念或法律原则。由此可见,社会主义核心价值观的法源性质,使得法学

---

[1] 李适时主编:《中华人民共和国民法总则释义》,法律出版社2017年版,第580页。

教学在确保规范法学教学模式的前提下，丰富了法学教学体系，更好地把握了中国特色社会主义法律体系的内涵，理解了中国特色社会治理模式。

（二）过程：通过案例教学法全面融入社会主义核心价值观

王泽鉴教授指出："法律人从事的工作在于将抽象的法律适用于具体个案，涉及法律的解释、漏洞的补充或法律续造等法学方法的问题，而此实为法学教育及官方考试的重点。"[①]因此，作为培养法治思维的有效方式，在法学课堂引入案例教学方法具有独特优势：其一，案例教学有助于学生对法学知识的体系化理解，对提升理解法律概念、解释法律规范、进行法律推理及强化法律论证的能力大有裨益。其二，案例教学有助于增强学生的类案分析能力，维护类案类判的朴素正义感，实现对法治一般性价值的遵守。其三，案例教学有助于锻炼学生提炼裁判规则、总结经验法则、明晰不确定法律概念、具体化一般条款及填补法律漏洞的能力，对确保类案裁判标准统一、法律适用统一及法秩序统一具有积极作用。

马克斯·韦伯曾说，一项事业只有在一群将其奉为天职的人之推动下，才有可能成功。[②]因此，作为培养法律职业共同体的基础性阶段，法学教育不仅要传授理论知识，而且还要担负起培养学生掌握各类法律技能，成为胜任实践法律工作的"法律人"的重任[③]，使其分享共同的法律知识、共同的思维习惯、共同的语言语法、共同的职业伦理、共同的法治理念与共同的法治信仰。相比于传统的课堂讲授模式，案例教学更容易吸引学生的注意力，能够将案件事实总结能力、法学知识运用能力、逻辑分析与结论论证能力训练融为一体，以身临其境的方式激发学生的学习动力，提升案件的处理能力，实现法治思维的培养目标。

从方法论的视角看，案例是对特定问题进行论证的先前尝试，其论证妥当与否，首先体现在法律渊源运用的正确与否之上。无论在理论研究还是司法实践中，有关法律渊源的认识都颇具争议，即何种法律材料能够作为证成裁判合法性的依据。"根据法律进行思考"的法治思维形式，限定了裁判依据只能是"法律"，但是"法律"自身带有争议性。在成文法国家，即便将法律限定为立法机关制定

---

① 王泽鉴：《民法思维：请求权基础理论体系》，北京大学出版社2009年版，第16页。
② ［德］马克思·韦伯：《新教伦理与资本主义精神》，丁晓等译，生活·读书·新知三联书店1987年版，第55页。
③ 王泽鉴：《"个案教学法"的新探索》，载《法学》2013年第4期。

的法律,也难以确保法律体系自身圆满而不出现漏洞,并且基于"法官不得以法无明文规定而拒绝裁判"的原则,一些习惯、判例、事物本质、正义理念等不成文规定也经常作为解决"违反体系的完整性"的方法,以及作为支撑裁判结论的理由。美国法学家格雷曾严格区分了"法律"与"法律渊源",其认为"法律乃是由法院以权威性的方式在其判决中加以规定的规则组成的。而关于法律渊源,他却认为应当从法官们在制定构成法律的规则时所通常诉诸的某些法律资料或非法律资料中去寻找"[1]。由此可见,现代意义上的法源超越了狭义的"法律"范畴,在不同的情境中被适用,因此如何正确地认识法律渊源及规范地运用法律渊源乃是案例教学的重点之一。

由于社会主义核心价值观具有法源性质,因此能够在案例教学中提升学生的法律渊源识别能力,为法律发现的准确性打好基础。法律发现是为了寻找适于个案的裁判规范,而法律渊源则是法律发现的场所。其一,判断裁判规范的来源。一个法律规范无论被表达成何种形式,其终究可以溯源。例如,在成文法国家,立法者的规范表述就是法源,而在习惯法国家,判例就是法源;当成文法国家将习惯写入制定法后,习惯便具有了法源意义。可见,案例教学担负着法治立场的塑造任务,即在克制与能动之间,让学生们熟悉法源的不同形式,并在遵循制定法优先规则的前提下,娴熟地运用习惯、法理、社会主义核心价值观等进行漏洞补充,妥当地认识法律适用的合法性与合理性。其二,观察裁判规范的体系关联。法秩序乃是由协调统一的法规范与规范的价值判断标准组成,即法律体系是由外部体系与内部体系构成。基于外部体系视角,用于裁判的法规范应该是等级有序、协调一致的无冲突规范群;基于内部体系视角,用于裁判的法规范所承载的法律价值也应该是融贯的。[2] 在案例教学实践中,老师们经常会挑选一些典型案例,裁判规范要么具有很强的体系关联,可以用来学习法官的法律解释与逻辑推理方式;要么是相冲突或者价值不融贯的规范群,用来训练学生发现问题的能力,并要求学生解决规范之间的竞合或冲突问题,以最终实现裁判规范的协调统一。其三,娴熟运用法律发现规则。在法律渊源中发现可用于裁判的规范并非随意查找,而是应该遵循特定的规则,这也是案例教学中应该着重培养的思维形式。案例教学不应该定位于裁判过程的描述,而是应该以揭示法官的裁

---

[1] [美]博登海默:《法理学:法律哲学与法律方法》,邓正来译,中国政法大学出版社1998年版,第428页。
[2] 杨铜铜:《不确定法律概念的体系解释——以"北雁云依案"为素材》,载《法学》2018年第6期。

判思维活动为重点,因为只有思维趋于一致,才能选择相同裁判规范并得出相同结论,以实现类案类判、法治统一。因此,依据法治理念与实践经验,在法律渊源中培养学生的法律发现能力,必须教授法律发现的基本规则,如主要法源先于次要法源、规则先于原则、特别法先于一般法、新法先于后法、程序法先于实体法等。这种思维规则训练,秉持了司法主义的中心立场,为学生毕业后从事法律职业提供了思维规训,即法律发现规则既提供了便捷的思维路径,又限定了法律发现的大致场所与范围。

五、结语

培育与践行社会主义核心价值观,是新形势下中国共产党人在总结国家发展与治理经验的背景下,为凝聚社会道德共识与提升国家认同感而给出的历史选择。在法治中国建设背景下,社会主义核心价值观只有融入法治建设,才能发挥法治对践行社会主义核心价值观的制度化保障作用。作为新时代的法学教育,担当着社会主义核心价值观融入法治建设的前提性工作。立德树人是法学教育的根本使命,推进社会主义核心价值观实质性地融入法学课程体系,不仅是法学教育本身的需要,也是推进国家治理体系和治理能力现代化的需要。在新时代背景下,大学法学教育必须立足时代语境,找准法治中国建设问题,优化法学教学体系,切实推进社会主义核心价值观融入法治建设。

法学论坛

哈贝马斯论法律有效性
——基于《在事实与规范之间》的考察

高 宇*

摘 要：哈贝马斯关于法律有效性的理论由三部分构成，即外部功能描述、内部双重维度、底层哲学基础。从外部看，在世俗化与理性化的现代社会，神权建制失灵，生活世界遭遇社会整合的困境，法律则成为沟通社会秩序事实性与有效性的重要媒介；从内部看，现代法律的有效性同时包括强制与自由这双重维度，即事实有效性与规范有效性，唯有通过赋予商谈原则以法律形式的一种权利体系，才能化解这双重维度带来的悖论；从底层看，法律有效性植根于道德与语言之中的有效性，以道德正确性与命题真实性为前提条件。哈贝马斯法律有效性理论的后形而上学范式在三个方面对当今法理学仍有启迪：形而上学批判、弱自然主义以及方法论多元主义。

关键词：哈贝马斯 法律有效性 事实性 交往行动 规范性

像康德与黑格尔一样，法哲学是哈贝马斯理论体系中的重要环节。哈贝马斯的法理论集中在《在事实与规范之间》一书中，法律有效性思想无疑是其基础关切，构成其法理论建筑的地基。哈贝马斯的法律有效性理论整合了社会理论与理论哲学的深广视野，兼具参与者与观察者的视角优势，并具有深度反思性的特点。其法律有效性理论由三部分共同构成，形成了"三位一体"的理论结构：从观察者视角出发，对法律有效性的社会整合的功能描述；从参与者视角出发，对法律有效性的双重维度的理性重构；从后形而上学视角出发，对法律有效性的哲学基础的重新确立。本文力图深入哈贝马斯法律有效性理论的这一复杂结

---

* 高宇（1991— ），男，安徽合肥人，清华大学法学院博士生，研究方向为法理学、法哲学。

构,并讨论哈贝马斯的后形而上学思想范式对于当今法理学的启迪。

一、现代法律因何重要:事实性与有效性之间的社会媒介

作为哈贝马斯法理论代表作的《在事实与规范之间》,德文书名是《事实性与有效性》。"有效性"实际上是哈贝马斯整个哲学体系的核心概念之一,这个概念也标识出哈贝马斯的问题意识与理论追求:在德国理性主义传统的脉络中推进构建理想社会的启蒙事业。哈贝马斯主要讨论了现代以来文化价值领域所分化开来的科学、规范(道德和法)、艺术这三个向度的有效性,三者之间既有联系亦有差别,因而"有效性"这个概念本身不可一概而论,要结合具体向度具体分析。适用于自然世界的科学问题的有效性,指的是命题的真实性;适用于主观世界的艺术或审美的有效性,指的是主观的真诚性;而适用于社会世界(如社会秩序、道德、法律等现象)的有效性概念,指的是可接受性、正当性或正确性(rightness)、合法性,涉及的乃是社会的应然维度。分化开来的这三种有效性概念之间的联系在于,它们都是现代性自我理解的组成部分,统一于现代性的理想事业,都具有某种程度的"客观性"或"主体间性";三者之间的差别在于,它们针对不同类型与性质的领域,彼此不可还原,否则就会犯"科学主义""道德主义""审美主义"的错误。关于适用于社会世界的有效性仍要注意两点:首先,法律与道德虽同属社会规范,但法律的有效性与道德的有效性在原则上仍然有重要差异,这也是后文要讨论的内容;其次,法律的有效性必须区别于实证法系统内部基于法律渊源确认的法律效力层面的有效性,后者在哈贝马斯的理论语境里实际上属于事实层面的有效性,或干脆就是事实性。

哈贝马斯之所以关注法律的有效性问题,是因为法律具备强大的社会整合力,法律的功能就在于社会整合,这在现代社会中尤为明显。现代社会的诸种危机迫使法律承担了极为重要的任务与责任,这个任务归根结底其实就是处理现代性的危机问题,这是哈贝马斯的核心问题意识。他把社会学理解为"彻头彻尾的危机学,它所关注的首要问题是传统社会制度消亡和现代社会制度形成过程中的失范方面"。[①] "在我看来,韦伯从理性行为角度所探讨的是西方理性主义的问题,亦即现代性的意义问题和由于必然原因首先发生在欧洲的资本主义社

---

① [德]哈贝马斯:《交往行为理论》(第一卷),曹卫东译,上海人民出版社2018年版,第20—21页。

会现代化的原因和后果问题"①,这实际上也是哈贝马斯自己的关切。不过,哈贝马斯也批评韦伯忽视了法律在实现社会整合方面的重要作用,韦伯只是片面强调了法律组织政治权力的功能。② 如此,法律这个范畴就在哈贝马斯的社会理论之中获得了一个突出位置,但这究竟是怎么发生的呢?

让我们从一个简单的现象学思考开始。首先,悬置你所有关于社会秩序的前见,然后问问自己,一个和谐的社会秩序是如何形成的呢,或者说,社会中多个行动者的行动计划是如何彼此协调的呢? 如果每个人都只考虑自己的目标,对他人的行动计划在所不问,利益冲突就会使社会秩序终将难以为继。相反,通过理解他人,通过沟通与协商,行动计划之间的协调才得以可能。以达成理解为取向的语言使用,就成为交往行动的基础,进而"语言本身将表现为是社会整合的首要源泉"③。语言的社会整合力在《圣经》中的巴别塔隐喻里体现得最明显:当人类团结起来建造抵达天堂的巴别塔时,上帝为了阻止人类的计划就让人类说不同的语言,人类之间的沟通失败了,计划也就失败了,只能各奔东西。哈贝马斯洞见到了语言对于社会秩序的构成性作用。这种作用本不言自明,但也因此容易被忽略,理论上更是缺乏深入系统的哲学阐释,哈贝马斯正是在语言哲学的基础上进行了这种尝试。通过语言进行社会整合,也就是通过交往行动进行社会整合,互动的参与者在每一个言语活动中都提出自己的有效性主张,既提供理由进行支持,亦对之保持可批判性的开放态度。在这种交往行动过程中,语言得以使用,理解得以达成,计划得以协调,社会得以整合。可是悖论在于,这种批判性的"是"/"否"态度恰恰也会造成社会交往条件的不稳定,异议风险始终威胁着社会整合。可见,内在于语言之中的事实性与有效性之间的张力,构成了社会整合的难题,进而重构社会整合之条件在所难免。

第一个条件是生活世界的存在。社会秩序形成于达成共识的过程之中,而后者受到事实性与有效性之间爆炸性张力的威胁,为此就必须存在一些不容置疑的基本共识,生活世界的存在提供了这些共识。"生活世界"这个哲学概念由后期胡塞尔创立,胡塞尔旨在用其破解现代欧洲遭遇的科学危机。在胡塞尔看

---

① [德]哈贝马斯:《交往行为理论》(第一卷),曹卫东译,上海人民出版社2018年版,第23—24页。关于哈贝马斯的"现代性问题",可参见高鸿钧:《走向交往理性的政治哲学和法学理论(上)》,载《政法论坛》2008年第26卷第5期,第3—4页。
② 参见[比]胡克:《法律的沟通之维》,孙国东译,法律出版社2007年版,第87—88页。
③ [德]哈贝马斯:《在事实与规范之间》,童世骏译,生活·读书·新知三联书店2003年版,第22页。

来,现代欧洲在各个领域遭遇的人所周知的生活危机,其根本表现就是科学危机。实证主义大行其道,把科学简单地化约为纯粹的事实科学,排除了对生活意义问题的理性研究,从而使科学丧失生活意义。不同于这种割裂科学与生活的哲学思维,胡塞尔认为,科学的可能性正是建基于生活世界本身。生活世界本身是一切意义的来源,是科学研究得以可能的"包罗万象的视域",因而是非对象化的、前科学的世界,是自明地预设的并具有非课题性特征的直观世界。① 哈贝马斯利用了生活世界的这种本体论特征,为交往行动的展开提供基本共识。一方面,生活世界以一种直接的确定性包围行动者,这种确定性为交往行动提供了一个"既渗透一切又隐匿不明"的背景知识与言谈视域,从而减少了互动中因双重偶然性导致的异议风险;另一方面,生活世界本身又只能通过交往行动进行再生产,保持生生不息,生活世界与交往行动相互构成。生活世界的背景知识是日常实践与世界经验的意义基础,是言谈参与者的共同预设,它使理解、沟通得以可能。但严格说,它不算一种知识,因为它不会被讨论,也不能被辩驳,在这里,事实性与有效性之间的张力被拉平了。

古代世界则通过神秘权威限制异议风险,这构成了社会整合的第二个可能的条件。行动者在生活世界中与神秘权威相遇,这种威力强大的建制权威的主张却是不容争辩的,因为在这种建制之中,"彼此混合的认知性期待和规范性期待凝固成为一种与动机和价值相联系的信念复合体"②。在这种神权世界观的统治下,社会具有一种以神秘权威为中心的强大向心力。神秘权威同时具有强制性与魅惑性,事实性与有效性就被混合起来,那种凝固的信念复合体所声称的有效性就拥有了事实性东西的力量,"是用事实的东西装备起来的有效性"。具有神灵光环的规范性共识,虽不同于生活世界的背景知识,但在限制异议风险的功能上却与其一致。通过神秘叙述和仪式行动,这种规范性共识被文化传递、被熟练掌握。③

不过,生活世界与神秘权威能够进行有效的社会整合,其前提乃是小型的、相对来说尚未分化的社会。然而,异议风险在社会进化过程中的空间却越来越

---

① 参见[德]胡塞尔:《生活世界现象学》,倪梁康、张廷国译,上海译文出版社2002年版,第40—42页。
② [德]哈贝马斯:《在事实与规范之间》,童世骏译,生活·读书·新知三联书店2003年版,第28页。
③ 高鸿钧教授详细分析了神秘权威在氏族社会与国家社会中各有侧重的整合方式。在氏族社会中,神秘权威与社会权力结合;在国家社会中,神秘权威与国家权力结合;在每一种情形中,前者赋予后者合法性(有效性),后者赋予前者强制性(事实性),从而"相互馈赠",事实性与有效性混在了一起。参见高鸿钧:《走向交往理性的政治哲学和法学理论(下)》,载《政法论坛》2008年第26卷第6期,第51页。

大。一方面,随着社会日趋复杂,生活形式越来越多样,生活历程个体化的程度也越来越高,结果是生活世界的背景信念之重叠区域越来越小;另一方面,随着社会世俗化的深入,神权社会凝固的信念共同体逐渐分崩离析,基于权威建制的规范性共识被暴露在理性光照下,成了可以被探讨、质疑的普通知识。更重要的是,社会的功能分化直接带来社会角色与利益立场的多样化,从而那些取向于利益与成功的行动被大量释放,而互动关系又不可能仅仅通过取向于成功的策略性行动获得稳定。这就是现代社会整合面临的困境。要走出这种困境,就得对这些策略性互动进行规范性调节,而这种规范性调节恰恰得基于行动者达成理解。在本文下一部分我们将看到,哈贝马斯认为一种以权利体系为核心的现代法律可以应对这种困境,因而这种法律范畴自然地成为社会整合的第三个条件。

如果从社会结构变迁的角度看,现代法的社会整合力将更清楚地展现。从传统社会到现代社会转变的过程,也是经济系统与行政系统从社会中分化并独立运作的结构化过程。经济系统与行政系统分别通过货币和行政权力进行社会整合,但是系统整合的机制却不是凭借互动参与者的交往行动,而是"客观地进行的","在行动者背后进行的",斯密的"看不见的手"的隐喻生动诠释了这一点。这种个体无力应对的抽象系统的深度运作,其结果反倒是逐步溢出立法的控制,导致交往行动空间被大幅挤压,个体自由遭受极大威胁,造成"生活世界的殖民化"。那么,现代法律何以能应对"生活世界的殖民化"呢?一方面,经济系统与行政系统分别通过私法与公法的建制得以可能,它们以法律形式进行运作。也就是说,法律实际上是两大系统的运行轨道,而运行轨道的调整势必能够更改系统殖民生活世界的航向。另一方面,如下文揭示的,现代法的整合力实际上源自基于理解取向的社会团结。现代法实际上同时连接了经济系统、行政系统与社会团结,对于社会整合的新需求可以作出三重反应。"它还赋予来自生活世界的信息以一种能为权力导控之行政和货币导控之经济的专业代码所理解的形式。就此而言,法律语言,不同于局限于生活世界领域的道德交往,可以起全社会范围内系统和生活世界之间交往循环之转换器的作用。"[①]由此,法律成为现代社会整合的必要条件,成为沟通社会秩序的事实性与有效性的社会媒介。

---

① [德]哈贝马斯:《在事实与规范之间》,童世骏译,生活·读书·新知三联书店2003年版,第98页。

二、法律双重有效性的重构

作为此种社会媒介,法律本身亦内在地具有事实性与有效性的张力。在生活世界的确定性与古代世界的神秘权威那里,事实性与有效性混杂在一起;而在现代法律这里,事实性与有效性却始终保持着强化的张力:一方面是法律执行的强制性之事实性维度,另一方面是法律制定的合法性之有效性维度。就强制性而言,法律只要求行动与法律的符合,不关心行动者的主观动机;就合法性而言,法律必须能够使得人们出于对法律的尊重而遵守法律成为可能。哈贝马斯也分别称二者为"事实有效性"与"规范有效性",依次对应行为的合法律性与规则的合法性。[①] 现代法律两重有效性之间的张力之所以被强化,根本上源于社会世界的理性化进程。在传统社会,强制性维护法体系的生产与运转,法律本身又为强制性提供合法化,这种合法性最终源于某种神秘权威。在经过理性祛魅的现代社会,神秘权威已然消失,强制性依然在维护法体系的生产与运转,法律本身也还在继续为强制性提供合法化,但这种合法性却因此丧失了根基。也就是说,法律的规范有效性本身成了疑问,事实有效性也无法证成自身,二者之间出现紧张关系,这就是哈贝马斯所谓的法律的双重有效性之悖论。

正如康德指出的,法律乃是强制与自由的统一体。要消解这一现代法律的悖论,关键在于如何实现这种统一性。不过,哈贝马斯并不同意康德基于实践理性给出的先验的统一性说明,而要从交往理性入手给出新的说明。法体系下的行动者可以选择强制与自由这两种不同的视角行动。强制性视角对法律采取一种客观化态度,这时行动者取向于成功,属于策略行动者。对策略行动者来说,法律的规范性被拉到社会事实的层次,规则等同于规则违反时的可计算后果。自由视角对法律采取一种施为性态度,这时行动者取向于理解,属于交往行动者。对交往行动者来说,法律的规范性处于义务性的行为期待之层次,这种规范性乃是基于主体间承认的合理共识,规则本身的合法性使得出于尊重法律而遵守法律成为可能。

按照传统理解,现代以来的主观权利表达的是私主体的意志自由,"自由意味

[①] 参见[德]哈贝马斯:《在事实与规范之间》,童世骏译,生活·读书·新知三联书店2003年版,第37页。

着可以做任何不损害他人的事情",这种策略导向的主观权利的确适应了经济社会的整合。但这种自由之可能,前提是每个人都享有同等的自由,主观权利的概念已包含着平等对待的观念。不过不同于道德,法律得靠立法者才能赋予每个人同等的自由。就此而言,立法在法律系统中就成了社会整合的起点。立法的参与者必须走出私的法权主体,采纳取向于自由法律的公民身份视角,这是一个"自由地联合起来的法律共同体成员的视角"。也就是说,主观权利不仅包括消极的意志自由的权利,还包括积极的政治自主的权利。"主观的行动自由通过另外一种类型的主观权利——公民权利——而得到补充,而作为公民权利之基础的,不再是意志自由,而是自主性。因为,在没有了宗教或形而上学的后盾的情况下,只问行动合乎法律与否的强制性法律要获得社会整合力,法律规范的承受者应当同时作为一个整体把自己理解为这些规范的理性创制者。就此而言,现代法的基础是一种以公民角色为核心、并最终来自交往行动的团结。"①只有公民对政治自主权的积极运用,只有平等的自由意志的联合,才能生产法律的规范有效性维度。正是民主的立法程序,赋予实证法合法性,保证了强制与自由的统一,这个民主的立法程序本身的根基则在人民主权。然而,这不是随随便便的一种民主程序,而是吸纳了道德内容的民主程序,以建制化的权利体系为条件的民主程序,"合法律性只有从一种具有道德内容的程序合理性出发才能取得它的合法性"。这个建制化的权利体系,就是哈贝马斯开出的药方。它是公民们在利用法律调节其共同生活时所必须相互承认的那些权利,赋予哈贝马斯的商谈原则以民主原则之法律形式,为立法过程注入了具有道德内容的程序合理性。"这个谜语的谜底,在于这样一种权利体系之中,它赋予主观行动自由以客观法强制。"②哈贝马斯将之概括为五种基本权利:平等自由权、成员身份权、法律救济权、政治自主权、生活保障权。它们同时保障私人自主与公共自主,解决"合法性来源于合法律性"的悖论,澄清法律与道德的联系与差异。这种权利体系,构成了现代法的核心。

  自近代以来,私法被视为法律的原型,法律本质上就是保护私人自主的消极的主观权利。私法本身的合法性则扎根于个体的道德自主性之中,康德的道德哲学奠定了私法的合法性根基。但是,随着耶林对私法作功利主义解释,主观权利的本质便从道德意志转向利益保护。沿着这条客观主义道路,凯尔森几乎完

---

① [德]哈贝马斯:《在事实与规范之间》,童世骏译,生活·读书·新知三联书店2003年版,第40—41页。
② [德]哈贝马斯:《在事实与规范之间》,童世骏译,生活·读书·新知三联书店2003年版,第33页。

全把主观权利与受客观法保护的利益等同起来,使得私法上的人不再有道德属性,甚至也不再是"自然人",而完全是法律系统本身的拟制。在卢曼的系统论法学那里,这条客观主义道路达到了末端,道德人与自然人都被驱逐到法律系统的环境中去了,主观权利的规范性维度就此消失殆尽。主观主义把民主立法过程的合法性扎根于法律外部的道德权威,但这个道德权威本身却面临着理论与实践上的挑战;与之截然相反,客观主义始终囿于封闭的实证法系统内部来界定主观权利,却无法解释实证法本身的合法性。在哈贝马斯看来,这两条路径都误解了主观权利的概念。主观权利这个概念并没有先验地指向孤立的、原子主义的个体观,法律秩序之中的主观权利实际上总是已经预设了主体间的合作,而这些主体的相互承认与相互赋权则又产生了客观法。就此而言,主观权利与客观法具有同源性与同构性。只要我们看不清作为法律秩序基础的那种承认关系的主体间结构,我们就会陷入主观主义与客观主义的"二律背反"。同主观权利与客观法紧密联系在一起的分别是道德问题与伦理问题,进而是人权与人民主权。随着生活世界的合理化,文化传统与社会化过程都遭遇了反思的压力,社会的宗教与形而上学根基逐渐动摇。个体与集体生活形式的多元化,使得伦理问题与道德问题的逻辑差异凸显出来。道德考虑要求的是一个去中心化的视角,要求平等地考虑人类每一个体的尊严与利益;伦理考虑则针对特定的集体,旨在促进特定集体的自我实现。"法律的合法性根据,如果不想导致认知矛盾,就必须同普遍正义和团结的道德原则和个体和集体层次上自觉筹划的、负责的生活形式的伦理原则协调一致。"①这意味着,现代法实际上只能通过人权与人民主权这对基本理念来加以辩护,曾经扎根于宗教与形而上学传统中的规范性内容如今凝结于这对理念之中。但是对于二者的关系,传统理论却给出了错误的判断。自由主义与共和主义各执一端,自由主义强调人权对人民主权的优先性,共和主义主张人民主权对人权的限制,从而人权与人民主权的关系被理解为一种竞争或敌对的关系。这种理解既加剧了法律中事实性与有效性之间的张力,亦遮蔽了人权与人民主权之间的内在联系。在康德那里,人权的基础在于个体的道德自主,而只有通过公民自主,人权才能分化为一个权利体系,从而获得实证化。这种实证法的合法性,恰恰也只能来自自主和联合的公民的公共意志的行动,这样人权与人民主权就交叉在一起。通过权利体系,人权与人民主权被沟通起来。

---

① [德]哈贝马斯:《在事实与规范之间》,童世骏译,生活·读书·新知三联书店2003年版,第122页。

但是，我们却既不能把权利体系归结为对人权的道德诠释，也不能把它归结为对人民主权的伦理理解。"权利体系所显示的，恰恰是政治自主的立法过程所必需的交往形式本身得以在法律上建制化的条件。"①在这种商谈论视域中，人们所遵守的归根结底乃是自己的意志。人民主权获得了法律形式，而这种法律形式条件恰恰凝结着人权理念。由此，私人自主和公共自主的同源性亦展现出来。

哈贝马斯进一步深究了道德与法律之间的关系。传统自然法学把法律分为自然法与实证法，并主张自然法在规范等级意义上的优先性，违背自然法的实证法是无效的。这是一种很强的柏拉图主义，预设了自然法的超验性、实在性与永恒性。尽管康德不是这种意义上的自然法立场，但是他仍视法律为道德的具体化。在康德看来，通过对道德进行"承受者的自由选择""一个人对于另一个人的外在关系""强制力"这三个方面的限定，就可以获得法律的概念。如此，道德性就反映在合法律性之中。但是，在哈贝马斯看来，康德还是没能摆脱柏拉图主义痕迹，因为康德的法律秩序仍然是目的王国在现象界的模仿，是道德理念的具体化。哈贝马斯认为，诚然，一种法律秩序只有不与道德原则相矛盾才具有合法性，法律由此与道德保持关联，但二者的关系却绝非规范等级意义上的高低关系，法律也并非简单地就是道德的具体化。从社会学角度看，传统社会里法律、道德、伦理经常混杂在一起，以神灵权威为根基。但是，随着社会的世俗化，这些规范开始分化，法律同道德、伦理明确区分开来。法律与道德是两种不同的或并列的现代社会规范，二者的一个重大差异在于，法律在建制层面获得了约束力。也就是说，法律与道德虽然都是一种符号系统，但是法律还同时是一种建制化的行动系统。也因此，二者其实具有互补性。宪法中的基本权利并非道德权利的摹本，政治自主也非道德自主的摹本。相反，二者是同源的，都是可以通过一条商谈原则来加以解释的。哈贝马斯称这条商谈原则为 D 原则：

D: 有效的只是所有可能的相关者作为合理商谈的参与者有可能同意的那些行动规范。

作为商谈原则，D 原则是哈贝马斯重构内在于法律有效性诸向度的根本尺度，是沟通上述诸种关系的理论原点。D 原则的几个基本概念可作如下说明："行动规范"指在时空与事态方面都已经普遍化了的行动期待；"有效的"会因不同类型的行动规范而有差异，但在该原则中尚保持一般性的含义；"相关者"指利

---

① [德]哈贝马斯：《在事实与规范之间》，童世骏译，生活·读书·新知三联书店 2003 年版，第 128 页。

益将会受到该规范影响的每个人;"合理商谈"指在合理交往条件下一切取向于理解的活动,在其中,主题和发表的意见、信息和理由都获得自由处理。① 不同类型的行动规范,会造成主题、意见与理由上的差异。D原则是一条高度抽象的原则,适用于一切行动规范,具有不偏不倚性,对于道德和法律都是中立的。

当D原则用于道德问题并产生道德规范时,D原则就转化为道德原则。道德规范只有在对人类的不同利益作同等考虑的视角下,才能获得辩护。也就是说,道德问题只能用道德理由加以辩护。D原则的引入,本身已经预设了实践问题是可以作公平判断和合理决定的。哈贝马斯的论辩理论就是专门用来论证这条预设的,哈贝马斯区分了道德的、伦理的、实用的这三类具有不同逻辑并需要不同理由的实践问题,这三类实践问题亦造成三类不同的商谈情境。回答这三类问题所需要的规则,也就是论辩规则,实际上是D原则的操作化。在道德商谈中,商谈原则化身为道德原则,这是一种普遍化原则,它履行的就是论辩规则的作用。

当D原则用于立法问题并产生法律规范时,民主原则应运而生。但是,这里的一个重大差别在于,与道德规范相比,法律规范的辩护理由不仅仅是道德理由,也包括实用的、伦理—政治的理由,因为法律问题往往同时触及道德、伦理、实用等不同逻辑的问题。换言之,法律规范的有效性扎根于全部范围的实践理性,法律规范的有效性成分不仅包括义务论成分,还包括目的论成分。道德规范的有效性在于其正确性,道德规范之所以具备正确性,是由于随着普遍化原则而发生作用的论辩规则使得有可能对道德问题作出合理决定。法律规范的有效性在范围上更加有限,而且并不与道德规范相抵触,但用于表达法律有效性中规范有效性的"合法性"概念"还表达了法律共同体的真切的自我理解,对这个共同体中所分布的价值和利益的公平考虑,以及对策略和手段的具有目的合理性的选择"②。当涉及伦理问题时,相关者将不再是道德考量中的人类或假定的"世界公民共和国",而只是分享共同传统的特定的伦理共同体成员,这里显示出了民主原则与道德原则可能的参照系之差别。如果说道德原则的作用在于充当合理决定道德问题的论辩规则,因而是在一个论辩活动的内在构成的层面上工作,那么民主原则的作用方式则处于完全不同的一个层面。民主原则严格说不是一种论辩规则,它先预设了赋予法律以合法性的所有东西可以进行合理商谈的可能

---

① 参见[德]哈贝马斯:《在事实与规范之间》,童世骏译,生活·读书·新知三联书店2003年版,第131—132页。
② [德]哈贝马斯:《在事实与规范之间》,童世骏译,生活·读书·新知三联书店2003年版,第191页。

性。在此基础上,民主原则只是确定合法的立法过程的程序是什么,告诉我们这个过程如何建制化。因此,民主原则处于一个外在的层面,在这个层面上,通过权利体系,所有人平等地参与一个立法过程,而这个过程的交往形式亦已获得法律保障。[①] 民主原则与道德原则虽有这些差别,但在程序合理性所具备的道德内涵上,二者却又是交叉的、同源的。[②]

总而言之,哈贝马斯用商谈原则置换了行动规范有效性的超验基础。在现代社会,所有重要的行动规范之有效性都不再源于传统的形而上学或神学的超验实体,而是源于自由自觉的主体之间的理性商谈。商谈原则本质上是一个普适的论证原则,一个达成共识的方法论原则。将商谈原则分别运用于道德领域与法律领域,也就产生了分别能够促成道德共识与法律共识的道德原则与民主原则。在具体的商谈语境中,这些形式化的原则进一步具体化为相应的论辩规则。由此,在法律有效性的终极来源问题上,哈贝马斯用程序主义范式替代了传统的形而上学范式。

三、法律有效性的哲学基础

如前所述,在古典欧洲的思想传统中,法律有效性的根源在于自然法。直到黑格尔那里,自然法仍旧代表着理想的,乃至唯一正确的政治与社会秩序。自然法理论承诺了实践理性概念,这种实践理性则依托于近代的主体哲学。实践理性概念曾在道德、法律、政治、历史等诸多实践理论领域居于核心位置,极具解释力。但当主体哲学[③]广受质疑与批判之后,实践理性概念本身遭遇了危机,甚至面临着被全盘否定的危险,规范性理论的前景不容乐观,如后现代主义与功能主义分别解构、化约了规范性。不过,对理性的批判始终是理性自己的工作。在20世纪哲学出现"语言转向"的背景下,思想家们逐渐认识到语言对于生活形式的构成性作用,理性概念出现新的契机。哈贝马斯的交往理性概念就此应运而生,这是一种转移到语言媒介、减弱了与道德之间独有联系的理性概念,使之成

---

① 参见[德]哈贝马斯:《在事实与规范之间》,童世骏译,生活·读书·新知三联书店2003年版,第133—135页。
② 关于民主原则与道德原则的关系,亦可参见傅永军、徐闻:《哈贝马斯论民主的商谈原则与类型》,载《山东社会科学》2011年第10期,第6页。
③ 对主体哲学的批判,可看本文第四部分涉及的对形而上学的批判。

为可能的正是把诸多互动连成一体、为生活形式赋予结构的语言媒介。

实践理性奠基于主体性,交往理性则奠基于主体间性。交往理性旨在主体之间就世界中的事物达成理解、取得共识,共识的基础是主体间对于有效性主张的认可。人类语言的终极目的就是相互理解。交往行动者相互之间提出有效性主张,并视之为可加以彻底地批判和检验。这种可批判性使得交往主体能够不断超越自己,因而学习过程得以可能。与此同时,交往行动者必须承担三个形式语用学前提:命题的真实性、规范的正确性以及主观的真诚性。所谓形式语用学,是哈贝马斯提出的一套关于交往能力的理论,是对交往行动的可能性或前提的一般条件的重构,旨在阐明言语行动的约束力与社会整合力。交往能力是指生产出符合语境的表达的能力,形式语用学分析的对象是表达或言语行动,而非命题。相反,语言能力是指生产符合语法的命题的能力,命题是语义学的对象。① 这三种语用学前提实际上也就是三种有效性主张,是必须要承诺的,否则交往行动就不可能进行下去。当我们在一定的情境中说任何话时,我们必然都承诺了关于周围世界的某种假定、我们说这话的权利以及我们主观上的真诚性。合格的交往者可以质疑其中的任何一种有效性主张,而被质疑方则有义务给出进一步辩护。考虑如下情境:

教授在课堂上向一位学生发出了要求:"请给我拿一杯水。"

如果学生认为教授并非是在表达命令,而只是从沟通的立场出发完成了一个言语行动,那么这个学生理论上就可以从三种不同的有效性角度来拒绝教授的请求。首先,他可以从命题真实性角度加以质疑:"不,这附近根本没有饮水机,我无法在下课之前赶回来。"其次,他可以从规范正确性的角度加以质疑:"不,我不是您的助手。"最后,他也可以从主观真诚性角度加以质疑:"不,您实际上是想让我在其他学生面前出丑。"在任何一个以沟通为取向的言语行动中,我们都可以根据三个角度中的一个对言语行动进行否定。②

这三个有效性主张还意味着,通过语言,我们可以呈现事态、展示世界,可以建立和更新人际关系,还可以表达感受。这三种主张分别指向事态构成的客观世界、主体间关系构成的社会世界、内在心理状态构成的主观世界,这三种不同

---

① 参见[美]芭芭拉·福尔特纳:《交往行为与形式语用学》,赵超译,载[美]芭芭拉·福尔特纳编:《哈贝马斯:关键概念》,重庆大学出版社 2016 年版,第 67 页。
② 参见[德]哈贝马斯:《交往行为理论》(第一卷),曹卫东译,上海人民出版社 2018 年版,第 383—385 页。

的世界概念则分别展现了客观立场、规范立场与表现立场这三种对应的言语者立场。哈贝马斯专门区分了三种纯粹类型的交往行动,尽管这三种行动都是以沟通为取向的交往行动,但是却分别对应三种不同的有效性主张,可看下表:

交往行动的纯粹类型[①]

形式语用学特征 行动类型	言语行动	语言功能	行动取向	基本立场	有效性主张	世界关联	知识类型
会话行动	记述式	呈现事态	沟通取向	客观立场	真实性	客观世界	理论知识
规范行动	调节式	建立关系	沟通取向	规范立场	正确性	社会世界	实践知识
戏剧行动	表现式	自我表现	沟通取向	表现立场	真诚性	主观世界	审美知识

这张表格基本展现了交往行动的内在合理结构。语言与交往之中的客观性、主体间性与主观性这三方面的区分至关重要,它实际上反映了世界、他者与自我之间的多维关系。这种内在合理结构要具有普遍有效性,关键还在于三种有效性主张的分化与确立。如前所述,在古代世界,事实性与有效性混杂在一起。神话世界观在概念上把客观世界与社会世界混淆起来,自然与文化之间处于一种模糊的关系,三种有效性主张尚未从中分化出来。也因此,语言建构的世界观和世界秩序十分契合,以至于这种世界观作为对世界的解释,一种容易出错、可以被批判的解释,这一点被遮蔽了。伴随着世界观的合理化,三种有效性主张逐步分化出来,并具有了可批判性。但是,要真正把这三种有效性主张都确立起来,并非易事。这三种有效性主张彼此之间不可通约,哲学理论要么只关注其中一种,要么就将三种还原为其中一种,哈贝马斯则试图将三者整合在一起,合理看待客观性、主体间性与主观性。诚然,这三种有效性主张彼此不可通约,但正确性与真诚性在最重要的一点上与真实性是类似的,即它们都属于交往行动中的理性要素,都具有可论证性。其中,真诚性是通过行动的一致来证明的,而正确性与真实性则通过提供理由来证明,也就是说可以"在商谈中兑现"。[②] 在哈贝马斯这里,规范正确性与命题真实性的区分及其确立,构成了法律有效性的深层哲学条件。规范正确性的唯一判断标准就是D原则,正是所有

[①] 参见[德]哈贝马斯:《交往行为理论》(第一卷),曹卫东译,上海人民出版社2018年版,第409—410页,有改动。

[②] 参见[美]芭芭拉·福尔特纳:《交往行为与形式语用学》,赵超译,载芭芭拉·福尔特纳编:《哈贝马斯:关键概念》,重庆大学出版社2016年版,第84页。

相关者的理性共识保证了一个规范的正确性,此外别无其他。但命题真实性归根结底取决于客观世界的实际情况,而非所有理性主体的共识。无论是规范性主张抑或真理性主张,都是可错的,但证伪的方式殊为不同。我们通过合理的不同意见与有说服力的理由来证伪一个规范性主张,而对于真理性主张,我们则通过指出客观世界的真实事态来证伪它。不过,无论是规范的正确性还是命题的真实性,这两个有效性主张的根据皆非自明。实际上,正如现代社会秩序出现了有效性危机,这两个有效性主张本身亦面临哲学层面的有效性危机。

对道德客观性的怀疑在现代哲学里表现为情感主义或非认知主义,这种主观主义道德理论声称道德判断并无真假,仅仅表达了言说者个人主观的感受、情感或情绪。诸如"偷盗是错误的"这样的道德句子仅仅是在形式上类似"地球是圆的"这种事实陈述,这种表层语法误导了人们,它实际上表达的并非任何具有真值的命题,而仅仅是"我不喜欢偷盗!"这种个人偏好。情感主义与英国经验主义具有极大的亲缘关系,经验主义早期的休谟、斯密等人都是情感主义者,当代英美分析哲学传统中的许多哲学家也都是情感主义者。与之对立的则是道德客观主义或道德实在论立场,主张道德是一种客观实在,道德判断不仅有真假,其真假还取决于一种不依赖于主体意志的"道德事实"。这种实在论立场虽然捍卫了道德的客观性,却引发了一系列理论难题,如本体论层面这种"道德事实"的存在方式、认识论层面如何认识这种"道德事实"等。哈贝马斯认为,这两端立场各自揭示了道德的不同特征,但也都忽视了其他特征。主观主义者只看到道德论辩中参与者所发挥的能动性以及个人感受在道德论辩中的作用,却没有看到道德判断的客观属性;客观主义者虽看到道德判断的客观属性,却混淆了这种客观性与物理世界的客观性,造成了不合理的本体论后果。这种客观性实际上扎根于以交往方式构成的生活形式的主体间性,符合内在于理性主体之间的合理性。它与命题真实性一样具有认知特征,就像我们可以围绕"地球是圆的"这种事实命题进行争辩,我们也可以就"偷盗是错误的"的道德正确性进行公开的论辩,通过提出令人信服的理由为自己的论点论证。因此,道德理论家一方面要基于"施为性视角"参与到道德商谈之中,接受道德的客观性,另一方面又必须认识到这种客观性虽类似于却又不同于物理客观性。①

---

① See Jürgen Habermas, *Truth and Justification*, translated by Barbara Fultner, The MIT Press, 2003, pp. 247 - 249.

对命题真实性的有效性的怀疑,在19世纪后期极为流行。受经验主义思潮的影响,人们对概念与逻辑作心理主义的理解,认为人的智力要素不过都是心理行为,概念与对象的一致是重复心理联想的结果,逻辑的基础是心理学。这种心理主义导致对命题客观意义与真值的怀疑乃至否定,于是遭到了语言哲学先驱、德国哲学家弗雷格(Gottlob Frege)的猛烈抨击。弗雷格区分了句子、思想与表象,思想是句子表达的东西,具有公共性、客观性,同一个思想可以被不同的人理解,也可以用不同的句子表达。相反,表象具有私人性,总是归诸于特定的表象主体。思想具有结构,通过对语言的逻辑结构的分析可以获得思想的结构。概念和思想的普遍性所具有的有效性,还与另外一种有效性关联着,即真之有效性。思想的内容是事态,如果这个事态客观存在,则这个思想是真的。也就是说,我们不仅可以持有一个思想,还可以对它作出真假的判断。概念、思想或意义的有效性可以通过句法结构加以解释,但真之有效性却必须在语言交往或语用的视域内进行解释,而这恰恰是弗雷格的形式语义学所缺乏的。哈贝马斯认为,美国实用主义哲学家皮尔斯(Charles S. Peirce)推进了弗雷格开启的哲学"语言转向",把语用分析也纳入进来,从而为阐明真之有效性提供了丰富的理论资源。皮尔斯用"用语言向一个可能诠释者表述的世界"这个三极概念来替代传统的"用语言表象的世界"这个两极概念,"作为可能事实之总和的世界,仅仅是对于这样一个诠释者共同体才得以构成的,这个共同体的成员在一个主体间共享的生活世界内彼此就世界上的某物达成理解。"[1]通过引入具有主体间性的诠释者共同体,真之有效性被理解为"向我们证明了的有效性",有效性主张就具有了可批判性。哈贝马斯把理性扎根于日常交往实践之中,理性力量的关键是内在于语言之中的力量,意义有效性、真之有效性问题就是内在于语言之中的事实性与有效性之间的张力问题。哲学"语言转向"的复调性,从不同方面提供了处理内在于语言之中的有效性问题的理论资源。但是,哈贝马斯也清醒地认识到,哲学"语言转向"之后同样出现了两股极端思潮。就像社会理论与道德理论领域出现的主观主义与客观主义的对立思潮一样,理论哲学领域也出现了。首先是以维特根斯坦与海德格尔为代表的"相对主义"哲学家,认为我们对实在的认识是经由语言为中介,是经过语言过滤了的实在,我们无法摆脱自己的概念框架,而语言的多样性带来的结果自然就是相对主义,这实际上就危害了客观性概念。

---

[1] [德]哈贝马斯:《在事实与规范之间》,童世骏译,生活·读书·新知三联书店2003年版,第17页。

第二种思潮是强自然主义,以奎因与戴维森为代表,他们仅仅在方法论层面理解"语言转向",把规范的社会与语言实践还原为可观察的外在行为与事件。这种极端的客观主义取消了社会实践的规范性因素,未能对参与者的观点作出公正解释。① 哈贝马斯认为,我们首先不得不预设的是一个对所有人来说都是一样的单一客观世界。我们面对着这个世界,这个世界又以各种方式为我们提供阻力,世界的存在方式不仅不取决于我们,而且限制着我们的实践,这是一个我们无法拒绝的客观性概念的根基。诚然,我们只能通过语言来把握实在,不可能直达"赤裸裸"的实在,我们受到语言的约束,但这不意味着我们是语言的奴隶。语言使得我们可以接触实在,但我们对世界的应对反过来也能修正我们的语言实践,语言实践与经验知识相互依存。另一方面,哈贝马斯承认自然与文化的连续性,赞同文化的自然进化,但是这种文化进化观也必须既要注意到精神的主体间状况,也要注意到精神活动由规则引导进而具有规范性的特征。他拒绝关于社会实践的任何还原论立场,把交往行动还原成纯粹的可观察行为是错误的,哈贝马斯称自己的这种观点为一种"弱自然主义"。② 总的看,哈贝马斯的哲学立场具有浓厚的实用主义色彩,虽继承了康德的哲学传统,但去掉了其中的先验性成分。由此,他认为自己与阿佩尔、布兰顿等当代哲学家同属于一种"康德实用主义",构成了"语言转向"以后的第三股哲学思潮。

通过在哲学层面深入论证内在于道德与语言之中的有效性问题,哈贝马斯的形式语用学与交往行动理论获得了证成,进而为法律的有效性奠定了哲学基础。

四、法理启迪:后形而上学的法理学

如前所述,哈贝马斯关于法律有效性的理论由三部分构成,即功能描述、双重维度以及哲学基础。这三部分分别从外部、内部以及底部充分展现了现代社会法律有效性问题的基本轮廓,构成哈贝马斯法理论的思想地基,对于我们深入

---

① Jürgen Habermas, *Truth and Justification*, translated by Barbara Fultner, The MIT Press, 2003, p. 69.
② See Jürgen Habermas, *Truth and Justification*, translated by Barbara Fultner, The MIT Press, 2003, p. 22-30. 亦可参见[德]哈贝马斯:《在自然主义与宗教之间》,郁喆隽译,上海人民出版社 2013 年版,导言。

把握法律在现代性问题之中的恰切位置具有重要意义。从思想范式层面看,哈贝马斯对法律有效性问题的研究,始终是在后形而上学范式之中进行的。鉴于法理学不可能撇开哲学的时代成果孤立发展,这一点对于当今法理学研究就特别值得注意。事实上,法理学内部的许多争论,正是因为没有跟上哲学的步伐才深陷泥潭。哈贝马斯的法律有效性理论为后形而上学时代的法理学研究提供了一个典范,这种后形而上学法理学至少在三个方面对于今天的法理研究仍具有强烈的现实启迪:形而上学批判、弱自然主义以及方法论多元主义。

形而上学在西方源远流长,长期居于西方哲学思想的中心位置。自柏拉图以来,形而上学致力于对外在世界本质的探究;到了早期现代,形而上学转向主体自身,由沉思转向反思,本质主义与主体哲学获得了深度结合。因此,可以说形而上学最典型的思维方式就是主客体二元对立:一方面,预设一个不受经验、历史与规范影响的理性主体,这个理性主体具有把握外在事物本质的能力;另一方面,承诺一个超越于现实经验的永恒不变的事物本质、本体或理念。在形而上学家看来,要抵达世界的本质与真理,就必须将自身置于一个超越于其所处文化与历史的中立位置,一个阿基米德点,从而获得一个客观的、普遍的、先验的视角。这种超验立场的一个后果就是,形而上学实现了对实践哲学的优先性,哲学家们热衷于追求这种脱离经验实践维度的"纯粹的"哲学。不过,自19世纪以来,形而上学相继受到实证主义、马克思主义、现象学、分析哲学、后现代主义等各路思潮的猛烈抨击。形而上学的两个基本预设已被广泛质疑,其合法性根基亦已被彻底动摇,许多哲学家相信后形而上学时代已然到来,对主体哲学的拒斥与反本质主义立场渐成主流。尽管如此,形而上学毕竟没有彻底消失,还是以各种不同的、或隐或现的形式出现。对后形而上学的确认,回应后形而上学时代对哲学研究提出的新要求,在某种意义上就构成哈贝马斯理论工作的逻辑起点。哈贝马斯指出,"无论是从皮尔斯到米德和杜威的实用主义,皮亚杰的成长心理学或维果斯基的语言理论,还是舍勒的知识社会学和胡塞尔对生活世界的分析,都充分证明了我们的认识能力深深地扎根在前科学的实践以及我们与人和物的交往中。"[①]这就否定了那种阿基米德式视角的存在,即使是哲学家也同样是这个我们内嵌于其中的语言地构成的生活世界的参与者,合理的视角只能是主体间的交往视角。也正是因为对哲学的时代状况有着清晰准确的洞察与把握,哈

[①] [德]哈贝马斯:《后形而上学思想》,曹卫东、付德根译,译林出版社2001年版,第7页。

贝马斯才作出了具有重大现实意义的理论贡献。

形而上学在法理学上的主要反映就是自然法理论。如前所述,自古希腊以来,自然法理论主张存在一套永恒不变的普遍的高级法,实证法只是对这套高级法的模仿,实证法的有效性来自这套高级法,"恶法非法"。可以说,自然法理论正是柏拉图的理念学说在法律领域的投射,主导了漫长的西方法理学史。当作为自然法根基的形而上学在19世纪遭到破坏时,自然法本身也就难以幸免了。自然法遭到了德国历史法学、英国法律实证主义的毁灭性打击,开始走向衰落。二战以后,自然法有了一定程度的复兴,出现各种版本的"新自然法学"。新自然法学在很大程度上是由法律实证主义的实践困境而引发的,虽一度令人亢奋,但始终无法在理论层面妥善解决其形而上学疑难,因而难成主流。吊诡的是,作为自然法学对立面的法律实证主义在受到新自然法学的冲击之后,竟也走上了另外一条形而上学的不归路。众所周知,哈特的《法律的概念》一书曾让法律实证主义焕发生机。但是,哈特对法律本质的探究,以及从哲学上引入的概念分析方法,却使得本质主义的形而上学思维再次主导了法理学。[①] 长久以来,后哈特法理学始终居于哈特的法概念范式下分析法律的普遍的、必然的、本质的属性,这种探究离经验越来越远,最终使法理学家变成了那个先验的理性主体,法理学变成了一种"分析的形而上学"。当法理学陷入了所谓法律的"本质属性"方面的"纯粹哲学"层面的抽象争论,它就丧失了经验理解力与理想批判力,变得贫困乃至空洞。把法理学扎根于这种形而上学,是对几个世纪以来哲学取得的丰硕成果与重大进展的无视,是理论的倒退。无独有偶,追求客观性、描述性与中立性的哈特式法理学被德沃金嘲讽为"阿基米德主义",并给予了严厉批判。[②] 正是基于鲜明的后形而上学意识,于哈贝马斯,法理学最重要的任务并非去探究所谓法律的本质属性,而是对法律有效性的可能性条件进行理性重构。这项重构不是一种纯先验的活动,而是一个交往实践的真实参与者基于现代社会整合的危机意识与经验材料所进行的批判性研究。哈贝马斯不再为法律的有效性寻找任何形而上学基础,而是将其奠基于语言构成的交往理性之中,而交往行动理论就是后形而上学的哲学典范。

自然主义在现时代颇为流行,对人文社会科学诸领域都有深广的影响。自

[①] See Joseph Raz, *Between Authority and Interpretation*, Oxford University Press, 2009, chapter2.
[②] 参见[美]德沃金:《身披法袍的正义》,周林刚、翟志勇译,北京大学出版社2014年版,第六章。

然主义主张一切事物都可以最终还原为自然事物,归根结底只有自然世界存在。这种自然主义世界观带来的一个理论后果,就是在知识论层面把一切知识都还原为科学知识,进而否定了规范性知识。这种知识论自然主义也被哈贝马斯称为科学主义,科学主义的基本信念是"我们不再把科学理解为一种可能的知识形式,而是用科学来确认知识。"①有时,哈贝马斯说得更露骨,"迄今为止,物理主义或其他科学主义的基本信念支持着这样一种要求:从自然科学观察者的视角出发,把一切直觉上可以得知的东西都加以异化——从客体出发来理解我们自己。"②自然主义由来已久,与自然科学的兴起与发展密不可分。早期现代欧洲出现的机械唯物论世界观是自然主义的初步形态,随着自然科学对自然世界解释力与干预力的快速发展,自然主义开始渗透进各个领域。自然主义对法学有着强劲的影响力,法律现实主义就是典型的法律自然主义。斯堪的纳维亚学派、欧洲的法律现实主义,主张一切法律概念与话语都可作自然主义还原,法律并不表征事态,而只是一种指令。说一条法律是有效的,仅仅意味着对法官将会按照该规则进行行动的预测,因此关于法律有效性的主张纯粹就是关于法官的行为与心理的自然事实的主张。类似的,美国法律现实主义积极引进行为科学、心理学等自然科学对司法行为展开科学研究,试图找到司法行为的"自然规律"。③ 作为哈贝马斯主要理论对手的卢曼的系统论法学,也被哈贝马斯视为一种自然主义。法律被设想成一个自为的生命有机体,人的主体性在功能视角下消弭了,意义与有效性之间的内在联系也被切断。尽管卢曼的理论完成了从"元物理学"(形而上学,metaphysics)到"元生物学"(metabiology)的思想转变,获得了法律的客观性,却丧失了法律的规范性。④ 自然主义始终引起很多哲学家的警惕,在对自然主义的有力批判中,最深刻的也许要数德国哲学家海德格尔。在海德格尔看来,科学思维的本质是一种对象化思维,预设了主客体二元对立。科学是理性主义与主体哲学产物,其真正的根基正是形而上学。也是在这个意义

---

① Jürgen Habermas, *Knowledge and Human Interests*, translated by Jeremy J. Shapiro, Beacon Press, 1971, p. 4.
② [德]哈贝马斯:《现代性的哲学话语》,曹卫东译,译林出版社 2011 年版,第 429 页。
③ 在此基础上,当代法律与认知科学的交叉研究走得更远,法律甚至被还原成神经元。实际上,自然主义法理学的版本多种多样,参见 Brian Leiter and Matthew X. Etchemendy, *Naturalism in Legal Philosophy*, Stanford Encyclopedia of Philosophy, https://plato.stanford.edu/entries/lawphil-naturalism/#ScanLegaReal。
④ 参见[德]哈贝马斯:《现代性的哲学话语》,曹卫东译,译林出版社 2011 年版,第 415—416 页。

上,海德格尔说出那句惊人的"科学不思"。科学尚且不思,遑论科学主义。这里我们再次遭遇一个悖论,自然主义作为极端的客观主义,本来是对极端主观主义的反动,到头来却和主观主义共享同一个思想根源——主体哲学。如果说主体哲学是现代性的哲学标识,那么主观主义与客观主义这两条歧途的确显示了现代性的哲学危机。也因此,哈贝马斯才认为即便卢曼的系统理论也依然是对主体哲学遗产的某种接受。[①] 哈贝马斯肯定自然科学取得的重大进步,但自然主义却错误地拓展了科学适用的范围。诚然,我们必须承诺一个自然世界的存在,但我们还得承诺一个社会世界的存在,这对区分意味着知识的分工与自然科学有效性的界限。实际上,即使科学知识也还是科学实践的参与者在交往过程之中构成的,不存在一个超越的阿基米德视角。基于这种弱自然主义立场,哈贝马斯能够同时重构法律有效性的双重维度,避免了法理学沦为纯粹的自然科学,捍卫了基于参与者视角的法理学之自主性。

　　后形而上学对形而上学的批判以及对弱自然主义的坚持,在方法论上的一个后果就是视角与方法的多元性与综合性,这在哈贝马斯的法理学中得到了系统的体现。诚如哈贝马斯所言:"规范主义的思路始终有脱离社会现实的危险,而客观主义的思路则淡忘了所有规范的方面。这两个方面的紧张关系,可以被理解为对我们的一种提醒:不要固执于一个学科的眼光,而要持开放的态度,不同的方法论立场(参与者和观察者),不同的理论目标(意义诠释、概念分析和描述、经验说明),不同的角色视域(法官、政治家、立法者、当事人和公民),以及不同的语用研究态度(诠释学的,批判的,分析的,等等),对这些都要持开放态度。"[②] 这种方法论多元主义对于法理学特别具有针对性的意义。自奥斯丁创立一般法理学以来,法律实证主义与自然法学在方法论上的差异大致奠定了法理学研究的基本格局。在哈特复兴了法律实证主义之后,作为法律实证主义基本方法的概念分析逐步走上封闭、自主的道路。如前所述,哈特声称这种概念分析是一种客观的、中立的、描述性的哲学方法,虽是基于观察者的立场,却不同于任何经验性研究;虽是一种哲学研究,但也不同于渗透道德性的规范性研究。在哈特主义者看来,这种概念分析实际上就是一种独立的,也是最主要的法理学方法。众所周知,德沃金是哈特最主要的理论对手,德沃金对哈特法理学展开了全

---

① 参见[德]哈贝马斯:《现代性的哲学话语》,曹卫东译,译林出版社2011年版,第411—430页。
② [德]哈贝马斯:《在事实与规范之间》,童世骏译,生活·读书·新知三联书店2003年版,第9页。

方位批判,不仅包括哈特法理学的基本观点,而且涉及其方法论。德沃金的法理学基于法律实践参与者的立场,借鉴伽达默尔的哲学解释学与罗尔斯的"反思平衡"的方法,提出了一种"建构性解释"。按照这种建构性解释,法律并非如哈特设想的那样是一个可以进行纯粹描述的概念,而是一种需要按照道德原则进行最佳诠释的社会实践。因而,不存在那种描述性的阿基米德主义法理学,法理学总是规范性的,是道德哲学的一部分。德沃金的理论解放了法理学的道德批判力,突破了哈特式概念分析的封闭性,但却使法理学几乎完全沦为道德哲学的附庸,丧失了自主性。德沃金与哈特之间的争论支配了20世纪下半叶英语世界的法理学,尤其是二人后期的方法论之争造成法理学方法论的割据,至今影响犹在,但亦有不少质疑这场争论的价值的声音。[1] 此外,尽管二人在方法论上有着根本性分歧,但是却也分享同一个观点,即法理学研究是哲学研究,无关经验实证研究。对经验性的轻视,使他们在相当程度上都陷入了思辨的泥潭。而在哈贝马斯的后形而上学范式下,哲学与经验研究已非彼此隔绝,而是具备了理论连续性,因而才使方法论多元主义得以可能。哈贝马斯的法律有效性研究,既涵盖了对法律的现代社会处境的外部经验观察,亦包括从参与者立场出发基于商谈原则对法律的合法性的规范性证成,还涉及对作为法律有效性基础的交往行动理论的哲学条件的理性重构。整个过程,既有对基本概念的细致分析,对现象学理论资源的调用,亦有对道德哲学的理想维度的追求,对经验实证研究的合理吸收。凡此种种,均坚持了哈贝马斯声称的开放性态度,这种开放性态度对于陷入困境的当代法理学弥足珍贵。

---

[1] See Brian Leiter, *Beyond The Hart/Dworkin Debate: The Methodology Problem in Jurisprudence*, 48 The American Journal Of Jurisprudence 17(2003).

论我国基层数字法治政府的构建
——以数字法治素养建设为切入点

危红波[*]

摘　要：《法治政府建设实施纲要（2021—2025年）》要求全面建设数字法治政府。数字法治政府是法治政府和数字政府相互耦合的结果，是法治政府数字化和数字政府法治化的过程。我国数字法治政府建设的"物质—制度—精神"三维框架构建过程中，精神层面的数字法治素养是决定数字法治政府建设水平最为关键的内核层。在此三维框架下，我国基层政府数字法治观念意识不强、能力水平不足、宣传教育不够、素养参差不齐等问题，可以通过增强基层政府工作人员的数字法治意识，培育基层数字法治文化氛围，提高基层干部群众的数字法治素养，做好先进典型的示范引领等路径，促进基层数字法治政府的内核建设。

关键词：数字政府　法治政府　数字法治政府　基层政府　基层数字法治政府

2021年8月，中共中央、国务院印发了《法治政府建设实施纲要（2021—2025年）》（以下简称《实施纲要》），提出要健全法治政府建设科技保障体系，全面建设数字法治政府。我国在法治政府和数字政府建设上已取得一定成就，但是全面建设数字法治政府还任重道远，尤其是对于法治意识和能力较为薄弱、数字设施和素养相对不足的基层政府而言。正确认识和深刻理解数字法治政府的内涵特征，达到《实施纲要》中的建设要求，提高我国行政链条末端——基层政府的数字法治水平势在必行。

---

[*] 危红波，女，华东政法大学研究生院助理研究员，政治学与公共管理学院博士研究生，研究方向为法治政府、公共安全。

目前,学界研究侧重于对数字法治政府的内涵和意义进行解读①,我国数字法治政府的具体构建问题却不够清晰。本文认为,数字法治政府是法治政府和数字政府相互耦合的结果,包含法治政府数字化和数字政府法治化的过程。首先,"法治政府"和"数字政府"的顶层设计应相互联通。人类已步入数字时代,我国政府要适应时代的变化和社会的需求,坚持运用互联网、大数据、人工智能等技术手段促进依法行政,着力实现政府治理信息化与法治化深度融合,优化革新政府治理的流程和方式,大力提升法治政府建设数字化水平,为全面建设社会主义现代化国家、实现中华民族伟大复兴的中国梦提供有力的法治保障。党的十九大对建设网络强国、数字中国、智慧社会等作出了战略部署。党的十九届五中全会也强调,要加强数字社会、数字政府建设,提升公共服务、社会治理等数字化智能化水平。但不可避免的是,数字政府建设过程中依然存在着各种安全风险问题,需要政府在大数据分析、算法决策等智慧治理过程中,始终确保在法治轨道上运行,严格遵循宪法和法律的要求,不能使数字权力侵犯公民权利。

一、我国数字法治政府的构建维度

《法治政府建设实施纲要(2015—2020年)》将法治政府表述为"职能科学、权责法定、执法严明、公开公正、廉洁高效、守法诚信"的政府,而《法治政府建设实施纲要(2021—2025)》则进一步明确指出,要全面建设"职能科学、权责法定、执法严明、公开公正、智能高效、廉洁诚信、人民满意"的法治政府。数字法治政府建设应包括物质、制度和精神三个层面,努力做到物质层面既有硬件保障,又有软件支撑;制度层面既有法可依,又有章可循;精神层面既有文化培育,又有素养提升。在这三个层面中,物质设施和服务是表层,最明显可见,通过政府加大

---

① 马怀德教授指出:"《实施纲要》最大的特点是突出了改革创新,对法治政府的定义就发生了比较大的变化,比如增加了'智能',将'廉洁'和'诚信'放在一起,增加了'人民满意',说明对法治政府的特征和基本认识发生了一些新的变化,改革创新的要求是非常明确的。"参见《全面建设法治政府面临新课题》,载搜狐网 https://www.sohu.com/a/486053437_121123719;时建中教授认为,数字政府不是数字技术赋能政府的过程,而是政府部门运用数字技术更好履行政府职能的过程,是用信息化驱动政府效能提升的过程,是实现国家治理体系和治理能力现代化的过程。虽然数字政府是实现法治政府的有效机制,但是政府在运用数字技术行使权力、履行职责过程中同样需要严格行政执法,数字经济的各项权力都应在法治的轨道上运行。参见刘艺、张宁:《数字政府是实现法治政府的有效路径》,载《检察日报》2021年5月18日,第3版。

资金和人力投入相对容易建设；规章制度、体制机制是中间层，可通过中央政府顶层设计、地方和基层政府自主创新来建立和完善；而精神层面的数字法治素养是内核层，也是对数字法治政府建设水平最具决定性和需要长期培育的关键因素。法治政府数字化强调物质层面的网络化、信息化和智能化，数字政府法治化着重建立健全法律法规、理顺体制机制。法治政府数字化和数字政府法治化的有效耦合及落地成效，取决于政府工作人员和广大民众数字法治意识和能力的塑造及提升，这是数字法治政府构建"物质—制度—精神"三维框架中最核心和最重要的方面。

（一）物质层面：加强数字设施和平台应用建设

建设整体性的数字政府，首先应以数据资源的整合共享为切入点，统一规划部署，统一标准应用，推动网络基础设施的互联互通和数据资源的共享共用，重点推进"存量"的充分衔接和"增量"的集中建设，加快平台一体化、服务一体化、保障一体化，打破空间和时间的双重限制，推动业务协同和集成服务，实现政府内部运作与对外服务一体化、线上线下深度融合，提供完整链条的公共服务，以实现行政行为的整体性效率提升，优化企业群众办事体验。①

政府数字化转型过程分为三个阶段，在经历了电子政务、互联网＋政务阶段后，到如今的数字政府阶段，数据将驱动政府治理从政务服务拓展至社会管理。数字政府的内涵与外延正发生"质"的变化，观念上从流程驱动向数据驱动转换，管理上从传统型、粗放型向着集约化、智能化演进。《中华人民共和国国民经济和社会发展第十四个五年规划和2035年远景目标纲要》明确提出提高数字政府建设水平的要求，强调"将数字技术广泛应用于政府管理服务，推动政府治理流程再造和模式优化，不断提高决策科学性和服务效率"。在基础设施集约化、数据资源整合化和政务服务实时化的基础上，我们有信心，也有能力加快打造网络互联、系统互通、数据共享、业务协同、运转高效的"智慧政府"。

（二）制度层面：建立健全法律制度和体制机制

实践是法律的基础，法律要随着实践的发展而发展。政府立法要体现时代性，对我国社会快速发展中出现的新情况、新问题进行及时的研究，做到与时俱

---

① 参见赵涛、马长俊：《数字政府建设的几个原则》，载《学习时报》2019年6月3日，第5版。

进。要加强信息技术领域立法,及时跟进研究数字经济、互联网金融、人工智能、大数据、云计算等相关法律制度,抓紧补齐短板。① 以良法善治保障新业态、新模式健康发展。同时,政府已有的法律、政府规章或者行政规范性文件也应该随着实践的发展变化而及时修订和完善。

此外,数字政府建设的推进,必然要求政府转变治理理念、调整治理结构、优化资源配置和政务流程、创新制度安排和运行机制。建设数字政府,不能停留在传统的强调科层等级的纵向府际关系,而是要转向兼顾政府其他部门、其他政府甚或跨国政府的横向府际关系,建构纵横交错的政府关系网络。另一方面,数字政府的建设,也必然强调政府眼光既要朝内也要朝外,加强和社会的协同合作。同时,政府是维护数据开放秩序和保障数据安全的"守护者",政府应制定数据安全保障的规则体系,推动数据在制度框架下开放与流动,加强隐私脱敏保护和安全保密防护,做好数据安全的依法监管和风险防范,最大限度为数据开放保驾护航。② 正如党的十九届四中全会所强调的,数字法治政府呼唤建立健全运用互联网、大数据、人工智能等技术手段进行行政管理的制度规则。

(三) 精神层面:提高数字法治文化素养

法律要充分发挥作用,首先必须让全社会都相信它。这种法律既不镌刻在大理石上,也不镌刻在铜表上,而是铭刻在公民的心里,只有它是国家真正的宪法。③ 法治要良好运行,不仅需要健全完备的制度体系,而且需要公民具有深厚的法治观念,树立对法律的信仰。④ 树立法治观念离不开直接、充分、有效的法治教育。⑤ 党的十八大以来,在习近平总书记关于全面依法治国思想的正确指引下,我国在法治建设领域已取得重大进展,各项法律制度不断健全,政府部门能够依法依规办事。但同时问题也十分突出,社会组织和民众的法治知识欠缺、法治信仰不足、法治素养不高、法治意识淡薄、法治思维滞后、法治情感淡漠等问题的存在,更加彰显了加强法治文化宣传教育,提高法治素养的重要性、必要性和迫切性。

---

① 参见新华社:《中共中央印发〈法治中国建设规划(2020—2025 年)〉》,载中华人民共和国中央人民政府网 http://www.gov.cn/zhengce/2021-01/10/content_5578659.htm。
② 参见赵涛、马长俊:《数字政府建设的几个原则》,载《学习时报》2019 年 6 月 3 日,第 5 版。
③ 参见[法]卢梭:《社会契约论》,李平沤译,商务印书馆 2017 年版。
④ 参见马长山:《培育适应新时代需要的法治观念》,载《中国司法》2018 年第 12 期,第 1 页。
⑤ 参见马长山:《培育适应新时代需要的法治观念》,载《中国司法》2018 年第 12 期,第 1 页。

在当今数字化、网络化和智能化时代,坚持运用互联网、大数据、人工智能等技术手段促进依法行政,实现政府治理信息化与法治化深度融合,优化革新政府治理流程和方式,有利于大力提升法治政府建设数字化水平。例如,上海的"一网通办,高效办成一件事;一网统管,高效处置一件事"和浙江的"最多跑一次"改革,都是依托互联网和大数据建设数字法治政府的成功案例。但是,数字政府建设过程中也面临个人信息泄露、权利流失等问题。除了要树立数字正义价值观、以人为本进行数字政府建设、实现数字政府与数字公民法治化互动以外,培育数字公民的素养与能力也至关重要。①

总体而言,我国数字法治政府建设最核心的方面——数字法治素养问题凸显。本文认为,数字法治素养,即法治素养和数字素养兼而有之。建设数字法治政府所需的数字法治素养包括两个层面:其一是针对政府工作人员的要求,在牢固树立法治思维、熟悉法律知识、依法行政的过程中,对大数据、云计算、人工智能等新兴信息技术知识有较好的掌握,善于获取数据、分析数据和运用数据应日渐成为政府行政人员必须具备的基本功。其二是对社会公众来说,在尊崇法治、遵法守法信法用法的同时,作为数字公民,应该积极适应数字社会的要求,能熟练使用互联网进行学习、工作和办理业务。除了享有数字权利,也应履行好数字义务,共同维护网络安全。

目前,我国数字法治政府建设水平的地区差异明显,政府工作人员和社会公众的数字法治素养也参差不齐,亟需大力培育和提升。为了更好地提高我国各地区、各层级数字法治政府的建设水平,除了要增强政府工作人员的数字思维和法治意识外,专业的技能培训也必不可少。政府部门要统筹规划,围绕数字化和法治化,组织开展各级各类的专题培训,推动行政机关负责人带头遵守执行宪法法律,建立行政机关工作人员应知应会法律法规清单,把法治教育和数字技能纳入各级政府工作人员初任培训、任职培训的必训内容。另一方面,政府也要积极开展推进依法行政、建设法治政府宣传工作,大力培育法治政府建设先进典型,营造全社会关心、支持和参与法治政府建设的良好氛围。② 同时,扩展法治宣传教育的深度和广度,提高公民的法律意识,使法律逐渐成为公民解决社会纠纷的主要选择,增强国民对法律的敬畏和信赖。要根据党的十九届五中全会提出的

---

① 参见刘艺、张宁:《数字政府是实现法治政府的有效路径》,载《检察日报》2021年5月18日,第3版。
② 参见新华社:《中共中央办公厅、国务院办公厅印发〈法治政府建设与责任落实督察工作规定〉》,载中华人民共和国中央人民政府网 http://www.gov.cn/zhengce/2019-05/06/content_5389149.htm。

"提升全民数字技能"要求,贯彻落实人社部研究制定的《提升全民数字技能工作方案》,加强全民数字技能教育和培训,普及提升公民数字素养。在互联网治理中,培养、训练和提升公民精神、公民素养和公民能力,使"网民"转变为真正的"网络公民",从而更好地规约自我行为、凝聚价值共识和强化制度认同,推动网络空间的共建共享治理与法治秩序维护。①

二、我国基层数字法治政府建设面临的素养问题

我国数字法治政府的建设是一项系统工程,需要从物质、制度和精神层面出发,多方协同、持久发力。对于处在我国政府体系最末端的基层政府而言,除了物质设施相对落后、制度供给不足及执行不力以外,由于历史原因和现实条件,最为薄弱的依然是数字法治政府建设体系的内核层——文化素养建设,主要存在以下问题:

(一)基层政府数字法治观念薄弱

我国有着几千年的封建历史底蕴,人治传统根深蒂固,官本位意识、集权专制思想浓厚,领导特权之风盛行,这些都让法治遭遇重重阻挠。这些问题在基层政府中表现得尤为明显,不少基层政府领导有着山高皇帝远、为官主宰一方的意识,大权在握,没有把工作全面纳入法治轨道,而大多数工作人员不仅没有接受过正规的法学教育,而且也较少接受法治培训。他们在工作中往往重长官意志、轻法律规定,重上级指示、轻法治原则,重行政效率、轻行政程序。社会法治化过程中出现的种种乱象使国民对法律的权威缺乏足够信任,导致公众法律意识淡薄。部分群众的法治观念薄弱、素质不高,不配合执法、为达到个人目的而提出不合理要求的现象时有发生,给乡镇政府工作的顺利开展带来了很大困扰。此外,不少群众"信访不信法",有纠纷不是去积极寻求通过法律手段解决,而是误将上访作为化解纠纷的主要渠道。②

其次,基层政府中,数据信息共享的意识也较为缺乏,政务信息往往横向不联通、纵向不互动。目前,基层政府还没有真正完全实现政务"一窗式受理、一站

---

① 参见马长山:《迈向数字社会的法律》,法律出版社2021年版,第252页。
② 参见王青斌:《当前乡镇法治政府建设的难点与路径选择》,载《人民论坛》2019年第29期,第2页。

式服务",离"互联网+政务服务"的"一网、一门、一次"的要求还相距甚远。此外,基层政府的数据保密和信息安全意识也较薄弱。例如,2020年9月,江西省安福县人民政府门户网站公示的一则《竹江乡定兵人员名单公示》中存在泄露个人隐私信息的情况。除了定兵人员的姓名、性别、兵员方向、出生年月、文化程度等基本信息外,公示还同时披露了这些定兵人员的完整身份证号码。①

(二)基层政府数字法治能力水平低下

我国政府五级治理体系中,市、区、街道(乡镇)推进依法行政工作的重视程度、投入力度和能力素质逐级递减,基层政府仍是法治政府建设的短板。② 县级以上政府均设有法制机构,但乡镇政府一般没有法制机构。同时,司法所的工作人员相对而言,法治水平有待提高。除此之外,乡镇政府在借助外部法治力量方面也存在着较多困难,如难以聘任到能够胜任政府法制工作的律师,难以聘请到高水平的法律专家等。法治人才的匮乏,直接阻碍了乡镇政府的法治政府建设进程。③

基层政府的"数治"能力也不足,基层电子政府建设不仅面临着专业技术人才短缺的问题,更缺乏电子与政务相融合的复合型人才④,在信息摸排收集、分析处理等工作上还更多地依靠人海战术。在此次新冠肺炎疫情防控工作中,由于一些地方基层政府数字化信息统计和处理应用的能力欠缺,出现了上级政府替代基层政府履行职能、本末倒置的怪象和乱象。同时,"数据壁垒""信息孤岛"等也制约了数字政府的发展。尽管人口普查、经济普查以及大量与社会经济生活息息相关的数据都掌握在基层政府职能部门手中,但是"信息烟囱"使各部门难以与相关部门展开有效的政务信息互动与合作,从而造成了政务信息碎片化⑤,无法实现电子政务的预期效益。此外,基层政府,尤其是偏远落后地区的乡镇政府,还不能充分运用大数据辅助行政决策、行政立法和行政执法工作,"互联网+"监管执法也没能落实到位。

---

① 参见《江西安福县政府官网泄露定兵人员隐私,官方:会提醒相关单位》,载澎湃新闻网 https://www.thepaper.cn/newsDetail_forward_9366379。
② 参见《北京市2020年法治政府建设年度情况报告》,载北京市人民政府网 http://www.beijing.gov.cn/gongkai/fzzfjsbg/szf/202103/t20210330_2337173.htm。
③ 参见王青斌:《当前乡镇法治政府建设的难点与路径选择》,载《人民论坛》2019年第29期,第2页。
④ 参见张紧跟:《基层治理中"信息烟囱"的表现及根源》,载《人民论坛》2020年第29期,第3页。
⑤ 参见张紧跟:《基层治理中"信息烟囱"的表现及根源》,载《人民论坛》2020年第29期,第2页。

（三）基层政府数字法治宣传教育不足

1986年以来，我国已经制定实施了七个五年普法规划。从实践来看，普法工作正在扎实推进，但司法部部长唐一军深刻指出，"七五"普法工作还存在着一些不容忽视的问题和困难，主要包括：一是有的地方和部门对普法工作的重视程度不够，存在"说起来重要、干起来次要、忙起来不要"现象。二是普法工作发展存在不平衡、不充分现象，有的地方和部门基层普法工作力量不足，经费保障不足。三是"谁执法谁普法"普法责任制还未全面落实，一些地方和部门还存在着不同程度的执法和普法"两张皮"现象。四是普法的针对性和实效性有待提高，高质量普法内容供给不足，社会力量参与力度还需加大等。[1] 这些问题在基层政府中尤为普遍和突出，阻碍了新时代法治文化在广大民众中的有效普及和准确传播，导致普通民众法治思维缺乏，基层社会治理中新时代中国特色社会主义法治文化体系普及不足的问题凸显。[2]

随着数字政府的推进，无纸化办公、移动办公，以及通过网络渠道更好地提供政务服务、政民互动的教育培训等工作在基层政府工作人员中还需进一步加强。例如，自2000年就开始实施"数字福建"战略、数字政府建设走在全国前列的福建省，其基层政府数字法治建设仍有短板。笔者通过调研访谈，了解到福建某县级政府在数字政府建设方面还有很大欠缺，特别是数字法治宣传教育方面尤为不足。例如，政府官方微信公众号只有其下属宣传部门的"某某新闻"。虽然宣传部门在群众喜闻乐见的快手、抖音上进行了注册，但是更新并不及时，视频号也只是单方面的新闻发布和消息推送，没有体现使用数字技术和智能应用终端开展法治文化宣传教育的功能。另一方面，乡村群众的数字技能还有待提升。留守乡村的老年人、残疾人士等是处于数字社会边缘的"弱势群体"，面对使用智能手机和网络线上办理行政业务不仅心理上排斥，还面临着巨大的"数字鸿沟"。政府对这些重点人群的关注宣传和教育培训也明显不足，这也是基层政府普及电子政务的一大障碍。

---

[1] 参见唐一军：《国务院关于"七五"普法决议贯彻落实情况的报告——2021年6月7日在第十三届全国人民代表大会常务委员会第二十九次会议上》，载中国人大网 http://www.npc.gov.cn/npc/c30834/202106/b2318e8727954dc693dfaf1cb3d54f88.shtml。

[2] 参见张清：《从"雷人"抗疫标语探讨民众法治文化和法治思维建设》，载《政法论坛》2021年第3期，第83页。

(四)基层政府数字法治素养参差不齐

历年对地方政府法治水平的全面评估,验证了区域法治发展不平衡的客观现实,既表现为东部、中部、西部地区之间的法治水平存在差异,也表现为不同区域城市均衡度不同。① 总体上,经济发达、法治文化氛围浓厚和人才素质高的地区,整体法治政府建设水平相对较高。中央依法治国办于2020年6月推出首批法治政府建设示范城市和项目,为全国法治政府建设树立样板。上海市推荐的黄浦区、徐汇区、浦东新区3个综合示范创建区,以及长宁区、闵行区的2个单项示范创建项目,2020年被中央依法治国办评为第一批法治政府建设示范地区和项目,数量并列全国第一。② 而有些基层政府法治建设水平较为落后,如2021年4月11日,国家卫生健康委新闻发言人米锋在国务院联防联控机制新闻发布会上表示,近期个别地方新冠病毒疫苗接种工作中出现了简单化甚至一刀切的情况,强制要求全员接种,必须坚决予以纠正。③ 有些乡镇政府为完成上级政府的接种任务指标,强制群众接种疫苗,否则就取消村里的扶贫政策,凸显了一些地区基层政府领导法治素养和依法治理水平的低下,形式主义和官僚主义问题还较为严重。

清华大学数据治理研究中心发布的《2020数字政府发展指数报告》指出,数字政府发展指数排名的百分位数反映了不同城市的数字政府发展程度。其中,副省级城市更多为引领型数字政府,省会城市多为优质型数字政府,普通城市更多为追赶型。中国互联网络信息中心(CNNIC)发布的第48次《中国互联网络发展状况统计报告》显示,截至2021年6月,我国农村网民规模为2.97亿,农村地区互联网普及率为59.2%,较2020年12月提升3.3个百分点,城乡互联网普及率进一步缩小至19.1个百分点。虽然从数字上看,我国基层政府在推进乡村数字化建设方面总体水平有明显提升,但是各地区差异依然存在。

---

① 参见中国政法大学法治政府研究院主编:《中国法治政府评估报告(2020)》,社会科学文献出版社2020年版,第10页。

② 参见《2020年上海市法治政府建设情况报告》,载上海市人民政府网 https://www.shanghai.gov.cn/nw12344/20210329/f97091510a7249939fc5b669d1f19c83.htm。

③ 参见"李岗的博"转央视新闻的微博视频 https://weibo.com/2599735413/KoObWpMMs。

三、我国基层数字法治政府素养建设的完善路径

在我国数字法治政府建设的"物质—制度—精神"三维框架下,针对现阶段精神文化素养面临的实际问题和薄弱环节,应注重增强基层政府工作人员的数字法治意识,培育基层的数字法治文化氛围,提高基层干部群众的数字法治素养,发挥先进典型的示范引领作用。

(一)增强基层政府数字法治观念

基层政府是我国数字法治政府治理的最后一公里。基层政府一头连着中央和地方政府,一头连着广大人民群众,发挥着非常重要的桥梁纽带作用。"上面千条线,下面一根针",基层政府工作纷繁复杂、千头万绪、责任重大,更加要求工作人员依法依规,运用现代信息技术,提高治理的效率和效果。习近平总书记指出,涉及群众的问题,要准确把握社会心态和群众情绪,充分考虑执法对象的切身感受,规范执法言行,推行人性化执法、柔性执法、阳光执法,不要搞粗暴执法、"委托暴力"那一套。但是,不论怎么做,对违法行为一定要严格尺度、依法处理。① 特别是要抓住领导干部这个"关键少数",基层政府的领导干部要发挥"头雁效应",增强数字法治意识,带头学习现代信息技术,依法决策、依法行政,不断提高运用数字思维和法治方式进行基层治理的能力。

基层政府要取得数字法治政府建设的实效,仅提高政府官员和行政人员的数字法治素养是不够的,行政相对人与其他相关人的数字法治素养也至关重要,否则就会出现对牛弹琴、无法沟通的局面。内生发展理论(Endogenous Development)强调,欠发达地区——尤其是发展中国家——农村在发展过程中需注重自身条件,通过居民参与和能力再造提高发展质量,其核心在于三个维度:资源、参与和认同。② 依托该理论,我国基层数字法治观的塑造,需要充分利用群众资源,依靠群众的积极参与,获得群众内心的真正认同。

---

① 参见中共中央文献研究室编:《严格执法,公正司法》(2014年1月7日),载《十八大以来重要文献选编》(上),中央文献出版社2014年版,第722—723页。
② 参见王辉、宋敏:《老年人参与和乡村治理有效:理论建构与实践机制》,载《农业经济问题》2021年第5期,第46页。

(二) 提高基层政府数字法治能力水平

基层数字法治政府建设对领导干部提出了新要求：既要善于获取数据、分析数据、运用数据，又要自觉运用法治思维和法治方式发展地方经济文化，维护社会公平正义。领导干部要带头从数字和法治两个方面进行能力的提升，练就扎实的基本功。同时，加快培养和建设一支业务熟、懂法律、技术精、素质高的专业化、职业化人才队伍，是建设数字法治政府的骨干力量和重要保障。基层政府要有组织、有计划地开展专题培训，切实提升政府工作人员的数字素养、法治思维和依法行政能力。一是将宪法法律、行政法规以及数字技能列入政府工作人员初任培训和年度学习计划，可组织讲座、论坛、研讨等活动；二是把尊法、学法、守法、用法情况，以及获取数据、分析数据和运用数据的能力列入公务员年度考核和领导干部选任考核内容；三是依托电子网络资源，实现线下学习与线上学习、集体学习与自我学习相结合。在基层政府行政人员的能力建设上，一方面，我们要坚持重视法治素养和法治能力的用人导向，把遵守法律、依法办事情况作为考察干部的重要内容，相同条件下优先提拔使用法治素养好、依法办事能力强的干部，加强法治工作队伍建设；①另一方面，又要督促他们与时俱进，善于运用互联网技术和信息化手段开展工作。同时，还要通过制度安排和政策倾斜措施，设法引导城市网络、信息、技术和人才等资源向乡村流动，促进城乡要素合理配置。

(三) 加强基层政府数字法治宣传教育

法者，治之端也。针对我国基层政府，尤其是乡村法治建设的短板，要深入加强农村法治宣传教育，大力提升农村法治公共服务，引导群众知法守法用法护法，依法表达、依法办事、依法解纷、依法维权。为更好地推动法治，也要加强农村思想道德建设，以社会主义核心价值观为引领，培育富有地方特色和时代精神的新乡贤文化，发挥其在乡村治理中的积极作用。同时，尊重传统风俗习惯，培育文明乡风，发挥好村规民约、基层民主协商、村民自我约束与自我管理的自治功能，建立健全法治、德治、自治相结合的基层治理体系。在我国基层政府任务

---

① 参见新华社：《中共中央办公厅、国务院办公厅印发〈法治政府建设与责任落实督察工作规定〉》，载中华人民共和国中央人民政府网 http://www.gov.cn/zhengce/2019-05/06/content_5389149.htm。

重、人手少的现实条件下,可依靠社会力量,如社区工作人员、公益性组织、志愿者等;另一方面,根据积极老龄化理论,可有效开发利用50—59岁的"围老年期"和60—69岁的"低龄期"老年人力资本。① 富有余力的老年人仍然大有可为,政府可借助乡镇(街道)老干部、老党员、老教师等人群的优势,利用他们的知识、经验和威信,为法治文化的传播作出积极贡献。

法治化的落脚点在于群众基础,所以法治化最终需要老百姓认可成果。推进法治化的过程一方面需要解决效率问题,数字化技术可以有效地提质增效,解决监管半径过大的难点,提升政府监管的有效性;另一方面,推进法治化需要用更好的服务来换取群众的支持,数字化大大简化了流程,能够让老百姓更加方便地参与到法治化建设中来。② 因而,基层政府需要利用数字技术持续改进普法工作,创新普法形式,加大普法宣传力度,切实增强群众法治观念。普法工作要善于结合基层实际,落实"谁执法谁普法"的普法责任制,创新普法理念、工作机制和方式方法,在继续使用传统有效的宣传渠道、手段和载体的基础上,探索运用信息化时代的新媒体,实施"互联网+法治文化"建设,利用"两微一端"(微博、微信和客户端),采取基层群众喜闻乐见的形式,如抖音政务短视频等,增强法治文化传播的实效性和感染力,不断提升全体公民的法治意识和法治素养。

(四)发挥基层数字法治政府素养建设的示范引领作用

2019年5月,中央全面依法治国委员会办公室出台了《市县法治政府建设示范指标体系》;2021年8月,中央依法治国办根据《实施纲要》,以及党中央、国务院关于法治政府建设的一系列重大决策部署,在深入总结第一批全国法治政府建设示范创建活动成功经验的基础上,对《市县法治政府建设示范指标体系》(2019年版)的部分指标作了修改、调整和优化,修订形成《市县法治政府建设示范指标体系》(2021年版),其中明确要求重视法治素养和法治能力的用人导向,强化对政府工作人员的法治教育培训和考查。在这样与时俱进、科学合理的考核指挥棒引导下,我国基层的法治政府建设才能真正结合本地区、本部门的实际情况,及时根据中央有关精神和外部环境要求,动态调整法治政府建设战略和措

---

① 参见胡湛、彭希哲:《对人口老龄化的再认识及政策思考》,载《中国特色社会主义研究》2019年第5期,第65页。
② 《专家解读:为何建设数字法治政府?对百姓有何益处?》,载央广网 http://news.cnr.cn/dj/20210818/t20210818_525569305.shtml。

施,不断提高法治水平,进行特色创新。县级政府要据此做好对乡镇政府的指导和督查,扎实开展基层数字法治政府素养建设,以创建促提升、以示范带发展,做好先进典型宣传,不断激发基层政府的内生动力。此外,还要建立基层数字法治政府建设年度报告制度,按时向社会公开,落实"互联网+"监督,接受社会检阅,倾听群众意见,回应民生诉求。

四、结语

法治政府建设是全面依法治国的重点任务和主体工程,是推进国家治理体系和治理能力现代化的重要支撑。在社会日益数字化、网络化和智能化的背景下,政府要善于运用互联网、大数据、人工智能等技术手段促进依法行政,着力实现政府治理信息化与法治化深度融合,优化革新政府治理流程和方式,全面建设数字法治政府。这既需要中央政府自上而下的顶层设计,地方政府承上启下的贯彻落实,又需要基层政府因地制宜的探索前行。在数字法治政府构建的"物质—制度—精神"三维框架下,厘清基层政府面临的最核心的数字法治文化素养建设问题,并针对性地采取解决之道,夯实国家治理体系和治理能力的基础,对我国全面建设数字法治政府有着重要的实践意义。

党内法规解释制度研究的回顾与展望

尚千惠*

摘　要：党内法规制度体系形成后，研究范式亟需由立规论向释规论转换。通过对现行有效的党内法规内容进行概念性、体系性的解释说明，以促进党内法规自身条款的精准适用和话语体系的科学建构。从研究主题和研究特点两个维度考察当前党内法规解释制度的研究现状，在广度和深度上都取得了重要的进展。以制定者主导的解释体制、以坚持政治性作为解释的基本原则、适当借鉴法律解释的方法等观点基本已形成共识。未来应当继续深化和拓展党内法规解释制度研究的领域和内容，构建和完善"二元多级"的解释体制，以制定者解释为主导，并辅之以授权解释模式；维护党内法规解释权威性的同时，增强解释的适应性；注重体系解释的运用，遵循特殊性与整体性相结合的解释原则。

关键词：党内法规解释　法律解释　解释的权威性　解释的适应性

党内法规的生命力不仅在于从理论和制度层面巩固中国共产党领导和执政的权威，更在于其实施和运行为党执政提供源源不断的生机与活力。2017年，中共中央印发的《关于加强党内法规制度建设的意见》指出，到建党一百周年，要形成完善的党内法规制度体系。2013年，《中央党内法规制定工作五年规划纲要（2013—2017）》明确提出了"做好党内法规解释工作，保证党内法规制定意图和条文含义得到准确理解"。2018年发布的《中央党内法规制定工作第二个五年规划（2018—2022）》进一步强调，要"加大解释力度，推动党内法规全面准确理解和适用"。有学者指出，2020年之前的党内法规研究主要以"立规论"为研究范式，2021年之后的研究需要适时转向"释规论"的研究范式，助力党内法规学

---

* 尚千惠，甘肃兰州人，华东政法大学法学理论专业博士生，研究方向为党内法规学、法理学。

的独立生长。①

目前,我国已经初步形成了党内法规解释体系,《中国共产党党内法规制定条例》(以下简称《制定条例》)及《中国共产党党内法规解释工作规定》(以下简称《解释工作规定》)从解释的实体规定到程序运作,均作出了较为完善的体系化规定。通过知网以"党内法规解释"为主题搜索,2018 年至今共有二十余篇论文专门就党内法规解释在理论和实践层面的问题进行了探讨和研究。② 这些文章既立足于规范层面的党内法规解释制度,也结合实践中党内法规解释的运行现状,以完善党内法规解释制度及其运行为目的,主要包括四个方面:党内法规的解释功能、解释权配置、解释原则和解释方法。仅从数量上看,党内法规解释的关注度远远不足;从发表的期刊权威度上看,核心期刊的数量少之又少;探讨的深度和广度缺乏,对于实践中出现的解释新现象没有给予及时的探讨和阐释。因此,亟需建立健全党内法规解释制度体系,提高党内法规实施的明确性、精准性与合理性,使其不仅是"书本上的规",更是"行动中的规"。本文拟对此阶段的研究进行整体分析,梳理并总结理论成果和实践创新,就未来党内法规解释的发展方向及研究课题给予展望和期待。

一、党内法规解释研究的主题

党内法规解释的前期研究属于"破题"阶段,学界主要从党内法规解释的基础理论入手,涵盖了解释功能、解释权配置、原则、方法四个方面进行研究。

(一)厘清解释功能的内涵

党内法规解释功能是解释中的基础性问题,其功能取向决定了解释体制及机制设计。《制定条例》明确了"党内法规需要进一步明确条款具体含义或者适用问题的,应当进行解释"。根据现有的研究成果,党内法规解释功能可以总结为以下三个方面:明确功能、适用功能和补充功能。

---

① 参见章志远:《从立规论到释规论:党内法规研究范式的时代转向》,载《东岳论丛》2021 年第 6 期。
② 2018 年是党内法规研究的转折点,以中国知网为检索平台,2018 年之后的文章数量激增,也是研究党内法规解释的转折点。2018 年之前只有一篇文章和一篇硕士论文专门就党内法规解释规范化的问题进行了研究,参见孙才华:《论党内法规解释的规范化》,载《湖湘论坛》2017 年第 1 期;赵彩丽:《中国共产党党内法规解释制度研究》,华中师范大学 2017 年硕士学位论文。

1. 明确功能

明确功能是党内法规解释的基本功能,指制定主体对党内法规条文的抽象解释,对存在模糊性的条款进一步明确含义,以便指导实践的具体运用。大多数学者对这一功能持肯定观点,认为党内法规需要进一步明确具体含义的,应当作出具有普遍约束力的一般性解释。① "某些党内法规条款在实施过程中需要进一步界定范围、明确含义或处理尺度时,解释机关(含机构)往往会应适用机关的要求,对相关条款的理解与适用问题作出解释。"②如《关于执行〈关于对涉及农民负担案(事)件实行责任追究的暂行办法〉若干问题的解释》对于法规条文涉及的概念、责任内容和承担责任情形的具体细化、适用标准等进行系统解释。有部分学者对明确条文含义的功能提出了质疑,基于"党内法规原意的认知"与"党内法规意义的创生"两种解释功能的立场,提出"党内法规解释的功能是对法规原表达形式的替代""宣示党内法规的含义",认为党内法规的权威性决定了其条文本身具有准确性和明确性,并确立了"理解优先解释原则"。他们认为解释的目的不在于对条文含义的进一步明确和具化,而是在理解不能推动党内法规实践活动的基础上,对原本条文表述形式的转换,即党内法规解释是对党内法规含义的宣示。③

2. 适用功能

党内法规解释的适用功能,指抽象规范条文需要与具体的实践相结合,通过党内法规解释进一步明确法规条文在实践中的具体含义,保障党内法规的有效实施。规范确立的目的一方面在于树立标准、稳定秩序,另一方面是规范执行行为。习近平总书记指出,"法规制度的生命力在于执行。""现在,我们有法规制度不够健全、不够完善的问题,但更值得注意的是已有的法规制度并没有得到严格执行。"④有学者明确了党内法规解释是立规的延续。以苏绍龙和谭波为代表,认为党内法规解释是"党内法规制定的特殊形式"⑤"广义上的适用之一环"⑥"适

---

① 参见郭书辰、徐君婷:《简析党内法规解释的构建原则与方法》,载《中共乐山市委党校学报》2018年第1期。
② 孙才华:《论党内法规解释的规范化》,载《湖湘论坛》2017年第1期。
③ 参见王健芹、马尚:《党内法规解释功能的若干基础性问题研究》,载《学习与实践》2019年第11期。
④ 《习近平关于严明党的纪律和规矩论述摘编》,中央文献出版社、中国方正出版社2016年版,第89页。
⑤ 苏绍龙:《论党内法规的制定主体》,载《四川师范大学学报(社会科学版)》2018年第5期。
⑥ 谭波:《论党内法规解释权归属及其法治完善》,载《江汉学术》2018年第4期。

用的前提"①,并普遍强调了党内法规解释的适用功能,解释只有在结合具体实际情况的前提下才能更好地回应抽象规范与具体实践之间的紧张关系。还有学者指出,将党内法规解释与党内法规体系法治建设、执行权力规制联系起来,解释是党内法规体系法治建设的有益延伸,解释对党内法规的具体适用提供明确的指引和导向,并保障党内法治的实现。② 这恰好与党内法规解释是"立规的延续""适用的前提"这一观点遥相呼应。

3. 补充功能

党内法规解释的补充功能,指由于法规条文本身的漏洞或瑕疵,需要通过解释对条文进行补充和完善。有权威学者指出,立规者认识水平的局限或立规能力的不足,可能导致党内法规存在一定的瑕疵,并且这些瑕疵没有必要或不适宜通过修改党内法规解决。"通过党内法规解释,可以使党内法规条文的含义更加精确,有效消除规则内部的矛盾冲突,从而显著增强党内法规的科学性和适应性。"③如《中共中央组织部关于〈党政领导干部选拔任用工作条例〉若干问题的答复意见》对于原本条例中未明确关于市、县党政工作部门科级领导干部选拔任用的资格要求作出了具体的规定。有学者指出,当前的党内法规存在"立规制策"的空白与盲区,建成完善的党内法规制度体系,一方面需要范围全覆盖的党内法规规范,另一方面需要解释的填补和支撑。④ 还有学者指出,"当前《规定》明确党内法规解释内容仅包括进一步明确条款具体含义的或适用条款的,应当增加允许对党内法规的条文进行补充规定,以弥补党内法规条文不够完善的问题。"⑤

(二) 解释权归属及完善

《制定条例》与《解释工作规定》均明确了党内法规解释原则上由制定者解释,根据工作需要,中央党内法规可以授权给有关部委解释。学者们从理论层面上,结合实践的需求,对现行的解释权配置进行了探讨,主要分为两种模式:第

---

① 陈志英:《党内法规解释体制研究》,载《党内法规理论研究》2019 年第 2 期。
② 参见廖秀健、雷浩伟:《党内法规研究的新范畴与党内法治实现的新路径》,载《上海政法学院学报(法治论坛)》2019 年第 4 期。
③ 宋功德、张文显:《党内法规学》,高等教育出版社 2020 年版,第 299 页。
④ 参见廖秀健、雷浩伟:《完善中国共产党党内法规解释体系》,载《长白学刊》2019 年第 4 期。
⑤ 吕品:《关于党内法规解释制度建设的思考》,载《理论视野》2019 年第 4 期。

一,强调党内法规解释的权威性与适应性应当并存,解释权配置应当坚持以制定者解释为主;第二,强调党内法规解释的适用功能发挥,解释权应当下放给适用者解释。

第一种解释权配置模式基本上肯定了当前党内法规的制度安排,研究者从制定主体自身以及制定主体与解释主体之间的关系上论证其合理性。部分学者在对制定主体范围界定的同时,讨论制定主体与解释主体之间的关系,且普遍认为解释是制定的有机组成部分。以张晓燕、苏绍龙、周望以及绍帅为代表。张晓燕认为,制定主体必须由党章予以规定,当前《制定条例》所规定的制定主体,除了党的中央组织,关于中央纪委和党的国家机关的制定权均无依据可循。该学者还提出了党内法规解释是党内法规制定制度体系的有机构成,因此可以通过党章解释机制明确制定主体和解释主体的范围。[①] 苏绍龙认为,党内法规的制定主体依据规定或授权享有党内法规立、改、废、释审议批准权,即解释是制定的特殊形式。但是,中央纪委和党的国家机关经过授权解释中央党内法规时,不能认为其角色是制定主体,解释权与授权解释权本质上存在着效力上的差别。周望认为,广义上的制定活动包括了解释,虽然存在制定主体与解释主体不一的情形,但是党内法规制定的授权制度化为其提供了合理的解释,也为制定主体的扩容和多元化提供了制度依据。[②] 绍帅系统梳理了中央国家机关部门党委制定权的来源,并提出激活党内法规制定权条款,可以通过解释来细化完善党内法规授权工作规则。[③]

就第一种解释权配置模式来说,学者们分别对以下四个具体问题进行了探讨:第一,党章、准则解释主体的缺位。学者们普遍运用了规范分析的方法,梳理历史上和现行党内法规文本中的规定,并根据解释主体自身的职权职能进行分析,形成以下共识:其一,党章的解释主体在能够代表中国共产党的中央组织中选定;其二,中央委员会应当作为党章的解释主体;其三,党章和准则的解释主体均不应由《制定条例》予以规定。分歧在于,以孙才华、方世荣为代表的学者认为,党章的解释主体应当为中央委员会、中央政治局及其常委会;[④]以蒋清华

---

① 参见张晓燕:《论党内法规制定主体制度的规范化》,载《湖湘论坛》2018年第3期。
② 参见周望:《党内法规制定主体研究:制度、实践与法理——兼论〈中国共产党党内法规制定条例〉的完善》,载《吉林大学社会科学学报》2019年第5期。
③ 参见绍帅:《中央国家机关部门党委党内法规制定权条款探析》,载《大连海事大学学报(社会科学版)》2020年第8期。
④ 参见孙才华、方世荣:《中国共产党党程解释主体的确定》,载《理论月刊》2016年第10期。

为代表的学者认为,中央政治局的权力功能属性更为符合解释及时性和经常性的需求,作为党章的解释主体更为合适。同时,蒋清华借鉴黎巴嫩、西班牙共产党的党章委员会模式,提出在适当时候建立我国的党章委员会作为监督保障党章实施的机构,在中央政治局及其常委会领导下,具体承担统筹开展党章教育、研究党章修改、进行党章解释、加强党章监督等工作职责。① 王健芹认为,基于历史传统和工作惯例,中央纪委可以作为党章的解释主体,党中央是准则的解释主体,应当在党章中予以规定;②谭波认为,准则应当由中央纪委进行解释。③ 第二,授权解释主体范围不清。《解释工作规定》第三条规定:"党的中央组织可以在其制定的党内法规中授权有关部委进行解释。"授权主体原则上应当限于党的最高领导机关,即党的全国代表大会和它所产生的中央委员会。周望认为,根据党章规定:"中央政治局和它的常务委员会在中央委员会全体会议闭会期间,行使中央委员会的职权。"因此,中央政治局、中央政治局常务委员会也可以成为授权主体。④ 第三,"有关部委"的含义不明确。《制定条例》规定中央党内法规可以授权"有关部委"进行解释,但没有明确其具体的范围,党中央部委和国务院部委是否都包括在内存在争议。王健芹从实践和规范依据的角度对受权主体的范围作了规定,认为中央纪委、党中央工作机关、党中央直属事业单位和有关政府主体都可以作为受权主体。⑤ 第四,授权规则的提炼。中办法规局对《解释工作规定》所作的释义中规定,"有关部委"一般指中央党内法规的起草部门或牵头执行部门,他们或是参与了整个党内法规的制定过程,或是在党内法规执行的实践中承担主要的职责。授予特定主体以解释权,能够保证党内法规解释既是现实的、及时的、常态化的,又具有合理性和权威性。⑥ 谭波提出,目前解释权归属的分散明显阻碍党内法规的准确适用,应当"以党内法规所涉及的内容来进行解释权主体的分类完善"。⑦ 苏绍龙总结了党内法规的制定实践,归类整理了以"惩戒、党的组织、干部任免、统一战线工作"等为具体工作内容的党内法规,认为我

---

① 参见蒋清华:《新时代〈中国共产党章程〉保障专门制度论纲》,载《河南社会科学》2020年第8期。
② 参见王建芹、马尚:《党内法规解释权配置若干问题探讨》,载《理论与改革》2020年第1期。
③ 参见谭波:《论党内法规解释权归属及其法治完善》,载《江汉学术》2018年第4期。
④ 参见周望:《党内法规制定主体研究:制度、实践与法理——兼论〈中国共产党党内法规制定条例〉的完善》,载《吉林大学社会科学学报》2019年第5期。
⑤ 参见王建芹、马尚:《党内法规解释权配置若干问题探讨》,载《理论与改革》2020年第1期。
⑥ 参见中共中央办公厅法规局:《中国共产党党内法规制定条例及相关规定释义》,法律出版社2020年版,第198页。
⑦ 谭波:《论党内法规解释权归属及其法治完善》,载《江汉学术》2018年第4期。

国党内法规制定和解释主体的规定基本是以内容的板块划分为依据。①王浩、唐梅玲提出,党内法规的解释主体可以根据党内法规的组织、领导、自身建设和监督保障等内容,进行对应的解释权配置。②第五,共同解释缺乏规范化和体系化,学者们结合党内法规在附则中对共同解释或授权共同解释的表述形态以及共同解释的应然分类进行研究,以明确共同解释各主体之间的分工。例如,苏绍龙和高欣然系统梳理并归纳总结出实践中党政共同解释的四种类型和共同解释的条款表述模式;③另一位学者指出,党内法规的联合解释可以借鉴国务院议事协调机构的模式,建立有职权但无编制、无人员的党内法规联合解释委员会,以联合解释委员会的名义统一下发。④

第二种解释权配置模式的构想是从实证分析出发,阐明仅有"谁制定,谁解释"的立规解释原则并不能完全支撑实践的需要,认为应当建立由适用者解释的执规解释模式。对于适用者解释的限度,有学者认为解释权应当完全下放,由适用者解释更适应和符合解释的目的,对应实践的需求。"现有的解释体制在实践操作中容易使解释发展成为一项垄断性的权力行为,排斥了大多数实施者参与到党内法规解释工作中"⑤,因此不符合民主集中制的原则,限制了解释过程中的主体权利和主体创造力。要突破"谁制定,谁解释"原则适用的局限性,将"谁适用,谁解释"的原则与前者并行,共同作为党内法规解释的基本原则。

(三) 明确解释原则

对解释原则进行探讨的必要性体现在:无解释原则,解释无以规范化;无解释原则,解释无以体系化。就目前对党内法规解释原则的归纳和提炼来看,存在以下几种观点:一是借鉴了法律解释原则的内容,肯定了党内法规解释活动与法律解释活动之间存在的共性,如合法性原则、合规性原则、合理性原则;二是由党内法规的政治属性是其根本属性,决定了将政治性原则作为党内法规解释的独特原则。章志远结合《制定工作条例》与《解释工作规定》,将党内法规释原则

---

① 参见苏绍龙:《论党内法规的制定主体》,载《四川师范大学学报(社会科学版)》2018年第5期。
② 参见王浩、唐梅玲:《论党内法规的解释主体》,载《黑龙江社会科学》2019年第5期。
③ 参见苏绍龙、高欣然:《论党内法规的解释权条款》,载《党内法规理论研究》2019年第2期。
④ 参见胡春辉:《中国共产党党内法规解释制度建设研究——以法律解释经验为借鉴》,载《学术探索》2019年第11期。
⑤ 陈志英:《党内法规解释体制研究》,载《党内法规理论研究》2019年第2期。

提炼为"政治属性与法律属性相结合原则""尊重原意与适应需求相结合原则""整体性与特殊性相结合原则"。① 金成波在借鉴法律解释有益经验的基础上，构建了党内法规解释原则，提出了"合法性原则、合理性原则、统一性原则和稳定性原则"。② 姚国建认为，党内法规解释原则必须要建立在充分了解党内法规自身特性的基础之上，提出了"政治性原则、合法性原则、合规性原则、合目的性原则、必要性原则、明晰性原则"。③ 廖秀健基于党内法规解释学的学科范式，提出了"忠于文义、忠于事实"的论述原则。④ 根据《解释工作规定》与《制定条例》的规定与学者的观点，党内法规解释原则可以总结为政治性原则、合法性原则、合规性原则、合目的性原则与适应性原则。政治性原则是党内法规解释的首要原则。《制定条例》将"坚持正确政治方向，增强'四个意识'、坚定'四个自信'、做到'两个维护'"作为党内法规制定工作的首要原则。党内法规解释同党内法规具有同等效力，解释也应当将坚持政治性作为首要、根本和基础。合法性原则要求党内法规解释不得违背宪法和法律的规定，注重党内法规同国家法律衔接和协调。合规性原则要求党内法规解释应当建立在对党内法规含义的可能范围进行准确认知和把握的基础之上，不能突破条文应有的含义解释，保持党内法规制度体系的规范性和稳定性。合目的性原则要求党内法规解释必须符合制定目的和基本精神，坚持以党章为根本，坚持民主集中制。适应性原则强调立足现实，符合实践发展的需要进行解释。

（四）确立解释方法的适用

大多数学者认为，党内法规解释方法需要借鉴成熟的法律解释方法，文义解释、体系解释、立法者目的解释是党内法规解释的基本方法。特殊的如蒋清华通过合宪性解释，提出"合党章解释"的方法，但认为文义解释、论理解释等通用方法能够得出清晰解释结论的，不得再借合党章解释作出相反的解释结论。⑤ 除此之外，少数学者提出了立规史及立规资料解释、比较法解释与合宪性解释的适用。如廖秀健、雷浩伟认为，党内法规解释并非可以完全照搬法律解释方法，还

---

① 章志远：《从立规论到释规论：党内法规研究范式的时代转向》，载《东岳论丛》2021年第6期。
② 金成波、郭晓丽：《论党内法规解释制度的构建》，载《行政与法》2019年第9期。
③ 姚国建：《论党内法规解释原则的确立》，载《理论探索》2020年第1期。
④ 廖秀健、雷浩伟：《党内法规研究的新范畴与党内法治实现的新路径》，载《上海政法学院学报（法治论坛）》2019年第4期。
⑤ 参见蒋清华：《新时代〈中国共产党章程〉保障专门制度论纲》，载《河南社会科学》2020年第8期。

需结合党内法规政治属性偏强的特点进行自我调整。党内法规的合宪性解释是根据"宪法为上、党章为本"的基本要求延伸而来。①金成波基于法律解释者、解释文本和解释对象三者之间的关系,提出党内法规可以将立规者意旨、文本意图和解释主体意志作为解释的三个向度,分别对应原意解释、体系解释和论理解释三种解释方法。姚国建借鉴了学理上对于法律解释方法的分类,将党内法规解释分为文义解释、体系地位解释、立规史及立规资料解释、比较法解释、立规目的解释与合宪性解释,并针对不同时期的政治需求,契合党的事业发展需要和党的建设实际,适当采用扩大解释来实现从严解释之目的。②王健芹则立足于哲学诠释学的角度,借鉴了以伽达默尔为代表的现代哲学解释理论,提出要确立"理解优先解释原则""文义解释优先"原则,在充分尊重文本字面意图和立法者原意之基础上,慎用文义解释中的扩大解释和缩小解释。③

二、党内法规解释研究的特点

党内法规解释的研究成果各有特色,也有其共性,本文从研究主体、研究对象和研究方法三个层面总结其特点,并为后续深化与拓展奠定基础。

(一) 研究主体与方法的多元性

鉴于党内法规学科建设起步较晚,第一批培养的党内法规学博士生刚刚毕业,从年龄上,党内法规解释的研究主体总体偏年轻化,较多硕士生、博士生关注此课题过半数的研究成果来源于硕士生和博士生,其中硕士毕业论文就有九篇④。从研究主体的学科背景上,党内法规被普遍认为具有多学科融合属性,包括法学、政治学抑或公共管理学的研究者;而法学背景的研究者中,以宪法学者、法理学者、行政法学者为主。相较而言,法学研究者对党内法规的关注度较低。

不同学科背景的研究者往往使用不同的研究方法。本文以四位比较典型的

---

① 参见廖秀健、雷浩伟:《完善中国共产党党内法规解释体系》,载《长白学刊》2019年第4期。
② 参见姚国建:《论党内法规解释原则的确立》,载《理论探索》2020年第1期。
③ 参见王建芹:《重新认识党内法规解释的功能及其限度》,载《党内法规理论研究》2019年第2期。
④ 参见周峻逸:《党内法规解释制度研究》,河北大学2020年硕士学位论文;刘麒:《党内法规解释制度研究》,山东大学2019年硕士学位论文。

具有不同学科背景的研究者为对象,分析宪法学、行政法学、法政治学和政治学研究党内法规解释的特点。蒋清华具有宪法学学科背景,该学者对新时代下党章的保障分别借鉴了宪法修改、宪法解释、合宪性审查等宪法理论和制度,提出党章监督保障的配套机制。王健芹具有行政法的学科背景,融合西方法律思想在其研究成果之中,始终从西方文明视角来研究党内法规和国家法律,其援引了西方诠释学的观点,从党内法规解释功能的存在基础、前提条件、立场选择及具体指向等四个方面入手,旨在科学把握党内法规解释功能的内涵及定位,指导党内法规解释活动的顺利开展。施新州具有法政治学的研究背景,该学者在分析梳理党内法规制定工作历史沿革时,立足于党的政策思想和路线,认为党内法规解释是党内法规制定工作运行机制的有效一环,从系统性和协同性、价值性与技术性,合理性和内容实用性,以及党内法规工作实践与理论研究有机结合的层面进行研究。[1] 张晓燕具有马克思主义理论和政治学的研究背景,结合其长期从事的党建教学科研工作,指出党章和党内法规实施执行过程中所形成的那些片面的、偏颇的理解,并运用其政治学思维,从充分贯彻落实党中央方针政策的角度,提出具有建设性的党内法规解释的建议和构想。[2]

党内法规学科属性的交叉和融合给研究者也提出了更高的要求,研究者必须从多学科的角度,综合运用法学、政治学、社会学、管理学等研究范式,探索党内法规研究的专属进路。就党内法规解释的研究,应当以法律解释学、民法解释学、宪法解释学、行政法解释学以及刑法解释学的理论体系为基础,融合政治学的思维,深刻理解和把握党深厚的历史传统,立足党的建设实际与实践需求,构建具有中国特色的党内法规解释研究进路。

(二) 聚焦于规范层面的研究

当前对党内法规解释的研究,主要运用历史分析与规范分析的方法。部分文献立足历史的维度,通过对党内法规解释工作的回顾,归纳整理 1990 年以来党中央的政策方针和指示以及党内法规解释的内容、形式、体制的历史变迁和实践样态。部分文献基于"共产党员网党内法规制度库""中国共产党新闻网党内规章选编""北大法宝法律法规库"以及中纪委国家监委网站的党规党纪数据库

---

[1] 参见施新州:《党内法规制定工作发展趋势展望》,载《行政与法》2019 年第 9 期。
[2] 参见张晓燕:《关于党内法规制度实施体系建设的思考和建议》,载《理论学刊》2017 年第 5 期。

等文献库中选取的较为典型的党内法规解释文件,从党内法规解释数量和涵括的范围上得出"党内法规活跃性不足"的结论,并从对比分析解释的发文文号、文体格式、解释的内容,对党内法规解释作出类型化划分。两类文本分析的框架均致力于解决当下党章、准则解释主体缺位、解释形式的复杂和混乱以及解释工作机制不健全的问题,对解释工作的规范化和体系化具有重要的实践意义。

研究的缺陷在于理论和实证研究不足。理论方面,党内法规解释的性质、功能定位不清。有些学者将其直接置于法律解释的框架下思考,未免只是披上了法律解释的外衣,并未关注党内法规解释自身的特殊性。解释既是一个哲学概念,也是法学概念。不同话语体系下,解释的意蕴也有所区别。党内法规解释在哲学和法学概念之上还具有浓厚的政治色彩,准确定位党内法规解释的功能是构建党内法规解释工作机制的重要基石。实证方面,由于党内法规解释自身活跃度不足,实践中具有普遍效力的正式解释较少,非正式的释义、解读,或学理解释较多,可供学者分析和观察的样本和案例受限,无法进行充分的实证研究。以上两个方面的研究困境,导致党内法规解释应有的功能未能在党内法规制度体系及其实施运行的过程中完全彰显。

三、党内法规解释研究的现状述评

基于以上的研究现状分析,当前的研究不足之处体现在三个方面:基础理论问题探讨不深入,研究重点不足,研究精细化缺乏。对研究现状的述评有利于为完善党内法规解释制度体系明确目标并指明方向。

(一)党内法规解释基础理论问题探讨不深入

现有研究基本聚焦规范文本,探讨较多地集中在党内法规解释权归属问题上,对党内法规解释的功能、性质等理论问题的探讨明显不足。党内法规解释与法律解释的异同何在、党内法规解释体制的安排遵循了何种原则等前提性问题和基础理论问题都没有得到较多的关注。对于党内法规解释权配置出现的一系列问题,应当追溯至党内法规解释的性质、功能、原则、方法问题的原探讨。若对实践现象的挖掘已足够深入,但忽视了对理论问题的研究,可能导致解释制度根基不稳,无法对其日后的制度健全和完善提供充分的理论指导。

党内法规解释应当回归到对其性质的探讨。党内法规兼有政治属性和规范属性,解释本身作为一项适用性极强的理论和制度,不能一味偏颇其适用性,将解释权授予党内法规适用机关解释,而应当借助于规范的利益衡平功能,调和党内法规解释权威性与增强适用性之间的矛盾。适当借鉴法律解释效力的理论,探讨党内法规解释的效力问题,为党内法规解释制度和规范体系的健全和完善奠定理论基础。

(二) 党内法规解释研究的重点不足

党内法规适用必然涉及与国家法律之间的衔接和协调问题,主要集中在党的领导领域。因此,党内法规解释应当发挥党内法规体系与国家法律体系和谐融洽的桥梁作用。现有的研究很少关注到实践中党内法规与国家法律在适用时产生的错位与脱节,如《中国共产党农村工作条例》第十九条规定:"村党组织书记应当通过法定程序担任村民委员会主任和村级集体经济组织、合作经济组织负责人,推行村'两委'班子成员交叉任职。"这一规定旨在加强农村党的建设,是贯彻党的全面领导的具体举措,但该条规定的内容与村民自治的相关法律规定之间、与村民及集体经济组织的选择权之间,似乎存在一定程度的差异与分歧。运用何种方法解释、如何解释党内法规以增强两个体系之间的融洽性,是值得重点关注的课题。

党内法规是中国特色社会主义法治体系的重要组成部分,党依法执政既靠国法又靠党规,二者在调整范围重叠和交叉领域"分工明确、各有侧重,或主或辅,交替主导,紧密衔接,相互促进"。[①] 党内法规与国家法律之间密不可分的关系,决定了党内法规解释的研究需要以一定的法律解释理论为支撑。基于全面依法治国的系统性、协调性,完善党内法规解释体制不仅是健全党内法规制度体系的要求,更是协调党内法规和国家法律的重要保障。总结现有的研究,党内法规解释与法律解释之间的衔接和协调应当注重以下两点:第一,党内法规解释必须在宪法和法律范围内进行,遵守法律保留原则,不得违背法治精神及要义。第二,保持党内法规解释权与国家法律解释权的衔接,重点在于协调党政联合制定的党内法规解释权的归属关系。

(三) 党内法规解释研究的精细化缺乏

现有研究主要集中于党内法规解释制度的本体论,研究并不深入,且精细化

---

① 宋功德:《党规之治:党内法规一般原理》,法律出版社 2021 年版,第 605 页。

缺乏，忽视对解释配套制度和相关案例的研究。党内法规解释的运行机制及相关配套制度，是党内法规解释体系化、规范化的重要保障。现行有效的党内法规解释，多是2012年以前对《中国共产党纪律处分条例》适用及案例适用的解析，较为分散。2012年以来，正式发布的党内法规解释数量极少，但中纪委国家监委网站经常以法规释义、案例解读等形式发布对党内法规的解释，还发布了四批"执纪执法指导性案例"。根据2013年、2018年颁布的两部规划纲要对党内法规解释的规定，从"做好党内法规解释工作，保证党内法规制定意图和条文含义得到准确理解"的要求，转向"加大解释力度，推动党内法规全面准确理解和适用"，党内法规解释的实践面向愈来愈强，不断适应党内法规制度体系形成后转向适用的要求。因此，党内法规解释应当将重心转向对党内法规适用的解释，紧密结合实践中的案例、事例，重点关注党内法规解释相关配套制度规定，如指导性案例制度、法规释义制度等。

四、党内法规解释研究方向的总体展望

在配合"加大解释力度，推动党内法规全面准确理解和适用"要求的当下，党内法规解释的地位和功能应当得到特别的关注，逐步实现从形成完善的党内法规制度体系到有力的党内法规实施体系的转变，充分发挥党内法规解释连接上下、衔接内外的作用。

（一）健全和完善党内法规解释体制的研究

2019年修改后的《制定条例》第三十四条进一步明确了"授权"与"立规者"解释并行的制度安排，规定"中央党内法规由党中央或者授权有关部委解释……中央纪律检查委员会以及党中央工作机关和省、自治区、直辖市党委制定的党内法规由制定机关解释"。与国家法律体系中以全国人大常委会为主导、各机关分工配合的法律解释制度相类似，党内法规解释制度亦表现出一种"以党规制定机关为主导、授权解释机关并行"的"二元多级"党内法规解释主体安排。"二元"是指分别由制定者和受权主体解释的体制，"多级"是指从党中央、中央各部门到省、自治区、直辖市党委都可制定党内法规解释。"二元多级"的解释体制以忠于立规原意和适应党的事业与实践发展需要相结合为构造逻辑，既确保党内法规解释体现党中央意志和集中统一领导，也要具备适应性，以确立明确、稳定的规

范依据来指导实践中的法规运行。

构建"二元多级"的解释体制,是党内法规政治属性的必然要求。宋功德指出,党内法规的政治属性是其本质属性。① 不论是《制定条例》还是《解释工作规定》,都将"坚持正确的政治方向,体现政治意志性"作为首要原则,这是中国共产党通过其特有的政治功能、组织体系以及法规制度保障政治权威性的体现。第一,中国共产党具有强大的政治动员能力和利益整合功能。体制上,党通过国家政权有效整合社会资源,集聚社会力量,凝聚共识,国家制度体系相关规则构成了政党运转的前提。其次,中国共产党是遵循民主集中制的根本组织原则建立起来的政党,组织体系的稳固性从根本上保障了党的权威性获得。从纵向上的中央领导权、地方领导权和基层领导权,整体上权力配置自下而上集中于党中央,横向上包括党内权力和党领导国家的权力。政治权威是一种政治力量和政治影响力,是政治生活中依靠公认的威望和特殊的地位而得到的人们的自愿服从。② 政治权威与政治权力具有密切相关性,权力所具有的强制力和约束力是政治权威性的来源③,政治权威的形成通常要借助权力的手段,同时政治权威又是政治权力最有效能的表现方式。因此,党的中央组织、地方省委和基层党组织在其地域内的"全权性"和在整个政党权力体系中的优越性,保障了党中央的绝对权威。④ 第三,制度治党是中国共产党的建设经验总结。党的十九大报告提出了"加快形成覆盖党的领导和党的建设各方面的党内法规制度体系"的时代任务:"只要党的领导和党的建设活动推进到哪里,全面从严治党就延伸到哪里,党内法规制度建设就跟进到哪里,制度治党的强烈信号和强大威力就释放到哪里,制度权威和规矩意识就强化到哪里。"⑤解释目标与规范目的的统一性在于共同服务于规范的有效适用与规范治理的价值目标,以形成有序的治理环境。党内法规解释制度的政治性和权威性必须通过构建系统的党内法规解释体制实现,从而保障党中央对解释工作的集中统一领导。

构建"二元多级"的党内法规解释体制,也是党内法规解释具有适应性的前提。党的建设实际情况复杂多变,党内法规总是具有滞后性,规范的内容难免无

---

① 参见宋功德:《党规之治:党内法规一般原理》,法律出版社2021年版,第54页。
② 参见王邦佐:《政治学辞典》,上海辞书出版社2009年版,第159页。
③ 马克思与恩格斯的"权威"思想指出,"这里所说的权威,是指把别人的意志强加于我们;另一方面,权威又是以服从为前提的。"参见《马克思恩格斯选集》(第3卷),人民出版社2012年版,第274页。
④ 参见杜强强:《议行合一与我国国家权力配置的原则》,载《法学家》2019年第1期。
⑤ 宋功德:《坚持依规治党》,载《中国法学》2018年第2期。

法适应党的建设实际需求。解释党内法规能够明确条文含义、弥补法规漏洞,为党内法规执行提供更为明确稳定的制度依据。"二元多级"解释体制中,中央党内法规可以根据实际工作需要授权有关部委解释。"有关部委"一般是指中央党内法规的起草部门或牵头执行部门,其参与党内法规制定的全过程,对党内法规的制定目的、出台背景、制度设计的内在考虑等较为熟悉和了解,了解实践中党规运作的实情,因此作出的解释也更具有实践面向。《解释工作规定》根据解释适应性的特征,还规定了授权多个部委共同解释的情形。现行有效的党内法规中,主要有三种共同解释的模式:"并列"型共同解释(中央部委并列/中央部委与国务院部委并列)、"会同"型共同解释(中央部委之间会同/国务院部委之间会同/中央部委与国务院部委之间会同)、"商"型共同解释(中央部委机关之间商/国务院部委向党中央部委机关商/国务院部委与中央部委共同商)。授权解释模式的多样化,既是中国共产党不断探索治国理政新经验、日臻走向成熟的标志,也是党内法规数量激增、影响范围不断外溢的体现。就解释体制自身的稳定性和明确性来说,应当由《解释工作规定》对具体的解释规则予以细化,规范授权主体、授权行为,以便于解释工作的具体开展。

(二)增强党内法规解释性质的研究

立规论向释规论的研究范式转向,必然要求增强党内法规解释的适应性。立规论是健立健全党内法规制度体系的主要研究范式,释规论的研究范式主要针对解决党内法规如何更好地实施运行的问题。党内法规的适用必然伴随着理解党规条文,理解则需要借助解释的方式实现。伽达默尔认为,理解、解释和应用是三位一体的过程,"我们不仅把理解和解释,而且也把应用认为是一个统一的过程的组成要素……应用,正如理解和解释一样,同样是诠释学过程的一个不可或缺的组成部分。"[①]党内法规的解释活动必然包含对法规的理解和应用,脱离了应用的纯粹的解释活动便失去了意义。司法机关适用法律的过程,也是对法律解释的过程。党内法规解释不同于法律解释,其政治性的根本属性决定了不能将权力完全下放由适用者解释,但具体的解释工作可以由执行机关承担,这是党内法规解释权威性与适应性相结合的独特制度安排。党内法规解释要遵循《制定条例》规定的基本原则,其中第七条规定了"坚持从党的事业发展需要和全

---

① [德]伽达默尔:《真理与方法》(上卷),洪汉鼎译,上海译文出版社 2004 年版,第 399 页。

面从严治党实际出发"。因此,党内法规解释要主动适应党的事业发展需要、党的领导和党的建设实际,对党内法规含义作出与时俱进、符合实践需求的解释,从而有助于保障党内法规本身的稳定性,维护党内法规权威,也有利于发挥党内法规对实践的引领推动和保障作用,促进党的事业发展。①

一是要结合执行的实际情况,明确条文含义。《中国共产党纪律处分条例》(以下简称《纪律处分条例》)先后于 2015 年、2018 年两次进行修订并重新印发。对比 2018 年与 2015 年两个版本,明显看出条款更加细化,内容更加充实,更加反映了全面从严治党的新实践需要,充分体现了党中央与时俱进推进全面从严治党、依规治党事业的坚定决心和意志。但对于其中某些条款的具体适用,还需要通过解释以明确。例如,《纪律处分条例》对某些违纪行为的具体情形规定较为模糊,对于条款中的政治性语言(如"对党不忠诚不老实")、道德性概念(如"社会公德、家庭美德")、评价性用语(如"情节严重""从轻""从重"),需要综合考量不同的因素。《纪律处分条例》第四十八条规定"收受可能影响公正执行公务的礼品、礼金",对于"可能影响"的认定需综合考量"收受次数""收受金额""是否系党的十八大之后仍不收敛、不收手"等重要因素;《纪律处分条例》第五十一条规定:"对党不忠诚不老实,表里不一,阳奉阴违,欺上瞒下,搞两面派,做两面人,情节较轻的,给予警告或者严重警告处分;情节较重的,给予撤销党内职务或者留党察看处分;情节严重的,给予开除党籍处分。"对于"情节较轻""情节较重""情节严重",应当结合行为过程和结果的相关情节共同认定,如《中央纪委审理室关于审核处理党员参加赌博案件如何把握〈中国共产党纪律处分条例〉第一百六十二条第二款规定的几点意见》中运用的解释方法。

二是要在运行机制上保障党内法规的适应性。党内法规解释的启动分为主动解释与被动解释两种方式,前者即解释机关根据工作需要,主动对党内法规作出解释,此类解释多系党内法规解释机关系统总结某一党内法规实施过程中需要解释细化的内容,对"党内法规执行过程中具有普遍性的问题"作出具有重复适用效力的、使用"解释"名称的党内法规解释,通常表现为抽象解释;后者一般为解释机关基于同级党的机关或党组(党委)的请求、下级党的机关或党组(党委)的请示,就"具体问题"作出解释,是使用"批复"或"答复"名称的党内法规解

---

① 参见中共中央办公厅法规局:《中国共产党党内法规制定条例及相关规定释义》,法律出版社 2020 年版,第 201 页。

释，即解释机关的具体解释。党内法规解释依托于特有的实体和程序的规定，区别于党内法规的制定和修改。实体上，党内法规解释以适应政党实践而生，将不确定的概念和表述具体化，探明模糊、抽象、静态的法规条文的真正意旨，激活党内法规的整体适用。将现实需要而党内法规未规定的，归于党内法规的制定或修改；将确定抽象性党内法规实施方式的，归于党内法规实施程序予以解决。基于当前立规技术的限制，成文的法规必定在一定程度上滞后于实践的发展，而党内法规的制定和修改往往要经过严格的程序论证和冗长的周期。因此，在不损及党内法规权威以及保持其稳定性之基础上，确保党内法规持续发挥效力的有效途径就是解释，《解释工作规定》明确了解释要经过提议、审查、论证、审议、批准、备案的程序。要适当缩短一部解释出台的周期，以尽快为实践提供制度保障。

（三）细化党内法规解释原则的研究

党内法规的滞后性在制定后就必然存在，实践的发展必然导致出现党内法规制定时没有预见的新情况。在这种情况下，只要符合党内法规的制定目的和基本精神，且能够为党内法规本身的规定所包容，就可以通过党内法规解释，以明确应当适用的具体条款，避免党内法规频繁修改，损害其权威性。如 2010 年 5 月 7 日中纪委印发的《党员领导干部违反规定插手干预工程建设领域行为适用〈中国共产党纪律处分条例〉若干问题的解释》，2010 年 6 月 9 日中纪委印发的《用公款出国（境）旅游及相关违纪行为适用〈中国共产党纪律处分条例〉若干问题的解释》，等等。通过个案的精准化解释和具象化适用的党内法规解释，才能真正落地生根。根据《解释工作规定》第四条规定，解释党内法规应当遵循"忠实于党内法规原意，适应党的事业发展需要和党的建设实际，不得违背党内法规的制定目的和精神"的原则。由此可以得出，党内法规解释需要处理好特殊性与整体性之间的关系。①

一方面，要着眼于党内法规的制定目的和基本精神进行体系解释，坚持系统的思维，对于同一党内法规中的不同条款间，以及不同党内法规中就同一事项作出具有关系的条款间进行理解。不能局限于某一条款的个别化理解，从而忽略了各条款间以及各党内法规间的内在联系和整体上的内在一致性。特别是对某

---

① 参见章志远：《从立规论到释规论：党内法规研究范式的时代转向》，载《东岳论丛》2021 年第 6 期。

一具体条款可能存在不同理解时,需要综合判断,作出更加符合党内法规的制定目的和基本精神的解释。如"云南绥江县两名党员干部因拒绝组织提拔而被严肃处理"一案中①,绥江县纪委常委会会议根据《纪律处分条例》和《中国共产党问责条例》(以下简称《问责条例》),决定给予钟尚敏党内警告处分,给予宛辛勤全县通报问责,并建议县政府将其调离县财政局;同时,绥江县财政局党组被全县通报问责。这里涉及三个问题:

第一,《纪律处分条例》第七十二条"拒不执行党组织的分配、调动、交流等决定",是指党组织正式作出的最终决定还是包括拟作出决定之前的过程性行为?第二,《问责条例》第五条规定"问责对象是党组织、党的领导干部",那么县财政局的科员和股长能否解释为领导干部?如果说对县财政局党组的通报能够适用《问责条例》相关条款规定的话,那么对并非"党组织领导班子主要负责人和班子成员"的案涉当事人的相关处分是否主要依据的还是《纪律处分条例》?第三,中共中央办公厅2018年印发的《关于进一步激励广大干部新时代新担当新作为的意见》中的第四项和第六项分别指出"切实为敢于担当的干部撑腰鼓劲。建立健全容错纠错机制"及"满怀热情关心关爱干部。坚持严格管理和关心信任相统一",以上两项是否能够结合建立容错机制的目的解释?2016年的政府工作报告将容错机制引申到行政层面,主要是由于干部队伍中存在"不作为、不会为、乱作为"或"不敢作为"的情况,要求政府在行政层面要存有宽容,建立容错机制,让干部"能作为、敢作为"。② 因此,容错机制不仅是针对敢于担当的干部在改革创新中出现失误或错误的情形,还应当从激励关怀帮扶干部的角度,给予其纠错的机会,如该案中的两名女干部因为生活中出现困难而"不敢作为"。基于此,对案涉当事人进行相应处理后是否就不能再提拔使用?有关"帮助干部汲取教训、改进提高,让他们放下包袱、轻装上阵"的规定,能否在《党政领导干部选拔任用工作条例》等相关党内法规中得以体现,从而实现党内法规制度体系内部的协调统一?

另一方面,党内法规解释应当立足于中国特色社会主义法治体系的角度,处理好党内法规与国家法律之间的关系。《制定条例》第七条规定"坚持党必须在宪法和法律的范围内活动,注重党内法规同国家法律衔接和协调",维系党规和

---

① 朱鹏、钰轩:《工作安排不容挑肥拣瘦》,载《中国纪检监察报》2019年7月19日。
② 《政府工作报告——2016年3月5日在第十二届全国人民代表大会第四次会议上》,载《中国政府网》http://www.gov.cn/guowuyuan/2016-03/05/content_5049372.htm。

国法的和谐关系,需要解释党内法规以促进形成对制度的统一理解和适用。例如,《中国共产党农村工作条例》第十九条规定:"村党组织书记应当通过法定程序担任村民委员会主任和村级集体经济组织、合作经济组织负责人,推行村'两委'班子成员交叉任职。"这一规定旨在加强农村党的建设,是加强党的全面领导的贯彻之举。但其是否与村民自治的相关法律规定之间、与村民及集体经济组织的选择权之间,还存在理解适用层面的差异与分歧？党内法规与国家法律应当对同一事项作出同一规定,或不违反制定目的和基本精神的类似规定,避免因规定之间的冲突而导致实践中适用规范的无所适从。"生态环境治理中政治系统与法律系统的双向互动和相互构造,为其他领域国家治理体系的完善与优化提供了有益的参照与借鉴。"[1]生态环保领域是涉及民生和人民利益的重点领域,中国共产党在领导生态环保领域的过程中形成了妥善处理党规与国法关系的有益经验。如何在其他制度领域保持党规与国法和谐有序的关系,需要进一步总结提炼政党治理的经验,运用释规论的研究范式,为处理类似的冲突分歧提供基本的制度遵循。

---

[1] 陈海嵩:《生态环境政党法治的生成及其规范化》,载《法学》2019年第5期。

协同主义下法官释明权之省思与完善

王振玮*

摘 要：我国现行法官释明权存在着释明权范围狭窄、释明权行使时机不明确、对平等原则的矫枉过正、二审对诉讼请求进行释明不当等问题。法官释明权制度功能缺位,源于对法官释明权所依托之诉讼模式及法官释明权自身属性的忽视。我国正处于由职权型向协同型转变期,协同型民事诉讼中法官与当事人的协同作用体现在：事实解明方面,以当事人为主,法官为辅,协同探明案件事实原貌；法律适用方面,理性沟通,充分讨论,对案件进行妥当裁判。为确保法官释明权有效发挥协同型民事诉讼中法官与当事人间的协同作用,应确立尊重当事人程序主体地位、法官中立、适度释明的原则,同时适当扩大释明范围、明确释明时机、合理确定二审应释明的对象以及确立法官不当释明的救济措施,为法官释明权协同作用的发挥提供行为规范。

关键词：诉讼模式　法官释明权　协同主义

引言

　　法官与当事人的权限划分是诉讼的中心问题,围绕该问题形成了辩论主义与职权主义的两端对立。古典辩论主义将案件事实的解明完全交由当事人,法官恪守不介入的要求。然而,古典辩论主义假定的当事人平等基础已不复存在,由此需要法官对当事人的诉讼活动予以介入。法官释明权就是于这种背景下产

---

* 王振玮,男,西南政法大学硕士研究生,研究方向为民事诉讼法学。

生,以反映法官的辅助机能。①

　　法官释明权是民事诉讼中的基础性制度,被称为民事诉讼的大宪章,为法官在诉讼中的释明行为提供了规范指引,但其亦有被滥用的风险,因此需要对法官释明权制度进行规范,明确法官释明权的性质、边界,使其能够有效调动民事诉讼的活性。2002年《最高人民法院关于民事诉讼证据的若干规定》(以下简称《民事证据规定》)首次在立法层面规定了法官释明权的内容,其后2020年《最高人民法院关于民事诉讼证据的若干规定》(以下简称《新民事证据规定》)第五十三条②将《原证据规定》第三十五条③规定的法官向当事人告知变更诉讼请求予以删除,转而规定将涉法律关系性质或民事行为效力的问题作为争议焦点审理。由于释明在理论和实践中争议较大,最高法院取消了向当事人告知的规定,进而回避释明在实践中可能的问题。④ 这种回避的做法是否真的能够起到预期的效果是存疑的。法官释明权之意旨乃法官与当事人相协同,此种协同作业是由法官释明权所依托之模式预设。换言之,法官释明权制度之设定需考虑到模式调整的制度环境,亦即符合我国当下民事诉讼模式转换的要求。同时,法官释明权的妥当行使需要回归法官释明权本身,于法官释明权制度中寻求我国语境下的规范适用。

一、我国法官释明权的现状检视

　　意欲完善法官释明权制度,必先对我国法官释明权制度现状进行检视。因此,本文首先对我国法官释明权制度的立法表述与司法实践进行梳理,并基于此分析我国法官释明权所面临的制度困境与行使难题。

(一) 我国法官释明权的立法表述

　　2002年《民事证据规定》首次规定了法官释明权,其后2020年《全国法院民

---

① 参见唐力:《辩论主义的嬗变与协同主义的兴起》,载《现代法学》2005年第6期,第78—80页。
② 《新民事证据规定》第五十三条:"诉讼过程中,当事人主张的法律关系性质或民事行为效力与人民法院根据案件事实作出的认定不一致的,人民法院应当将法律关系性质或民事行为效力作为焦点问题进行审理。但法律关系性质对裁判理由及结果没有影响,或者有关问题已经当事人充分辩论的除外。"
③ 《民事证据规定》第三十五条:"诉讼过程中,当事人主张的法律关系性质或民事行为效力与人民法院根据案件事实作出的认定不一致的,不受本规定第三十四条规定的限制,人民法院应当告知当事人可以变更诉讼请求。"
④ 参见最高人民法院民事审判第一庭:《最高人民法院新民事诉讼证据规定理解与适用》(下),人民法院出版社2020年版,第500—502页。

商事审判工作会议纪要》(以下简称《九民纪要》)、《新民事证据规定》等规范都对法官释明权的内容有所规定,各地区也进行了积极的试点工作。我国现行规范中,法官释明权可以从事实与法律两个方面进行梳理。

对案件事实的释明主要包括当事人举证、事实主张的和诉讼请求三方面。首先,关于当事人举证的释明。就现行立法以及地方试点工作,可从立案、立案后判决前、判决后三个阶段对其进行梳理。第一,立案阶段。《民事诉讼法》第一百二十三条对法院的立案程序进行了规定,第一百二十四条规定在出现主管、管辖和其他不予立案情形时当事人释明的要求。《民诉法解释》第二百零八条第二款要求法院在需要当事人补充相关材料时应及时告知,第二百零九条对诉状中"被告不明确"这一情形进行释明。《人民法院在线诉讼规则》第九条亦在当事人起诉材料不符合起诉要求时,要求法官向其一次性通知补正。这种一次性告知并补正的规定,与《关于人民法院推行立案登记制改革的意见》(法发〔2015〕6号)第三条的要求相一致。此外,《上海市高级人民法院民事诉讼释明指南》(以下简称《上海释明指南》)第四条针对诉状中当事人适格问题进行释明。第二,立案后判决前。这一阶段主要呈现出对当事人举证活动进行指导,如《民事证据规定》第三条规定了法官向当事人说明举证要求及法律后果,第三十三条规定了法官对举证责任分配、申请取证、逾期举证法律后果的释明。《浙江省高级人民法院关于规范民商事案件中法官释明的若干规定》(以下简称《浙江释明规定》)第二十条、《上海释明指南》第十条均细化了对当事人举证释明的具体行使方式,《浙江释明规定》第二十一条、《上海释明指南》第十二条细化了法官对举证责任分配及其理由向当事人进行释明[①],从而引导当事人围绕要件事实进行举证。《浙江释明规定》第二十五条要求法官在当事人提出的证据申请不符合《证据规定》时,告知当事人自行收集以及说明举证不能的后果。同时,这一阶段还包括了对待证事项鉴定的释明。《浙江释明规定》第二十八条要求法官在待证事项需要鉴定时,向当事人进行告知,《新民事证据规定》第三十条亦对需要鉴定事项的释明进行了规定。第三,判决后阶段。《浙江释明规定》第三十二条对裁判之后当事人上诉权利与逾期上诉法律后果进行释明,第三十三条、三十四条分别对不具有强制执行内容的裁判文书法律后果、具有强制执行内容的裁判文书法律后

[①]《上海释明指南》第十二条:"当事人对要件事实的举证责任承担有异议的,法官应明确告知当事人举证责任承担的理由,并告知其不遵从该种举证责任分配要求的后果。"

果进行释明。

其次,关于事实主张的释明问题。《原证据规定》第八条对拟制自认时法官充分说明和询问义务进行了规定。《浙江释明规定》第三十条对拟制自认进一步要求法官应明确告知当事人如其不作承认或否认表示,则可能会被视为对该事实的承认。《浙江释明规定》第三十一条结合《民事证据规定》第八条第四款(自认撤回)制度,具体分为对方当事人同意撤回自认时法律效果的释明和当事人不同意撤回但符合"重大误解"时告知对方当事人自认方有权撤回及撤回的法律效果。

最后,关于诉讼请求的释明问题。第一,诉讼请求释明的时机。《九民纪要》第三十六条规定法院应向原告释明增加或变更诉讼请求,一审如未释明,二审可直接释明并改判。第二,诉讼请求释明的类型。《九民纪要》规定了释明变更增加诉讼请求的情形。《民事证据规定》第三十五条规定了法院对当事人主张的法律关系性质、行为效力认识不一致时,向当事人释明变更诉讼请求的情形。《新民事证据规定》则将《民事证据规定》第三十五条法官向当事人告知变更诉讼请求的规定予以删除。观之各地法院试点规定,《北京市第四中级人民法院登记立案释明规则》(以下简称《北京释明规则》)第九条规定了当事人诉讼请求不明确、不充分、不正确时的释明。《上海释明指南》第六条亦对此作出同样规定。具体而言,规定了在当事人诉讼主张不明了、有歧义或自相矛盾等情形下,法院对当事人进行释明要求当事人将真实意思表示陈述清楚以明确诉讼请求并尊重当事人对自己实体权利的处分。

法律层面的释明可以理解为两个层面,一是法律释明,二是法律观点的释明(即法律观点开示)。法律释明和法律观点释明都涉及法律问题的解释与说明。法律释明是为了补偿当事人诉讼知识的不足,以抽象的当事人形象为出发点;法律观点释明于具体案件中将法官的观点予以开示。[1] 法律释明主要体现为法官对当事人权利义务的告知,如《民事诉讼法》第一百二十六条告知当事人诉讼权利义务、《新民事证据规定》第二条当事人举证要求及后果的说明等。《民事证据规定》第三十五条关于法律关系和行为效力不一致时的释明,是我国法律规范中法律观点释明的体现。法官对法律关系的性质、法律行为效力的判断,与法官法律观点是密切联系的。在某种意义上,法官对前者的释明也是法官对自身法律

---

[1] 参见任重:《法律释明与法律观点释明》,载《国家检察官学院学报》2020年第6期,第165页。

观点的开示。① 基于这种认识,《民事证据规定》第三十五条可以被认为是关于法律观点开示的规定,但是《新民事证据规定》将告知的表述删除。

(二) 我国法官释明权的司法运行

观之司法实践,以诉讼请求的释明为例。针对释明的时机,在上诉人陈小红、周小荣因与被上诉人张义斌、原审第三人周新发、陈良奇建设工程施工合同纠纷案中,衡阳市中级人民法院认为,"一审法院未向原审原告张义斌释明合同无效后变更诉讼请求不当,但根据民事诉讼法的相关规定,可由二审法院予以释明,鉴于张义斌并未提起上诉,其对一审判决并无异议,本院无需再行释明。"② 与之相应,马润琴与庆阳市峰华房地产开发有限公司合同纠纷上诉案中,庆阳市中级人民法院进一步指出,"一审人民法院经审查合同无效时,应依据《民事诉讼证据规定》第三十五条……向马润琴进行释明,要求其变更诉讼请求,但一审法院未进行释明,直接按无效合同的法律规定进行判决,导致本案判非所诉,属于程序违法。"③ 换言之,法院一审应当向当事人释明,如一审没有释明,则二审可以进行释明。同时,法院没有释明的瑕疵可以经由当事人责问权的放弃而得以治愈。与之相反,在刘安平与丁孝宁装饰装修合同纠纷上诉案中,庆阳市中级人民法院指出,"一审诉讼中,刘安平对装修工程质量提出质疑,经当庭释明,其拒绝申请鉴定,现其上诉提出'所做成的工程质量存在大量的瑕疵',要求鉴定的请求,不符合有关申请鉴定期限的规定,并且其已自行入住,视为其已对装修工程质量的认可,其现请求对装修工程质量进行鉴定无法律依据。"④ 简言之,法院认为当事人在一审中不回应法院的释明,则二审不对当事人进行释明。

关于法官向当事人释明。在马琳与贵阳白云金田房地产综合开发有限公司等环境资源污染损害赔偿纠纷上诉案中,贵阳市中级人民法院指出,"上诉人马琳与被上诉人金田公司之间系商品房买卖关系,与环境污染纠纷不属于同一法

---

① 参见黄松有:《和谐主义诉讼模式:理论基础与制度构建——我国民事诉讼模式转型的基本思路》,载《法学研究》2007 年第 4 期,第 23 页。
② 参见上诉人陈小红、周小荣因与被上诉人张义斌、原审第三人周新发、陈良奇建设工程施工合同纠纷案,湖南省衡阳市(2020)湘 04 民终 1164 号民事判决书。
③ 参见马润琴与庆阳市峰华房地产开发有限公司合同纠纷上诉案,甘肃省庆阳市中级人民法院(2014)庆中民终字第 132 号民事裁定书。
④ 参见刘安平与丁孝宁装饰装修合同纠纷上诉案,甘肃省庆阳市中级人民法院(2014)庆中民终字第 143 号判决书。

律关系,不宜在一案中合并审查、处理。故一审法院应当向当事人释明,由当事人明确选择本案诉请的法律关系。"①其认为,一审法院应当向当事人进行释明但未予释明,从而将案件撤销,由一审法院释明后进行处理。

关于法院向当事人释明后的处理。在法院对当事人释明变更诉讼请求后,法院存在着相异的处理。在刘成诉甘肃锦翔房地产开发有限公司等商品房预售合同纠纷案中,安庆市中级人民法院在向原告释明后,原告称"不变更诉讼请求,如果法院认为合同无效,应按无效判处",安庆市中级人民法院据此认为"在本院向刘成释明现有证据不能证明其与锦祥公司签订的两份合同为有效合同后,刘成向本院提交的书面材料虽称不变更诉讼请求,但同时认为若法院认为合同无效,可依据《商品房买卖合同解释》第九条的规定予以判处,对此可视为刘成对诉讼请求变更的意思表示"。② 与之相异,在海南嘉博投资开发有限公司与张小侠、海口南川实业有限公司、海南南国置业有限公司股权转让合同纠纷案中,最高人民法院认为"嘉博公司虽主张两被告的行为给其造成了巨大损失,但并未提供证据予以证明,也未提出赔偿损失的诉讼请求,且经原审法院释明后仍表示不变更诉讼请求。人民法院只能在当事人诉讼请求范围内作出裁判,对是否应当返还定金及双方是否存在违约的问题本案不予审理"。③ 更有甚者,在广厦建设集团有限责任公司诉陈华借款合同纠纷案中,杭州市西湖区一审向当事人释明"本案法律关系性质为建设工程施工合同而非借贷合同关系",当事人认为建设工程合同通过借贷协议拟制交付转变成新的法律关系,即借贷合同关系,不愿变更诉讼请求。一审就此驳回诉讼请求,二审认为当事人之间的法律关系转换为借贷合同,进而撤销一审。再审认为一审已经释明变更诉讼请求,当事人不变更诉讼请求,驳回其诉讼请求并无不当。④

(三) 我国法官释明权的问题反思

通过对我国法官释明权立法表述与实践运行的梳理可以看出,我国法官释

---

① 参见马琳与贵阳白云金田房地产综合开发有限公司等环境资源污染损害赔偿纠纷上诉案,贵州省贵阳市中级人民法院(2006)筑民一终字第144号民事判决书。
② 参见刘成诉甘肃锦翔房地产开发有限公司等商品房预售合同纠纷案,甘肃省庆阳市中级人民法院(2014)庆中民初字第15号民事判决书。
③ 参见海南嘉博投资开发有限公司与张小侠、海口南川实业有限公司、海南南国置业有限公司股权转让合同纠纷案,最高人民法院(2011)民二终字第10号民事判决书。
④ 参见广厦建设集团有限责任公司诉陈华借款合同纠纷案,浙江省高级人民法院(2010)浙商提民字第33号民事判决书。

明权在立法上存在制度缺位困境,而法官释明权的制度缺位,进而使得司法实践中呈现出一定的困境。接下来,本文将进一步对我国法官释明权的制度困境与行使难题进行剖析。

1. 我国法官释明权面临的制度困境

首先,诉讼请求释明的非一贯性。我国现行法律规范在诉讼请求释明方面态度不明。《九民纪要》虽仅为法院裁判说理的参考,但其表明了最高法院在相关案件中的裁判共识,对法官裁判具有隐形约束效果。《九民纪要》关于诉讼请求释明的规定对判别规范中诉讼请求的释明具有重要意义。在法官是否应当对诉讼请求进行释明这一问题上,《九民纪要》要求法官不能机械适用不告不理,应积极主动向当事人释明变更诉讼请求,以实现纠纷的一次性解决,而《新民事证据规定》则删去释明变更诉讼请求的规定。①《新民事证据规定》与《九民纪要》截然相反,这也导致法官释明权的范围模糊不清。《九民纪要》是以纠纷解决为旨趣,通过诉讼程序的扩容,实现纠纷的一次性解决。《九民纪要》是我国民事诉讼中纠纷解决理念不断扩大的体现。这一种纠纷扩大理念与原有制度的权利保护目的之间相性不佳,进而形成民事诉讼立法中诉讼请求释明的非一贯性。

其次,法律观点释明的未确立。法官释明权囊括了法律释明与事实释明两方面。从事实释明到法律释明,再从辩论主义范围的释明到处分权主义的释明,法官释明权范围呈现出不断扩大的趋势②,但我国现行规范的制度供给不足。如前所述,我国现行法律规范中存在着法律释明,如《民事诉讼法》一百二十六条告知当事人诉讼权利义务。但是,我国现行法律规范欠缺法律观点开示的规定。《民事证据规定》第三十五条在法律观点开示方面进行了尝试,《新民事证据规定》又将此删除,可以说我国在法律观点开示方面又回归空白。与法律释明不同,法律观点的开示伴随着法官于法律适用中的见解,这也意味着法律观点的开示可能会存在当事人对法官中立性的质疑。由此,最高人民法院对法律观点开示持保守态度,以至于将法律观点开示的规范予以删除。

最后,释明时机不清晰。从有关举证释明的时机来看,民事诉讼中法官可以在立案到判决整个阶段进行释明,关于判决后释明仅存在于地方试点规定。《原

---

① 参见任重:《我国新诉讼资料释明的反思与重构——以〈九民会议纪要〉与〈新证据规定〉为中心的解读》,载《当代法学》2020年第5期,第123页。
② 参见熊跃敏:《民事诉讼中法院释明的实证分析——以释明范围为中心的考察》,载《中国法学》2010年第5期,第140页。

证据规定》第三十五条对法官释明的时机并没有规定，也就是说在整个诉讼过程中，只要法官与当事人在对法律关系、法律行为的认识问题上存在不一致时，法官就应当释明，这种宽泛的规定是受到我国审前程序不完善、法官素质不高的影响。《九民纪要》第三十六条明确了民事诉讼二审程序的释明。《九民纪要》第三十六条第三款规定在当事人根据释明变更诉讼请求时，由法官将其列为争议焦点，但并不能由此看出该款规定的释明时机。虽然审前准备阶段会进行争议焦点的整理，但是在实践中，争点整理程序的随意性较大，有可能在庭审中进行。

2. 我国法官释明权存在的行使难题

法官释明权规范的缺位影响司法运行效果，这种制度困境对法官释明权行使的影响可以从以下几个方面展开。首先，对平等原则的矫枉过正。法官对一方当事人进行释明是为了弥补当事人诉讼能力的缺陷，使双方当事人能够在平等的基础上进行诉讼，因此不能将诉讼完全交由当事人主导。与此同时，法官对当事人的释明存在着潜在的负面影响，这种负面影响类似于经济学上的政府补贴，法官容易基于对当事人的同情而向其提供"补贴"，进而破坏民事诉讼中的当事人平等原则。司法实践中，法官在职权倾向下易于对当事人进行释明，从而使当事人对法官释明的正当性产生质疑。[①] 当事人之平等不仅表现在横向上当事人之间的能力相近或相同，亦要求纵向上法官与当事人之间当事人的程序主体地位平等。司法实践中亦存在对当事人民事程序主体地位侵蚀的现象。在诉讼中，一方面表现为当事人在法官释明后是否变更诉讼请求的自由被限制，如刘成诉甘肃锦翔房地产开发有限公司等商品房预售合同纠纷案中，当事人只是预备性主张合同无效时的法律效果，而法院却径直认定当事人的行为属于变更诉讼请求；另一方面表现为当事人与法官之间沟通机制的欠缺，如广厦建设集团有限责任公司诉陈华借款合同纠纷案中，在当事人拒绝变更诉讼请求时机械地予以裁驳，而没有通过释明探知当事人内心真意，从而达到纠纷的妥适解决。

其次，释明权行使时机不明确。如前所述，于规范层面，法官释明权面临行使时机的不明确，而规范层面的不明晰导致了实践中的乱象。在实践中，有法院认为应由一审法院来进行释明。[②] 与之相似，有法院认为在一审向当事人释明，

---

① "被告认为一审法院向当事人释明使其无需说明债权的性质和来源，减轻了原告举证责任，违反了中立要求。"参见翁可松诉吴小莉债权纠纷案，浙江省高级人民法院(2011)浙商提字第61号民事判决书。

② "为减轻当事人诉累，本案宜发回一审法院重审，由一审法院向吴志杰释明变更诉讼请求。"参见孙平等与吴志杰股权转让纠纷上诉案，江西省高级人民法院(2019)赣民终146号民事裁定书。

当事人没有响应,则二审不予释明,即释明并不贯穿于诉讼的全过程。[①] 亦有法院[②]认为一审未予释明,则可由二审释明,从而在诉讼全过程可以释明。由此观之,关于释明权行使的时机,实践中亦并不明确。

再次,二审对诉讼请求进行释明不当。《九民纪要》第三十六条第二款规定:"第一审未予释明,第二审可以直接释明并改判。"根据该款规定,二审程序中,法官可以对当事人诉讼请求是否充分进行审查并释明。同时,前述案例中,衡阳市中级人民法院[③]和庆阳市中级人民法院[④]都认为在一审中没有对诉讼请求进行释明,则在二审中可以继续对诉讼请求进行释明。这一观点有失妥当。一方面,违反二审审理范围有限原则。根据现行法律规定,二审审理范围有限原则存在以下例外:违反法律禁止性规定,损害国家、社会、他人合法利益。从现有规范来看,法官一审未对诉讼请求进行释明显然不符合上述条件。另一方面,在第二审程序中直接对诉讼请求进行释明并改判,侵害了被告的合法权益。从两审终审的角度看,侵害了被告的上诉利益。从争议恒定的角度看,在二审中引入新的争议,不利于对被告防御自由的保护。

复次,法官不当行使释明权。不当行使包括怠于行使、错误行使和过度行使。其一,法官怠于行使释明权。法官怠于释明是指在诉讼程序中,法官应当释明而未予释明。孙平等与吴志杰股权转让纠纷上诉案中,一审法院怠于释明,从而导致案件被撤销。法官如果不对当事人有瑕疵的主张进行释明,法官释明权制度也就失去了存在的价值。其二,法官错误行使释明权。法官在向当事人进行释明时,可能对法律的理解存在偏差,如果此时当事人根据法官的释明采取相应的诉讼行为,可能使当事人承受不利益。汶上县寅寺镇林堂村民委员会、刘瑞华土地租赁合同纠纷案[⑤]中,二审法院就指出"一审法院无需向上诉人释明是否

[①] 参见刘安平与丁孝宁装饰装修合同纠纷上诉案,甘肃省庆阳市中级人民法院(2014)庆中民终字第143号判决书。

[②] 参见上诉人陈小红、周小荣因与被上诉人张义斌、原审第三人周新发、陈良奇建设工程施工合同纠纷案,湖南省衡阳市(2020)湘04民终1164号民事判决书;参见马润琴与庆阳市峰华房地产开发有限公司合同纠纷上诉案,甘肃省庆阳市中级人民法院(2014)庆中民终字第132号民事裁定书。

[③] 参见上诉人陈小红、周小荣因与被上诉人张义斌、原审第三人周新发、陈良奇建设工程施工合同纠纷案,湖南省衡阳市(2020)湘04民终1164号民事判决书。

[④] 参见马润琴与庆阳市峰华房地产开发有限公司合同纠纷上诉案,甘肃省庆阳市中级人民法院(2014)庆中民终字第132号民事裁定书。

[⑤] 参见汶上县寅寺镇林堂村民委员会、刘瑞华土地租赁合同纠纷案,山东省济宁市中级人民法院(2018)鲁08民终4314号民事判决书。

变更解除合同的诉讼请求。一审法院的释明错误"。其三,法官过度行使释明权。法官对一方当事人进行释明,实际上是对该方当事人的援助。在这个过程中,法官容易过度行使释明权,从而变成该方当事人的"律师",使判决的公正性大打折扣。

二、民事诉讼模式下的法官释明权考察

诚如孟德斯鸠所言:"倘若一个国家的法律适用于其他国家,那是罕见的。"①法律是处于有机的社会整体之中,法律制度亦是如此。一项法律制度只有处于其相应的法律环境之中,才能使其效能得以发挥。法官释明权制度在我国司法实践中差强人意的表现,缘于欠缺对法官释明权自身属性及其制度运行环境的认识。法官释明权是协同型民事诉讼的制度产物。囿于立法修订的滞后性,司法实践中法官应当以协同型诉讼模式的理念来行使释明权,以弥补立法缺位所带来的司法乱象。

(一)国外两种民事诉讼模式下的法官释明权

根据法院与当事人在民事诉讼中的地位和作用的不同,可以将民事诉讼模式划分为当事人主义诉讼模式和职权主义诉讼模式。英美法系和大陆法系可以归为当事人主义诉讼模式,原苏联东欧国家可以归为职权主义诉讼模式。②

在职权主义诉讼模式之下,法官对诉讼的起始、终止、裁判对象的确定和诉讼资料的收集与提出具有主导权,这种主导权主要体现为职权干预主义和职权探知主义。在职权主义诉讼模式的国家存在着一种与法官释明权相似的制度,即职权告知制度。虽然两者形式上都是发问,但是其理论基础不同。职权告知制度的目的是探知客观真实,其告知范围不受当事人主张限制,而法官释明权制度在于弥补当事人诉讼能力不足,要遵循处分原则与辩论原则。有观点认为,从本源上看,法官释明权属于职权主义范畴。③ 这种观点不太准确。在职权主义诉讼模式中,法官负有发现真实的职责。基于探明案件真实的需要,法官可以在

---

① [法]孟德斯鸠:《论法的精神》(上),许明龙译,商务印书馆2015年版,第15页。
② 参见张卫平:《民事诉讼法》(第五版),法律出版社2019年版,第19—21页。
③ 参见江伟、刘敏:《论民事诉讼模式的转换与法官的释明权》,载《刑事司法论坛》2001年第1期,第321—327页。

任何时候对当事人进行询问、调查取证,而无需受当事人主张的限制。因此,职权主义诉讼模式中的告知与法官释明权不同。与其说法官释明权属于职权主义范畴,毋宁说法官释明权是带有权力色彩的。在职权主义诉讼模式中,法官释明权制度并无单独设立的必要。

与职权主义诉讼模式下法官对诉讼的主导不同,大陆法系、英美法系充分贯彻处分主义与辩论主义,体现出较强的当事人主导特征。

1806年《法国民事诉讼法》体现了浓厚的当事人主义色彩。在这种当事人主导的诉讼体制之下,诉讼拖延、效率低下。后来开始进行改革,现行的《法国民事诉讼法典》设置了审前程序的指挥法官制度[①],强化了法官对诉讼的指挥权,将释明的时机扩展到审前准备程序。德国1877年《民事诉讼法》最先确立了法官释明权制度[②],其后经过法律修改,法官释明权的定性由义务属性逐渐转变为权利兼义务属性;法官释明权的时机由审理程序扩大到整个诉讼过程;同时,释明的范围也由事实层面扩大到法律层面,并增加了法律观点开示义务。1890年《日本民事诉讼法》仿照《德国民事诉讼法》对法官释明权进行了规定,法官释明权规范经历了职权主义积极释明、古典辩论主义消极释明和程序保障积极释明的变化,对释明权性质的理解也经历了义务、权利、权利兼义务的变化。在日本,释明范围包括事实和法律,其中对法官可否向当事人释明变更诉讼请求存在一定争议。大陆法系国家在法官释明权方面存在以下共同之处:一是立法确立,通过立法使法官释明权得以确定,并形成完整体系;二是范围扩大化,法官释明权的范围由事实扩张到法律,释明时机由庭审程序延伸到庭前程序;三是行使公开化,为保障另一方当事人权益,法官释明权的行使应当对双方当事人公开。

在诉讼竞技观念的主导下,英美法系国家早期过分强调当事人之间的对抗以及法院的中立地位,使得诉讼在当事人的主导下周期漫长、结果不可预测。为了解决对抗制存在的负面作用,英美等国家均强化了法官职权,加强对诉讼程序的管理。在美国,《联邦民事诉讼规则》规定了法官在审前会议阶段可要求当事人对其请求和陈述予以明确。英国亦对司法制度进行了改革,设置了案件管理制度,由法院掌握诉讼控制权,法官可以在任何时候命令当事人对案件争议问题

---

① 参见余玮璘:《民事诉讼法官释明制度研究》,华东政法大学2019年硕士学位论文,第13页。
② 参见[日]高桥宏志:《民事诉讼法——制度与理论的深层分析》,林剑锋译,法律出版社2003版,第357页。

进行补充陈述,以使案件事实清晰。① 在英美法系中,虽然不存在法官释明权的概念,但是存在着释明权的相关内容,"管理型司法"就是法官释明权的另一种表现。

当事人主义诉讼模式与职权主义诉讼模式都将发现案件真实作为其民事诉讼的目标,两者的重要区别在于案件查明的责任归属于当事人还是法官。绝对的当事人主义与绝对的职权主义都是不可取的,两者都在不断汲取对方的优点以完善自身,但这种修正只是在其原有体制上进行创新,其原有结构并没有改变,发现真实的责任主体仍然没有变化。

(二)我国民事诉讼模式的转换:从职权型到协同型

中华人民共和国成立以后,受计划经济体制的影响,民事诉讼中体现着较强的职权主义色彩,诉讼程序的运行、裁判对象的确定、证据的调查收集都属于法官职权所及的范围,此时的诉讼模式属于职权主义或者说超职权主义。在这种模式之下,当事人诉讼主体地位丧失,程序权利难以得到保障,并且无法通过诉讼行为对裁判结果施加有效影响,法官对诉讼程序的控制便成为常态,法官释明权也就没有存在的必要。

随着市场经济的发展,这种诉讼模式的弊端逐渐显现,进而开始进行民事审判方式改革、整体性司法改革等一系列举措,以强化当事人的程序主体地位和弱化法院对民事诉讼的干预。这种司法改革的方向不应当是当事人主义,当事人主义并不能与我国社会变革相适应,而应当是协同型民事诉讼模式。②

协同型诉讼模式以纠纷的妥当解决为目标,案件真实的发现由法官与当事人协同动作。与当事人主义不同,协同主义③发挥法官在案件事案解明方面的积极作用,同时克服辩论主义追求程序公正而忽视实体公正的缺陷。在协同型民事诉讼中,诉讼程序成为法官与当事人的协同作业,既重视两者的分工,又关注两者的合作,两者围绕案件事实解明和法律适用展开沟通对话,实现和谐

---

① 参见江伟、刘敏:《论民事诉讼模式的转换与法官的释明权》,载《刑事司法论坛》2001年第1期,第327—328页。
② 参见杨严炎:《论民事诉讼中的协同主义》,载《中国法学》2020年第5期,第290—294页。
③ 本文的协同主义意指德国法上对辩论主义修正而形成的协同主义,非奥地利法上的协同主义。前者仍以辩论主义为根基,而后者走向缓和的职权探知主义。关于二者的区别,详见刘明生:《法院阐明义务理论与实务之新发展》,新学林出版股份有限公司2021年版,第337页。

司法。

(三) 协同型民事诉讼模式下的法官释明权

1. 协同型民事诉讼模式下法官与当事人的协同作用

协同型民事诉讼模式与当事人主义诉讼模式不同,虽然在事案解明中仍然由当事人承担责任,但是在协同型民事诉讼中法官负有辅助责任。换言之,法官通过释明对当事人诉讼能力进行补充,法官的这种事案解明要求从法官释明权的相同德语表述中可见一斑。[1] 这种释明应当是法院与当事人之间的一种信息沟通活动,通过释明强化法官与当事人之间的互动[2],法官与当事人就案件事实和法律进行充分交流,协同探明案件事实原貌,对案件进行妥当裁判。

在事实解明方面,以当事人为主,法官为辅,协同探明案件事实原貌。在协同型诉讼模式下,法官对诉讼的干预受到约束,当事人的主体地位得到强化,法官与当事人协同推动诉讼进行,两者在事实方面的协同作用体现在以下两个方面:一是法院裁判的对象与审理范围应当由当事人决定。当事人作为纠纷解决主体,其有权选择纠纷的救济方式以及范围,这亦是处分权原则的应有之义。释明权是处分权的补充,在这一过程中法院也应当起到一定的辅助作用,在当事人提出的主张不清楚、不适当时,法院应当予以释明。二是作为裁判基础的事实和诉讼资料应当由当事人提出。举证责任的确定是确立当事人主体地位的重要环节,由作为纠纷主体的当事人提出事实与诉讼资料是程序保障下当事人自我责任的要求。此时,法院不应当无所作为。相反,由于某些客观原因造成当事人无法举证时,法院应当依申请发出文书、提出命令或者调取证据。在当事人的举证存在问题时,法院应当进行释明,使当事人明确举证要求及其法律后果。

在法律适用方面,理性沟通,充分讨论,对案件进行妥当裁判。"你给事实,我给法律"的传统观点,将法律问题视为法官专有领域,不允许当事人染指,但法官并非"宣告法律的武器",应当允许当事人就法律适用问题与法官进行充分讨论。如果法院与当事人在法律问题上认识不一致,而法院不向当事人进行释明时,会对当事人造成突然袭击。在这种情况下,即使诉讼在程序上结束纠纷也依然没有得到解决。法官与当事人法律观点不同或者重要法律观点被当事人忽视

---

[1] 参见沈冠伶:《民事证据法与武器平等原则》,元照出版公司2007年版,第7页。
[2] 参见程春华:《论民事诉讼中诉讼标的与诉讼请求之关系——兼论法官对诉讼请求变更及诉讼标的释明权之行使》,载《法律适用》2014年第5期,第65页。

时,由法官向当事人进行释明。在充分沟通的基础上,由法官对案件的法律适用作出判断。

2. 协同型民事诉讼模式下法官释明权的定性

法官释明权的性质指向其功能。如果将功能比作法官释明权的归处,那么民事诉讼模式应当作为法官释明权的来处。民事诉讼模式具有结构性,决定了民事诉讼的运行。法官释明权作为民事诉讼的一项制度,其应当与一定的民事诉讼模式相契合。概言之,对于法官释明权性质的判定应当从民事诉讼模式出发,并且适应法官释明权功能发挥的需要。

关于我国法官释明权性质的判断,有义务说、权利说、权利兼义务说三种典型的观点,权利兼义务属性与我国实际更为契合。一方面,法官释明权具有权利特性,法官释明权作为绝对当事人主义的修正,法官必须是能动的,法官需要对释明权的行使范围和程度具有一定的自由裁量空间。另一方面,法官释明权具有义务属性,在法定情形下法官必须行使,以保障当事人诉讼利益。从法官释明权产生的环境即诉讼模式来看,事实解明与法律适用是由法官与当事人协同推进的。在这个过程中,法官释明权不能单纯地用权利亦或义务来概括。一方面,法官释明权的行使并不完全由法官来自由裁量,在告知当事人举证、法律观点不同时,法院应当进行释明;另一方面,协同型民事诉讼应当充分发挥法官及当事人的主动性,两者协同作用,将法官释明权看作法官义务会剥夺法官对当事人诉讼能力缺陷的判断或者形成当事人对法官的过度依赖,不利于民事诉讼纠纷解决目的的实现。

鉴于职权主义、当事人主义和协同主义在案件裁判对象的事案解明方面分别呈现出当事人控制、法官控制、当事人与法官协动三种不同形式,因此协同型诉讼模式中法官释明权的功能也可以从法官与当事人间的关系进行理解。法官释明权在现代法庭上的重要功能是起到法官与当事人的沟通作用。① 具言之,以法官释明权功能为指向的性质判定可以从以下两个方面进行:一方面,从双方当事人的角度来说,法官释明权能够使当事人在实质平等的基础上进行交流。在民事诉讼中存在着当事人诉讼能力可能存在差异的情况,私权自治不能成为法官推脱义务的理由。当事人只有在平等的基础上进行攻击防御,纠纷才能得以解决。为使当事人处于平等地位,在因当事人诉讼能力存在差异而导致主张、

---

① 参见肖建华、陈琳:《法官释明权之理论阐释与立法完善》,载《北方法学》2007年第2期,第76—77页。

举证不当时,法官应予以释明。同时,为保障释明的有效行使,法官对具体案件释明的行使应有一定的自由裁量空间。另一方面,从法官与当事人的角度来说,法官释明权是法官与当事人沟通的中介,促进法官与当事人间的沟通。通过行使法官释明权,法官得以探明当事人真意,使纠纷得以真正解决。同时,在法律观点与当事人不一致或者重要法律观点被忽视时,法官向当事人释明,以防止对当事人的突袭裁判。

表一 三种诉讼模式在事案解明和法律适用中的不同机制

诉讼模式	事案解明	法律适用
职权主义诉讼模式	法官依职权	法官决定
当事人主义诉讼模式	当事人主导	法官向当事人释明法律观点,由法官决定
协同型诉讼模式	法官与当事人协同,当事人负主要责任,法官负辅助责任	法官与当事人进行沟通对话,当事人对法律适用产生实质性影响

三、我国法官释明权的完善图景

我国民事诉讼模式正处于向协同主义的转变。于此制度环境之中,法官释明权应当贯彻协同主义在事实发现和法律适用方面的协同要求。由上文观之,这种协同主要反映为当事人的主体地位以及法官的协力作用。为实现此种协力,首先应当确立法官行使释明权的原则,维护当事人主体地位,在弥补当事人之间能力差异的同时防止法官的干预失度。其次,应当落实法官行使释明权的具体规则,在适当扩大法官释明权范围的同时,明确法官进行释明的时机与对象,以实现法官释明权制度的规范化行使。

(一)法官释明权的原则遵循

1. 尊重当事人程序主体地位原则

司法改革的重要要求是强化当事人的主体地位。在协同型民事诉讼模式之下,事实解明和法律适用都要尊重当事人的主体性,当事人的程序主体地位要贯穿纠纷的解决过程。如前所述,法官对当事人之间平等的过度矫正,缘于诉讼中对当事人主体地位的不重视。当事人程序主体地位是当事人的诉权与法官的审判权关系的定位,在当事人将民事纠纷提交法院裁判时,民事纠纷也就带上了公共利益的色彩,为法官对民事纠纷的释明提供了依据,但民事纠纷的私权属性也决定了当事人在诉讼中的主体地位。协同型民事诉讼模式下,当事人程序主体地位要求:在事实解明上,以当事人为主导,由法官辅助;在法律适用上,法官与当事人就法律适用进行对话沟通。

2. 法官中立原则

如同经济学中补贴会损害竞争一样,法官因不当释明而丧失中立地位会损害诉讼双方公平对抗,中立始终是法官行使法官释明权应遵循的原则。[1] 法官中立原则的缺位,亦会导致当事人之间平等地位的失衡。在行使法官释明权时,为保持中立,一方面,法官应公开行使法官释明权,在双方当事人面前进行释明,保障另一方当事人的监督权;另一方面,法官应当防止过度释明,过度释明会导致法官取代律师的角色,形成对诉讼公正的破坏。法官应当控制释明的度,不能使另一方当事人对其释明行为产生合理怀疑。

3. 释明适度原则

如日本学者谷口安平所言:"阐明在一定范围内是义务,超过该范围为权限,再过一定限度就是违法。"[2]法官行使释明权超过一定的限度会使法官释明权制度的价值得不到发挥,对于法官释明的限度应当从协同型民事诉讼模式中探索。一方面,从法官与当事人的角度来看,在当事人主体性地位保障之下,法官应当根据当事人的主张和提出的材料来探知当事人真意,于当事人请求范围内进行释明;另一方面,从双方当事人的角度来看,法官释明的限度应当是使当事人进行平等交流,即法官在弥补一方当事人诉讼能力的缺陷时,也要维护法官的中立地位。

(二) 构建释明权制度需要明确的内容

1. 适当扩大法官释明权的范围

协同型民事诉讼在事案释明的过程中是由法官与当事人协同动作,充分发挥两者的主动性,这也要求法官释明权的范围应当适当扩大,以有效发挥法官释明权的协同作用。

就事实的释明范围而言,目前我国现行法律规范只对当事人举证、拟制自认

---

[1] 参见张卫平:《民事诉讼"释明"概念的展开》,载《中外法学》2006年第2期,第134—135页。
[2] 参见熊跃敏:《民事诉讼中法院释明的实证分析——以释明范围为中心的考察》,载《中国法学》2010年第5期,第133—142页。

进行了比较清楚的规定,关于诉讼请求的释明还是较为模糊。对诉讼请求的释明主要包括诉讼请求不明确、不充分、不适当和变更四类。《九民纪要》第三十六条实际上是强调当事人的诉讼请求不充分时法官的释明,而《民事证据规定》第三十五条强调的是诉讼请求变更的释明,因此即使《新民事证据规定》将《民事证据规定》第三十五条的相关规定删除,《新民事证据规定》与《九民纪要》也不存在冲突,两者释明的具体对象不同。我国法官释明权针对诉讼请求的范围应当扩大。首先,法官应当对诉讼请求不明确进行释明。诉讼请求限制了法院的审理范围,并且使对方当事人对防御范围进行了有效预判。如果诉讼请求不明确,将导致争点无法明确,诉讼无法有效进行,纠纷不能解决。其次,法官应当对诉讼请求不适当进行释明。在一些情况下,当事人虽然具有权利保护资格,但并不具有权利保护利益,此时案件并无审理必要。在这种情况下,需要法官及时释明,避免司法资源耗费以及当事人诉累。最后,法官应当对诉讼请求的变更进行释明。关于变更诉讼请求的释明包括对诉讼标的的释明和存在多个可选择的诉讼请求时的释明。我国法官释明权应当包括对诉讼标的变更的释明。从理论上看,能够避免诉讼请求被法院驳回后再次起诉的不便;从立法上看,虽然《新民事证据规定》删除了《民事证据规定》的"告知"规定,但是从《新民事证据规定》"在法院与当事人对法律关系、法律行为认识不一致时列为争议焦点"的规定可以看出,法官应当向当事人释明变更诉讼请求,因为如果不告知则无疑侵犯了当事人的处分权,并且这种做法有职权主义回归的嫌疑。我国法官释明权应当包括存在多个可选择的诉讼请求时的释明。虽然立法并未确立预备性诉之合并,但是在司法实践中有所体现。[①] 前述刘成诉甘肃锦翔房地产开发有限公司等商品房预售合同纠纷案中,刘成提出"其不变更诉讼请求,如果法院认为合同无效,应按照《最高人民法院关于审理商品房买卖合同纠纷案件适用法律若干问题的解释》第九条规定予以判处",法院则将其视为当事人的预备性请求进行审理。承认客观预备性诉之合并,一方面可以提高诉讼效益,通过法官释明,将基于不同请求权的诉讼合并审理符合法官释明权一次性解决纠纷的功能要求,也有助于民事诉讼效率价值的实现;另一方面可以防止矛盾判决,保证对同一案件事实认定的同一性,从而确保法律适用的统一性。

[①] 参见西藏雪雁商业运营管理有限责任公司与西藏弘晨新能源有限公司房屋租赁合同纠纷案,最高人民法院(2016)最高法民申 3576 号民事裁定书。

关于法律观点的释明，《民事证据规定》第三十五条进行了尝试，但《新民事证据规定》第五十三条又避而不谈。法律与事实之间的界限往往不是那么清晰，法官在对事实进行释明时也不可避免地涉及对法律的释明。《新民事证据规定》第五十三条不仅应当对诉讼请求变更进行释明，也应当对变更诉讼请求的依据即法律观点的不同进行释明，这亦是协同型民事诉讼中法官与当事人协同作用的要求。以比较法观之，德国是社会性民事诉讼（协同型民事诉讼）的典范，其受社会性民事诉讼当事人与法官"协同统一体"观念的影响重大。《简素化法》《民事诉讼改革法》等一系列法律在协同型观念的影响下，亦不断强化法官对当事人的释明。在法律观点开示这一方面，现行法律规范可以以德国为参考。《德国民事诉讼法》第一百三十九条第一款明确规定："在必要时，法院应与当事人共同从事实上和法律上两方面对于事实关系和法律关系作出即时、完整的说明，特别是在对所提事实说明不够时要使当事人加以补充，表明证据方法，提出相关申请。"① 该法明确规定了法官在法律方面与当事人认识不一致的释明义务，确保当事人与法官之间的沟通交流。在当事人明显忽视法律要点，或者认为法律要点不重要时，法官应当对此进行释明。② 在协同型诉讼模式之下，法官通过对法律观点进行释明，给予当事人表明自己意见的机会，形成法官与当事人之间关于法律适用问题的沟通机制，有利于法律适用问题形成一致认识，保障当事人的程序参与权利，使裁判为当事人所接受，以妥当解决民事纠纷。

2. 明确法官释明时机

目前，我国立法关于诉讼程序中释明的时机并未给予明确规定，仅对立案中主管管辖、诉讼中当事人举证以及二审诉讼请求释明进行了规定，这种模糊性给法官释明权带来了不确定性，不利于法官有效释明。应当明确法官释明的时机，细化各阶段法官释明规则，最大限度地发挥法官释明权在促进法官与当事人协同作业中的积极作用。法官释明权的行使时机应当包括立案阶段、审前阶段、一审程序、二审程序、再审程序和宣判阶段。

立案是诉讼程序的第一步，能够对诉讼起到规范作用。③ 在立案阶段，应当

---

① 《德国民事诉讼法》，丁启明译，厦门大学出版社 2016 年版，第 36 页。
② 参见蓝冰：《德国民事诉讼法研究》，四川人民出版社 2017 年版，第 94 页。
③ 参见北京四中院 2016 年上半年通过立案释明不予受理案件 413 件，有效规制部分滥诉案件。参见《北京四中院立足跨区法院职能实现审判机制"五创新"》，载北京市第四中级人民法院网 http://bj4zy.chinacourt.gov.cn/article/detail/2016/07/id/2022005.shtml。

围绕诉讼的成立进行释明,此阶段的释明主要包括:第一,当事人的释明。因为我国起诉条件存在高阶化的问题,所以在立案阶段如果当事人不适格,法官应当进行释明。判断当事人适格的一项重要标准是,是否具有诉的利益。在当事人诉讼请求不适当时,案件并无审理必要,当事人不具有诉的利益,此时当事人不适格,法官应当进行释明。《上海释明指南》第四条针对诉状中诉讼主体适格、主体名称等进行释明,属于立案阶段对当事人释明的有益尝试。第二,诉讼请求的释明。在当事人诉讼请求不明确时,法官应当对当事人进行释明。只有当事人向法院提出明确的诉讼请求,法院才能确定当事人之间争议的法律关系,进而明确案件争点,使诉讼围绕争点进行。第三,主管与管辖的释明。当案件属于法院主管和受案法院管辖时,诉讼才能开始。法院应对纠纷进行判断,如果不属于法院主管与管辖,则需要对当事人进行释明。

基于审前程序整理争点、固定证据的功能要求,法官在审前阶段应当对当事人诉讼请求不充分、变更诉讼请求、举证及证明责任分配进行释明。对于庭审程序而言,由于庭审主要任务是查清事实、正确适用法律,因此一审、二审、再审也应当以事实与法律为重点进行释明。就事实释明而言,主要包括诉讼请求、上诉请求、再审请求、拟制自认以及证据等内容。在法律适用上,法官应当对当事人进行法律观点开示。同时,在宣判阶段,法官应当对判决理由进行释明。对判决理由的释明是法官心证公开的重要举措,通过对裁判理由进行释明,使法官与当事人在同一法律框架内达成一致认识,协同推动民事诉讼程序的终结,达到和谐诉讼的目的。

3. 合理确定二审应释明的对象

如前所述,直接根据《九民纪要》第三十六条第二款得出二审可以针对诉讼请求进行释明的结论有失妥当。二审程序的释明对象应当是上诉请求而不是诉讼请求。首先,二审针对上诉请求进行释明是二审审理范围有限原则的要求。一审程序中当事人提出诉讼请求,二审程序中当事人提出上诉请求,上诉请求与诉讼请求不同,诉讼请求是当事人就特定的纠纷行使起诉权,要求法院予以裁判的请求,而上诉请求是当事人就一审裁判行使上诉权,要求法院对其不服部分进行裁判。二审中,法院的裁判范围要受上诉请求限制,这是当事人处分权对法院审判权的制约,法院对当事人的释明也应当限于上诉请求。其次,二审程序是否对诉讼请求进行释明与二审的性质有关。二审的性质有复审制、事后复审制和续审制三种,复审制和事后复审制允许当事人在二审程序中变更诉讼请求,续审制则不能变更。我国学界一般认为二审程序属于续审制①,也就是说二审程序不允许变更诉讼请求。换言之,二审程序中由法官进行释明并且允许当事人变更的应当是上诉请求。

4. 确立法官不当释明时当事人的救济措施

在民事诉讼中存在着怠于释明、错误释明和过度释明等不当释明情形,立法者应当为因法官不当释明而遭受损失的当事人提供相应的救济措施。

首先,在法官怠于释明的情形下,应当赋予当事人上诉权。对法官释明权性质的不同认识,决定着在法官怠于释明时的不同后果。权利的观点认为,法官怠于释明只是法官素质的问题,不会对法官产生不利益;义务或权利兼义务的观点认为,法官怠于释明将导致原判被撤销。如前所述,在我国协同型民事诉讼语境下,法官释明权具有权利兼义务的属性,在法官怠于释明时,应当赋予当事人上诉权,二审法院查明属实的,撤销原判发回重审。

其次,关于法官错误释明时当事人的救济问题,有观点认为可以给予当事人异议权,并且在因法官错误释明而导致当事人败诉等严重后果时,二审可以将当事人可选择的诉讼请求按照预备性之诉进行处理。②该观点有失妥当。直接由二审进行裁判,不利于对另一方当事人审级利益的保护。易言之,二审按照预备性之诉处理,会对另一方当事人造成诉讼负担,不利于该当事人有效防御。本文认为,以法官错误释明是否导致当事人败诉等严重后果为根据,可以为当事人设置不同的救济方式。在法官错误释明尚未导致严重后果时,可以允许当事人提出书面异议,由法院作出裁定,当事人可以申请上级复议。在法官错误释明导致当事人败诉等严重后果时,如法官释明当事人变更诉讼请求导致败诉,当事人可以重新起诉。同时,考虑到法官释明错误和避免增加当事人诉累,应当对当事人的诉讼费用予以减免。

最后,当法官过度释明时,当事人可以申请其回避,如法官过度释明导致了不可挽回的后果,法院应当予以赔偿。法官过度释明破坏了当事人之间平等对抗的基础,其行为对案件公正审理产生影响,此时应当允许当事人对法官提出回避申请。依现行规定不得释明诉讼时效,当法官对诉讼时效进行释明时,即使案件被发回重审,当事人仍会就时效问题主张抗辩。在这种情况下,有观点认为,

---

① 参见田平安:《民事诉讼法原理》,厦门大学出版社2015年版,第99页。
② 参见邱晓虎、李砚:《论民事诉讼中不当释明问题》,载《法律适用》2011年第1期,第24—25页。

如果法院的释明符合案件真实，则即使其释明行为违法，我们也应当接受。[1] 这种观点有失妥当。该观点强调对案件事实的探明，其可能会导致法官不易把握释明的度，从而在探明真实的过程中不断向职权主义靠拢。

结语

制度是历史的产物。法官释明权制度源于协同主义对古典辩论主义之修正，探究法官释明权制度的构建应当自其运行所依托的民事诉讼模式着手。我国正处于职权主义向协同主义诉讼模式的转型期。协同型民事诉讼中，法官在事案解明上与当事人的协力，以及法律适用上与当事人的法讨论，共同构筑了法官释明权之制度环境，由此形成的法官与当事人协同作用亦为法官释明权的权利兼义务属性指定了方向。在民事诉讼模式向协同型民事诉讼进行转换时，法官应当秉持协同型民事诉讼的协作理念，保障当事人程序主体地位。法官的释明只是对当事人之间诉讼能力的一种弥补，因此法官的释明应遵循中立以及适度的要求。于具体诉讼程序而言，意欲实现法官与当事人协同作业，应当明晰法官行使释明权的时机，进一步扩大现有规定中法官释明权的范围，明晰法官各诉讼阶段行使释明权所针对的对象，并确立法官不当释明时当事人的救济。

---

[1] 参见尹腊梅：《抗辩权的法官释明问题》，载《比较法研究》2006年第5期，第126页。

违法性认识错误避免可能性的理论探寻与实践路径

李迎寒*

摘　要：法定犯时代的到来，加剧了以"不知法不免责"为代表的传统罪责观念与主张"不知法不为罪"的责任主义间的矛盾冲突，其本质是社会公众利益与公民自身利益间存在张力。违法性认识错误避免可能性理论作为平衡两级观点的过渡式延伸，为实践中考量行为人的宽宥程度提供论证依据。该理论能否稳定适用于国内司法环境，可否在不同背景下得以兼容性运用，离不开司法技术层面的判断标准。从主客观角度分别考察行为人受环境影响有无查明法律的机会，以及对违法性认识存疑后是否竭力查明法律的适用作为评价尺度，探究行为人是否有可能、有能力、有义务认识到违法性可避免的存在。通过对理论的柔性研究，寻求违法性认识错误在我国司法实践中的可行性道路。

关键词：违法性认识错误　避免可能性　认知能力　合理信赖

一、问题的提出

随着法定犯时代的到来，刑法条文新增罪名不再局限于通过社会道德伦理等基础情感即可判断的自然犯范畴，此时再推定每个行为人都知法与事实情形不再完全重合，绝对的知法推定受到了前所未有的考验。不过，主张"违法性认识必要说"的观点同样遭受了质疑。"违法性认识必要说"意味着行为人存在违法性认识错误时不可对其进行非难，那么此时不知法的人无需受到刑法的处罚，知法的人却具有非难可能性，这便间接鼓励社会公民不去主动或被动地接受法

---

* 李迎寒，华东政法大学博士研究生，研究方向为比较刑法学。

律的普及,让立法者的心血付之东流。于是,国内学者在本世纪初的前十年将目光转向对"违法性认识不要说"的重新思考,正视以责任主义与私权保护为核心的"违法性认识必要说",并以违法性认识在犯罪体系中的地位为契机展开激烈的讨论。[①]但也有学者批评,"学界实有必要将关注的重心放在此类制度技术或裁量机制的构建或完善上,而不是对违法性认识在犯罪论体系中的位置问题坐而论道。"[②]一方面,讨论"违法性认识不要说"与"违法性认识必要说"之间的取舍,以及违法性认识属于故意要素还是责任要素的范畴,都无法回应从刑事政策角度提出的轻纵犯罪以及削弱刑法规制能力的批评和质疑。[③]另一方面,理论离不开实践,学者所提出的理论只是作为判决可资利用的假说,它们在那些重大的法律实验室——司法法院——中不断地重复检测,每个新案件都是一个实验。如果人们感到某个看上去可以适用的、已被接受的规制所产生的结果不公正,就会重新考虑这个规制。[④] 天津大妈持枪案、内蒙古收购玉米案的报道,不得不让社会公众再次反省何种行为构成犯罪,刑法的触角所及范围是否过广。被告人"不知道、根本就不认为该行为触犯了刑法"的辩由得到社会舆论支持的背后,值得我们反思的是如何平衡责任主义所保护的个人权利与基于刑事政策所产生的一般预防的效力问题。关于问题的解决又能否通过国外理论的直接引进而具体适用,削足适履般的方法并不可取,能够结合国内司法实际兼容性适用才是解决问题的关键。

二、违法性认识错误避免可能性理论的应运而生

既然"不知法不免责"的传统理念饱受质疑,同时试图在法定犯时代完全贯彻"不知法者不为罪"的理念恐怕相当困难,那么我们需要构建一种具有过渡性质的、适应当前社会司法实践运转的理论体系标准来解决违法性认识错误问题。由此,违法性认识错误避免可能性理论应运而生。错误避免可能性理论主张,故意的成立不以违法性认识为必要,但如果行为人处于不具有违法性认识可能性

---

① 关于争议的代表性论文有:刘艳红、万桂荣:《论犯罪故意中违法性认识》,载《江海学刊》2003 年第 5 期;陈兴良:《违法性认识研究》,载《中国法学》2005 年第 4 期;周光权:《违法性认识不是故意的要素》,载《中国法学》2006 年第 1 期等。
② 劳东燕:《责任主义与违法性认识问题》,载《中国法学》2008 年第 3 期。
③ 参见车浩:《法定犯时代的违法性认识错误》,载《清华法学》2015 年第 4 期。
④ 参见[美]本杰明·卡多佐:《司法过程的性质》,苏力译,商务印书馆 1998 年版,第 10 页。

（或者说是在不可避免）的情况下，违法性认识错误就属于阻却责任的事由。① 换言之，可避免的禁止错误（违法性认识错误）具有非难可能性，而不可避免之禁止错误有阻却罪责的效力。据此，是否具有错误避免可能性的审查将成为影响司法判断的重要因子。

德国刑法第17条规定了"不可避免的禁止性错误排除罪责"。在禁止性错误案件中，当行为人满足了通常的对法律忠诚的要求时，无罪的出现得以允许。若他只能通过极端的努力才能获取对自己行为违法性的依据时，就仍然存在着一种（很轻微的）罪责；但因这类努力并不再是能够被高标准要求的，所以行为人将"被免责"，更准确地说是刑法性责任被排除。② 又如法国刑法第122条规定："证明自己是由于无法避免的对法律有某种误解，而认为可以合法地完成该行为的人，不负刑事责任。"③意大利宪法法院通过在第364号判决中宣布刑法典第5条违宪的方式，确定了行为人对法律保护价值的态度应当作为被评价的对象。④ 在英美法系中，更多的是通过对司法案件的灵活审理来突破绝对的"不知法律不免罪"的界限。以"龙格案"为例，美国最高院推翻原审法院的判决，认为被告人为了解并遵守法律而采取了在美国法律体系下最适当的手段（询问律师后在律所让律师作为保证人签名），并在他相信自己努力的结果后诚实地实施了该行为，此时再将被告人作为犯罪人处罚是明显的不公正。

通过对国外立法及判例的比较研究发现，许多国家开始对违法性认识错误持包容性态度。对违法性认识能够阻却刑事责任这一态度的转变，无疑是权衡群体性的安全利益（即"公益"）与不知法律不受刑事处罚的权利（即"私权"）之间价值判断的结果。⑤ 在规制技术层面，这些国家并未将违法性认识错误同有责性直接挂钩，而是通过对行为人错误避免可能性的考察，判断能否有效阻却罪责。行为人产生了不可避免的法律认识错误，能够阻却对行为人的非难，罪责被超法规地排除；一旦行为人产生的法律认识错误经审查具有避免的可能性，那么由此所导致的危害结果自然而然地需要由行为人承担，此时法律认识错误与罪

---

① 参见［日］大谷实：《刑法讲义总论》（新版第2版），黎宏译，中国人民大学出版社2008年版，第312页。
② ［德］克劳斯·罗克辛：《德国刑法学总论（第一卷）：犯罪原理的基础构造》，王世洲译，法律出版社2005年第1版，第621页。
③ 《法国刑法典》，罗结珍译，中国人民公安大学出版社1995年版，第9页。
④ 参见［意］杜里奥·帕多瓦尼：《意大利刑法学原理》，陈忠林译，法律出版社1998年版，第205—207页；《意大利刑法典》，黄风译，中国政法大学出版社1998年版，第6页。
⑤ 参见王志远：《在"公益"与"私权"之间：违法性认识问题再认识》，载《法学家》2015年第1期。

责承担通过错误避免可能性进行了衔接,从而尽力实现刑法规制与责任主义之间的微妙平衡。社会概念出现伊始,要求公民牺牲一部分自身利益来维护社会的公众秩序,通过公民纳税、国家强制力的存在等各种方式来体现社会契约精神。但向"群体性安全利益"倾斜并非毫无节制,个人权利保护的砝码在眼下这个时代占比加重,博弈过程中探索到的平衡状态无非就是价值的最终导向。然而,责任主义在肯定公民自由权利的同时,弱化了刑法的规制功能。尤其是随着法律规范的专业性和复杂性,如果在责任层面要求社会主体对法律规范具有明确认知,就不能发挥刑法的积极治理功能,与推动积极预防功能的刑事政策价值取向相背离。① 显然,在违法性认识错误这一争议环节,错误避免可能性理论成为了关键。

三、违法性认识错误避免可能性的实质判断标准

如何判断违法性认识错误是否具有避免的可能,成为了接下来需要解决的问题。行为人对于行为违法性的认知,属于任何第三人无法直接感应的内在事实,所以此种可行度的评估只能通过外在事实的推论才能达成。② 这一评估推论的过程亟需一套切实可行的评判标准。仅提出违法性认识错误避免可能性理论并不足以挣脱现有研究的瓶颈束缚,我们需要将重心从理念宣扬阶段转移到技术构建阶段,在实践中具体考察理论的可行性,进而判断这一从国外引进的理论能否在我国的司法环境下得以兼用性适用。要素离不开整体,概念依托于体系,脱离原来的体系,概念就会发生异化。为此,解决的方案之一就是彻底改造概念,让它与现有体系兼容。③ 违法性认识错误避免可能性理论诞生于国外,能否融入司法环境大相径庭的中国司法实践土壤,就需要将这一理论标准结合我国实际予以兼容性处理,使得理论作为"软件"能够在不同"操作系统"的司法环境下稳定运行。因此,本文尝试从司法审查条件的角度出发,试图将违法性认识错误避免可能性理论加以细化研究,对司法实务过程中出现的因违法性认识错误而阻却罪责认定的情形予以分析。

---

① 参见赵运锋:《违法认识可能性理论的检讨与反思》,载《东方法学》2020年第6期。
② 参见薛智仁:《禁止错误法律效果之初探》,载刘明祥、张天虹主编:《故意与错误论研究》,北京大学出版社2016年版,第261页。
③ 参见车浩:《责任理论的中国蜕变——一个学术史视角的考察》,载《政法论坛》2018年第3期。

（一）判断行为人有无查明法律的客观机会

倘若客观环境不容许行为人积极主动地查明法律，那么对其加以非难简直是强人所难，无法起到法律应有的预防效果。因此，在对违法性认识错误避免可能性进行考察时，先要判断行为人客观上是否存在查明法律之可能，而对这一前提需要分别从所处的地理环境、法规范本身的清晰度两个方面加以评估。

一方面，所处地理环境不容许行为人查明时，不能对其进行非难。例如，一位长期出海捕鱼的渔夫因无法及时与外界取得联系，不知道在其航行期间法律经过修改、公示后正式颁布生效，误认其行为合法而实施了捕杀受到法律保护的珍贵野生动物的行为。类似的情况还有生活在与世隔绝的山区，不知道捕杀野生动物属于违法行为。在这种客观环境下，不容许行为人有了解法律的机会，就不应将不知法的风险强加于行为人，毕竟国家具有让公民知晓法律规范的义务。不过这种极端的例子在现实生活中出现的概率较小，信息网络时代的到来以及社会的普法宣传，大大降低了行为人因地理环境阻碍而丧失查明法律渠道的机会。对于朝令夕改的法律，或是出台后立即生效的法律，容易令公民产生错愕感，进而影响到公民对违法性的认识。空间上的不允许与时间上的始料不及作为客观因素，否认了行为人对法律的查明机会，进而阻断了对行为的归责。

另一方面，法规范本身的不清晰直接影响到社会公众的判断时，风险不应由行为人承担。刑法的任务在于保护法益或规制社会成员之行为，除了法效力的形式理解之外，仍有必要让禁止或诫命要求形成稳定且可理解的状态，亦即"规范的可预期性"。① 法规范本身的不清晰，并非意味着法规范只有在不具有任何争议的情况下才能适用。事实上，任何法律的制定及出台都会存在或大或小的争议焦点问题，法学家们也正是通过对法规范的教义学等各种研究方法，试图解决争议难题。社会公众必然不可能达到专业司法人员或学者们对法规范的认识程度，因此只有当同位阶且有效的法与法之间存在指明冲突，行为人无法对适用的法规范进行明确判断时，禁止错误所带来的风险不可转移至行为人承担。需要强调的是，刑法条文中的空白罪状并非是法规范不清晰的体现，行为人完全可以通过自身努力查明，具体需要达到何种程度的努力则属于对行为人主观方面

---

① 古承宗：《重新检视不法意识于犯罪体系的功能与地位》，载刘明祥、张天虹主编：《故意与错误论研究》，北京大学出版社2016年版，第324页。

可避免程度予以判断，笔者将在下文中逐一论述。总之，如果法律无法保证基本的可理解性，那么就属于客观环境中不可避免的错误认识，无论行为人是否付出或者付出多大程度的努力去查明都无济于事，此种风险不应强加于行为人。

（二）判断是否存在影响行为人违法性认知的主观障碍

行为人具有认知能力是其认真思考行为是否具有合法性的基础性条件。[①] 不同于刑事责任能力，法院需要结合行为人所处的社会地位、个人价值观念等多重因素来综合考量其是否具有认知能力，确认行为人对违法性认识缺乏认知能力后，方可认定错误的产生不可避免。认知能力存在个体之间的差异，因此在审理个案中行为人是否具有违法性认识可能性时，究竟应以一般人在同等情形下的选择为标准还是以行为人的个人立场为标准值得深思。站在社会一般人角度加以判断属于客观标准的判断，此种理论在过失犯的危险预测领域被广泛认可。有学者将该理论运用在违法性认识可避免性的情形中，认为从事特殊行业的行为人对于业内领域的认知能力理应高于一般群体，但因先前过错而陷入违法性认识错误的情形，可以援引"超越承担罪责"理论，采取在这个领域中一般人的评价内容作为标准。[②] 另一种判断途径则是主张个人的"回避可能性说"，即以行为人在具体情况下的个人能力为标准进行判断，考虑避免这样的错误对于特定的被告人来说是否具有可能性，这是一种主观判断的立场。[③] 笔者赞成以行为人个人能力为标准进行判断，并认为无论行为人是否从事法律加以特殊规制或调整的领域，都应具体考察其个人主观上是否具有违法性认识的可能性。

运用绝对的客观标准判断行为人的违法性认识，相当于拟制出一类具有科学认知能力的社会理性人。法律认识错误并非事实认识错误，是对法律的评价出现了问题。当社会一般人对法律的评价皆出现错误时，问题究竟出现在公众对法律的认识错误还是有关法律的解释有违国民预测可能性值得商榷。国民预测可能性作为罪刑法定原则的具体实现，是对法律适用的评价标准。倘若社会公众对司法机关的解释结论产生合理疑义，则可以推测此种解释超出国民预测

---

① 参见孙国祥：《违法性认识错误的不可避免性及其认定》，载《中外法学》2016年第3期。
② 参见车浩：《法定犯时代的违法性认识错误》，载《清华法学》2015年第4期。
③ 参见周光权：《禁止错误论：返回问题的原点——对薛智仁教授、车浩教授论文的评论》，载刘明祥、张天虹主编：《故意与错误论研究》，北京大学出版社2016年版，第340页。

的范围,应予以摒弃。亦即,同样是对法律适用的评价,社会一般人对法律的认知程度等同于国民预测的范围程度,司法机关运用法律作出评价时也不应超出此种认知程度。按照客观标准判断,除了司法机关的解释或判决超出国民预测可能性这一情形,从社会一般人的角度出发,公众都应认识到规范对事物评判的是非对错,行为人出现的违法性认识错误都应属于可以避免的认识错误。这就造成了除非违反罪刑法定原则,否则通过违法性认识错误予以出罪或减轻罪责的途径被完全阻断,司法机关不得不因此陷入进退两难的尴尬领域,这实属有违理论与实践研究的初衷。

如若以行为人个人标准考察,则对违法性认识错误避免可能性的判断将更加富有弹性。如一些传统工艺制作的小吃中存在添加硼砂等非食用物质情形,行为人延续传统工艺,按照口口相传的食品"秘方"制作传统小吃,而"秘方"中含有加入少量硼砂的步骤。[1] 行为人明知制作食品过程中加入的硼砂属于对人体有害的非食用物质,也意识到食用硼砂具有一定的危害性,但对因此而构成生产、销售有毒、有害食品罪的违法性认识有所欠缺,属于对法律的认识错误。在考察此时行为人产生的违法性认识错误是否可以避免时,需结合当地同类小吃在制作过程中是否都适用同样工艺,制作小吃的商铺、作坊等在食品检测的例行检查中有无相关责任人员的告诫、处罚等情形,综合考量后判断行为人能否具有违法性认识的可能。

在特殊规制的行业领域中出现的违法性认识错误,是否需要援引过失犯罪中"超越承担罪责"理论予以判断?当行为人从事法律特殊规制的领域时,理应受到该领域的培训或考核,具备超出一般人在此领域内判断的认知能力。例如,机动车驾驶证是成为驾驶员的必备证件,行为人需要经过科目考试拿到驾驶证后才有资格开车上路;各类从业资格证书是从事相关领域的敲门砖,是行为人在进入特殊领域前所必须具备的资格证明。但有些行为人未接受系统的业务学习或考核,在该领域内的认知能力与常人无异,直接从事业内行为极易产生违法性认识错误,此类案件在交通肇事、重大责任事故罪中发生的频率较高,有学者援引过失犯罪中"超越承担罪责"理论进行学理上的解释,并认为应以该领域的一般内行人为判断标准:

---

[1] 参见(2017)闽0203刑初763号判决书。

尽管行为人在实行行为当时因欠缺注意能力而无法正确认识法律，但是对于这种能力的欠缺，行为人难辞其咎，因为他既然参与游戏（进入某一职业领域或特殊的生活领域），他应当在参与之初就了解"游戏规则"。行为人在未能了解规则的情况下，本可通过不实施危险行为以避免侵害法益，但却置他人法益于不顾而贸然实施，因而违反了一种前置的不作为义务。①

实际上，无需援引其他理论，我们可以通过这种方式予以解释：行为人作为特殊行业的从业者，其认知能力理应明显高于社会一般人在该领域内对法律风险的认知能力，因而规避这一犯罪风险的意识也便远高于社会一般人，法律认识错误的可避免性随之降低。而在行为人进入特定领域前，并未及时学习或并未完全掌握相关领域的法律知识便实施相应行为的情况中，行为人的认知能力同社会一般人相仿，都要比一般内行人的认知能力低。但行为人与社会一般人的处境又不完全相同，行为人处于特殊领域时，有更多的机会以及更加便利的条件来了解、学习并掌握本行业较为常见的法律风险及处理办法，随后的认知能力有尚待提高的发展潜力。据此，在认定特殊行业领域内行为人所产生的法律认识错误是否可以避免时，除了要查明他是否经过系统化学习以及具备资质条件外，还需结合他进入该行业的时间、经历等因素判断认知能力水平，不可一味认定凡是涉及特殊领域的业内人士产生的违法性认识错误一概不可避免，不然会对法律规制的特殊领域要求过于严苛。综上，无论是一般领域还是特殊领域，通过对具体情况下的个人认知能力进行判断，分析其有无避免违法性认识错误之可能，是理论得以灵活运用的正确选择。

（三）判断行为人为避免违法性认识错误所付出的努力程度

排除了影响行为人对法规范认识错误的主客观障碍，确定其有机会查明行为是否具有违法性后，仍需要判断行为人是否为避免错误认识付出努力。在对行为违法性存疑的情况下，如果行为人既未寻求任何外界力量的帮助，也未通过自身的认知能力认真研读法规范，那么完全有理由认定行为人未付出任何努力来查明法律避免错误。公民具有守法的义务，作为社会中的一员应当尽可能地

---

① 车浩：《法定犯时代的违法性认识错误》，载《清华法学》2015年第4期。

履行注意法规范的义务,同时社会也为公民遵守义务提供了保障(公民有询问律师或其他司法人员的机会)。具有认知能力的行为人未付出查明法律以避免违法性认识错误的努力,盲目实施了犯罪行为,错误虽具有可避免性但最终造成法益侵害的,法律后果应由未付出努力的行为人承担。

首先,从付出努力程度最高的寻求权威或专业机关开始讨论。行为人征求国家机关的解释并因此所产生的信赖,如果作为具有权威效力的国家机关所作的解释都是错误的,进而导致行为人产生错误的法律认识实施了违法行为,那么就不能认为行为人具有违法性认识的避免可能性,因此阻却行为人的责任事由。类似的情形还有基于对具有官方背景的调解委员会调解效力的信赖,对具有选举资格审查权的行政官员告知的选举权效力的信赖[1]。此外还有基于对法院判决的合理信赖,如行为人因遵从最高人民法院的判例而产生的认识错误,或者是在比对不同级法院之间所作的具有差别性的判决时,选择遵守上级法院的判例而产生的违法性认识错误,均应该认定为不可避免的错误。当行为人信赖与自己的行为相同的行为是合法的法律信息时,或者不知道是违法的判例时,应当被认为具有违法性错误,从而存在责任阻却或减轻的可能性[2]。上述机关或机构及其专门负责人员所进行的审查最为官方,同样可视为行为人在寻求法律认定过程中所付出的最大程度的努力,基于此而实施的行为具有减轻或免除罪责的效力。

其次,寻求非官方人士的帮助,如律师、法律专家等。一方面,即使是律师、法律学者,也不属于对刑法规范的解释、运用、执行等过程中负有法律责任的司法人员;但另一方面,完全不允许国民信赖专家的意见同样存在疑问[3]。法律是国民的法律,律师、法律援助制度的完善意味着社会公众可以更加便捷地寻求具备专业法律知识的服务人员的帮助,尽管这些非官方人士提供的只是个人的、主观上的参考意见或建议。有观点认为,这些社会法律工作者的个人意见在同时满足以下四个条件时,可以成为阻却犯罪的违法性认识错误之要件:(1)个人意见是具有专门知识的律师、法律学者等法律专业人士依据行为人的咨询而依法

---

[1] 源于美国 State v. White 案,参见张明楷:《英美刑法中关于法律认识错误的处理原则》,载《法学家》1996 年第 3 期。

[2] 参见[日]松原久利:《未必的违法性认识——关于违法性认识可能性与期待可能性》,赵天琦译,载《南大法学》2021 年第 4 期。

[3] 参见张明楷:《刑法学》(第五版),法律出版社 2016 年版,第 323 页。

出具的;(2)行为人向上述法律专业人员提供了能够判明该行为性质的详实、可靠、完整的资料;(3)上述人员对行为人行为的合法性给予了明确、肯定的答复;(4)这些个人意见符合社会通行的伦理道德规则,合乎一般社会公众公认的常理常识。[1] 笔者认为,寻求非官方人士的解释不能为行为人逃避非难打开便利之门。从刑事政策的角度来说,必须考虑到宽恕对法律的私人性误读可能会带来混乱博弈和逃避责任的后果。[2] 权威或专业机关对法律解释的角度最为客观中立,这是国家职权部门的任务职责所在。但作为非官方人士,能够保证中立的态度这一点将在可信性上大打折扣。即便行为人提供了详实的资料,也存在法律工作者规避法律的风险。另外,律师、法律专家对同一法律条文持有不同的实践、学术观点。正因如此,法秩序才能在百家争鸣中走向统一,法规范才能在畅所欲言中更加完善。无论最终的法律采取哪种观点,行为人是否需要承担不利的后果等,都是以立法及司法机关的官方回应为确认标准,这是国家在维护社会秩序层面给予职责机关得以行使权力的重要保障,也是为防止社会公众因不同的法律标准而产生不必要的恐慌。随着法律从业人士的增多与市场规模的扩大,受具体专业领域的限制,各从业者在有关刑法规范领域的水平良莠不齐。即使对行为的合法性作出了肯定的答复,认为符合社会伦理标准,但也只能算是对行为社会危害性的否认,是否能够进一步推导出不具有违法性认识错误仍需要寻求证明。

最后,自我研读后产生的违法性认识错误不具有回避可能性。境外司法实践曾指出,行为人运用良心上的义务,尽全力自身研读法律以查明行为不具有违法性时,可成为减免罪责之由。姑且不论研读程度的判断标准如何认定,仅以行为人的良心判断,就绝不能成为"决定性的一环"。人人都可以解释法律,但并非每个人的解释都具有权威性,况且具有一定法律知识的律师、专家的解释效力都不被认可,在法定犯时代此种良心省思的方式在可行性上遭受质疑。

综上,在行为人具有查明法律的客观机会与认知能力的前提下,还需要考察行为人是否为查明法律付出努力。当行为人对违法性认识存疑时,求助于外界的力量仅限于权威或专业国家机关解释的效力,律师、法律专家的建议仅供参考,无法成为违法性认识错误可避免的有效事由。据此,对以上三个层面的具体

---

[1] 参见樊建民:《论违法性认识错误的罪责效果》,载《河南大学学报(社会科学版)》2017年第5期。
[2] 参见车浩:《法定犯时代的违法性认识错误》,载《清华法学》2015年第4期。

标准递进式地逐一剖析,最终得出错误是否可以避免的结论,汇总相应情况如下图所示:

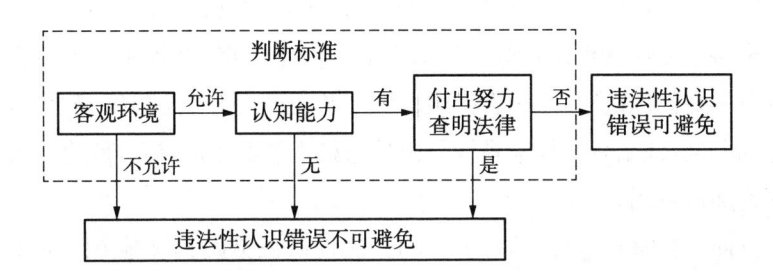

```
                        判断标准
    ┌─────────────────────────────────────────────────┐
    │  ┌──────┐  允许  ┌──────┐  有  ┌──────┐  否      │    ┌──────────┐
    │  │客观环境├──────→│认知能力├─────→│付出努力├───────┼───→│违法性认识│
    │  │      │       │      │      │查明法律│        │    │错误可避免│
    │  └──┬───┘       └──┬───┘      └───┬──┘         │    └──────────┘
    │     │不允许         │无              │是           │
    └─────┼──────────────┼──────────────┼────────────┘
          │              │              │
          ↓              ↓              ↓
      ┌──────────────────────────────────┐
      │     违法性认识错误不可避免        │
      └──────────────────────────────────┘
```

四、违法性认识错误避免可能性理论的实践运用

当前,我国司法实践中对违法性认识错误的漠视引发了社会公众的激烈探讨,一味秉持"违法性认识不要说"无疑是将行为人在法律认识错误层面出罪的道路全面封锁,对罪责的认定毫无裨益。但在我国现阶段下,不加思索地跟进国外"违法性认识必要说"的应用,易使国家法规范的尊严荡然无存。应运而生的违法性认识错误避免可能性理论作为一种调和的中间路径,被罗克辛教授形象地称为"比较柔软的"(weicheren)罪责理论①。在一定程度下肯定"不知法不免罪"的例外,既可避免功利主义的嫌疑,又能够体现我国普法的刑事政策,实现宽严相济的打击与预防相统一。② 另一方面,为防止不规范行为游离在法治社会之外,在行政犯罪领域中以行政不法为前提的刑法规制范围在不断扩大,这对界定行为人是否具有违法性认识可能性提出了更加严峻的考验。法定犯时代的到来,为违法性认识错误避免可能性理论在我国司法实务环境下的兼容性应用做足了铺垫并提供了契机。那么,此种避免可能性理论究竟能否在我国司法实践中炉火纯青地运用,就需要在具体案件中不断检验。

(一) 违法性认识错误避免可能性的适用方式

司法实践中运用违法性认识错误避免可能性理论为行为人出罪提供更为充

---

① 参见[德]克劳斯·罗克辛:《德国刑法学总论(第一卷):犯罪原理的基础构造》,王世洲译,法律出版社 2005 年第 1 版,第 622 页。
② 参见王胜华:《违法性认识错误避免可能性的判断——以大陆法系国家(地区)的刑法规定与司法实践为进路》,载《西部法学评论》,2013 年第 5 期。

分的法理依据。层次性地分析行为人所产生的违法性认识错误能否减免罪责,仅依靠行为人的主观辩护词不足以判断,需结合客观环境及行为表现方式,辩证地剖析以违法性认识错误为由的辩护意见能否得到支持。需要强调的是,我国刑法并未将违法性认识能否避免作为出罪的法定依据,因此在运用违法性认识错误避免可能性理论时,无法直接援引该理论泛泛地作为法定一般原则处理实务案件,而是应该结合案件来具体分析排除犯罪事由能否成立,借此导入避免可能性理论加以适用。

一方面,司法机关可以因行为人的违法性认识错误具有避免之可能而否认出罪。灵活适用违法性认识错误避免可能性理论,可以在司法实践过程中进一步澄清能否出罪的缘由。对辩方提出的违法性认识错误予以回应,不仅是对当事人基本权利的保障,同时也使呈现出的判决说理性更强、更加令人信服。以沈何淑芬走私国家禁止进出口的货物、物品罪一案为例。[①] 沈何淑芬未经政府主管部门批准且未向海关如实申报,将26件一般保护古生物化石与玛瑙原石混装在8个箱子内,以邮寄"石头"为名交付邮政快递托运至中国台湾地区,后被查获。本案中,行为人以不知道自己的行为构成走私为由上诉,二审法院不予支持。法院对此作出的解释是,沈何淑芬在邮寄古生物化石前已向专业人员进行了咨询[②],明知向境外邮寄古生物化石需要由省级国土资源部门审批并向海关申报,其在未经申报、审批的情况下,仍委托他人通过邮政快递邮寄古生物化石,主观上应该明知其行为具有违法性,即使其主观上存在法律认识错误,亦不影响对其走私古生物化石行为的评价,足以认定。

可见,在本案中,行为人在对法律存疑时具有查明法律的机会。在其得到运输人员否定的答复后,理应对该行为是否构成走私犯罪产生疑问,并据此向专业人员进一步询问,或者是直接按照申报步骤合法操作。然而,行为人即便对行为的违法性具有疑问,仍未付出努力以查明,此时再以违法性认识错误为由抗辩的,不具有正当合理性。按照查明法律之允许的客观条件及主观上具有认知能力后,考察行为人未付出查明法律之努力,进而推定其产生的违法性认识错误可以避免。完整的流程及逻辑思路充分论证了可避免的违法性认识错误无法阻却行为人之罪过,需要对其进行谴责。相较于司法实践中直接援引"违法性认识错

[①] 参见(2015)黑刑二终字第46号刑事判决书。
[②] 此处据行为人供述,是向民航服务人员询问是否可以邮寄,得到回答为需要申报邮寄物品并相关部门去办理审批手续。

误不影响定罪量刑"的处理方式,本案审判人员结合避免可能性理论,对如何理解行为人的主观故意作出了深入剖析,一方面为入罪提供了更加充分的依据,另一方面详细回应了本案中行为人可能适用的出罪路径,使裁判结果合情合理且于法有据。

另一方面,司法机关可通过违法性认识错误不可避免来免除行为人之罪责。以非遗传人制造烟花案为例①,案件中的行为人张风申认识到自己未持相关许可证件制作的烟花爆竹属于易燃易爆物品,具有一定的社会危害性,但为了在当地"五道古火会"中进行传统表演燃放烟花而制造。尽管对于烟花爆竹是否属于刑法所规定的爆炸物的范畴具有一定的争议,但是我们换一个角度,从犯罪主观层面进行判断,行为人对行为的违法性产生的认识错误能否阻却罪责同样不失为合理的出罪路径。本案事发地的镇政府、公安、消防等部门作为主管爆炸物的政府机关,每年都参加元宵节的烟花表演,但未告知张风申制造烟花的行为会受到刑法的谴责。况且,张风申作为制作特质烟花的"非遗传承人",每年都会从文化馆处领取经费补贴,由此更加印证了行为人认为涉案行为合法的意识。② 行为人最终选择了相信有关政府机构对他制作烟花爆竹的认可,认为自己的行为未触犯刑法,究其原因,离不开相关政府部门为行为人释放了"错误的信号"。如果说天津大妈气枪案些许程度上受市场监管部门"默示"的影响,那么烟花案中的行为人则在很大程度上受政府有关部门的"鼓励"而为之。一个真诚地相信其行为不为法律所禁止的人原本就不具有恶的动机,无法将其行为与不可免责的错误行为画等号。③ 即便此时的行为人具备认知能力,但还是会因合理信赖政府机关而产生违法性认识错误。在此种情况下,不可期待他去查明法律以自省,对法律的误解实属不可避免之情形。本案中,法院采取了行为人"主观恶性较小,只是由于文化水平不高,触犯了刑法"的辩护意见,认为行为人构成制造爆炸物罪但免于刑事处罚,不得不说是面对舆论的折中之举。事实上,倘若运用违法性认识错误避免可能性理论,细致分析行为人存有违法性认识错误不可避免之原因,不但能够在判决说理层面使论证内容更加详实,进而令社会公众对裁判结果更加信服,最关键的是能够在责任主义与刑事政策之间找到平衡点,使"公益"与"私权"之间的博弈得以缓和。

---

① 参见(2017)冀01刑终557号刑事裁定书。
② 参见王恩海:《非遗传人制烟花不应构成犯罪》,载《上海法治报》2018年3月28日,B06版。
③ 参见劳东燕:《"不知法不免责"准则的历史考察》,载《政法论坛(中国政法大学学报)》2007年第4期。

由此可以看出,违法性认识错误避免可能性理论应用于我国的司法实践中,可以解决部分因责任阻却事由范围过小而导致的出罪路径过于狭窄的问题,同时可以缓解利用《刑法》第13条但书作为出罪的兜底条款现象,使司法部门在审理案件中所作出的判断更加精细化。

(二)违法性认识错误能否避免的法律效果

违法性认识错误避免可能性理论提出后,最终需要回归我国的司法实践予以运用,因此不得不面临这样的问题:行为人对其实施的行为出现了违法性认识错误,且该认识错误不可避免,那么应如何具体评价这一行为的法律后果?应当从轻、减轻处罚还是免除处罚,抑或是直接认定行为人无罪?在目前刑事立法尚存空缺的情形下,需对避免可能性理论的司法实践适用提供更为细致的理论基础,以期待面对具体案件时,审判者能够在综合考量责任主义原则与刑法一般预防效果后给出普遍接受的判决结果。

其一,违法性认识错误的不可避免是由于行为人产生了事实认识错误,不应以故意犯罪论处,刑法未规定相应的过失犯罪时无罪。例如,我国被列入《濒危野生动植物种国际贸易公约》附录Ⅱ的绿颊锥尾鹦鹉俗称小太阳鹦鹉,行为人误将该品种鹦鹉作为宠物喂养并予以繁殖后贩卖,即使认识到出售的是鹦鹉,甚至是完全认识到所出售的鹦鹉在当地被称为小太阳鹦鹉,但并未认知到这种鹦鹉属于法律所保护的濒危野生动物,当地人也都未意识到小太阳鹦鹉就是刑法所规制的绿颊锥尾鹦鹉时,行为人所产生的事实认识错误足以影响到其对违法性认知存在主观上的判断障碍,从而导致不可避免的违法性认识错误出现。然而,此种不可避免的违法性认识错误产生的前提是行为人存在事实认识错误,其实质仍具有阻却故意的效果。因此,因行为人产生的事实认识错误而导致的违法性认识错误不可避免的,其法律效果不应以故意犯罪论处。

其二,因无客观机会、存在主观认知障碍或行为人付出相当努力程度后仍无法查明的违法性认识错误,应当减轻或免除处罚。当行为人未产生事实上的认识错误,仅就行为的违法性产生了错误认知,但该认识错误是由于客观上无查明法律的机会,或存在主观上的认知障碍,或者即便行为人对法律规定存在模糊疑问之处,在寻求专业人士帮助时得到了错误的答案而导致产生的违法性认识错误不可避免的,应减轻或者对行为人免除相应的处罚。法不强人所难,在行为人无查明法律的客观机会时,无法强求行为人对其行为具有准确的认知。既然如此,刑法的惩罚和预防效果也无法作用于客观处境不适宜的地方。行为人违法性认知上的主观障碍不应仅以行为人个人的辩解为依据,而应以主客观相结合的方式,结合其行业领域内的一般人对违法行为的主观认知状态,判断违法性认识错误能否避免。同样,行为人付出相当程度的努力后仍未查明法律,或得出错误的结论而产生的违法性认识错误,属于无法避免的错误情形,在四要件犯罪构成体系中姑且可以放置于阻却事由中。基于我国目前的立法体系,违法性认识错误不可避免并不属于法定阻却事由,直接以产生的违法性认识错误不可避免为由认定无罪的观点在当下的立法及司法体系中都难以接受。基于当前社会公众的法律理念及相关部门的普法程度,对违法性认识错误的宽宥水平过于宽松不利于法治社会的推进。据此,比照防卫过当、避险过当等法定阻却事由中的情形,给予减轻或免除处罚的法律后果,无论在法理还是情理中都更为合适。

其三,行为人产生的违法性认识错误可以避免时,可以从轻处罚。对比不可避免的违法性认识错误应该减轻或免除处罚的情形,行为人所产生的违法性认识错误可以避免时,可谴责程度更为强烈。原本可以避免的违法性认识错误,因各种各样的原因而未避免认识错误发生的,法官可以根据具体案情,行使一定程度的自由裁量权,可以从轻处罚。当然,倘若行为人确实可以避免产生违法性认识错误,但拒不付出查询法律之努力的,也能够结合案件的实际情况判处,并非一定要从轻处罚。如此划分违法性认识错误能否避免的法律效果,既是责任主义的体现,也是权衡刑法一般预防与特殊预防作用的成果,同时也为司法实践提供了更为准确的定罪量刑思路。

五、结语

我国立法的缺失与司法的漠视使社会公众利益与公民个人权利的关系再度僵化,"公益"与"私权"之间的关系愈发紧张。为弥补立法上的空位,实务部门应予以足够的重视,以缓解舆论质疑与司法权威对立的僵化局面。[①] "公益"与"私权"并非绝对的顾此失彼的关系,司法判决也万不可打着权威的称号,置被告人的辩解于不顾。违法性认识错误避免可能性作为规范性评价,将理论与实践重新挂钩,为实务部门提供了出罪的又一方法。该理论的运用致使行为人在提出

[①] 参见王志远:《在"公益"与"私权"之间:违法性认识问题再认识》,载《法学家》2015 年第 1 期。

"不知法"的辩由时,就需要解决这样的问题:通过对具体条文的解释查明,一项禁止性错误在什么时候排除了,或者是如此宽广地减弱了这种刑法性责任,以至于应当排除刑罚范围的使用。① 若一味罔顾行为人产生违法性认识错误而不认可出罪的态度较为刚硬,在激发公众错愕感的同时,将不利于审判的后续社会影响。正如周光权教授所言:"刑事审判并不意味着'民意审判',但刑法适用与常识、民意之间要形成良性互动关系。"通过对违法性认识错误避免可能性的审查,能够指明何种错误是可以宽恕的,何种错误是需要加以惩罚的。在全面考量行为人违法性认识可能性的基础上,使审判结果更具说服力,在保护个人权利与努力实现罪刑均衡之间寻求可行出路。

回归到价值层面,在坚守个人可谴责性作为责任主义前提的同时,自然而然地使其与社会管理制度之间的关系更为紧张,维护个体利益无疑加剧了对风险防控的压力,但这不应成为躲避罪责阻却事由复杂性判断的借口。建立违法性认识错误避免可能性理论构造,从行为人有可能、有能力、有义务三个层面来确保违法性认知,使责任主义在违法性认识错误领域中占据一席之地。理论的提出就是为了能够更好地运用,违法性认识错误避免可能性理论及其认定标准为我国司法实践提供了一条可行道路,能否在我国法定犯时代得以兼容性运用就需要不断的实践与磨合。价值利益的衡量是一个随着刑事政策的变化再认知的过程,违法性认识错误避免可能性理论在特定时代下具有特殊的含义,无论是理论界之间的观点交锋还是理论与实务界的意见相左,都是为保证公众秩序与个人利益之间的平衡,颇有殊途同归之意。

---

① 参见[德]克劳斯·罗克辛:《德国刑法学总论(第一卷):犯罪原理的基础构造》,王世洲译,法律出版社 2005 年第 1 版,第 622 页。

论著作权法上作品的"固定"

余家雯*

摘　要：从网络游戏整体画面和网络直播画面著作权纠纷的一些判决来看，人们对作品的"固定"的认识并不完整，并因此出现了分歧。固定伴随作品的出现即存在，但一直以来，除了美国版权法，国际公约和其他国家都没有予以著作权法上的"固定"一个明确的定义与标准。美国著作权法上的固定标准具有鲜明的针对性，并不能为我国所适用。我国并没有将"固定"作为作品的构成要件，但是结合我国新《著作权法》的修改，在作品类型开放模式下，要求作品具备"可固定性"更有利于著作权保护。应结合我国著作权保护的传统以及新的技术发展环境，从固定载体的形态、固定的时间以及固定的状态三方面进行考虑，重新解读作品"固定"的标准，使之能够发挥在著作权法上原有的价值，服务于现代版权制度。

关键词：作品　固定　固定标准　作品载体

一、问题的提出

作品能否获得著作权法的保护，关键是要看其是否符合著作权法所要求达到的实质要件和形式要件。"独创性"是作品受著作权法保护的实质要件，各个国家都规定了作品受著作权法保护必须具备独创性。但是，对于作品受著作权法保护的形式要件，即"固定"，并不是所有国家一致认可的著作权保护的先决条件。

---

* 余家雯，硕士研究生，华南理工大学法学院，知识产权方向。

从我国立法上看,作品的定义从"能以某种有形形式复制"到"能以一定形式表现"的表述表明,我国著作权法并没有将"固定"作为作品获得著作权法保护的前提,也没有对作品的固定作出定义与解释。在学术上,作品的固定要件鲜少获得国内学者的关注,相关的讨论只集中在两个方面:一是对作品"能以某种有形形式复制"这一要件与"固定"的关系的讨论;二是对电影作品"摄制在一定介质上"的要求是否就是"固定"的讨论。然而,这两个问题的讨论也只是附带性地出现在作品的"能以某种有形形式复制"这一要件与电影作品的"摄制在一定介质上"这一要求的相关研究之中。因为立法上的缺失,学术上的讨论甚少,且不够深入,在以往的司法实践中也极少会借助作品的形式要件来解决著作权纠纷。但是,随着网络传播技术的发展,作品载体呈现多元化。当一种智力成果以新的形式表达或者表现在不同于传统著作权法上认定的有形物质载体的其他载体上的时候,对这一智力成果能否构成著作权法上的"作品"进行界定,除了考虑其独创性外,形式要件的判断也不容忽略。

关于作品固定性讨论的前沿话题,围绕网络游戏整体画面和网络直播画面的著作权纠纷。相关的司法判例的论证反映出两个问题:一是对网络游戏整体画面和网络直播画面的可版权性论证中缺少关于作品的"固定"的分析。如对网络游戏整体画面可作品性的认定中,《奇迹 MU》著作权侵权及不正当竞争纠纷案[①]与《梦幻西游2》直播侵权案[②]的判决简单地叙述了在游戏终端呈现的活动画面是"可以以有形形式复制的",与电影作品的表现方式相同,因此构成了类电影作品。判决没有揭示其构成类电影作品的形成过程在于游戏画面本身就是预设于游戏之中,终端画面是固定的,玩家的游戏技术只会影响游戏的结果而不会改变游戏内预设的画面。二是对网络直播画面构成类电影作品的分析中,关于"固定"与电影作品的概念中"摄制在一定的介质上"的关系,出现了两种矛盾的观点。在央视国际诉聚力著作权侵权及不正当竞争案中,法院认为电影作品的概念描述上的"摄制在一定介质上"的要求等同于作品的固定性的要求,直播画面可感知、可复制、可回放就足以说明其是固定的。[③] 而北京新浪互联信息服务有

[①] 广州维动网络科技有限公司、广州硕星信息科技股份有限公司与上海壮游信息科技有限公司侵害著作权纠纷、不正当竞争纠纷案,上海知识产权法院(2016)沪73民终190号判决书。
[②] 北京爱奇艺科技有限公司、广州华多网络科技有限公司著作权权属、侵权纠纷、商业贿赂不正当竞争纠纷案,广州知识产权法院(2015)粤知法民初字第16号判决书。
[③] 央视诉PPTV欧足联赛转播侵权案,上海知识产权法院(2017)沪0115民初88829号判决书。

限公司与北京天盈九州网络技术有限公司不正当竞争纠纷案中(下称"新浪中超赛事直播案")中,法院作出的判决则认为"摄制在一定介质上"只要求电影作品"可复制",而非固定在物质载体上。"摄制在一定介质上"不等于"固定"或者"稳定的固定"。① 上述司法实践中的问题与分歧的出现,主要是因为著作权法上"固定"的概念不清晰,法律职业工作者对作品的"固定"要件的认识不完整。因此,有必要对作品的"固定"要件进一步辨析与研究,明确"固定"的概念,加深对作品的"固定"要件的理解。

二、传统著作权法上的作品的"固定"

(一)作品与作品载体

罗马法学家盖尤斯将民法上的物分为有形物与无形物,有形物是指看得见、摸得着的物,无形物则仅仅指存在于法律中的各种权利。著作权是无形物,是一项与抽象物有关的无形权利,而所谓"抽象物"指的是"恰当的智力思考",是固有的独立存在的物,具有无体、不占有空间和时间的特征。② 作品就是"抽象物",需要借助表达形式或者是物理媒介使他人能够感知其存在,也只有当作品能为人们所感知时,法律才可以赋予创作者对其作品的财产利益,实现作品的经济价值。作品借以表现的物理媒介就是承载了作品的载体。载体是一种物质,而作品是一种"思想感情的表达",就自然属性而言,它本质上是一种结构及形式。③ 作品与载体是不能划等号的。作品与载体相区分的理论在很早的时候就被提出来了,德国哲学家康德认为"书是人们写出来的,它包含某人向公众所作的,通过可以看得见的语言符号来表达的讲话,这与书籍的实际外形无关"。④ 而黑格尔进一步说明著作者不会转移自己特有的思想方法,只是将承载思想方法的样品转移给他人,而他人取得所有权的对象也仅仅是这一样品的使用权和价值。⑤ 任何作品载体的转移,并不会导致载体上作品著作权的转移。实际上,在大陆法系中,对作品和作品载体的保护也分属于两种不同的权利,对

---

① 参见新浪中超赛事直播案,北京市高级人民法院(2020)京民再128号判决书。
② 参见[澳]彼得·德霍斯:《知识财产法哲学》,周林译,商务印书馆2017年版,第33—41页。
③ 参见刘春田:《知识产权法》,中国人民大学出版社2000年版,第25页。
④ 参见[德]康德:《法的形而上学原理》,沈叔平译,商务印书馆1991年版,第112页。
⑤ 参见[德]黑格尔:《法哲学原理》,范扬、张企泰译,商务印书馆1979年版,第76页。

作品进行保护的是著作权，作品载体则由物权来保护。

载体是指能够承载事物的其他事物。那么，作品载体就是承载了作品的事物。作品通过物质载体达到具象化的效果，使人感知、传播与复制；而作品载体的作用就是向他人呈现创作者独特的思想表达。有学者根据载体的物理特性，将作品的载体分为瞬间载体和固定载体。瞬间载体是具有"无形的、转瞬即逝的、不能进行时空变换"的特点的载体，若不是亲临现场将无法感知，如口述作品中，声波就是瞬间载体；而固定载体则是具有时空变换特征的物质实体，如纸张、唱片等。① 通过瞬间载体呈现的作品，如果不是亲临现场，将无法感知该作品。但是，在这一分类之下，电子脉冲或者连续信号这些载体就无法归入到任何一个类型的载体中。因为电子脉冲、连续信号是无形的、转瞬即逝的，但是其承载的作品是可感知、可复制、可传播的，即"可以进行时空变换"的。

我们可以根据作品对载体的利用方式，将作品的载体分为表现载体、固定载体与复制载体。表现载体，即用以表现作品自身思想内容的载体，主要包括语言、文字、表情、符号、线条、动作、姿势等。② 以其是否依赖于物质实体储存为标准，可以将表现载体分为瞬时表现载体和固定表现载体。语言、表情、动作、姿势等都是瞬时表现载体，通过这些载体表现的作品往往只能亲临现场感知，因为该类型表现载体在表现作品之后就会消失。而固定表现载体是指文字、符号、线条、色彩等，其在表现作品的时候需要依赖于物质实体。固定载体是指那些能使人感知、复制和传播作品的物质载体。此处的固定载体区别于上述学者所定义的固定载体，其包括有形的物质载体与无形的物质载体。固定载体的作用在于使人能够感知、复制和传播作品，无关载体的形态。复制载体则是指承载了作品原件的，能使作品产生一份或者多份的有形物质实体。著作权法上的复制是指以印刷、复印、临摹、拓印、录音、录像、翻录、翻拍等方式将作品制作一份或多份的行为。复制载体必须是有形物。

对上述概念认识不清，就会将一些仅仅是表现出来而尚未固定的作品误以为已经固定。在"西湖音乐喷泉"版权纠纷案中③，二审法院将涉案音乐喷泉喷射效果的呈现归属于美术作品的保护范畴，就是对上述三个概念的认识不清所导致的。美术作品，是指绘画、书法、雕塑等以线条、色彩或者其他方式构成的有

---

① 参见杨述兴：《论作品与载体的关系》，载《知识产权》2021年第6期。
② 参见张胜先：《论作品的载体》，载《知识产权》1996年第5期。
③ "音乐喷泉"作品著作权侵权纠纷案，北京知识产权法院(2017)京73民终1404号判决书。

审美意义的平面或者立体的造型艺术作品。① 美术作品以视觉为感知方式,具有造型性、空间性,美术作品所创造的艺术形象是静止的,一经完成就固定不变。② 音乐喷泉是水花、音乐与灯光结合的动态表演,音乐、水花以及灯光只能是音乐喷泉的表现载体,而且是瞬间表现载体。一次动态的音乐喷泉表演完毕,除非以录影录像的方式记录,否则整个表演并不会固定下来,不会达到异地复制、二次传播的效果。音乐喷泉与美术作品的特征是不相合的,将音乐喷泉表演认定为美术作品,实际上并不符合我国著作权法的规定。

(二) 美国版权法视角下的作品的固定要件

目前,对于作品是否需要以"固定"作为获得著作权保护的要件,主要有三种不同的立法模式:一是以"固定"作为一般作品的构成要件的模式,如美国版权法;二是完全不以"固定"为任何作品构成要件的模式,如德国著作权法;三是不以"固定"为一般作品的构成要件,但是例外地规定某些作品类型的构成需要事先被固定,法国、韩国、加拿大等国家采用的便是这一规定模式。单纯地以"固定"为作品受著作权法保护的要件或是不以其作为作品受著作权法保护要件之立法模式的国家都是少数的,大多数采用的是第三种模式。尽管不少国家都规定了个别类型作品须固定,但只有美国版权法对作品的"固定"要件作出明确定义。作品的固定要求是美国版权法上一项特殊的制度设计,其发展对于作品固定的研究有着重大意义。

1976 年《美国版权法》规定了"被创作(created)出来的作品"是指首次固定(fixed)于复制件或者唱片上的作品。③ 而"固定"是指"作品固定在有形的表达媒介(a tangible medium of expression)上",即作品由作者或者经作者同意的他人放置于复制品(copy)或者录音制品(phonorecord)上,并且其稳定性和长期性要让人足以在大于瞬间的时间跨度内(more than a transitory duration)能对作品进行感知、复制或传播。④ 美国版权法对固定进行了一般的定义之后,特别地

---

① 《中华人民共和国著作权法实施条例》第 4 条第 8 项。
② 参见王宏建:《艺术概论》,文化艺术出版社 2010 年版,第 87 页。
③ Copyright Law of the United States and Related Laws Contained in Title 17 of the United States Code, §101, p. 3.
④ Copyright Law of the United States and Related Laws Contained in Title 17 of the United States Code, §101, p. 3.

规定了"声音、图像或者两者结合的作品"在传播的同时可以被固定的,视为固定。因此,除了特殊规定,在美国版权法中,作品要获得联邦版权法的保护就必须是"固定在有形的物质载体中足以使人能够感知、复制和传播"。

关于美国版权法上"固定"这一概念的内涵,我们可以从两方面去理解:

在时间上,美国版权法对固定的时间的要求是非常低的,只要其存在的时间足以让人感知作品的存在,而这种感知只要求他人心中有作品存在的意识即可,也就是作品存在只需要比瞬间稍长一些就足够了。在 MAI 公司诉 Peak 公司案中,Peak 公司认为加载软件的行为只会使该软件暂存在电脑 RAM(随机存取储存器)中,对软件的复制并没有达到固定的效果,加载软件的行为并不构成对 MAI 公司的著作权侵权。MAI 公司则论证道,复制程序被储存在电脑 RAM 中的时间足够漫长及稳定到让人在一个远远长于瞬间的时间跨度内来对程序进行感知、复制或者传播。法院也进一步解释道,RAM 可以被简单地理解为电脑中的一种储存介质,储存在其中的数据和程序可以运行(出现了使用的效果),这是具有固定性的,也满足了版权法对复制提出的要求。① 也就是说,固定并不意味着作品永久停留在物质载体上,即使是短暂的,只要足以使人感知到作品的存在就达到了固定的时间上的要求。

在形式上,作品必须是"已固定在有形物质载体上"的。"固定于任何有形表达的媒介之中"(fixed in any tangible medium of expression)这一短语最早是在 1976 年引入到美国版权法中,但要求"固定在有形物质载体"的基本理念从一开始就是联邦版权法的一部分。美国宪法的知识产权保护条款对"著作"的描述使用的术语是"writing"而不是"work",现代美国的法学家如 Nimmer 等就认为"writing"这一用语的要求是"著作"必须"体现在某种有形介质之中"(embodied in some tangible form),即或多或少附着于一定的有形物质材料之上,否则使用"writing"这一词语就毫无意义。② 1976 年《美国版权法》对"fixed"进行界定的时候,使用了复制品(copy)或者声音制品(phonorecord)两个词语进行描述,将固定的形式分为了"一般复制品"和"声音制品"两类。一般复制品的载体是我们平时所说的文字之于书籍纸张之上、电影之于胶片之上等,而声音制品的载体是卡式磁带、光盘等。这些规定表明,美国版权法中的"固定"对载体的要求是"有

---

① See MAI Systems Corp. v. Peak Computer, Inc. 991 F. 2d 511.
② See Melville B. Nimmer, David Nimmer, Nimmer on Copyright, Matthew Bender, (2017).

形的"。而对于"固定"的状态,从1976年《美国版权法》条文使用的词语为"fixed"而非"can be fixed"可以看出,作品固定的状态是"已经固定"而非"具备固定的可能性"。

固定问题源于作品与载体之间的关系。在新的传播技术条件之下,似乎数字技术正在逐步切断以往传统的著作物商业交易中所见到的无体物对有体物的寄生关系。① 但作品属于意识范畴而载体属于物质范畴的二元区分理论仍然坚实,作品与载体切不可混淆。在作品载体逐渐多元化的环境下,绝不能将"固定"解释为无体的作品与有形物质实体的简单结合。美国版权法中的"固定"是在其宪法规定和历史沿革的作用之下产生的,具有特殊的针对性,其固定制度的要求并不必然适用于其他国家的版权保护。② 目前,大多数国家的版权法实际上可以归入两种主要的保护体系之中,即版权体系与作者权体系。以英美国家为代表的版权体系采取的是实用主义进路,版权的保护需要服务于经济效用;而欧陆的作者权体系主要受自然法理论以及人格理论的影响,把"创作作品的人"放在保护体系的中心地位。③ 两个体系在受保护的作品的要求、著作权的归属等问题上都存在着相当的差异。相同版权保护体系之下的国家对其制度尚有直接适用的可能,但我国著作权法承袭的是作者权体系,与美国的版权体系的著作权传统截然不同,其固定制度发展带来的启示仅可供我们参考,而不能直接将其标准为我们所用。

(三) 我国著作权法上作品固定要件的研究

在我国《著作权法》修改之前,《著作权法实施条例》将作品定义为"文学、艺术和科学领域内具有独创性并能以某种有形形式复制的智力成果"。其中,"能以某种有形形式复制"这一作品构成要件的含义是十分模糊的,因此许多学者对此提出了自己的理解。其中一种观点认为,作品的可复制性就是指作品的客观表现形式能以物质的形式固定下来,即作品的可复制性就是作品的"可固定性",此处的"复制"实际就是指"固定"。④ 最初提出的《著作权法(修正草案送审稿)》

---

① 参见[日]北川善太郎:《网上信息、著作权与契约》,渠涛译,载《环球法律评论》1998年第3期,第38—47页。
② 参见李响:《美国版权法:原则、案例及材料》,中国政法大学出版社2004年版,第25页。
③ 参见[德]西尔克·冯·莱温斯基:《国际版权法律与政策》,万勇译,知识产权出版社2017年版,第34—35页。
④ 参见李永明:《知识产权法》(第2版),浙江大学出版社2003年版,第62—63页。

对此观点表示支持,将作品定义为"文学、艺术和科学领域内具有独创性并能以某种形式固定的智力表达"①。然而,最新修改的《著作权法》则抛弃了"能以某种有形形式复制"的表述,也没有采用"能以某种形式固定"的表述,而是改成了"能以一定形式表现"。这一修改意图表明,只有外在的表达才受著作权法的保护,停留在人们内心的思想不受保护②,不再强调作品与载体之间的依附关系以及作品载体的形式。

关于"固定"的第二种理解认为,固定就是指作品在一段时间里足以长久和稳定地被观看、复制和传播,只要作品被固定,有形的复制件就已经形成。这一观点是在对发行权进行讨论的基础之上提出的,强调了作品的固定与复制件的形成之间的顺序,只要作品的固定完成,复制件就会随之形成。根据《世界知识产权组织条约》的议定声明,原件与复制件是指"固定的、能够作为有形物流通的"原件与复制件。③ 因此,固定要求作品最终附着于有形物质载体上。

对固定的第三种理解认为,固定是指作品附载于有形物的活动,与有形物密不可分,只有当有形作品形成的时候,我们才能将其称为固定。④ 这一观点强调的是作品与载体之间的融合,固定与复制件的形成之间不存在必然的联系。第二和第三种观点均认为"固定"必须是作品与有形物质载体的稳定结合。

关于固定的第四种理解认为,作品一般形成于固定之前,固定只是将已经形成的作品与载体进行结合,从而使人感知、复制与传播。"固定"应当包含两种含义:一是"感知、传播型的固定",即作品依附于一定的物质载体上,足以被感知和传播;二是"储存、保留型的固定",即作品可以长期储存于一定的物质载体上。⑤ 以已经形成的作品在载体上停留的时间作为标准,此种观点将"固定"划分为两种类型,不再强调载体的物质形态,较之于此前对固定的理解更为全面,也适应了新的传播技术发展的环境。

我们应当注意的是,正确理解"固定",不能只考虑作品附着于载体的时间,

---

① 《著作权法(修订草案送审稿)》第5条第1款:"本法所称的作品,是指文学、艺术和科学领域内具有独创性并能以某种形式固定的智力表达。"
② 参见王迁:《〈著作权法〉修改:关键条款的解读与分析(上)》,载《知识产权》2021年第1期。
③ 参见《世界知识产权组织条约(WTC)》关于第6条和第7条的议定声明:"该两条中的用语'复制品'和'原件和复制品',受该两条中发行权和出租权的约束,专指可作为有形物品投放流通的固定的复制品。"
④ 参见吴汉东:《知识产权基本问题研究》,中国人民大学出版社2005版,第181页。
⑤ 参见熊文聪:《论"已经固定"不是电影作品的可版权要件》,载《山东科技大学学报(社会科学版)》2019年第2期。

还应当明确作品载体的形态,以及作品固定于载体上的状态,即要求作品是实际固定于载体,还是只需具备固定于载体上的可能性。

三、作品的"固定"在著作权法上的意义

在版权发展的过程中,有的学者认为"似乎抛弃固定的标准更能反映版权的现代化",如法国最初规定了固定要件,但是判例法和理论的发展逐渐导致了固定要件不再是作品受保护的先决条件。[①] 对于这一观点,笔者并不认同。"固定"体现了作品与载体之间的密切联系,在著作权法上有其自身存在的意义与价值。

(一)"固定"是著作权权利利用的基础

作品固定于载体上是署名权行使的前提。基于作品本身的非物质性,著作权人不能像占有有形物质一样占有作品,因此为了保护著作权人的权利,就必须赋予创作者对其作品的专有权。《著作权法》规定了作者享有署名权。《著作权法》赋予著作权人署名权的意义在于,权利人可以通过署名表明对该作品(非作品载体)的占有,确定由作品产生的经济利益的归属,以此激励著作权人继续创作,达到著作权立法的目的。[②] 署名权是创作者在自己创作的作品原件及其复制件上标记姓名的权利。[③] 而作品的原件与复制件都必须是作品与载体的结合,因为只有当作品固定在载体上,才能进行"标记"。联合国教科文组织以及世界知识产权组织在 1986 年强调署名权"只能善意行使"的时候,建议在建筑作品、实用美术等作品中,为了不损害其美丽的外观,作者只能以适当的不损害委托人的利益的方式来署名,必要时可以双方约定不署名。这也进一步说明了,署名权的行使只能是基于作品已经固定在物质载体上的前提下。

传播权体系与复制权体系的划分依赖于作品的固定。传播权是指直接或者是借助一定的装置、媒介无形再现作品的权利,它控制对作品进行表演、放映、展览、广播、网络传播以及其他任何直接、间接的方式,在不移转复制件的情况下利

[①] See Ysolde Genderau, The Criterion of Fixation in Copyright Law, Janvier(1994), p. 126.
[②] 参见杨延超:《作品精神权利论》,西南政法大学 2006 年博士学位论文。
[③] 参见刘春田:《知识产权法》(第三版),中国人民大学出版社 2007 年版,第 89 页。

用作品的行为。① 复制类的权利包括复制权、发行权、出租权等。这些权利都强调了作品必须与有形物质载体结合,不论是我国著作权法还是国际公约以及各国的立法和司法实践都认为,"只要将作品相对稳定和持久地固定在物质载体上,形成作品的复制件,就属于复制行为,至于复制的方式或手段则在所不问。"②发行权强调的是有偿转移著作物的所有权,而出租权则是临时转移著作物的占有的权利。不论是转移"所有"还是"占有",其转移的对象均为作品与载体相结合的著作物。从传播权的定义可以看出,传播具有"无有形载体性",是一种无形再现行为,复制类的权利则以制作或转移作品的原件、复制件实现信息共享。复制权、发行权、出租权等以有形传播为特性,与传播权"无形再现"的特征不相适应,不能将其纳入传播权的范畴。

(二)"固定"是著作权保护范围的边界

综合我国本次《著作权法》修改的整个体系,《著作权法》第3条将作品定义为"文学、艺术和科学领域内具有独创性并能以一定形式表现的智力成果",即作品受保护的形式要件是"能以一定形式表现"。《著作权法》第3条在对作品进行总的定义之后,列举了本法予以保护的作品类型。与以往不同的是,第3条第9项规定了"符合作品特征的其他智力成果"受《著作权法》保护。这一修改标示着我国的著作权保护从封闭的"作品类型法定"模式走向"作品类型开放"模式。作品类型法定模式是客观的、明确的、终局的,作品类型开放则是灵活的、综合的。诚然,作品类型开放模式缓解了著作权保护中法律条文僵化的问题,也有利于处理司法实践中因新技术而出现的新的著作权问题。但是,在作品类型开放模式下,作品只要"能以一定形式表现"就可以获得著作权保护,这似乎有扩张范围模糊界限作品保护范围的界线之嫌。因为在这一情形之下,荷兰最高法院认为"香水的气味是可以受版权保护的嗅觉物质"的说法就可以成立。③ 然而,正如欧盟法院所认为的,"食品的味道依靠嗅觉和味觉体验,而嗅觉与味觉体验都是主观的、可变的,在目前的科学发展状态下,技术手段无法准确、客观地将其固定在有

---

① 参见梅术文:《著作权法上的传播权研究》,法律出版社2012年版,第8页。
② 王迁:《著作权法修改关键条款解读》,载《知识产权》2021第1期。
③ See Judgment in the case between Kecofa B. V. and Lancôme Parfums Et Beauté et Cie S. N. C. 2006.6.16。

形载体上以区分于其他味道,不应将其作为作品而受版权保护。"①如果作品是不可固定的,那么著作权法就会永远陷入对主张著作权保护的作品的定义与范围的争议当中。② 而固定可以将著作权保护的对象限制在一定范围之内。如温迪·戈登(Wendy Gordon)就认为,"固定"可以将受保护的表达和普通的交流、对话区分,确保著作权只保护可以被固定的表达。③ 作品类型开放为非典型作品纳入著作权客体予以保护提供了法律依据,但是法律应当是有所限制的,并不是所有概念艺术都应当得到版权的保护。④ 如果所有的智力成果仅"能以一定形式表现"就可以为著作权法保护,那么版权纠纷的数量定会增加,法院将会不堪重负。若要求受保护的作品具有可固定性,那么至少可以将不具备固定可能性的智力成果(如香水气味)排除在著作权法保护的范围之外。

(三)"固定"在司法实践中的运用

"固定"在司法实践中的意义主要体现在两个方面:一是"固定"本身具有的证据作用。根据思想与表达二分法,我们说著作权法保护的是"表达"而非"思想",承认的是创作者对"表达"的权利而非对"思想"的权利。若无明确的证据证明"表达"的存在,则"思想"与"表达"的边界就会模糊。如我国著作权法保护口述作品,当演讲者因为一场即兴演讲发生版权纠纷的时候,如无证据证明演讲的存在,演讲者的诉求就难以得到法院的支持。而证明这一场演讲存在的证据可以是现场观众的笔记,可以是工作人员对演讲的录音录像。不论是笔记,还是录音录像,都是对该场演讲的固定。这样具体的、精确的证据就可以证明演讲者所主张保护的内容是曾作出的具体的"表达",而不是存在于其脑海中的"思想"。著作权法极力地想要保护"无形的表达",而"无形"的特征恰恰是其主张保护的最大困难。因此,只有无形的作品被具象化在某一媒介当中,人们才可以指出一

---

① JUDGMENT OF THE COURT(Grand Chamber),2018.11.13.网页:https://curia.europa.eu/juris/document/document.jsf?text=&docid=207682&pageIndex=0&doclang=en&mode=lst&dir=&occ=first&part=1&cid=3814783.
② See Lichtman·Doug,Copyright as a Rule of Evidence:Berkeley Program in Law and Economics,Working Paper Series,2003,p.52.
③ See Gordon·Wendy J,"An Inquiry into the Merits of Copyright:The Challenges of Consistency,Consent,and Encouragement Theory":Stanford Law Review,vol.41,no.6(1989),p.1343-1469.
④ See Kelley v. Chicago Park Dist. 2009.9.10-2011.2.15,David H. Coar's judge.

些东西,使法院能够确定侵权行为的发生。① 二是在一些新型版权纠纷的解决中,作品的"固定"要件逐渐被重视。新型版权纠纷解决的前提,是对以新的表达形式呈现的或是固定在新的作品载体上的智力成果的可作品性判断。在上述西湖音乐喷泉案中,法院将音乐喷泉表演认定为美术作品,是因为缺少了对音乐喷泉表演是否"固定"的分析,单凭"美感"和"能够重复表演"就将其认定为美术作品。但对网络直播画面的可作品性进行分析的时候,因为电影作品(视听作品)要求"摄制在一定介质上",而这一要件被大多数学者认为是"固定"的要求,因此法院在判决的时候,十分重视分析作品的固定性。作品的固定就成为了判断网络直播画面能否构成类电影作品的一个重要因素。随着科学技术与人的思想的不断革新,新的艺术创作的形式会不断涌现,会出现新的著作权侵权形式。而作品的固定性在这些新型著作权侵权纠纷的解决中,将发挥越来越重要的作用。

四、对作品的"固定"的重新解读

从《伯尔尼公约》的发展上看,关于作品的"固定"要件的讨论,最早出现在舞蹈作品与哑剧作品的版权保护问题上。舞蹈作品与哑剧作品在获取公约保护上屡屡受阻,主要是因为当时大多数成员国仍然没做好取消固定要求的准备,认为作品必须固定在有形物质实体上,只有这样才可以证明和确认作品的存在与归属。但《伯尔尼公约》没有对"固定"作定义,只是从固定的载体要求上侧面突出了"固定"就是将作品与有形物质实体结合,而"有形物质载体"只是指"书本、小册子和其他的文字作品",以及后来出现的"录像制品与电影片"等。直到1967—1971年斯德哥尔摩、巴黎修订,《伯尔尼公约》允许由成员国国内立法决定是否将"固定"作为作品保护要件,公约仍然没有正面提出"固定"的定义与标准。1976年《美国版权法》明确定义了"固定",但正如上面所说的,美国的固定标准有着鲜明的本国特色,难以在别国适用。国际公约上的固定标准不明确,而美国法上的固定标准又具有特殊针对性。加之在新的传播技术之下,作品载体的形式正在发生变化,数字形式成为作品的主要表现形式之一。我们应当结合著作权保护的传统、著作权立法和科学技术发展的现状,对"固定"重新解释,使其在著作权法上原有的价值悉数尽显。

---

① See Marshall A. Leaffer, Understanding Copyright Law (7th edition): LLC, 2019, p. 133.

(一) 固定载体的形态

固定的物质载体可以是有形的，也可以是无形的。从经济价值的实现上看，英美国家在意识到知识财产的时候，就要求创作者在进行创作的时候必须将其创作物固定在有形物质载体上，以便其在市场上流通，转化成真正的财富。从社会生产力的发展上看，最原始时代的"作品"附着在石器、竹简上；印刷时代开始以"油墨纸张"为主，文字作品以"书籍、小册子"为载体；音乐作品要想获得版权保护，就必须以书籍、表格或雕刻的形式表现。[①] 音乐盒、留声机、电影胶片等是电子时代出现的新的作品载体。在怀特史密斯音乐出版公司诉阿波罗公司案之前，美国法院认为固定于音乐盒和留声机的声音不构成音乐作品，因为留声机和音乐盒中固定声音的蜡筒（wax cylinder）或者穿孔纸带卷都不是对活页乐谱的复制。[②] 在怀特史密斯音乐出版公司诉阿波罗公司案中，法院聘请的专家组将"音乐作品的复制件"重新定义为"一份可以被理解的符号或被印刷的记录"，才使得音乐盒上的音乐作品受到了保护。[③] 到了数字时代，几乎所有作品都可以转化成数字形式展示。作品可以形成于无形的电子脉冲和连续信号中，不再依存于有形物质载体。尽管电子脉冲和连续信号是无形的载体，但是其仍然是物质实体，并且可以承载作品，使之得以被感知、复制和传播。从传播学的角度看，作品的固定载体就是指"媒介"，"媒介"具体可以分为印刷媒介（报纸、杂志和书籍等）和电子媒介（电影、广播和二战之后出现的电视，因特网被称为第四媒介）。[④] 作品通过媒介达到"共享"目的，一个作品存在于电子媒介中，可以在无形的电子媒介中被极速传播和无限复制。而在网络媒介传播的过程中趋于定型化的传播画面，最终得以固定的或是具备固定的可能性的，也可以形成作品。

综上，强调作品必须固定在有形物质载体上以实现其价值，只是囿于历史上的技术局限。当技术发展至今日，这一局限必然被打破，作品的固定载体不应再局限于有形物质载体，还应当包括无形的物质实体，唯有这样才能够对新技术条件之下产生的"作品"予以更全面的保护。实际上，这一观点在司法实践中已经得到了支持。新浪中超赛事直播案中，再审法院认为承载电影作品的"介质"应

---

① 参见[美]斯图尔特·班纳：《财产故事》，陈贤凯、许可译，中国政法大学出版2018年版。
② See Kennedy v. McTammany, 33 F. 584 (CC Mass. 1888).
③ See White-Smith Music Publishing v. Apollo Co., 209 U.S. 1(1908).
④ 参见程德安：《媒介知识产权》，西南师范大学出版社2005年版，第4页。

当作广义的解释,"公用信号"属于承载作品的一种介质。信号是信息的载体,将信息以物理量的形式表现出来,如用声、光、电、位移、温度、湿度、颜色等代替消息,则构成信号。① 信号在物理上是一种波形,在数学上是一种变量函数,而非一种有形的物质实体。若将固定的载体局限于"有形物质实体",那么涉案的赛事直播画面,或是在现有的技术条件下仅依靠光波、电磁波就能够摄制的影视作品,就算其极具独创性,能通过网络使人感知、复制与传播,也将无法获得著作权保护。正如再审法院所言,这样的解释过度限缩了作品的内涵与外延。随着技术的发展,也必然还会出现更多无形的、新型的作品载体。载体的"有形"与"无形"不应当成为具有版权保护价值的作品获取保护的障碍。

(二)固定的时间要求

固定的时间可以是短暂的、瞬间的。固定的一个优点是,它增加了相关表达从一个地方传到另一个地方、从一个人传到另一个人、代代相传的可能性。因此,早期关于固定存在合理性的一些理论中,"文化保护理论"认为以文化保护为目标,作品固定于具象物以及该具象物应当存续更长的时间。② 该理论下的具象物的存放依赖于版权局,因此只有当法律要求固定的时候,版权局才可以增加固定的作品的数量,从而增加文化档案。这种理论很容易便可以推翻。首先,版权局无法承受巨大的作品数量的负担;其次,固定本来就是非常容易的,根本不需要法律的规定就可以完成。从固定的证据理论上看,有的学者认为固定必须是"稳定的、持久的","在版权纠纷发生时可以确保权利人能够向法庭提供其可以获得版权保护的书面证据"。③ 然而,著作权法上的"固定"强调的是作品与载体的结合,并不要求其结合必须持续至版权纠纷发生时。若作品的载体在版权纠纷发生之前就被销毁了,那么作品在载体上持续、稳定停留的效果和作品短暂停留在载体上足以让人感知、复制和传播的效果是一样的。美国著作权保护的"双轨制"模式(即已固定的作品可以获得联邦著作权法保护,未固定的作品以各州的法律来保护)催生了"触发器理论"。所谓"触发器理论",是指"固定"就像是

---

① 参见宗伟、盛惠兴、杜鹏英编著:《信号与系统分析》(第三版),中国电力出版社2015年版,第1页。
② See H. R. Rep. No. 100-609, 100th Cong., 2d Sess., at 44-45 (May 6,1988)(1988年《伯尔尼公约实施法案》)的报告)。
③ See Mark A. Lemley, Robert P. Merges, Peter S. Menell, Intellectual Property in the New Technological Age(4th ed):New York Aspen Publishers, 2006. p. 367.

一个触发器(trigger)一样,作品一经固定就会启动联邦版权保护。这种理论实际上将"固定"视为一种信号,这种信号的出现就意味着联邦版权保护以及版权期限的开始。信号一旦给出,目的达成,就没有理由要求作品固定在载体上存续很长的时间。①

因此,在美国版权法上,对作品的固定的时间要求并不高,只需作品与载体的结合"大于瞬间的时间跨度"并足以使人感知、复制和传播即可。但美国版权法上规定的标准是十分模糊的,不能被认定为一个精确的时间范围。在美国的司法实践中,对"大于瞬间的时间跨度"的解释也是非常灵活的。但同时,这种灵活的解释使得司法实践中对相似的情况有不同的认定。上述的 MAI 公司诉 Peak 公司案中,法院认为复制程序在随机储存器上逗留达到了复制和传播的效果,即满足"大于瞬间的时间跨度"的要求。而在 Cartoon Network, LP v. CSC Holdings, Inc. 一案中,法院认为数据在缓冲区内停留足以使作品复制,但是 1.2 秒的时间过于短暂,不能认为是满足了"大于瞬间的时间跨度"的要求,并批评了 MAI 公司诉 Peak 公司案的判决,认为该案法官的做法实际上是忽视了固定的"大于瞬间的时间跨度"的要求。②

我们应当从"触发器理论"中得到启示,"固定"是将作品与载体相结合,目的是使作品被感知、复制与传播,因此我们可以以"可感知、复制与传播"为固定的时长的判断标准。一旦作品与载体之间结合达到了"可感知、复制与传播"的效果,那么固定就完成了,不论其是否有一个"大于瞬间的时间跨度"。以网络直播画面为例,直播的画面、声音、字幕等一旦与公用信号相结合,以网络直播的方式传播给观众,使相关具备了独创性的内容被感知,那么直播的画面就足以构成类电影作品,不论其能否再回放。同时,网络直播的内容即使是不完整的,只是展现了其中的片段,也应当受到著作权法的保护。新浪中超赛事直播案中,二审法院认为"随摄随播"画面的固定受比赛转播阶段的影响,唯有赛事直播结束之后的整体画面稳定固定才是"固定",才能够构成类电影作品。这种理解是不准确的,在随摄随播的过程当中,连续画面就已经形成,作品就已经产生并具备了被著作权保护的要件。在数字技术之下,"感知、复制和传播"都是非常简单的。人的感知可以在瞬间形成,信号的传播也是极速的,因此"固定"并不要求持续、稳

---

① See Lichtman·Doug, Copyright as a Rule of Evidence: Berkeley Program in Law and Economics, Working Paper Series, 2003, p. 45.
② See Cartoon Network, LP v. CSC Holdings, Inc., 536 F. 3d 121(2d Cir. 2008).

定、永久,而可以是瞬间的、暂时的。

(三)固定的状态

作品的固定性是指作品具备固定的可能性。如上所述,1976年《美国著作权法》关于固定要件的描述使用的词语是"fixed",表明美国著作权法上的"固定"必须是"实际固定"。但实际固定导致的结果,就是将口述作品等以一定形式表现的、还未固定的作品排除在版权保护范围之外,这与我国著作权法将口述作品纳入保护范围的做法是相反的。我国著作权法上的"固定"不能采取与美国法相同的标准。在谈论作品的固定的时候,有的学者会简单地根据著作权保护体系将国家分为两类,认为作者权体系的国家都不要求作品是固定的,版权体系的国家通常会要求固定。① 正如上文所述,现有的国家关于"固定"的立法模式有三种,因此这种分类并不准确。而之所以会出现这种分类,是因为作者权体系与版权体系的哲学基础不同。作者权体系以自然法哲学为基础,一旦作品被创作出来,作品上的权利就自然产生。因此,作者权体系的国家并不能要求创作者获取版权保护必须履行固定的手续。我国的著作权保护承袭的是作者权体系,现有的立法采用的仍然是"自动保护原则","实际固定"并不符合我国著作权保护的传统与立法现状。从另一方面看,"固定"实际上是极为容易的,并不需要从法律上强制规定创作者获取版权保护需要将作品实际固定。只要作品具备固定的可能性,创作者在其需要的时候(如版权纠纷发生时)再对其进行固定也并非不可。再者,虽然我们一再强调作品的证据作用,但是我们并不能通过法律来强制要求创作者在创作作品的时候将其实际固定以服务于司法,从而增加权利人的负担。

与实际固定相比,"可固定性"更适合我国著作权保护的传统与立法现状。所谓"可固定性",是指作品在表达之后具备固定于载体上的可能性。从立法上看,仅要求作品具备可固定性而非实际固定,可以解决"固定"与口述作品等"未固定的作品"的保护之间的矛盾。口述作品在表达出来的时候虽然还没有固定,但是并非没有被固定的可能性,其仍然可以获得著作权法的保护。在司法实践中,诸如网络游戏整体画面的可作品性认定,实际上就是对其可固定性的判断。

---

① 参见[德]西尔克·冯·莱温斯基:《国际版权法律与政策》,万勇译,知识产权出版社2017年版,第40—41页。

对于大多数作品而言,创作完成就意味着创作者独特的思想感情的表达趋于定型,通常不会再有变化,只有少数的作品会因为其自身的属性或者外部因素而发生变化,如网络游戏整体画面、以鲜活生物为素材的"生物艺术"等。① 网络游戏的交互性与玩家联动对抗性的特点,致使网络游戏整体画面具有不确定性。但是,因为游戏的背景、场景、人物等都是固定的,并且在人机交互的情况下,玩家的操作方式也是预设的,所以就算是在玩家自发的操作之下形成的游戏整体画面也是趋于定型化的,具有被固定的可能性,即具备了构成类电影作品的条件。然而,十分遗憾的是,不论是《奇迹MU》著作权侵权及不正当竞争纠纷案,还是《梦幻西游2》直播侵权案,法院在网络游戏整体画面的可作品性认定中都没有反映出"定型化—可固定性—可作品性"的内在逻辑,仅根据可以截屏、录屏以及终端展现就将其认定为类电影作品。

五、结语

作品的固定性并非一个新兴话题,其伴随作品的产生而存在,只是在早期的版权保护中,作品固定于有形物质载体上被认为是理所当然的,因此这一要件并没有被过多讨论。从版权发展的历程来看,科学技术的发展使人们逐渐对作品的"固定"要件提出质疑。但从另一方面来看,技术发展促使作品的载体向多元化方向发展,作品的表现形式日益丰富。在作品载体多元化发展的趋势之下,将会出现越来越多的区别于传统作品类型的新的"作品",版权侵权也会变得更加容易。面对这些"新的作品",著作权保护的边界应当更加精确并且有所限制这离不开"固定"的作用,而侵权纠纷的解决也必然依赖于"固定"的证据作用。因此,作品的"固定"要件并不能因为技术的发展而被淘汰,只是应当对其解释作出修正,更明确其标准,发挥其原有的价值,并服务于现代版权保护制度。我国著作权法上的"固定",应当是指作品具有固定于载体上足以使人感知、复制和传播的可能性,不论载体是有形的还是无形的。技术革新之下,作品的载体不应再局限于有形物质载体。我

---

① 参见陈晓屏:《论可固定性在作品定义中的规范——兼议"梦幻西游"案、"奇迹MU"案中网游画面的可作品性认定》,载《网络法律评论》2017年第1期。

国的著作权保护更加偏向于作者权保护体系,强调作品一旦产生便受保护,在立法上也将不固定的口述作品纳入了著作权保护的作品类型之中,因此"实际固定"的标准并不适用于我国的著作权保护。要求作品具备可固定性,才将更有利于我国现代的著作权保护。

行政协议转介强制执行模式评析

周学文*

摘 要：针对行政协议相对人不履约的问题，司法解释创设了转介强制执行模式予以应对，其要义在于"行政行为化"处理，以履约决定为中介对接非诉执行制度。但因对行政协议的"行政性"与"契约性"持不同见解，该模式遭致了各种学理批评，其立场可分为两类：一类是主张应贯彻行政协议的行政属性，直接以行政协议作为执行名义；另一类则认为该模式违背契约原理，应予彻底否定，未来应借由反向诉讼等机制解决。若检视两方立场的理由，可发现在该问题上，彻底复归行政属性与全面遵从契约规则皆不可取。契约属性对行政机关行为的拘束程度，应视行政协议的类型作区分讨论。由行政属性主导的从属性行政协议具备适用转介强制执行模式的正当性，但契约属性浓厚的合作性行政协议则不宜适用该模式。

关键词：行政协议 转介强制执行 行政性 契约性

一、引言：转介强制执行模式的设计理路及其争议

当相对人未按照行政协议的约定履行其义务时，作为另一协议当事人的行政机关应当如何应对，是我国行政法理论及实务中颇具争议的话题。为此，最高人民法院在2019年12月出台的《最高人民法院关于审理行政协议案件若干问题的规定》（以下简称《审理行政协议规定》）第二十四条中对该问题作出了回

---

* 周学文，浙江龙泉人，华东政法大学法律学院宪法学与行政法学博士研究生，研究方向为行政法学。

应。① 该条针对行政协议相对人不履约情形所给出的处置方法，可概括为"催告书 + 行政决定 + 非诉强制执行"的模式，亦即有学者指称的转介强制执行模式。②

在设计理路上，转介强制执行模式采用了一种将合同请求权的行使予以"行政行为化"的处理方案。按私法原理，当契约的相对方未依约履行其义务时，本方应通过行使契约上的履行请求权来促成相对方的义务履行。转介强制执行模式则将这一履行请求权的行使转换成行政行为，其转换过程是：当相对人经催告仍未履行其义务时，行政机关将其尚未履行的义务内容以行政决定的形式加以确定，要求相对人依照行政决定履行义务。在性质上，"书面决定实质上是行政机关对相对人作出的有特定给付要求的行政命令，是可诉的行政行为。"③这一从"请求"到"决定"的转换过程的设计，目的在于对接《中华人民共和国行政诉讼法》(以下简称《行政诉讼法》)第 97 条，以及《行政强制法》第五章有关行政机关申请法院非诉执行的程序规定。④

该模式的出台，结束了以往实务中多种强制执行模式并存的局面，但相关讨论并未就此停止。由于学界和实务界对行政协议的"行政性"与"契约性"存在认知差异，从而产生了对转介强制执行模式的批评，且呈现出两种极端：偏向行政协议之"行政性"的论者认为，行政协议也是一种行政行为，完全可以适用《行政诉讼法》第九十七条的规定⑤，直接向法院申请强制执行，所以将履约决定作为中介是多余的，何况行政机关有无作出履行决定的权限本身就有待商榷；偏向行政协议之"契约性"的论者则认为，在法院未对行政协议的效力加以审查判断前，行政协议并无执行力，因而最佳方案是赋予行政机关诉权，比照民事合同的思路解决执行问题。本文将对这两种立场作出回应。此外，本文还将指出，选择何种

---

① 《最高人民法院关于审理行政协议案件若干问题的规定》第二十四条第一款："公民、法人或者其他组织未按照行政协议约定履行义务，经催告后不履行，行政机关可以作出要求其履行协议的书面决定。公民、法人或者其他组织收到书面决定后在法定期限内未申请行政复议或者提起行政诉讼，且仍不履行，协议内容具有可执行性的，行政机关可以向人民法院申请强制执行。"
② 参见徐键：《相对人不履行行政协议的解决路径》，载《政治与法律》2020 年第 11 期。
③ 最高人民法院行政审判庭编：《〈最高人民法院关于审理行政协议案件若干问题的规定〉理解与适用》，人民法院出版社 2020 年版，第 339 页。
④ 参见黄永维、梁凤云、杨科雄：《行政协议司法解释的若干重要制度创新》，载《法律适用》2020 年第 1 期。
⑤ 《中华人民共和国行政诉讼法》第九十七条："公民、法人或者其他组织对行政行为在法定期间不提起诉讼又不履行的，行政机关可以申请人民法院强制执行，或者依法强制执行。"

行政协议执行方式,取决于行政协议之"契约性"应在何种程度上拘束行政机关的行为。由此出发,本文将基于行政协议的类型区分,分析转介强制执行模式在不同类型的行政协议中的适用正当性。

二、争议的缘由及相关替代方案

大体而言,学界及实务界在对待转介强制执行模式的态度上,可分为两种立场:一种是立足于行政协议之"行政性",基本认同在实定法框架内通过转接非诉执行制度加以解决的路径,但认为当前模式在执行名义、执行审查方法上仍有改良空间;另一种则立足于行政协议之"契约性",主张行政机关的权力行使应受制于由契约形式所包含的平等、合意、请求权等要素,以此否定作为"权宜之计"的转介强制执行,并提出了相关革新方案。

(一) 基于"行政性"的实践改良

毫无疑问,转介强制执行的整体设计理路集中表达了行政协议的行政属性——行政机关为完成行政任务,实现公共利益,可通过作出单方决定,借非诉强制执行以实现相对人的义务履行。但该模式并非没有一丝"契约性"的色彩,其设计亦流露出对行政协议特殊性的关切。由于行政协议所承载的是由合意创设的双向权利义务关系,相对人的义务内容未必如行政行为那般清楚明了。所以,该模式中的"行政行为化"步骤不仅是对接《行政强制法》的需要,同时也是为了"把行政协议中的权利义务内容转化为具有可供执行的内容"。①

但该种处理方法引发了一些质疑之声。比如,因法律、法规并未授予行政机关作出履约决定的权力,故认为此举有抵触依法行政原则之嫌;此外,质疑还涉及其对行政效率的影响以及非诉执行的审查问题。在行政效率方面,有见解认为,从行政协议中派生一个相关的履约决定并以其作为执行名义,有降低行政效率的可能,理由在于:一方面,相对人又可以对履约决定提起行政复议、行政诉讼,如此便增加了双方的诉累;另一方面,行政机关作出履约决定后,仍需等待决定经过六个月的起诉期限,再向法院申请强制执行,执行周期过长。② 而在非诉

---

① 程琥:《审理行政协议案件若干疑难问题研究》,载《法律适用》2016年第12期。
② 参见周家骥、陆萍、张严:《对行政协议非诉执行的思考》,载《人民司法》2019年第19期。

执行的审查问题上,有论者表达了对以履约决定替代行政协议,或将使行政协议这一真正的审查客体被遮蔽的担忧,认为法院"对行政协议的审查异化为对行政决定的审查,掩盖了协议内容的审查,不利于对相对人权益的保护"。①

为消减上述以履约决定作为执行名义而可能带来的负面影响,学界及实务界对此提出过一些改良方案,其基本要义在于以"行政协议"作为执行名义。具体方式有二:一种模式是直接以行政协议作为执行名义,可称为"直接强制执行模式",其法律依据为《行政诉讼法》第九十七条,同时结合该法第十二条将行政协议纳入受案范围的规定,将"行政协议"解释入"行政行为"范畴。② 由此可见,该模式于学理上,意在实现行政协议的"行政性"在解决相对人不履约问题上的彻底主导。另一种则是"非诉执行格式条款"模式,即行政机关预先在行政协议中添加格式条款,约定如相对人到期未依约履行义务,则在起诉期限经过后,自愿接受行政机关根据该协议向法院申请非诉执行。同时,行政机关必须就该条款向相对人尽到提示和说明义务。③ 该模式于一定程度上关照了行政协议契约属性中的合意性,其法理基础在于行政机关在一定条件下,可与相对人在行政协议中达成"权利处分"条款。在这类条款中,"虽然是相对人对自己权利的抛弃或限制,但与公益并无抵触之处,相反,与行政协议所追求的维护公益目标是相一致的"④。比较法上,也存在类似立法例。如《德国联邦行政程序法》第六十一条规定,只有当双方在行政合同中就公民服从紧急强制执行达成协议时,行政机关才可强制执行合同义务。⑤ 但不同之处在于,该种以行政机关预设格式条款的方式与相对人达成的约定,其合意性的程度是较低的,总体上仍是一种在行政属性主导之下,行政机关为迅捷实现行政目标的工具。

除以上执行名义问题外,在行政协议非诉执行案件的审查方法方面,有论者主张,因实践中行政协议相对人不履约的情况通常较为复杂,故应对该类案件的审查方法作有别于其他案件的特殊安排,譬如法院应当举行听证,以给予相对人

---

① 邹艳茹:《行政协议非诉强制执行路径的审视与完善——以370份行政裁定书为切入点》,载《山东法官培训学院学报》2020年第3期。
② 参见裴蓓、易欣:《行政协议相对人不履行协议之救济困境与选择——以行政机关申请非诉执行为出路》,载《中国人民公安大学学报(社会科学版)》2017年第1期。
③ 参见邹艳茹:《行政协议非诉强制执行路径的审视与完善——以370份行政裁定书为切入点》,载《山东法官培训学院学报》2020年第3期。
④ 刘春:《行政协议中"权利处分"条款的合法性》,载《政治与法律》2018年第4期。
⑤ 参见[德]平特纳:《德国普通行政法》,朱林译,中国政法大学出版社1999年版,第151—152页。

表达意见的机会;在审查内容上,法院应当对行政协议的合法性、有效性、双方各自的履约情况等事项进行审查。① 概言之,即尽可能地将诉讼中的程序机制、审查方式导入其中,以此最大限度地保护行政协议相对人的合法权益。

(二) 基于"契约性"的革新方案

因转介强制执行的设计理路更侧重行政协议的"行政性",故于学理上,其更多遭到了偏重行政协议之"契约性"立场的批判。随之而来的,是对该模式的彻底否定,以及相关革新方案的提出。

居于首位的,是当下借助非诉执行制度对行政协议相对人不履约纠纷加以解决的路径本身。其中,最强有力的理由是契约上之"效力认定先于执行力确认"原理。依照这一原理,当契约的履行争议发生时,对契约内容的强制执行,需以对契约的效力作出判断为前提。因为契约只产生在缔约双方之间设定权利义务关系的法效果,"义务人并不因为请求权的存在,而受到债权人的支配"。② 所以契约本身不具备执行力,当事人并不能以契约为根据展开自我执行,通常只能求助于权威第三方的公力救济。契约效力的判断权遂由该第三方行使,而契约当事人不享有对契约效力的判断权。在权威第三方对契约效力作出公正裁决后,契约上的权利义务内容才产生执行力。因行政协议属于契约,而非行政行为,所以那种以行政协议为执行名义的非诉执行路径并毫无法理根据可言。

同样地,在转介强制执行模式中,那些行政协议中本无执行力的义务内容,却也借着履约决定这一带有行政行为属性的"中介装置",获得了"先天"的执行力。所以,从过程上看,其实际是行政机关持着被推定合法有效的义务内容,向法院申请非诉执行。这种模式与其他行政决定的非诉执行如出一辙,只不过行政决定的执行力确是根据行政行为执行力原理,在法定救济期限经过后即可"先天"拥有的,只要该决定并非自始无效。因而,行政协议的转介强制执行本质上属于自我执行,此时"行政机关获得的仍然不是起诉权,行政机关仍然是以执行权的名义实现自己的利益"③,因而违背了前述契约原理。

转介强制执行模式中,作为"中介装置"的履约决定同样招致了学理批判。

---

① 参见梁凤云:《行政协议案件的审理和判决规则》,载《法律适用》2015年第4期。
② [德] 康拉德·赫尔维格:《诉权与诉的可能性:当代民事诉讼基本问题研究》,任重译,法律出版社 2018年版,第56—57页。
③ 于立深:《行政契约履行争议适用〈行政诉讼法〉第97条之探讨》,载《中国法学》2019年第4期。

理由首先是德国法上的"行政契约排除行政处分"法理①,又称"两种行为并行禁止原则"②。该原则的意涵为:"契约既已成为当事人之间权利义务关系发生、变更、消灭的法源,双方发生争议,亦应以契约有关方式及程序加以解决。契约一方之行政机关不得再以行政处分介入契约。"③换言之,一旦行政机关选定以行政协议的方式完成行政任务,则其后续只得沿着契约原理的脉络行事,而不得再行启用行政行为这一高权手段对相对人的权利义务产生作用。之所以必须遵从这一原则,在于"行政行为"与"行政合同"系两种具有竞争及替代关系的行政活动模式,"如果行政机关突然再恢复使用被替代之行政处分以发生、变更或消灭契约当事人间之法律关系时,将造成当事人间信赖之突袭。"④而在行政协议相对人不履约的情形下,若遵循该"两种行为并行禁止"原则,则行政机关不享有对相对人作出履约决定的权力,仅可行使契约上的履行请求权。此外,履约决定的作出还违反了"一方不得将自己的意志强加给另一方"的契约原则。因为在行政协议中,"合同当事人的意思表示等值,公共行政主体的优越性不起作用,行政相对人也不是'行政客体',行政机关的优越地位变成了平等的合作伙伴身份。"⑤据此,主体地位的平等性决定了行政机关不得以行政决定之方式,单方命令相对人履行义务。

综上,在偏重行政协议的契约属性者看来,转介强制执行模式的存在,无非是在最大程度遵从现行实定法框架的基础上而衍生的实践理性产物,但其无法理上的正当性基础。因此,今后的制度方向应采变革立场,构建赋予行政机关诉权的反向诉讼制度。

三、对改良与革新方案的审视

面对如上改良与革新方案,当下这一并不强调行政协议的契约属性的转介强制执行模式应何去何从?对此,本文的基本立场是:在解决相对人不履约问

---

① 参见麻锦亮:《纠缠在行政性与协议性之间的行政协议》,载《中国法律评论》2017年第1期。
② 参见徐键:《相对人不履行行政协议的解决路径》,载《政治与法律》2020年第11期。
③ 陈世民:《从保障当事人或者第三人利益之观点探讨行政契约与行政处分并存与否之实益——法国发展"可分离行为"等相关概念之参考》,载《铭传大学法学论丛》2011年第16期。
④ 林明锵:《行政契约法研究》,翰芦图书出版有限公司2006年版,第166—168页。
⑤ [德]沃尔夫、[德]巴霍夫、[德]施托贝尔:《行政法》(第二卷),高家伟译,商务印书馆2002年版,第148页。

题上,彻底贯彻行政协议的行政属性的改良方案并不可取;而对于主张完全按照契约规则行事的革新方案,也不可全盘接受。

(一) 行政协议的执行不应彻底复归行政属性

改良方案中,以行政协议作为执行名义的直接强制执行模式,意欲将行政协议的"行政性"彻底贯彻于解决相对人不履约的问题中。但这一方案,无论在以实定法为标尺的实然意义上,抑或是在制度创建的应然意义上,皆应予以否定。

实然意义上,直接强制执行模式与《行政强制法》的规定相悖。该方案中的法律解释过程为:因《行政诉讼法》第九十七条的非诉执行条款使用了"行政行为"概念,又根据该法第二条和第十二条有关受案范围的规定,"行政协议"属于"行政行为",故第九十七条的"行政行为"亦应涵盖"行政协议"。这一体系解释之所以存在谬误,是因为其忽略了第九十七条本身的特殊性。首先,用受案范围层面的"行政行为"含义去类推非诉执行层面的"行政行为"含义,本身即无逻辑正当性。其次第九十七条所规定的行政机关申请法院非诉执行,仅是对《行政强制法》第五十三条的复述。[①] 后者作为我国在行政强制领域确立法治化框架的标志[②],应当具备作为高阶法规定的规范及统领功能[③],其他各单行法律、法规、规章中有关行政强制的规定皆应于《行政强制法》上寻获依据,得以印证。据此,第九十七条所采用的"行政行为"概念与《行政强制法》第五十三条所采用的"行政决定"概念应当具有同一的内涵指向,并且在概念的外延上,前者应当从属于后者。而《行政强制法》上的"行政决定"概念,并不包括作为行政机关与私主体双方合意产物的"行政协议"。[④] 所以,在实定法层面,无法导出行政协议的执行力,自不可直接以行政协议作为执行名义。

---

① 《行政强制法》第五十三条:"当事人在法定期限内不申请行政复议或者提起行政诉讼,又不履行行政决定的,没有行政强制执行权的行政机关可以自期限届满之日起三个月内,依照本章规定申请人民法院强制执行。"
② 参见袁曙宏:《我国〈行政强制法〉的法律地位、价值取向和制度逻辑》,载《中国法学》2011年第4期。
③ 芬兰哲学家冯赖特将规范划分为高阶规范与低阶规范,前者是规定规范制定与废除行为的规范,后者是受前者规定的规范。参见袁勇:《法的违反情形与抵触情形之界分》,载《法制与社会发展》2017年第3期。
④ 根据朱芒教授的考证,我国学界使用"行政决定"概念,始于国务院2004年3月22日颁布《全面推进依法行政实施纲要》之后,该文件中出现"行政决定"用语。但使用这一概念的教科书却未将之与"具体行政行为"概念作出区分,故现阶段,"行政决定"概念之内涵与"具体行政行为"概念基本相同。参见朱芒:《中国行政法学的体系化困境及其突破方向》,载《清华法学》2015年第1期。

而在应然意义上,主张应采直接强制执行模式者,主要是出于提升行政效率,以及避免法院在转介强制执行模式下仅就履约决定进行审查的实践考量,但这些考量因素均难以成立。在行政效率方面,直接强制执行模式并不优于转介强制执行模式。一方面,根据《行政诉讼法》的规定,相对人针对行政决定或行政协议的起诉期限原则上均为六个月,行政机关的等待时间并无差别;另一方面,转介强制执行模式不会增加额外的诉累,如果未履约的相对人认为履行义务将侵犯其合法权益,则其要么对行政协议提起诉讼,要么在履行期限届满时对履约决定提起诉讼,仅是起诉的时间先后问题,而不会引发新诉讼。反过来,转介强制执行模式的效率甚至可高于直接强制执行模式。一来行政命令的方式可增加相对人的心理压迫,促使其及时履约;二来通过履约决定形式使未履行的义务内容具体确定,法院的审查效率得以提高。此外,对于审查客体将异化为履约决定的顾虑亦无必要。因为根据《行政强制法》第五十八条的规定,法院在非诉执行审查时,需审查行政决定的事实根据及法律、法规依据。而行政机关作出履约决定的事实根据是相对人未履约,法院需对照行政协议,就相对人应否履约、是否履约作出判断。故逻辑上,法院免不了要对行政协议加以审查。

而对于非诉执行格式条款模式,由于该模式中非诉执行条款的合意性较低,相对人"不得不"默认行政机关在其未履约时,可在起诉期限经过后,直接将行政协议交付非诉执行。其实际是直接强制执行模式的变体,亦不可取,理由同上。

(二) 行政协议的执行不宜全面遵从契约规则

行政机关是否因行政协议的契约属性,在解决相对人不履约的问题上,只能依契约规则行动呢?对此,本文持批判态度。因为无论是"两种行为并行禁止原则",抑或是契约主体的平等法律地位,是否均应在此场合下予以忠实遵照,并非无商榷余地。

首先,"两种行为并行禁止原则"应有其适用界限。其一,所谓行政协议和行政行为之间有着"竞争及替代"关系,应以它们在特定情形下,相较于对方拥有某种优势为前提。如果一方始终全面占优,另一方便无竞争或替代可言。从行政机关角度,法律之所以在某一事务上,提供了行政协议和行政行为两种可供行政机关选择的处理方式,乃至直接规定以行政协议作为处理方式,主要考虑到在该事务上,有时通过行政协议来完成行政任务,较行政行为更为适当、有效。因为相对于以行政行为单方为相对人设定义务,行政协议中的义务是由相对人参与协商而确定的,其更易于接受该义务并自觉履行,由此行政任务更易达成。此时,行政机关自然不得再作出行政行为,干扰相对人此前基于行政协议而产生的预期。但当行政机关已无法期待相对人自觉履行义务,协议的预设目标落空时,行政协议的优势便不复存在了,此时若仍囿于契约规则,于行政目的的实现无益。其二,从相对人角度,"两种行为并行禁止"原则所保护的,是相对人对于行政机关将不再单方施加强力影响,只按契约规则行动的信赖,但该信赖在相对人未履约之时,应受限制。诚然,相对人需要依据已确定的协议内容,对未来作出安排。因此,行政机关原则上不得凭借单方意志干预原本经双方合意达成的行政协议,否则将导致相对人的权利义务处于不安定状态,即林明锵教授指出的"信赖突袭"。但面对相对人未履约情形,以实现公共利益为目的而订立行政协议的行政机关,倘若仅因相对人存在该种信赖,便只能依据协议温和地行使请求权,而被完全禁止作出高权的行政行为,则行政效能将大打折扣,也不符合经济原则。正如有学者指出,"行政机关与相对人之间形成行政协议法律关系后,并不必然因之丧失对相关事务的法定管理权。在协议履行不能或无法基于协议约定解决问题时,基于行政需求与法规规定,行政机关仍然有权作出单方处置。"[1]

其次,行政协议双方的平等法律地位不能全然否定行政机关作出行政行为的正当性。一方面,因契约形式而导出的行政机关与相对人的平等法律地位,并不能掩盖在部分行政协议运用场合,如在行政管理活动中,双方实际地位的不平等,或者说一种双方之间的隶属关系。该隶属关系作为一种原初的法律设定,始终是贯穿行政机关行动过程的内核所在,以至于订立行政协议这一行动本身也是在此种隶属关系的支配之下展开的。当相对人不履约时,行政机关出于维护公共利益的需要,应及时揭开行政协议上平等地位的面纱,以隶属关系的面目示人。另一方面,即便承认行政协议中行政机关与相对人具有完全平等的法律地位,也不能将私法对契约上平等法律地位的理解,简单套用在行政协议之上,以此限定行政机关的行为模式。因为前者"是两个在法律上平等的意志交汇在一起,即便在日常生活中一个比另一个地位优越也不影响这种平等地位"[2],其意义在于保证双方的"对待给付";而后者则处于行政机关履行公务的场景中,因关乎公共利益,此时对契约平等性的定位,宜采"结构性均衡"的视角,即行政机关

---

[1] 刘飞:《行政协议诉讼的制度构建》,载《法学研究》2019年第3期。
[2] [法]让·里韦罗、[法]让·瓦利纳:《法国行政法》,鲁仁译,商务印书馆2008年版,第556页。

可在特定情形下采取单方措施,而相对人有权就此提起公法救济,并于必要时获得充分、公平的财产补偿,以之平衡、调和该措施之后果①。该"结构性均衡"的意蕴,为行政机关再行作出行政行为提供了法理上的可能。

需注意,以上论证并未彻底排除在相对人不履约问题上适用契约规则的可能性,仅是为了说明在某些情形下,契约规则的适用应当受到行政属性的制约与平衡。而这背后,就是公益对私益的必要限制;反过来,就是私益对公益的适时让步。如果承认行政机关在这些情形下有权作出单方处置,则契约上的"效力认定先于执行力确认"原理亦将无适用空间。因此,严格遵循契约规则的反向诉讼制度,有时并非是妥帖解决问题的不二法门。

四、转介强制执行模式的有限适用:基于行政协议的类型区分

实际上,前述两种立场及相关解决方案背后萦绕的问题在于:行政协议的"契约性"究竟应于何种程度上拘束行政机关的权利(力)实现方式?该问题的答案并不唯一,应当针对不同类型的行政协议作区分讨论。因为,正如有学者所指出的,在不同行政协议类型中,行政权的表现形式不一,致使行政协议的行政属性"浓度"亦有差别。② 而这一"浓度"差异,也会影响行政协议的"契约性"对行政机关行为的拘束程度。那么,当前的转介强制执行模式是否适合于所有类型的行政协议?本部分将对此展开分析。

(一)类型区分:从属性行政协议与合作性行政协议

除《审理行政协议规定》第二条明确规定的政府特许经营协议、土地与房屋等征收征用补偿协议、矿业权等国有自然资源使用权出让协议、政府投资的保障性住房的租赁与买卖等协议之外,根据学者的观察,在我国当前的行政法实践中,还存在着诸如息诉息访协议、项目开发合作协议、招商引资协议、开发建设协议、移民安置协议等行政协议。③ 大体上,对于这些不同种类的行政协议,可根

---

① 参见陈天昊:《行政协议中的平等原则——比较法视角下民法、行政法交叉透视研究》,载《中外法学》2019年第1期。
② 参见韩宁:《行政协议判断标准之重构——以"行政法上权利义务"为核心》,载《华东政法大学学报》2017年第1期。
③ 参见冯莉:《论我国行政协议的容许性范围》,载《行政法学研究》2020年第1期。

据行政机关与相对人之间是否存在命令—服从式的隶属关系,将之划分为从属性行政协议与合作性行政协议。①

从属性行政协议指的是行政机关为实现行政管理目的与相对人订立的协议,类似于德国法上的"主从权合同"。② 此类行政协议通常被当作行政行为的替代者,行政机关之所以运用行政协议,旨在增进相对人对行政程序的参与度,以更为柔性的方式达成规制目标,但这并未改变行政机关与相对人之间那种命令—服从式的隶属关系。典型的从属性行政协议是行政强制执行协议。

合作性行政协议指的是行政机关委托私人部门辅助其完成行政任务而订立的协议。"现代国家承担着广泛复杂的行政任务,为弥补科层制行政机关人手或设备的不足,充分利用私人的专业知识、创造性、技术和实施,国家经常将行政任务委由私人实施。"③在这类协议中,行政机关主要以合作者而非管理者的姿态出现,私人部门也享有一定的平等及互助伙伴地位。常见的合作性协议包括各类公私合作协议(PPP)。

(二) 从属性行政协议适用转介强制执行模式的正当性

对于从属性行政协议,在相对人不履约的情形下,行政机关可摆脱契约规则的束缚,适用转介强制执行模式实现相对人的义务履行。原因在于,作为行政行为的替代方式,协议双方之间系隶属关系,协议的目的与传统的高权行为并无二致,皆在于规制相对人的行为,所以该类行政协议中的行政属性占据了主导地位。行政机关之所以采契约形式,只是为了更便宜地实现规制目标。如果相对人不履约,则此种便宜就无从兑现,行政协议的替代优势不复存在。此时,行政机关为及时达成规制目标,维护公共利益,可作出履约决定,命令相对人履行义务。

当然,在逻辑上,若根据此类行政协议与行政行为所构成的替代关系,行政机关似应重新对相对人作出行政行为。然而,此举可能会带来在相对人信赖保护方面的问题。行政协议中的义务内容原本也是相对人自愿接受的结果,且因经过双方协商,往往有利于相对人,同时也可满足行政机关的规制要求。行政机

---

① 参见杨科雄:《试论行政协议的识别标准》,载《中国法律评论》2017年第1期。
② 参见[德]哈特穆雷·毛雷尔:《行政法学总论》,高家伟译,法律出版社2000年版,第353—354页。
③ See Hartmut Maurer, Allgerneines Verwaltungsrecht, S. 611. 转引自李洪雷《行政法释义学:行政法学理的更新》,中国人民大学出版社2014年版,第221页。

关若另行作出行政行为以重新设定义务，则可能产生前后迥异的结果，此或不利于法秩序的安定性及相对人的信赖利益。此外，另行作出行政行为需要花费时间，这可能导致行政效率的减损。因此，为协调学理逻辑和实践需要，在相对人不履行从属性行政协议时，宜赋予行政机关以裁量权，使其根据个案情况，选择作出履约决定或是作出行政行为。

另外，在从属性协议中，行政机关作出履约决定的权力基础仍有待解释。因为根据法律保留原则，"任何设定负担的行政行为，任何对自由和所有权的干预，都必须以法律为依据。"[1]本文认为，行政机关作出履约决定的权力基础仍是法律、法规、规章授予的相关行政管理职权。履约决定在本质上仅是行政机关行使行政管理职权的一种自然延伸，其源于行政职权行使的不可放弃性。正如日本公法学家美浓部达吉指出，"公法关系中，双方的利益是共通的。当某一方享有某种权利而对方负有与之相对应的义务时，那所谓权利亦不是只为着权利者的利益而存在，而是同时又为着保护对方的利益而存在的。"[2]换言之，行政机关一方的公权力行使有其义务性的一面。这是因为，国家与公民并非在利益上完全对立的主体，两方的利益构造，更接近于在一个团体内所形成的利益关系。国家对公权力的行使，不仅是其自身达成稳定秩序的需要，同时亦是为了面向所有团体成员的公共利益，"团体与其构成分子，没有像私法关系上相对立的个人那种反对的利害关系，反而是具有共通的利害关系的。"[3]而从这一公权力的义务性特征可得出的推论是：原则上，行政机关不能放弃对公权力的行使。在某一案件事实发生后，行政机关为维护公共利益，以行政协议为相对人设定权利义务。当相对人不履行义务时，不但表明行政机关的权力行使未实现预期目标，也意味着行政机关并未切实履行自身的行政职权。此时，行政机关再以行政命令方式要求相对人履行此前达成的行政协议，其所指向的是同一案件事实，所欲达致的是同一的公共利益，其目标在于使先前未完满履行的行政管理职能得以履行。因此，履约决定的根本依据与行政协议相同，也是法律、法规、规章授予的行政管理权。所以，行政机关作出履约决定有其权力基础，并不悖于法律保留原则。

此外，有论者认为，履约决定的权限源于行政协议的合意性，"行政协议与单方的行政行为不同。单方的行政行为要求行政机关奉行严格的依法行政原则，

---

[1] ［德］拉德布鲁赫：《法学导论》，米健译，法律出版社2012年版，第155页。
[2] ［日］美浓部达吉：《公法与私法》，黄冯明译，中国政法大学出版社2003年版，第100页。
[3] ［日］美浓部达吉：《公法与私法》，黄冯明译，中国政法大学出版社2003年版，第101页。

必须有法律法规的依据才能作出书面决定。对行政协议这种强调合意性的行政管理方式来说,行政机关作出要求其履行协议的书面决定,事实上类似于民事合同当中的催告程序。① 该见解有混淆催告与行政行为之嫌。催告仅是一种行政机关对单纯事实的通知,属于"观念通知"或是"认知表示",而不会产生具体的法律效果。② 但履约决定含有行政机关要求相对人依约履行义务的意思表示,对相对人产生了直接的拘束力,应归入行政行为范畴,而作为契约要素的合意可产生催告,却无法产生具有单方强制性的行政行为。

(三) 合作性行政协议不适用转介强制执行模式的理由

相比而言,合作性行政协议不宜适用转介强制执行模式。首先,不同于从属性行政协议,合作性行政协议并不用以替代行政行为,也无行政行为的规制属性,其是行政机关为履行公共职能、提供公共服务而与私人部门展开合作的结果。此时,正如其他市场主体一样,行政机关为寻求合作伙伴,亦无法脱离客观价值规律,故其不能只凭借公权力作单方决定。所以,在这类协议中,行政机关与相对人创设权利义务关系的过程具有高度的合意性,双方之间的法律地位更具平等性,行政机关的"高权"身影已经远离。因此,合作性行政协议的契约属性较为浓厚,行政机关在此场合中应收敛其行政权运用,尽量遵从契约规则。其次,相对人不履行合作性协议的情形较从属性行政协议更为复杂,有的不履行情形并不会致使协议的目的落空,进而影响公共利益。例如,虽然相对人拖欠款额,但是项目仍运转良好,公共服务并未中断。因此,行政机关并不总是具备像从属性行政协议一般,为及时修复公共秩序而强令相对人履约的理由。再次,从法律依据上看,行政机关在合作性行政协议中也没有作出履约决定的权限。因为在合作性行政协议中,法律、法规仅授权行政机关可与私人部门合作完成行政任务,至于在此过程中如何规制私人部门的行为,并不是行政任务本身的目标,所以行政机关不能当然取得作出履约决定的权限,而是需要法律、法规的另行授权。

但如果在合作性行政协议中,当相对人不履约确有损害公共利益之虞,能否通过行政优益权理论解释行政机关作出履约决定的权限呢? 此前也有学者认

---

① 参见梁凤云:《行政协议司法解释讲义》,人民法院出版社2020年版,第235页。
② 参见陈新民:《中国行政法学原理》,中国政法大学出版社2002年版,第137页。

为,转介强制执行模式反映了行政机关在行政协议场合下所享有的"行政优益权"。① 用蕴含"公共利益优越性"之价值取向的行政优益权作为权力基础,其解释过程看起来似乎是妥当的:因行政协议具有达成公共利益的功能,当相对人未履行其义务导致公共利益受损时,行政机关有权通过申请非诉执行的方式强制其履约,以维护公共利益。然而,该主张颇值怀疑,疑点在于:这种近似法国行政合同实践中作为特权的"强制履约权"在我国是否存在? 须知法国之所以承认行政机关在行政合同中广泛享有各类特权,是因为有财务平衡原则作为保护相对人权益的配套机制②,也由此形成了前文所述的"结构性均衡",但我国并未确立类似制度。当下为我国学理所认同的行政优益权,主要指的是在行政协议的履行过程中,因社会、政治、经济因素发生变化,导致如继续履行行政协议将可能损害公共利益时,行政机关享有的单方变更或解除合同的权力。③ 实定法上,《行政诉讼法》第七十八条对此也间接给予了肯定。④ 司法实务层面,我国法院对待行政优益权的基本立场亦是严格控制其作用范围,并不承认如法国那般无需法律容许的⑤,诸如"强制履约权"这样的"特权"。譬如,最高人民法院在"湖北草本工房饮料有限公司诉荆州经济技术开发区管理委员会等行政协议纠纷案"中指出,"法律虽然允许行政机关与行政相对人缔结协议,但仍应坚持依法行政,不能借由行政协议扩大法定的活动空间。法律也允许行政机关享有一定的行政优益权,当继续履行协议会影响公共利益或者行政管理目标实现时,行政机关可以单方变更、解除行政协议,不必经过双方的意思合致。"⑥因此,难以从笼统的行政优益权中导出行政机关在合作性行政协议场景下作出履约决定的权力基础。

---

① 参见王春业:《行政协议司法解释对 PPP 合作之影响分析》,载《法学杂志》2020 年第 6 期。
② 参见李颖轶:《法国行政合同优益权重述》,载《求是学刊》2015 年第 4 期。
③ 参见姜明安编:《行政法与行政诉讼法》,北京大学出版社 2019 年版,第 310 页。
④ 《行政诉讼法》第七十八条:"被告不依法履行、未按照约定履行或者违法变更、解除本法第十二条第一款第十一项规定的协议的,人民法院判决被告承担继续履行、采取补救措施或者赔偿损失等责任。被告变更、解除本法第十二条第一款第十一项规定的协议合法,但未依法给予补偿,人民法院判决给予补偿。"
⑤ 参见梁凤云:《行政协议的界定标准——以行政协议司法解释第 1 条规定为参照》,载《行政法学研究》2020 年第 5 期。
⑥ 参见最高人民法院(2017)最高法行申 3564 号行政裁定书。

五、结论

因行政协议带有"行政性"与"契约性"交织的特征,所以当相对人不履约时,行政机关采取的应对方式不应完全依照行政行为的逻辑,也不应于任何情形下均严格遵从契约规则。以何种适当方式实现相对人对行政协议的履行,应视行政协议的契约属性对行政机关的拘束程度而定。在此前提下,本文对《审理行政协议规定》第二十四条规定的转介强制执行模式的基本立场为:该模式是一种具有高度行政属性的解决方案,在规范意义上并不适用于所有类型的行政协议。因为在不同类型的行政协议中,诸如平等地位、意思自治等契约属性的强度存在差异,因而契约属性将对行政机关的行为方式具有不同的拘束程度,进而对该模式的适用正当性产生影响。具体而言,该模式可适用于由行政属性主导的从属性行政协议;对于契约属性浓厚的合作性行政协议而言,行政机关应更多受制于契约原理,不宜适用转介强制执行模式,今后应探索其他适当途径加以解决。

寻求"公共利益"的相对确定
——基于现行法律"公共利益"条款的梳理分析

唐 晨[*]

摘 要："公共利益"是一个常见的法律概念,但由于其概念的不确定性与开放性,一直难以被界定。以立法目的、法律原则和具体规范为分类标准和分析路径,以现行法律中的"公共利益"条款为对象,从中寻找公共利益的具体指向,可以构成一个"公共利益"概念的"资源库",使"公共利益"相对确定在一定范围内。"公共利益"概念的"资源库"是立法、司法及执法的重要参考来源,尤其对立法而言,其更是立法过程中涉"公共利益"的立改废释的重要标尺。基于从"立法宜粗不宜细"到"立法精细化"的背景变化和"公共利益"界定与自由裁量的定位混淆,优化"公共利益"条款具有必要性。涉及"公共利益"条款立法活动,立法机关是"公共利益"的界定主体,"公共利益"类型化是未来的主要方向,审慎增设"公共利益"条款是基本态度。

关键词：公共利益 法律规范 界定主体 "公共利益"类型化

一、问题的提出

概念乃是解决法律问题所必需的和必不可少的工具。[①]"公共利益"作为政治、法律上的重要概念,无论是在学术研究还是在法律文本中都是耳熟能详的。"公共利益"概念源远流长,历史上不少思想家对"公共利益"概念定义都进行了

---

[*] 唐晨,华东政法大学博士研究生,研究方向为宪法学、立法学。
[①] 参见[美]博登海默：《法理学：法律哲学与法律方法》,邓正来译,中国政法大学出版社1998年版,第504页。

不少的尝试。① 我国学者也进行了不同角度的尝试,如张千帆认为公共利益就是全部私人利益之和②,孙育玮认为公共利益是指与私人利益相对的、社会所有公众主体欲求需要的转化形式③。不确定法律概念是法律概念的一种特殊类型,其内涵和外延具有不确定性,语义具有模糊性,"公共利益"就是一种不确定法律概念。④ 或许,"公共利益"就是一个与众人息息相关却不能定义的概念。⑤

法律部门中频繁出现"公共利益",其中一个重要原因是法的安定性、权威性。增进和维护公共利益的途径多种多样,但因为唯有法律具有稳定性、权威性、最高性,是个体行为和国家行为的主要依据。⑥ 现行法律中狭义的"公共利益"条款有哪些?同一条款中包含哪些"公共利益"的具体指向内容?当前"公共利益"条款暴露哪些立法问题?这些问题都需要进行梳理和予以回应。以现行法律为立法样本,从立法目的、法律原则与具体规范三个考察路径,对现行法律法规中的"公共利益"条款进行考察,识别与归纳"公共利益"在我国现行法律法规的具体指向与相关内涵,形成现行法律法规中"公共利益"的指代对象集合。在形成现行法律"公共利益"指代内容的"资源库"基础上,提出整合概念形式与对概念内涵进行类型化的设想,为涉及"公共利益"的相关立法活动提供参考与启发。

二、现行法律中"公共利益"条款样态

通过"北大法宝"查询,截至 2021 年 12 月 1 日,我国法律体系总共有 85 部现行法律和 86 部现行行政法规包含"公共利益"条款,分别占现行法律 457 部中的 19%,占现行行政法规 716 部中的 12%,分布广泛。"公共利益"条款主要由

---

① 亚里士多德将其定义为"共同的利益",阿奎纳提出"共同的善",洛克认为是"人民的公众利益",休谟提出"公众利益"的概念,边沁提出"组成社会的各个成员的利益之总和",庞德认为是"涉及政治组织生活并以该名义提出的主张、要求和愿望"。参见[美]博登海默著:《法理学:法律哲学与法律方法》,邓正来译,中国政法大学出版社 1998 年版,第 109、155 页。
② 参见张千帆:《"公共利益"是什么?社会功利主义的定义及其宪法上的局限性》,载《法学论坛》2005 年第 1 期。
③ 参见孙育玮:《"公共利益"问题的法理学探讨》,载《学习与探索》2006 年第 4 期。
④ 参见杨铜铜:《论不确定法律概念的体系解释——以"北雁云依案"为素材》,载《法学》2018 年第 6 期。
⑤ "阿罗不可能定理"。这一定理的基本结论是:无数个人偏好不可能集结形成共同的偏好,因而凝结着共同偏好的公共利益也不可能存在。
⑥ 参见高志宏:《"公共利益":立法梳理与学术反思》,载《苏州大学学报》2013 年第 2 期。

公共利益、社会公共利益和重大公共利益三种"公共利益"形态的出现加以识别，也存在同一部法律中出现复合表达方式，如同时出现公共利益与社会公共利益等。按条款所处法规位置和类型看，立法目的、法律原则和具体规范的内容均有涉及，主要出现在具体规范当中。

（一）作为立法目的与法律原则的"公共利益"

立法目的的内容表述应当直接、具体、明确，一般按照由直接到间接、由具体到抽象、由微观到宏观的顺序排列。法律原则的条款一般置于立法目的之后，多以"应当遵循……原则"或"不得违反……"等表述方式明示或默示。据检索的法律可知，"公共利益"写入立法目的的有《保险法（2015 年修正）》《反垄断法》《行政处罚法（2021 年修订）》《行政处罚法（2021 年修订）》《行政许可法（2019 年修正）》等 11 部法律；写入法律原则的有《保险法》《证券法（2019 年修订）》《慈善法》《促进科技成果转化法（2015 年修正）》等 17 部法律。其中，《保险法》与《证券法（2019 年修订）》的立法目的与法律原则都包含"公共利益"。

从上述法律中的立法目的条款考察，"行政三法"中，社会秩序与公共利益是并列使用的，具体为"维护公共利益和社会秩序"与"保护公民、法人或者其他组织的合法权益"形成对照，但难以区分公共利益与社会秩序何者更抽象或更具体。从二者并列关系的表述方式看，将社会秩序视为公共利益在"行政三法"中的另一种表述或具体内容是妥当的。而在《反垄断法》中，既有抽象程度高于或等于"公共利益"的"市场公平竞争""经济运行效率"和"社会主义市场经济健康发展"，也有低于"公共利益"的"消费者利益"。那么，首先根据表述方式，特别是与"公共利益"并列陈述的"消费者利益"，可以首先确定"消费者利益"是"公共利益"的一种具体内容，而"市场公平竞争""经济运行效率"和"社会主义市场经济健康发展"就是"公共利益"的外延部分。同理，在其他法律中，立法目的可识别出的公共利益内涵有 3 个：项目质量、进出口贸易有关各方的合法权益和保障网络与信息安全；外延有 15 个：社会经济秩序、保险事业的健康发展、密码事业发展、国家安全、网络空间主权、经济社会信息化健康发展、英雄烈士精神、爱国主义精神、社会主义核心价值观、英雄烈士的保护、国家利益、经济效益、社会经济秩序、社会主义市场经济和对外经济贸易关系。

上述法律中的法律原则主要有"合法性原则""社会公德原则""主权安全原则""自愿、公平和诚实信用原则""不违反公共利益原则"等内容。"合法性原则"

的基本表述为"必须(应当)遵守法律、行政法规","社会公德原则"的基本表述为"不得违背社会公德","主权安全内容"的基本表述为"不得损害中华人民共和国的主权、安全和社会公共利益","自愿、公平和诚实信用原则"的基本表述为"遵循自愿、公平和诚实信用原则","不违反公共利益原则"的基本表述为"不得损害社会公共利益"。比较特殊的原则内容有《科学技术普及法》的"坚持科学精神"和《证券法(2019年修订)》的"社会公共利益优先原则"。从不同法律对应特定的原则内容,涉外领域法律包含"主权安全原则",社会领域法律包含"社会公德原则",市场领域法律包含"自愿、公平和诚实信用原则"。因为作为原则内容,与"公共利益"在内涵或外延上难以区分,因此"公共利益"在法律原则方面对应的内涵与外延包括合法性、社会公德、主权、国家安全、国家统一、民族团结、自愿公平诚实、职业道德、科学精神等。

总体而言,立法目的与法律原则的功能特性决定了,法律层面出现在立法目的与法律原则中的"公共利益"指向内容总体抽象,外延比内涵指向更丰富。

(二) 作为具体规范的"公共利益"

从人类法律制度的历史发展看,在18世纪末的近代宪法中,财产权被理解为个人不可侵犯的人权,是公民对抗国家得以保护自由、毋庸置疑与不可分割的绝对权利。随着社会国家思想的发展,财产权转而被理解为应受社会性约束的权利。在传统意义上,保护自由功能让渡或分化成一种公共职能,受到社会共同体的一定约束。公共利益法律化转向的衔接点是公共利益的宪法化。[①] 因此,考察具体规范的"公共利益",首先要扣紧宪法文本。我国现行《宪法》第10条、第15条分别规定了国家为公共利益的需要可分别对土地和公民私有财产进行征收或征用,并予以补偿。虽然我国宪法上的"公共利益"是专门针对征收和征用条款而言的,但是"公共利益"在普通立法上使用极为广泛,而这都依赖于又不局限于对宪法上"公共利益"的解释。从条文变迁看,在"公共利益"未写入《宪法》前,并非没有对土地和公民私有财产的征收或征用的行为。而且,在此之前既没有增设"公共利益的需要"的前提,也没有增设"给予补偿"的国家义务。

为了识别出法律规范中"公共利益"的最紧密、最浅显的表述内容,除了对法律中"公共利益"条款进行专款分析外,还需要剔除一部分仅规定"公共利益"而

---

① 参见倪斐:《公共利益法律化——基于思想流变的中西方考察》,载《江海学刊》2017年第2期。

没有指向或涉及具体内容的条文,如立法目的、法律原则等条文。根据收集的法律样本,得出如下表格:

法律名称	条款	识别内容
《对外贸易法(2016年修正)》	第16条	有关货物、技术的进出口;人、动植物的健康或者安全;黄金或者白银;需要保护的自然资源;出口经营秩序;建立或者加快建立国内特定产业;任何形式的农业、牧业、渔业产品;保障国家国际金融地位和国际收支平衡
《安全生产法(2021年修正)》	第74条	安全生产
《澳门特别行政区驻军法》	第11条	驻军的训练、演习等军事活动
《保险法(2015年修正)》	第144条	保险公司的偿付能力
《测绘法(2017年修订)》	第36条	基础测绘成果用于防灾减灾、应对突发事件、维护国家安全
《出境入境管理法》	第16、26条	有关货物、技术的进口或出口;有关国际服务贸易
《慈善法》	第15条	接受附加条件的捐赠
《促进科技成果转化法(2015年修正)》	第7条	相关科技成果的实施或许可
《反垄断法》	第15、28条	节约能源、保护环境、救灾救助;经营者集中
《港口法(2018年修正)》	第33条	危险货物;旅客疏散;港口应急救援
《个人信息保护法》	第10、13、42条	收集、使用、加工、传输他人个人信息;新闻报道、舆论监督;境外的组织、个人从事侵害(危害)中华人民共和国个人信息处理活动
《高等教育法(2018年修正)》	第24条	设立高等学校
《公共图书馆法(2018年修正)》	第20条	捐赠图书活动
《公共文化服务保障法》	第44条	利用公共文化设施、文化产品、文化活动以及其他相关服务
《公益事业捐赠法》	第6条	捐赠
《公司法(2018年修正)》	第196条	公司从事业务活动
《建筑法(2019年修正)》	第5条	从事建筑活动
《公职人员政务处分法》	第39条	滥用职权

续 表

法律名称	条款	识别内容
《固体废物污染环境防治法（2020年修订）》	第121条	固体废物污染环境、破坏生态
《广告法（2021年修正）》	第9、54条	广告妨碍社会安定；社会公共秩序、社会良好风尚；环境、自然资源或者文化遗产保护；发布虚假广告侵害消费者合法利益
《海南自由贸易港法》	第18条	国家实行准入管理的领域
《国际刑事司法协助法》	第11、37条	附加条件的刑事司法协助；安排证人、鉴定人通过视频、音频作证
《海域使用管理法》	第15、26、30条	国防安全或者进行大型能源、交通等基础设施建设，需要改变海洋功能区划的；海域权使用
《行政诉讼法（2017年修正）》	第25、93条	生态环境和资源保护、食品药品安全、国有财产保护、国有土地使用权出让等领域；调解活动
《行政许可法（2019年修正）》	第11、67条	设定提供公众服务并且直接关系公共利益的职业、行业的行政许可；取得直接关系公共利益的特定行业的市场准入行政许可的被许可人
《基本医疗卫生与健康促进法》	第14条	医疗卫生与健康促进领域
《环境保护法（2014年修订）》	第58条	生态环境
《教育法（2021年修正）》	第8、68条	教育活动；教育对外交流
《境外非政府组织境内活动管理法（2017年修正）》	第47条	从事或资助政治活动；非法从事或资助宗教活动
《军人地位和权益保障法》	第62条	军人荣誉、名誉和其他相关合法权益；军人有效履行职责使命。
《科学技术进步法（2007年修订）》	第20、29条	发明专利权、计算机软件著作权、集成电路布图设计专有权和植物新品种权；科学技术研究开发活动
《科学技术普及法》	第8条	科普工作
《密码法》	第21、26、28条	商用密码的科研、生产、销售、服务和进出口；具有加密保护功能的商用密码实施进口许可；具有加密保护功能的商用密码实施进口许可
《旅游法（2018年修正）》	第75条	住宿经营者；旅游住宿
《民事诉讼法（2017年修正）》	第55条	污染环境、侵害众多消费者合法权益
《民用航空法（2021年修正）》	第80、190条	执行救助任务；适用外国法律或国际惯例

续 表

法律名称	条款	识别内容
《民法典》	第117、132、243、358、534、999、1009条	征收、征用不动产或者动产；滥用民事权利；英雄烈士等的姓名、肖像、名誉、荣誉；征收集体所有的土地和组织、个人的房屋以及其他不动产；收回土地使用权；合同；新闻报道、舆论监督；从事与人体基因、人体胚胎等有关的医学和科研活动
《企业国有资产法》	第57条	国有资产向境外投资者转让
《企业破产法》	第5条	外国法院申请执行国内债务人
《森林法(2019年修订)》	第21条	生态保护、基础设施建设
《商业银行法(2015年修正)》	第8条	商业银行开展业务
《涉外民事关系法律适用法》	第5条	外国法律适用
《数据安全法》	第21条	重要数据；国家核心数据
《生物安全法》	第55条	我国人类遗传资源
《水法(2016年修正)》	第28、76条	任何单位和个人引水、截(蓄)水、排水
《统计法(2009年修订)》	第49条	统计调查
土壤污染防治法	第97条	污染土壤
《土地管理法(2019年修正)》	第45、58条	军事和外交需要用地的；能源、交通、水利、通信、邮政等基础设施建设；科技、教育、文化、卫生、体育、生态环境和资源保护、防灾减灾、文物保护、社区综合服务、社会福利、市政公用、优抚安置、英烈保护等公共事业
《外商投资法》	第25条	地方各级人民政府及其有关部门向外国投资者、外商投资企业依法作出的政策承诺以及依法订立的各类合同
《网络安全法》	第31条	国家对公共通信和信息服务、能源、交通、水利、金融、公共服务、电子政务等重要行业和领域的关键信息基础设施
《种子法(2015年修订)》	第13、26、30条	由财政资金支持形成的育种发明专利权和植物新品种权；授予植物新品种权；作出实施植物新品种权强制许可
《香港特别行政区驻军法》	第11条	驻军进行训练、演习等军事活动
《信托法》	第11、60条	救济贫困；救助灾民；扶助残疾人；发展教育、科技、文化、艺术、体育事业；发展医疗卫生事业；发展环境保护事业，维护生态环境
《刑法(2020年修正)》	第299、334条	英雄烈士的名誉、荣誉；我国人类遗传资源、我国人类遗传资源材料
《循环经济促进法(2018年修正)》	第25条	符合城市规划和工程建设标准，在合理使用寿命内的建筑物

续 表

法律名称	条款	识别内容
《药品管理法(2019年修订)》	第20条	开展药物临床试验
《引渡法》	第50条	附加条件引渡
《英雄烈士保护法》	第25条	英雄烈士的姓名、肖像、名誉、荣誉
《招标投标法(2017年修正)》	第50、67条	泄露应当保密的与招投标活动有关的情况和资料
《政府采购法(2014年修正)》	第25、50条	政府采购合同继续履行
《著作权法(2020年修正)》	第53条	第53条列举的八种行为
《专利法(2020年修正)》	第20、57条	申请专利和行使专利权;强制许可涉及的发明创造为半导体技术的,涉及行使专利权行为为垄断行为

由表可知,在不同的法律当中,公共利益有特定的指向。受制于篇幅,不便展开具体条文内容,但在考察具体条文的过程中可以发现,对公共利益的表述可分为正面表述与反面表述两方面的路径。例如,《民用航空法(2021年修正)》第80条中的"执行救助任务或者符合社会公共利益的其他飞行任务所必需的"和《森林法(2019年修订)》第21条中的"为了生态保护、基础设施建设等公共利益的需要"等属于正面表述。更多常用表述方式是反面表述,多用"不得损害""不得侵害"和"不得妨害"等表述方式。反面表述多于正面表述是多方面因素形成的。利益形态上,公共利益在我国现代以来是从国家利益、集体利益中脱胎的利益形态,利益价值是国家集体利益价值与个人利益价值之间的过渡价值。与西方公共利益观中防范国家利益侵害个人利益中发展的公共利益不同,中国的公共利益更多侧重于防范个人利益侵害国家、集体利益。因此,在各部法律中,"公共利益"条款更多强调防范个体对集体(国家、社会、集体)的侵害或小集体(法人组织)对大集体(国家、社会)的侵害,或者提倡个人利益、小集体利益的让渡与容忍。

从识别出的内容看,行为内容多于实体内容。行为内容即通过某种行为才能反映该行为与公共利益的关系,如"英雄烈士的姓名、肖像、名誉、荣誉"本身不直接反映公共利益,但侵害"英雄烈士的姓名、肖像、名誉、荣誉"的具体行为伤害不特定的多数人对革命烈士的感情,造成了如歪曲事实引起公众不满等恶劣影响时,这种行为既侵害了公共利益。实体内容就是公共利益不需要通过行为反映,是已实体化的内容,如由公共财政拨款修建维护提供公共服务的市政基础设施就是公共利益的实体内容,其识别的基础方式是看财产权的归属与财产的功能。例如,《对外贸易法(2016年修正)》第16条中列举"有关货物、技术的进出口"的具体内容是进出口特定货物、技术的行为涉及或直接影响公共利益,货物技术本身不反映公共利益。再如,《企业国有资产法》第57条中的"国有资产向境外投资者转让"也是指行为,虽然国有资产在日常认知中也是公共利益的一种实体化表现,但是其反映公共利益承载的价值特质,依然是通过行为来体现。实体内容包括土壤、水源、数据、成果等。从现行法律中识别、提取"公共利益"的具体指向,是为"公共利益"立法类型化做资源的准备。所有现行法律中,"公共利益"的具体指向都共同构成了一个"资源库",从抽象到具体的一种资源集合,是为立法、司法、执法提供了一种参考样本。仅就立法而言,现行法律中的"资源库"就为立法中立废改释提供了重要的素材,为下位法、部门规章、规范性文件提供了备案审查的"标尺"。

(三)现行法律法规"公共利益"条款特征

"公共利益"越来越多地出现在立法条文中,或作为立法目的总则性条款,或作为法律主体的特定义务条款,或作为授权特定主体一定权利条款,或作为法律主体承担相应的责任条款,或作为法律适用保留条款。[①] 从现行法律中的"公共利益"条款的性质来看,现行法律中的"公共利益"条款可以分为两类:一类是授权性条款,授权国家机关增进、实现和保护公共利益;另一类是禁止性条款,限制个人行为、个人利益对公共利益的妨碍与减损。从数量与分布看,禁止性条款远多于授权性条款。

从"公共利益"条款在法律法规中所起的作用来看,现行法律中的"公共利益"条款也可以分为两类:一类是总则性"公共利益"条款,大都规定在法律法规的总则部分,如前文中立法目的、法律原则类的"公共利益"法律条款属于这一类;另一类是非总则性"公共利益"条款,大都规定在法律具体规范中,具体而言就是行为模式与法律责任部分。总则性"公共利益"条款内容较为抽象,更侧重宣示意义,需要从整个法律文本所构成的规范体系去把握公共利益的定位与保障;非总则性"公共利益"条款内容较为具体,属于具体法律规范的构成部分,有

---

① 参见梁上上:《公共利益与利益衡量》,载《政法论坛》2016年第6期。

明确的行为模式或法律后果,仅从个别条文即可把握公共利益的规范内容。

在不同领域的法律中,"公共利益"泛指的含义也各不相同,主要有三种含义与其对应的分布领域:第一种是充当私法领域中基本的社会道德规范;第二种是充当公法领域中公权力行使的向度和基准;第三种是充当公私混合领域中综合性的规范,主要反映在社会济贫、救援、健康、医疗、教育、文化、体育等领域中维护社会的公共福祉的规范内容。[①] 因此,对应的价值指向也有所区别,公法领域强调对私权利行使的法律限制性,私法领域强调对公权力的规范,公私混合领域就同时包含两种价值取向。从现行的法律文本看,"公共利益"条款多出现在公私混合领域的社会法当中,对公权力主体强调职责,对私权利主体强调义务,整体依然着重反映"公共利益"优先的集体主义观念。

三、"公共利益"条款立法优化的动因

(一) 从"立法宜粗不宜细"到"立法精细化"的背景变化

"立法宜粗不宜细"的思想对我国立法有深刻的影响,原因在于简略式立法有其特定的历史背景。改革开放之初,法律制度不完备、不完善,立法服务于改革,要为改革预留必要的试错空间,因此立法比较抽象。简略式立法在改革开放初期发挥积极作用,除了客观存在的立法前评估不足和立法技术欠缺,更重要的是立法者认可和预测到简略式立法既可实现有法可依,又能为执法者提供自由裁量的空间。这符合当时的发展需求和形势,事后看确实积极作用明显大于消极作用,因此"立法宜粗不宜细"的立法方针在改革初期是正确的。但随着深化改革的推进,法律法规的规模和覆盖面基本实现完备,立法进入向完善阶段发展,提高立法质量的现实需求呼之欲出。

重大改革应于法有据,立法与改革的关系已发生转变。习近平总书记曾指出,"人民群众对立法的期盼,已经不是有没有,而是好不好、管用不管用、能不能解决实际问题……越是强调法治,越是要提高立法质量。"[②]提高立法质量,立法精细化的要求因应而生。寻求"公共利益"的相对确定,对涉及"公共利益"条款的立法优化是符合立法精细化的趋势。基于"法律要保持弹性,以适应不断发展

---

① 参见门中敬:《含义与意义:公共利益的宪法解释》,载《政法论坛》2012年第2期。
② 习近平:《论全面依法治国》,中央文献出版社2020年版,第20页。

变化的社会,而公共利益就是表现弹性的条款"的观点,立法精细化并非使法律失去弹性,而是在现有"公共利益"条款中寻找合法合理的弹性范围。在过去一段时期,全国城市化建设呈现"狂飙突进"的态势,全国各地发生了一系列影响重大的"公共利益"事件。这些事件背后凸显的,是"公共利益"内涵的模糊不清或故意借此漏洞进行不法行为。仅在立法层面,"公共利益"内涵的模糊不清就是优化"公共利益"条款的问题指向,寻求"公共利益"的相对确定就是具体目标,要排除和澄清隐藏在"公共利益"之下的非公共利益内容。

(二)"公共利益"设定与自由裁量的定位混淆

"公共利益"是否为立法者赋予司法者与执法者面对具体问题自由裁量而留下的立法漏洞?据目前研究,没有确凿的证据证明是立法者有意而为之。误认为"立法漏洞"的原因在于"公共利益"概念的不确定性造成现实中种种"漏洞"事实的出现。"公共利益"的不确定性决定了法律文本中"公共利益"条款重抽象轻具体,但同时也受立法层次和立法模式的影响。无论是立法还是研究,对公共利益讨论存在两种基本思路:第一种是公共利益实体论的思路,通过界定"公共"和"利益"的内涵和外延,将公共利益的本质特征确定下来,路径是对"公共"与"利益"分别来探讨;第二种是程序论思路,即将"什么是公共利益"的问题转化为"究竟由谁来界定公共利益"的问题。①

公共利益设定与自由裁量的冲突还是在"界定"问题上产生分歧,根本还是混淆公共利益的"界定"("公共利益"的设定)与公共利益的"确认"(自由裁量)。立法技术上设置兜底条款预留了自由裁量的空间,防止法律僵化压缩了调整空间,避免法律的不周延性,在一定时间内适应社会情势的变迁,以保证法的安定性。适用兜底条款的情形,应与同条款中已经明确列举的情形具有相同或相似的价值,在性质、影响程度等方面具有一致性,且应符合该条款的立法目的。② 司法机关与行政机关通过司法和行政裁量适用兜底条款时并非任意适用,其裁量空间与范围有一定限制,应联系同条款中已经明确列举的情形,参照同条款已经明确列举的情形所设置的标准,由此来确定能否适用。如《对外贸易法(2016年修正)》《土地管理法(2019年修正)》等现行法律采取了类似兜底条款

---

① 参见郑永流、朱庆育等:《中国法律中的公共利益》,北京大学出版社2014年,第1页。
② 参见章剑生:《兜底条款适用的法解释技术——季频诉宜兴市宜城公安派出所治安处罚案评析》,载《法治研究》2021年第6期。

的立法技术,值得肯定。但现行法律中,"公共利益"条款规定的列举项过少。只规定了一项列举项的例示法是不成功的立法例,因为事物皆具有多面性,类型是通过不同事物之间的共性而构建的,而单一的例示项之下很难对其后的"等"或"其他"的具体含义进行明确。① 优化"公共利益"条款的目标之一,是将"公共利益"界定得更为明确,使"公共利益"条款的设定更加科学,使"公共利益"确认更加便利,使功能定位的界限更加清晰。

四、以类型化达致"公共利益"的相对确定

根据现行法律中的"公共利益"条款可知,暂且不提"公共利益"的相关概念,"公共利益"概念表述不一,有"公共利益""社会公共利益"和"重大公共利益"三种常见的表述。法律在法律位阶处于第一位阶,由此引发的问题是行政法规等下位法、部门规章、规范性文件就会出现各种各样衍生的"公共利益"概念。寻求"公共利益"的相对确定的具体目标,是"公共利益"在法律体系中概念的形式与内涵相对统一。概念形式相对统一需要确定"公共利益"的界定主体,达到"公共利益"的内涵相对确定的方式是类型化的立法方式。

(一)"公共利益"的界定主体应是立法机关

学界在"公共利益"的界定主体方面存在分歧:一种观点是立法机关、司法机关、行政机关共同行使界定权;另一种观点是立法机关、司法机关、行政机关的其中某一机关单独行使界定权。共同行使界定权并非平均分配,而是立法机关在立法层面作出概括性规定,行政机关来行使具体的自由裁量权。司法机关基于司法被动性,在出现纠纷和冲突才予介入。② 张千帆认为,作为一个法律概念,"公共利益"的重心在于"公共"。③ 然而,"公共"成为了集体性质概念后变得包罗万象、漫无边际,在不断吸纳新的内涵同时变得虚幻。为了实现"公共利益"的祛魅与"公共利益"的还原,使公共回归个体的根基,承认"公共利益"就是

---

① 参见刘风景:《例示规定的法理与创制》,载《中国社会科学》2009 年第 4 期。
② 参见郑贤君:《"公共利益"的界定是一个宪法分权问题——从 Eminent Domain 的主权属性谈起》,载《法学论坛》2005 年第 1 期。
③ 参见张千帆:《"公共利益"是什么?——社会功利主义的定义及其宪法上的局限性》,载《法学论坛》2005 年第 1 期。

"私人利益"之和,应由民主条件下产生的国家权力机关代议机关承担界定"公共利益"的责任。将"公共利益"重心置于公共,其本身蕴含民主要素,即反映多数人的利益,因而由民主(代议)产生的国家权力机关来界定"公共利益",权能上具有最充分的正当性。

"公共利益"的"界定"与"公共利益"的"确认",二者是公共利益增进过程中的两个阶段。"公共利益"的"界定"是公共利益增进过程中的第一阶段,即明确公共利益"是什么"的阶段,也即提供公共利益判断标准的过程;"公共利益"的"确定"是公共利益增进过程中的第二阶段,即明确某一项利益"是否是"公共利益的阶段,也即运用公共利益判断标准解决具体事项的过程。① 简言之,"界定"与"确认"是两个方向的过程,"界定"是一个从具体到抽象的过程,即从纷繁复杂的公共利益现象中剥离和抽象出"公共利益"的概念,解决"公共利益是什么"的问题;相反,"确认"是一个从抽象到具体的过程,即根据抽象的公共利益法律规则来判断某一具体利益事项是否属于公共利益范畴,从而解决"是不是公共利益"的问题。这就决定了"公共利益"的"界定"和"确认"是不同法律实施的路径,前者归属于立法问题,需要遵循相关的立法规律和立法技术;后者则属于执法与司法问题,只需要认定某一利益现象是否属于公共利益边缘范围之内即可。

(二)"公共利益"的界定方式——类型化

所谓"公共利益"类型化,是指根据社会理性与立法经验,把握"公共利益"在具体法律适用领域的要素,然后以之为标准进行描述性的分类,从而形成形象化的"公共利益"类型,使其内容逐渐趋于明确。② 类型化具有层次性、开放性的特点,可以使公共利益保持开放性,使得它能跟随社会发展而适应具体的客观需要。③ 为了更好地将法律原则或具体法律规则作为整体进行体系化解释,以实现相对确定不确定性概念的内涵,类型化提供了必要的技术手段支持。类型化的目标是让法律适用得到保证,可根据内容、形式、功能或性质等单一或多重划分进行类型化分析。采取列举式立法方式界定"公共利益"具有现实意义,是从内容的标准进行类型化的进路。"公共利益"类型化或准类型化的立法例已经存在,如《对外贸易法(2016年修正)》《反垄断法》《土地管理法(2019年修正)》《著

---

① 参见高志宏:《公共利益法律关系的主体论及其功能实现》,载《南京社会科学》2017年第6期。
② 参见高志宏:《公共利益:基于概念厘定的立法导向与制度优化》,载《江西社会科学》2021年第10期。
③ 参见王利明:《论征收制度中的公共利益》,载《政法论坛》2009年第2期。

作权法》等提供了良好的参照。地方政府的自律解决不了"公共利益"的滥用,而"公共利益"内容列举式和类型化的立法方式是切实可行的,同时也可保证行政效率而非削弱。基于历史与现实的经验,特别是历史发展中我国公共利益多为国家对社会、公民的利益让渡,而非西方式的公民对个人利益让渡生成公共利益,采取类型化是一种尊重历史生成的经验主义选择。类型化的立法方式,一方面抑制立法机关特别是下级立法机关创设超越原有"公共利益"类型的冲动,另一方面降低法律适用中享有自由裁量权的机关在识别"公共利益"内容上的时间成本。每出现一种公共利益的类型,就增加一条公共利益的边界,从而既能进一步明确保护公共利益的具体内容,也能进一步排除或防范伪公共利益的内容。

"公共利益"应由立法机关在普通法律上以列举式立法例予以界定。列举事物越多,其特征的交集就会越具体,进而以其共同特征为基础的概括规定的内容也变得更为明确;反之,列举的类型之种类越少,其特征的交集就会越不具体,从而相应的概括规定的部分也越不明确。① 立法者选择类型化的进路就是选择放弃了定义,因为类型是难以或无法定义的,其仅仅是一种描述。"公共利益"类型化的努力方向是尽可能明晰"公共利益"的内容。同时,必须承认"公共利益"类型化一定程度解决了"公共利益"概念的抽象性问题。但是,基于列举式的开放性特点,我们需要解决公共利益的开放性问题,即它的边界问题。若能有效降低公共利益的不确定性,增强其法律适用的效果,"公共利益"类型化的价值就得以彰显。

五、结语

由立法机关界定"公共利益"是根据人民主权原则引申的判断。同时,立法机关也应当关注司法机关与执法机关确认"公共利益"的过程,特别是从司法裁判与行政行为中总结司法者与执法者对公共利益的确认考量因素,这对实现"公共利益"的"应然"到"实然"的统一具有重要价值。

立法机关可对涉及"公共利益"的法律法规进行已立法与未立法的分类处理。对已有的法律法规,在相关法律法规的修改过程中,将"公共利益"概念统一,逐步统一表述为"公共利益"。立法目的与法律原则外的具体规范条款中,需

---

① 参见黄茂荣:《法学方法与现代民法》(第5版),法律出版社2007年版,第191页。

要类型化的"公共利益"尽可能采取列举式立法。对未立法的领域,涉及"公共利益"的内容应采用"公共利益"的表述,具体规范条款应采取列举式立法。不管是新立法还是修旧法,在列举式条款后增加一条"其他属于公共利益的行为"的概括性条款作为补充,有利于提高立法质量。对于概括性条款的设定应保持慎重态度,涉及"公共利益"的条款在立法程序中应增设一个环节,即经过相当级别的人大及其常委会(如省级人大及其常委会)"一事一议"的批准。是否有必要增设"公共利益"立法的特别审议程序,暂无先例,有待理论探索与实践考察。总体而言,对涉及"公共利益"的条款,特别是概括式"公共利益"条款的设置,应当采取审慎的立法态度。

深化看守所巡回检察工作研究*

上海市长宁区人民检察院课题组**

摘 要：看守所巡回检察历经从试点到全面推开、从点状摸索到系统推进的发展进程，系统性规范不断完备，制度效能不断释放，工作质效不断提升，对于推动新时代刑罚执行工作和检察机关法律监督工作高质量发展具有重要意义。但是，在实践中，依然存在工作机制尚不完善、巡回与派驻检察模式融合不足、队伍与业务发展不适配等问题。对此，需要深入把握看守所在押人员体量小、流动快等特点，遵循看守所巡回检察工作的特点和规律，聚焦在押人员人身权益保障、监管活动中的执法守法情形等深层次的突出问题，通过建立健全巡回检察工作机制等方式，以巡回检察为切入点，提升职务犯罪线索发现能力，推动巡回检察与派驻检察深度融合，推动刑事执行检察监督创新发展。

关键词：巡回检察 看守所 检察监督 派驻检察

党的二十大报告强调要"加强检察机关法律监督工作"，并且对"全面依法治国，推进法治中国建设"作了专门部署。《中共中央关于加强新时代检察机关法律监督工作的意见》指出，要健全对监狱、看守所等监管场所派驻检察与巡回检察相结合的工作机制，促进依法严格监管，增强罪犯改造成效。《检察改革工作规划》提出，要建立对监狱、看守所的巡回检察制度，把巡回检察与派驻检察结合起来，强化刑事执行检察力度和效果，保障被羁押人、服刑人员合法权益，维护监

---

* 本文系最高人民检察院2022年检察应用理论研究立项课题"深化看守所巡回检察工作研究"的阶段性研究成果。

** 课题组负责人：朱文波，上海市长宁区人民检察院检察长；杨知文，华东政法大学法律学院副教授。
课题组成员：孙萍，上海市长宁区人民检察院第六检察部副主任；周臻彦，上海市长宁区人民检察院第四检察部检察官助理；黄帅，上海市长宁区人民检察院第六检察部检察官助理；赵璐，上海市长宁区人民检察院第六检察部检察官助理。

管秩序。巡回检察是检察机关在习近平新时代中国特色社会主义思想的指引下,紧紧围绕司法责任制改革,主动顺应新时代人民群众对安全和人权保障新要求的重要举措。

《人民检察院组织法》第十七条从立法层面确立了巡回检察制度,《人民检察院巡回检察工作规定》进而作出进一步细化,为巡回检察奠定了立法基础与实践指引。2022年,看守所巡回检察在全国范围内推行,但是相应的工作机制尚不完善,派驻检察与巡回的配合关系亦不明确,深化看守所巡回检察工作研究具有切实的必要性。看守所巡回检察需要借鉴监狱巡回检察相关经验做法,深入研究看守所巡回检察工作的特点和规律,在监狱检察与看守所检察、派驻检察与巡回检察之间形成良好经验对比和经验总结,深入论证"巡回模式"与"看守所法律监督"的衔接推进问题,健全派驻与巡回"双轮驱动"的相互促进工作机制,完善深化看守所巡回检察工作,推动刑事执行检察监督的创新发展。

一、看守所巡回检察的历史沿革与法理基础

(一) 巡回检察的缘起和发展

巡回检察脱胎于巡视检察,是新时代检察机关刑事执行检察职能发展完善的产物,与域外国家对监管场所改造情况开展的"巡视检察"制度具有一定的相似性。[①] 巡回检察包括常规巡回检察、专项巡回检察、机动巡回检察、全面巡回检察、交叉巡回检察等方式。2006年,最高人民检察院(以下简称"最高检")发布《关于加强和改进监所检察工作的决定》,提出对于常年关押人数较少的小型监管场所可以实行巡回检察。当前检察机关实行的巡回检察,虽然在名称上与前者相同,但是内涵上具有较大差异。2012年,《关于上级人民检察院监所检察部门开展巡视检察工作的意见》明确了巡视检察是指地(市)级以上人民检察院监所检察部门对辖区内由下级人民检察院检察的监狱、看守所、劳教所的刑罚执行和监管活动是否合法进行检察,以及对派出、派驻该监管场所检察机构履行法

---

① 参见刘家华:《我国监狱巡回检察改革路径选择与制度构建》,载《黑龙江省政法管理干部学院学报》2019年第1期,第133—137页。

律监督职责情况进行检查。巡视检察在检察主体、内容、频次等方面与巡回检察具有较高的相似性,为巡回检察的开展打下了扎实的基础。2018年5月,最高检在全国8个省(区、市)对监狱开展巡回检察试点工作部署;同年8月,将试点扩大至12个省(区、市)。截至2019年5月,全国检察机关共对452个监狱开展1262次巡回检察,共发现问题7238个,发出书面纠正违法和检察建议2808件,得到纠正2808件①,取得了良好的工作成效。从巡回检察试点到全面铺开的两年多时间,各地检察机关不断深化监督理念,建立健全工作机制,创新巡回检察模式,使新时期检察机关对监狱、看守所等监管场所实行派驻检察与巡回检察相结合的检察监督工作模式得以明确。②

(二) 看守所巡回检察的功能价值

面对刑事执行领域的司法理念逐步由一元向多元演变,以及惩办向惩教过渡的形势要求,构筑在传统价值基础之上的派驻监督模式难以满足和适应当前看守所监管活动监督与刑罚执行实践。巡回检察作为检察改革的重要内容,从监督理念、工作方式、监督内容、办案模式的整体角度进行转型升级,极大地推动了中国特色检察制度的优化完善,使得检察方式得以转变、监督内容得以拓展、监督质效得以提升、工作重点得以变化、问责追究制度不断完善。③ 实现检察监督方式的转型升级,对我国检察制度改革有着重要的影响。

巡回检察在内容上具有双重性,对监管场所的检察属于法律监督范畴,对派驻检察的监督属于检察机关内部工作督导,巡回检察组有权为派驻检察设定义务并要求其协助配合开展工作,对此可以用检察一体化原则予以阐释。宪法中"上级人民检察院领导下级人民检察院的工作"的规定,正是检察一体化原则的体现。巡回检察通过内部监督,避免派驻检察工作虚化与弱化,促进派驻检察人员不断提升履职能力,从而在日常监督中更加精准有效地发现并纠正问题;通过外部监督,发现监管场所在监管执法、权益保障等方面存在的各项不足,反向检视派驻检察的日常工作是否尽责到位,完善促进刑事执行和监管

---

① 参见徐盈雁、孙凤娟:《七月起全国检察机关将全面推进监狱巡回检察》,载《检察日报》2019年6月28日,第1版。
② 参见王美鹏、章祖众:《看守所巡回检察的模式架构与制度设计——以浙江省检察机关看守所巡回检察试点工作为例》,载《人民检察》2020年第14期,第24—28页。
③ 参见李奋飞、王怡然:《监狱检察的三种模式》,载《国家检察官学院学报》2019年第3期,第100—115页。

执法监督。

(三) 看守所巡回检察的法理基础

1. 监督刑事执行权规范行使

刑事执行是刑事诉讼的末端,关系到羁押人员的有效管理和刑罚改造,是实现刑事诉讼目的的重要环节。① 规范刑事执行已经成为法治领域的主流与共识,联合国于 2002 年通过了《禁止酷刑任择议定书》(OPCAT),该议定书于 2006 年生效,其中建议缔约国建立独立的羁押场所巡视制度。目前,已有 83 个国家签署了 OPCAT,其中 64 个国家已实际运行本国巡视羁押监管场所的国家预防机制②,对监管场所实行外部法律监督。

看守所、监狱可以依法对在押人员的权利义务进行实体性处分,如使用警戒具和禁闭、禁止家属会见探视等,具有明显的强制性与惩罚性,且往往封闭而不公开。如果权力行使不当,可能出现侵犯被执行人合法权益的事件。基于此,在看守所和羁押、服刑人员的法律关系之外,需要引入第三方,以形成一种准司法的三方构造模式。通过对行刑程序和实体的监督,实现对权力的有效制约,确保执行权的依法规范行使。检察机关既是侦查、起诉、审判和执行过程的重要参与者,也是刑事诉讼活动外判断法律是否得到正确统一适用的主要监督者。刑事执行是检察机关法律监督职能的重要内容,关系到刑事司法权力依法规范行使,也关系到刑事诉讼价值目的的实现,在整个刑事检察监督体系中发挥着重要的作用。刑事执行检察权,即对人民法院生效的刑事裁判和侦查机关羁押性刑事强制措施的执行活动是否合法进行法律监督的职权,指向的对象是因被采取强制措施或因生效判决而被剥夺人身自由的在押人员。

检察官作为现代国家刑罚制度中的基本角色,负有达成国家刑罚权的要求与维系正当程序的客观义务③,采取的监督手段主要是提出纠正违法或不当的意见,或者是发出检察建议监督来促使监管场所重新启动工作程序,并不具有实体处分的权能,无权对在押人员的权利义务进行直接更改与处分。

---

① 参见徐然:《刑事执行检察监督法理、现状与路径》,载《山东警察学院学报》2019 年 1 月第 1 期总第 163 期,第 27—35 页。
② 参见刘家华:《我国监狱巡回检察改革路径选择与制度构建》,载《黑龙江省政法管理干部学报》2019 年第 1 期,第 133—137 页。
③ 参见龙宗智:《检察官客观义务论》,法律出版社 2014 年版,第 235 页。

2. 尊重与保障人权

巡回检察是刑事执行检察制度体系理念转变的具体展现,也是贯彻落实人权保障理论的重要体现。党的十八大以来,坚持把尊重和保障人权作为治国理政的重要工作,制定和完善了一系列保障人权的法律制度。2021年12月,《巡回检察工作规定》第二条指出,人民检察院对看守所实行巡回检察,保障被监管人合法权益,将"尊重与保障人权"的精神贯彻其中。看守所羁押的犯罪嫌疑人或被告人,人身自由受到限制,在看守所具有依法接受刑事审查的义务,但其他各项公民合法权利和诉讼权利应依法得到保障。巡回检察可以充分释放相应价值和功能,进一步提高人权司法保障水平。

3. 监管场所检察监督模式现状分析

(1) 看守所巡回检察与监狱巡回检察的比较分析

看守所巡回检察与监狱巡回检察相比,其一,检察方式相同,两者都采取常规巡回检察、专门巡回检察、机动巡回检察、交叉巡回检察这四种方式。其二,准备工作相同,基本流程都是制定巡回检察工作方案,确定巡回检察工作目标和重点,拟定巡回检察工作具体步骤;成立巡回检察组,指定主办检察官,明确成员,确定分工和职责;进行巡回检察动员部署和业务培训等。其三,工作流程基本相同,包括成立检察组、制定工作方案、实地开展检察、撰写检察报告、反馈检察意见等。其四,工作方法基本相同,都是采取调阅、复制有关案卷材料、档案资料、有关账表、会议记录等资料,调看监控录像和联网监管信息;实地查看禁闭室、会见室、监区、监舍、医疗场所及在押人员生活、学习、劳动场所等。其五,工作内容相似,两种监督方式均要对监所整体安全防范情况进行检察,如监所建筑是否存在安全隐患、消防设施是否配备到位、监控设施运转是否正常、警力配备是否符合要求、风险评估制度是否建立等;同时,要对监所监管活动情况和派驻检察依法履职情况进行检察,如收押出监所管理活动是否符合有关法律规定、巡控民警执法是否规范、监室是否存在"牢头狱霸"、警械具及禁闭使用是否符合规定等。

看守所巡回检察与监狱巡回检察的工作理念相关、工作方法互为借鉴,但两者在看守所羁押人员类型、工作内容、在押人员权益保障的要求与监狱检察工作等方面存在诸多不同。其一,工作重点不同。监狱刑事执行检察目前主要以巡回检察为主,特别是主要通过机动式巡回检察,灵活确定监督重点,及时进行整改纠正,确保检察监督的针对性、实效性,以扭转以往监狱派驻检察的一些弊端。

看守所刑事执行检察主要是派驻检察与巡回检察并重,因为看守所的在押人员平均羁押时间比监狱短,人员流动性强,仅靠巡回检察不能及时发现问题和保障所有被监管人员的合法权利。其二,人员配置不同。根据最高人民检察院监狱巡回检察的规定,人民检察院在开展监狱巡回检察后,派驻检察室配备不少于一名检察人员;看守所巡回检察仍应保留原有派驻检察人员。其三,检察主体不同。监狱巡回检察一般由对监狱负有监督职责的人民检察院组织;而看守所巡回检察由省级院指导下的地市级院刑事执行检察部门负责组织开展。其四,内容存在差异。监狱巡回检察和看守所巡回检察都要有各自的独特关注点,如看守所巡回检察要检察是否有单人提审、律师违规会见等情况等;监狱巡回检察则更注重罪犯教育改造和刑罚变更执行情况,特别是减刑、假释、暂予监外执行相关提请程序的合法性问题。

(2) 派驻检察与巡回检察的职能定位及相互关系

派驻检察是执行监督的主要组织形式,指人民检察院在监管场所设置派出检察院或者派驻检察室,具体行使刑罚执行和监管活动的监督权,具有即时性、现场性的特点。派驻检察人员可以随时查看监管民警的执法情况,对在押人员实施严格有效的监督管理,以维护秩序稳定及防范发生死亡、伤残、逃脱等重大事故作为主要目标,及时发现和纠正侵犯被监管人合法权益的违法行为,从而有效地保护他们的合法权益。派驻检察根据各级检察机关与被派驻单位的关系不同,可分为同级派驻、属地派驻和派出检察院三种模式。派驻检察模式的形成建立在监督便利性的需求之上。① 看守所内的安全隐患往往潜藏在较为细微之处,需要在日常检查中花费较多时间反复筛查才能准确定位。检察人员深入监管场所开展工作,一方面,可以不间断地对执法活动进行检视,扩大监督范围,及时获取各类工作信息;另一方面,当有违法违规行为发生时,可以及时发现并介入,收集固定证据,开展调查核实。尽管派驻检察具有及时介入处置突发事件等优势,但是派驻检察本身具有局限性。由于轮岗机制的缺乏、机构设置的偏远、工作场所的特殊等原因,派驻检察在长期适用的过程中不免暴露出"同化"等倾向性问题,派驻检察人员监督意愿不强、积极性不高。"同化"是指由于派驻检察室在硬件设施保障方面对监管场所有所依赖,并且派驻检察人员与监管民警长

---

① 参见李奋飞、王怡然:《监狱检察的三种模式》,载《国家检察官学院学报》2019 年第 3 期,第 100—115 页。

期共同工作,极易形成良好的熟人关系,从而削弱监督者的监督意愿,造成监督流于形式。检察人员被监督对象同化后产生的监督虚弱化[1],进一步滋生不愿意监督、不敢监督、监督流于形式等问题。此外,我国尚未就刑事执行工作建立完整统一的法律体系,刑事执行相关的规定散见于《刑法》《刑事诉讼法》等众多法律规范中,实践中缺乏具体细节的要求,且涉及刑事执行的法律法规中均存在内容彼此交叉重复的情况,一定程度上容易产生冲突。同时,刑事执行检察业务素有"点多、线长、面广、事杂"的特点,职能边界不够明晰,加之派驻检察与监管场所在维护监内秩序稳定、防范发生重大事故等工作目标方面本就具有高度的同质性,容易存在检察人员替代监管场所行使监管职能的问题。此外,派驻检察缺乏刚性监督措施,当被监督单位不予采纳检察建议时,督促落实的手段不足。

巡回检察以解决派驻检察独立性不足、受干扰性较大的问题为起点,以强调检察的独立性为归宿[2],具有针对性强、精准性高的特点,分为常规、专项、机动、交叉四种模式,检察的内容、天数、人员等可以根据需要灵活调整,不受过多限制,因此往往呈现切入口较小而挖掘问题较深的特点。巡回检察不仅针对监管场所,也面向派驻检察履职情况开展督导,因此巡回检察既是检察机关对监管场所刑事执行活动的监督,又是针对检察人员工作情况的内部监督。在对内监督上,巡回检察模式新增了内部监督制约制度和责任追究制度,对驻所检察人员的羁押期限监督、羁押必要性审查、重大案件侦查终结前讯问合法性核查等方面进行是否履职尽职的监督,从而形成责任倒逼机制,提升监督工作的质效。在对外监督上,巡回检察由于不依赖于看守所的物质支持,在很大程度上巩固了看守所检察的独立性。巡回检察改革固然是检察机关应对司法理念多元化的有效尝试,但本身也存在不足。一方面,无法持续性地对监管场所的工作情况进行检视,对于日常监管执法中的安全隐患风险难以及时发现纠正,获取各类情况信息不可避免地存在一定的滞后性。同时,巡回检察持续时间较为有限,在监督内容上只能有所侧重与取舍,监督全面性及覆盖面不如派驻检察模式。另一方面,看守所巡回检察相关机制体制还不完善,尤其是对检察组工作的考评体系尚未建立,造成实践中存在巡回检察监督办案随意性较大、程序不够规范,以及查纠监管场所问题不够深入、流于形式等问题,从而未能完全发挥制度的预设价值。

---

[1] 参见白泉民等:《监所检察"四个办法"》,中国检察出版社2008年版,第149页。
[2] 参见李奋飞、王怡然:《监狱检察的三种模式》,载《国家检察官学院学报》2019年第3期,第100—115页。

巡回检察主要是工作理念与检察方式的变革,在法律依据、检察内容、检察方法、监督手段等方面并没有发生重大变化。① 由于职能特点不同,派驻检察与巡回检察在人员配置、办案组织、工作方法、监督重点等方面各有侧重。在人员安排上,派驻检察人员相对固定且精通刑事执行检察业务,能够熟悉掌握所驻监管场所各项特点与情况;而巡回检察是对现有刑事执行检察人员重新进行布局和调整,检察人员不再固定派驻在监管场所,而是组成若干巡回检察组,由员额检察官担任组长,办案成员可以根据工作需要随时调整、定期轮换,实施不固定人员、不固定时间、不固定场所的巡回检察模式。在方法内容方面,派驻检察的全面性决定了其监督内容贯穿被监管人员进入监管场所直至离开的全部行政执法过程,包括收押收监、日常监管、刑罚变更、交付执行、出监出所等环节,尽可能将监督视角从事后向事中、事前转移,以便发现潜藏的监管漏洞与安全隐患,做到防患于未然;而巡回检察由于时间相对有限,通过明确监督重点,聚焦监管场所存在的顽瘴痼疾、深层次问题和司法工作人员职务案件犯罪线索,以查阅资料、个别谈话作为主要监督手段,有的放矢地开展检察。在法律监督机制上,派驻检察模式可以及时、同步地针对监管场所中可能出现的问题进行监督;而巡回检察的独立性、灵活性、突进性可以使其更加敏锐地发现平时难以发现的问题。②

综上所述,巡回检察模式和派驻检察模式各有长处、各具优势,具有较强的互补性,彼此之间不具有冲突性,存在融合发展的可能性和趋势。派驻检察模式下存在着刑事执行检察不足的问题,而巡回检察的优势之一正是独立灵活,很好地弥补了派驻检察的不足;同时,巡回检察伴随的监督临时性问题,则可以通过派驻检察的常态化监督得以补充。两种检察方式只有工作方式上的区分,没有工作职责上的区别。③ 派驻检察的便利监督与巡回检察的独立监督,两者之间并不存在矛盾关系,也不存在非此即彼的选择,都是实现有效监督必不可少的组成部分。

---

① 参见王美鹏、章祖众:《看守所巡回检察的模式架构与制度设计——以浙江省检察机关看守所巡回检察试点工作为例》,载《人民检察》2020年第14期,第24—28页。
② 参见天津市北辰区人民检察院课题组:《监所检察监督模式改革研究》,载《河北法学》2012年第3期,第195—200页。
③ 参见李奋飞、王怡然:《监狱检察的三种模式》,载《国家检察官学院学报》2019年第3期,第100—115页。

二、看守所巡回检察实践的问题分析

2022年,上海检察机关开始第一轮全面看守所巡回检察。参考监狱巡回检察,上海检察机关制定了看守所巡回检察办法和目录,明确了巡回检察组织和人员、内容、方式和方法,以及问题处理和责任追究等规范性文件,并办理了看守所在押人员牛某被刑讯逼供案、看守所未成年人与成年人混管混押案及提押不规范等案件。但是,在深入推进的实践中,沉淀了制度供给不足等问题和困难,影响了看守所巡回机制的规范化开展。

(一)巡回检察工作机制尚不完善

通过巡回检察,刑事执行检察工作呈现了新的变化,监督理念更加科学,监督重点更加明确,监督敏感性明显提升,发现问题不断深入,检察机关的法律监督效果和监狱的执法水平进一步提升。看守所法律监督长期采用派驻检察模式,巡回检察工作作为一项新业务,工作机制尚不成熟。

巡回检察的重点在于突出办案属性,核心任务是还原看守所内发生的关于法律执行的相关事实真相,包括罪犯在看守所羁押期间的羁押管理情况、看守所人民警察执法情况、驻所检察机关工作人员监督看守所执法行为的情况等。但是,在司法实践过程中,部分巡回检察把工作重点集中于监管场所管理及生活卫生中存在的问题,忽略了监管场所适用法律及对在押人员监管教育上的问题,未准确把握看守所巡回检察与派驻检察、看守所内部工作检查的本质区别,未能形成机制化的工作模式。此外,巡回检察可能涉及的检察内容很多,而且各有侧重,通过一次巡回检察或者一种巡回检察方式难以一次性完成。从目前的实践经验看,常规、专门、机动、交叉四种巡回检察方式未能形成集成功能性质的综合矩阵来应对复杂多变的看守所环境。常规、专门、机动三种巡回检察方式的主要区别在于其巡回检察时针对的内容不同;而交叉巡回检察与其他三种巡回检察方式的区别在于,其检察主体不同。需要根据巡回检察的内容和实施主体不同,综合运用多种巡回检察方式,充分利用这几种方式各自的特点和优势,灵活安排,互为补充,压茬推进、系统推进,采取巡回人员、巡回地点、巡回监狱"三不固定"模式,发现并纠正各类问题。

（二）巡回检察与派驻检察融合不足

最高检最初曾设想以巡回完全取代派驻，这一模式在监狱的巡回检察中取得了成功，但是在看守所巡回检察工作试点中遇到了问题。看守所检察和监狱检察有着截然不同的特点，监狱的在押人员都是有一定服刑期限的已决罪犯，流动性相对较小，而看守所的大部分在押人员都是关押期限未最终确定的未决罪犯，小部分是剩余服刑期三个月以下的短期服刑犯，经常出现在押人员入所一两天就释放出所的情况。一年进行一两次的巡回检察，适用于人员流动性比较小的监狱还合适，适用于流动性非常大的看守所则不合适，可能出现有些看守所在押人员在所内羁押全过程都遇不到检察人员的情况。非全程参与的巡回检察模式并不能对每一个被羁押人员的合法权益都予以维护，"一刀切"式的巡回检察改革并不可取。[①] 因此，看守所巡回检察的试点地区在实践中并未完全遵循该种模式，而是在保留派驻检察的基础上开展巡回检察，进而形成了派驻＋巡回模式的雏形。[②] 这一实践理性选择因成效斐然而得到最高检肯定，对监管场所实行派驻检察与巡回检察相结合的方式也随之全面推开，这也就更需要将"派驻"与"巡回"予以结合。但是，实践中，派驻检察和巡回检察的融合发展联动效应不足，缺乏内在逻辑、机制路径等基本支撑。

巡回检察需要依靠看守所提供资料和信息，而看守所提供的材料一般经过了监管单位相关部门的审查，对其中明显存在问题的资料，监管单位可能隐瞒、掩饰或者干脆不提供。巡回检察组存在信息差位处于相对被动的位置，很难发现深层次问题，无法切实了解在押人员在看守所的羁押真实情况和民警的执法真实情况，一方面，巡回检察组需要依靠驻所检察机关工作人员的配合联动，通过驻所检察人员长期驻所积累的信息、资料来还原真实情况，并根据驻所检察人员提供的信息与实际情况是否相符，考核驻所检察人员的法律监督实效。相对看守所提供的资料，驻所检察人员提供的资料是更有价值的数据源。只有通过两者的比对，驻所检察人员才能发现监管场所提供的材料是否真实，从而发现问题。信息比对过程需要运转良好的巡回模式与驻所模式融合。但是，另一方面，

---

① 参见朱德安、单新源、高樱芙：《论看守所检察改革的经验与塑造》，载《重庆理工大学学报（社会科学）》2021年第4期，第162—174页。

② 参见李奋飞、王怡然：《监狱检察的三种模式》，载《国家检察官学院学报》2019年第3期，第100—115页。

巡回检察既是对看守所内执法活动的检察,也是对驻所检察室工作的工作检查,巡回检察组和派驻检察室存在紧张关系。如果驻所检察室提供信息、资料来证明看守所存在执法问题,看守所被查出存在问题,那么驻所检察室需要承担连带责任。因此,需要警惕驻所检察室和看守所之间的关系牵连。如何将巡回检察与派驻检察进行深度融合,提高法律监督的整体质量,是当前开展看守所巡回检察工作所面临的重要问题。

(三) 工作协同联动模式尚在探索

看守所巡回检察与监狱巡回检察不同,其涉及的检察机关层级更多。根据最高检的看守所巡回检察试点方案,目前派驻看守所检察监督机构、办公用房和装备设施等保持不变,在派驻检察的基础上,同时开展巡回检察。针对看守所巡回检察,由在省级院指导下的地市级院刑事执行检察部门负责组织开展,组成若干个检察官办案组,负责对辖区内看守所进行巡回检察。根据本市看守所巡回检察方案,看守所巡回检察要涉及本市全部三级检察机关,组织开展巡回检察的主要为分检院,区院予以配合。这一模式与市院直接指导区院开展业务考核与工作指导的体系并不适配,上下级检察一体化联动模式运转不成熟。

(四) 看守所巡回检察与侦查办案结合程度不足

《刑事诉讼法》明确保留了人民检察院的职务犯罪侦查权[①],自侦权的设计更加契合检察机关法律监督的职能。《关于人民检察院立案侦查司法工作人员相关职务犯罪案件若干问题的规定》明确了检察机关对司法工作人员涉嫌利用职权实施的14个罪名有立案侦查权。开展司法工作人员职务犯罪案件侦查,是刑事执行检察部门的一项重要工作,司法工作人员涉嫌利用职权的多项罪名与监管场所的日常执法工作密切相关。巡回检察的显著优势便是以问题为导向,统筹好监督职能与侦查工作,一方面,可以将自侦权当作刑事执行监督机制的保障措施,从而在一定程度上弥补监督刚性不强的局限性;另一方面,为自侦创造了启动空间和适用条件,实现刑事执行监督与职务犯罪侦查两项职能在实践中的双向促进。最高检亦将职务犯罪线索发现作为跨省交叉巡回检察组考核绩效

[①] 《刑事诉讼法》第十九条第二款规定:"人民检察院在对诉讼活动实行法律监督中发现司法工作人员利用职权试试的非法拘禁、刑讯逼供、非法搜查等侵犯公民权利、损害司法公正的犯罪,可以由人民检察院立案侦查。"

的重要因素。但实践中,看守所巡回检察与侦查办案融合程度不够。看守所相对于监狱内部,在押人员情况更为复杂,法律监督和自侦介入的难度更大。看守所巡回检察发现职务犯罪线索的手段不多,摸排职务犯罪线索不充分,自侦职能未能全面发挥成效。

(五) 队伍发展与业务发展不适配

刑事执行检察部门的人员和检察机关其他检察人员相比,存在人员和组织与刑事执行检察业务的发展不匹配、不适应的问题。

首先,基层院刑事执行检察部门在进行派驻检察的同时,巡回检察抽调人员过多,几乎没有空余人员用于巡回检察。受检察机关机构编制限制,许多省区市检察机关驻所力量配备不足,导致监督乏力。在有些省区市检察机关,有的检察室没有正式列编,检察室主任兼职、一人派驻是常态。尤其是有些地方检察院在基层内设机构改革后,刑事执行检察部门被合并,原来以部门为"单元"的监督格局被打破,刑事执行检察力量难以保障,从而造成留守人员不能有效开展执法办案工作,存在派驻检察监督力度下降的问题。其次,有些检察人员长期派驻看守所,监督思维容易固化,监督敏感度降低,影响监督效果。实践中,基层驻所检察人员相对固定,有的人从检察机关重建后分配到检察院就从事看守所派驻检察,在看守所派驻岗位上坚持了近四十年。这固然有熟悉监所情况,注意力集中且监所业务精湛的好处,但也容易形成思维定式,且碍于情面,配合多、监督少。复次,刑事执行检察部门涵盖了检察院的所有业务,侦查、批捕、起诉、执行均由监所部门自己负责,从而要求检察干警需要拥有多方面能力。驻所检察室一般远离检察院本部,因此往往受重视程度较低,人员流动性差,更替速度慢,难免存在部分检察机关的刑事执行检察部门多数干警年龄偏大、知识结构老化等问题,刑事执行检察部门检察干警业务能力有待提高。最后,随着业务的发展,监外检察、监视居住检察、重大案件讯问合法性检察、强制医疗执行活动检察等工作内容不断增加,刑事执行检察部门事多人少的矛盾愈加突出。从当前的实践来看,其一是巡回检察组不稳定,在巡回检察过程中,参与巡回检察的检察人员原单位发生一些突发事件需要另外办理和处理,参加巡回检察的检察人员有时不得不撤回,导致后期巡回检察的人员越来越少,"虎头蛇尾",影响巡回检察的质效;其二是执检部门干警队伍年龄结构老化,巡回检察的人员数量、素质和能力也不适应巡回检察工作的需要。

三、深化看守所巡回检察工作的路径

（一）建立健全巡回检察工作机制

探索建立完善工作机制，首先要健全完善巡回检察监督体系。完善的看守所巡回检察工作机制，必须有效整合内部资源，明确执检部门在巡回检察中统一调配的职能。同时，还要明确常规、专门、机动和交叉四种检察方式，优化巡回检察前期准备、开展方法、分类处置、跟踪督办、责任追究等五个环节的具体要求，综合采用四种巡回检察方式中的一种或者几种，适时开展专门巡回检察；集中骨干检察力量，重点针对一两个执法问题易发点进行检察，使巡回检察工作做到巡前有准备制度（如制定方案、专门培训、通告情况等），巡中有监督办法（如调阅复制案卷、查看现场、询问谈话等），巡后有督办措施（如反馈意见、发出文书、线索移送、接续监督等），实现监督内容全覆盖和制度设计闭合。其次要完善司法责任追究和履职保护制度，明确规定巡回检察实行司法责任制，对巡回检察人员的司法过错实行责任追究制度，使其对履职行为承担司法责任。对确实因不依法履行巡回检察职责出现失职、渎职，并造成严重后果或恶劣影响的，追究相关人员责任。同时，设立"巡回检察人员已经尽到必要注意义务"后的免责规定，确保权责一致、依法履职、失职追责、运转顺畅，提升刑罚执行质量，促进提升监管效果。

（二）融合巡回检察和派驻检察模式

派驻检察和巡回检察在监督环节各有侧重，规范巡回检察办案组和派驻检察人员的工作衔接配合机制，解决巡回检察"长线运行"的困境，以确保两种监督模式在各司其职的基础上配合协作，从而最大程度地发挥派驻检察和巡回检察的优势，这是看守所检察转型升级的重要问题。

首先，继续坚守原有派驻检察的阵地，把派驻检察阵地打得更牢。派驻检察机构在巡回检察模式下具有双重身份，一方面是被检察主体，对于巡回检察中指出派驻检察存在的问题，应当及时整改；另一方面也应当发挥熟悉监管场所情况的优势，做好巡回检察联络对接工作，向看守所通报巡回检察目标、内容、方式和具体任务，配合巡回检察组开展工作。巡回检察结束后，派驻检察机构接受巡回检察组给予的巡回检察报告并予以跟踪落实。一是要继续推进驻所检察规范化。最高检长期进行规范化检察室等级评定,深入推进驻所检察规范化建设,促进全国驻所检察室达标升级。二是要利用派驻优势,实现日常检察办案化。要积极运用检察建议、纠正意见、检察官告知函等方式,建立健全办案程序;要配备同步录音录像、执法记录仪等设备,实现全程留痕;要定期开展案件质量评查,规范使用执检子系统。三是要继续坚持联席会议常态化。驻所检察室和看守所定期召开联席会议,针对驻所检察发现的问题进行沟通,并且不定期参与看守所情况分析会,随时掌握在押人员动态。四是要利用派驻便利,实现权益保障全面化、及时化。要利用派驻的便利,保证在押人员能够及时申请约见检察官;全面履行权利告知工作规定,确保在押人员被羁押后能及时被告知相关权利。

另外,在发挥"派"的便利的同时,也要发挥"巡"的优势。一是发挥市院的主导作用,成立由市检察院组织的巡回检察,从全市执检人才库中抽调业务尖子,并适时邀请人大代表、政协委员,消防、安全等专业人士,以及民行、技术、财会、法警等部门参加,对全市看守所进行巡回检察,提高检察的专业性和透明度。二是综合运用多种巡回检察方式,不定期进行机动检察。针对在押人员反映强烈的一些问题,或在重要时期、重点节点,采取随机抽查或突击检查等方式,或者不定时地对上次检察的单位进行"回马枪"式检察,促进问题有效解决。三是组织交叉巡回检察。可以由市检察院根据监督工作需要,组织交叉巡回检察,采取不固定人员、不固定看守所的方式,从不同视角开展检察,有效解决因"思维定式"与"熟人模式"而造成的监督不力问题。

(三) 加强工作指导与协调力度

根据最高检的看守所巡回检察试点方案,目前派驻看守所检察监督机构、办公用房和装备设施等保持不变,在派驻检察的基础上,同时开展巡回检察。针对看守所巡回检察,由在省级院指导下的地市级院刑事执行检察部门负责组织开展,在保留辖区各看守所派驻检察人员的基础上,重新调整充实和整合力量,组成若干个检察官办案组,负责对辖区内看守所进行巡回检察。

根据方案,组织开展巡回检察的主要为分院,区院予以配合并接受检察。但是,此项工作机制与上海市检察院直接对基层院践行日常管理、条线业务考核与工作指导存在矛盾,亟需建立全市一体化的巡回检察工作机制。首先,必须明确上海市检察院刑事执行检察部门是全市刑事执行检察工作的指挥中心和协调中心,总领全市看守所巡回检察的工作指导和居中协调重任。其次,明确分院的骨干地位,彰显其是看守所巡回检察的主要组织者和工作承担者,并商请地方党委组织部门和机构编制部门增加分院刑事执行检察部门的人员编制。最后,确立基层院刑事执行检察部门受双重工作指导的工作机制。在派驻检察领域,由市检察院刑事执行检察部门直接对基层院刑事执行检察部门进行工作指导;在巡回检察领域,基层院刑事执行检察部门在接受市院直接领导的同时,也接受市检察院分院的工作指导。此外,为了进一步完善巡回检察机制,分院可以建立常态化的交叉巡回检察制度,根据情况随时进行巡回检察,加大巡回检察力度,进一步提升力度和威慑力。

(四)聚焦排查职务犯罪线索

巡回检察的对外重点必须是聚焦严重突出问题、在押人员权益保障、监管民警违法违规行为与职务犯罪线索。通过突出重点,形成震慑,体现检察监督的刚性。一是聚焦侦查办案职责。积极履行司法工作人员相关职务犯罪案件侦查职能,将巡回检察作为发现相关职务犯罪问题线索的重要途径,聚焦刑罚变更执行等重点环节,核查监管民警是否存在违法违规情形,深挖履职不当背后的职务犯罪线索。二是围绕看守所羁押特点深挖线索。针对看守所羁押的大部分为尚未定罪的犯罪嫌疑人、被告人的特点,对看守所开展巡回检察过程中,通过查阅案件材料、与在押人员谈话、接受控告申诉等方式,收集看守所存在的各类负面情况与信息,对这些情况产生的原因进行深入分析研判,增强发现职务犯罪案件线索的敏锐度。三是提升自侦查案能力。通过组织开展专题培训、实训,抽调侦查人才库成员参与巡回检察等方式,增强巡回检察组发现职务犯罪案件线索的能力。

(五)优化巡回检察队伍

为了改变目前刑事执行检察部门人员和组织与刑事执行检察业务的发展不匹配、不适应的问题,需要优化巡回检察队伍,适应巡回检察工作需要。

首先,要加强巡回检察队伍建设。目前,各地看守所巡回检察的固定队伍组织尚未设立,仅临时抽调部分人员组成巡回检察组,因此需要重视人才队伍建设,建立以分院以上级别刑事执行检察部门人员为主体,下级院刑事执行检察部门人员部分参与的巡回检察队伍。根据需要,邀请人大代表、政协委员、人民监督员和专业人员等参加,拓展巡回检察的深度、广度和专业度,主动接受监督,提高监督质效。其次,要进一步优化刑事执行检察队伍,适当从其他部门抽调骨干来强化执检队伍,加强业务培训来提升能力素质。最后,要适时向上级检察机关反映,争取党委组织部门和机构编制部门的支持,增加检察人员编制,规范合理组建办案组织。

四、相关配套保障机制的完善

(一) 完善法律文书

目前,看守所巡回检察过程中主要借鉴了监狱巡回检察的相关文书。为进一步凸显巡回检察的办案属性,有必要根据实际工作情况,丰富文书种类,调整文书内容,以法律文书的规范完善,促进巡回检察的规范化、专业化、制度化。在目前情况下,看守所巡回检察需要的专用法律文书主要有三种:一是《看守所巡回检察记录》,此文书内容主要包括被检察单位、检察日期、检察地点、检察内容、巡回检察方式、检察人员、检察情况等,主要供巡回检察组工作期间使用。巡回检察组成员应当汇总当日检察情况,作为制作巡回检察报告的重要依据。此文书可根据工作情况,每日制作一份或多份,由直接参与检察人员签字确认。二是看守所巡回检察报告,此文书主要内容应包括巡回检察基本情况、巡回检察发现的问题、处理意见或措施、需要说明的问题、下一步工作意见或建议等。此文书为巡回检察结束后制作总结报告时使用,可根据每次巡回检察的重点和方式,灵活调整报告格式、内容。该文书应当由巡回检察组主办检察官审核,报院领导审批后,向看守所制作书面反馈意见。三是《巡回检察反馈意见》,此文书主要内容应包括巡回检察基本情况、巡回检察发现的主要问题、整改意见建议等。此文书在向被巡回单位制作巡回检察反馈意见时使用。该文书由巡回检察组主办检察官审核,报院领导审批后,向看守所当面反馈或以其他形式送达。公开送达的,应当制作送达笔录。

(二) 调整绩效考核方案

巡回检察模式下,基层院执检部门的工作内容和方式发生一定变化,检察官的职责也有所改变,需要有针对性地调整刑事执行检察条线的考核指标,科学合理地评价工作成效。对检察人员的个人考核,建议未被抽调进入看守所巡回检察组的检察干警,仍由原单位负责考核;被抽调进入看守所巡回检察组的检察干警,不再由原单位负责此阶段考核。在看守所巡回检察中,无论时间是否为半年,都宜由巡回检察的组织单位考核,并按照时间长短,折合计入巡回检察人员的全年考核。对部门的考核分成两方面:一方面是对刑事执行检察部门履行刑事执行检察职能的业绩考核,应参照巡回检察对巡回看守所派驻检察室的工作成绩考核;另一方面是刑事执行检察部门根据上级要求抽调人员参与巡回检察的情况,应根据抽调人员的数量和时间对被抽调部门在考核上给予鼓励。

另外,巡回检察中,因不依法履行巡回检察职责,对看守所存在的违法问题应当发现而没有发现,或者发现后不予报告、未依法及时提出监督纠正意见、提出纠正意见后未及时采取措施督促看守所整改落实等,从而造成严重后果或恶劣影响的,依据《关于完善人民检察院司法责任制的若干意见》和有关检察官司法过错责任追究的规定,追究相关人员责任。对巡回检察人员在巡回检察过程中,故意泄露案件秘密、向在押人员通风报信等失职、渎职行为,也要依法追究相关责任。

(三) 加强内外沟通协作

巡回检察要处理好协作关系,做好与其他制度间的衔接配合。对内要做好刑事执行检察部门与未成年人检察部门的沟通,发挥基层检察院刑事执行检察和未成年人检察两部门整体力量,形成工作合力与互补,保障未成年在押人员的合法权益。对外要加强与公安机关的协作,完善与公安机关衔接配合工作制度,与公安机关在巡前沟通协调、巡中衔接配合、巡后整改落实等全流程实现密切协作,促进巡回检察各项工作顺畅开展。另外,要加强与监察机关的沟通配合,建立与监察机关的线索移交、案件管辖、衔接配合、工作通报等机制。尽快出台刑事执行检察部门办理职务犯罪案件的规范性文件,包括立案标准、侦查工作细则等,明确案件线索归属和办案部门。

其一,要完善协作保障制度。在开展看守所巡回检察工作时,看守所应当予以配合支持,自觉执行好依法回避等制度,并提供相应的工作条件。其二,要完善信息互联共享制度。深入推进看守所视频监控、监管信息系统与驻所检察室的全面联网,实现信息和数据共享,推进一体化办案系统刑罚变更执行模块建设。通过高科技手段,开展线上巡回检察。充分发挥检察时效强、工作成本低、监督范围广的优点,实现刑事执行检察全程无缝跟踪监督的效能。其三,要建立情况通报工作细则,明确工作信息通报的具体内容,主要包括重大情况即时通报、常规信息日常通报、工作材料及时转送等。另外,在当前疫情防控期间,要完善疫情防控特殊时期的非接触式工作模式。检察机关可以通过视频、电话等方式,与看守所保持工作联系,了解疫情防控和监管执法情况;利用检察室与看守所的信息联网,查阅执法台账,获取各类监管信息;利用监控联网巡察来代替实地检察,监督执法活动,等等。最后,加强与公安机关的协作还应该包括健全监督意见及时回复机制。检察机关与公安机关定期对纠正违法和检察建议回头看,共同研究针对共性问题、深层次问题的长效解决机制。检察机关与公安机关定期召开联席会议,共同促进问题发现和整改落实。

五、结语

看守所巡回检察是继监狱巡回检察之后,检察产品供给侧改革的新成果,其能有效解决派驻检察履职监督散化、职能弱化、人员同化等突出问题,以更精准有力的检察监督来促进刑罚执行公正。本文在对比分析监狱巡回检察与看守所巡回检察的异同点之后,准确甄别派驻检察与巡回检察的职能定位及相互关系,总结巡回检察工作机制不完善、绩效考核不明确等工作热点、难点问题,提出厘清巡回检察绩效考核相关机制,重视检察队伍专业化建设,发挥派驻检察的基础作用,强调巡回检察的双重任务,推动巡回检察和派驻检察有效衔接、互融互促。

巡回检察工作的高质量发展仍然任重道远,需要不断加深对巡回检察运行方式、工作方法等方面的探索,进一步开展社区矫正、指定居所监视居住场所、强制医疗场所的巡回检察或派驻检察,着力发现和督促解决社区矫正、指定居所监视居住和强制医疗执行工作中的突出问题,充分发挥巡回检察的制度优势,聚焦突出问题,推动刑事执行检察工作的创新发展。

类型思维指导下类案检索发现机制的完善

刘 悦*

摘 要：对于西方法哲学思想中的法学方法论价值，应秉持"拿来主义"态度，而非将其笼在文化土壤迥异的迷雾中概然否定。自"概念"至"类型"的思维转变而产生的"类型思维"，其本身并非缠裹神秘面纱的舶来品，我国古典哲学中早就蕴含求"是什么"而求"什么是"的类型思维径路。类案裁判也非对成文法涵摄思维的叛离，更不是判例法入侵的产物，而是由类型思维指导法律发现过程的三段论优化。类型思维的运用，更多是在法律发现过程而非法律解释过程中，在此基础上构建的类案检索发现机制，能有效解决司法场域中对类案裁判规则的忽略与背离问题。

关键词：类型思维 法学方法论 类案裁判 类案检索

引言：类案裁判的困境与类型思维的引入

2010年颁布的《最高人民法院关于案例指导工作的规定》创设了案例指导制度，并明确"各级人民法院在审理类似案件时应当参照"。2017年8月1日施行的《最高人民法院司法责任制实施意见（试行）》则创设了类案与关联案件检索机制，明确承办法官在审理案件时应当进行类案检索。自此，秉持"努力让人民群众在每一个司法案件中感受到公平正义"的宗旨，类案裁判与指导性案例的司法改革在我国全面推行。

上述改革推行过程中，诸多现象引发了理论层面与实践层面的批评声音。

---

* 刘悦，女，安徽芜湖人，华东政法大学法律学院硕士研究生，研究方向为法律方法论。

理论方面，社科法学家认为，目前法律大数据的类案分析，部分属于社会科学层面上的法律实证（量化）分析，而更多的是属于法律的规范分析；法律大数据的类案分析确实是规则指向，但不是类比推理，也不是三段论，因其抽离了个案的语境。此论断无疑从重视法外因素的社科法学角度，对法教义学的"法律之内"视角带来挑战。实践层面上，待决案例与先决案例、指导性案例实质上相似，是参照或援引指导性案例裁判的重要前提，而如何实现以上判断，则是实践中遭遇的一个根本难题。如果不从方法论上扫除这一障碍，案例参照活动就无法有效展开。目前，对于类案识别过程中的法学方法论规制，尚未有可以立足的观点。

将一般法的理论应用到司法实践中，是法理人的现实担当；对司法过程进行法认识论上的考察与优化路径发现，更是理论结合实践的应有之义。本文为解决上述问题，将以状似存在于西方语境中的"类型思维"作为理论基础，以类型思维的域内域外考察为化用方法，分析思维模式的本质与其衍生的方法类型，为其祛魅之后结合类案裁判的现实基础，进行古为今用、外为内用的正当性证成，从而达到在类案裁判的实践场域中，以类型思维指导法律发现过程三段论优化的最终目的。

一、类型思维的源起：自概念至类型

（一）概念思维滥觞于"是者"概念的逻辑学

"是者"（意大利文"essere"，希腊文"estin"）这一名词来源于希腊文动词"是"（希腊文"einai"），属于西方哲学的核心范畴。在西方语言中，动词"是"不仅仅可作系动词使用来表示判断，也常常单独使用，表明事物"存在"或"有"的状态。因此，自二十世纪五十年代起，中国学者便开始使用统一的译词"存在"，以彰显"essere"的名词属性。但近年来，不少学者主张将其改译为"是者"或"是"，因为在中文语境下，只有"是"和"不是"构成的命题，才能判断"真"或"假"，才符合西方哲学对于理性思维和逻辑的追求。对于西方哲学界至今仍在探讨的重要问题，"是者"这一翻译能够更好地概括"essere"一词中所蕴含的思辨精神。首先将"是者"作为真理对象的是巴门尼德（Parmenide），他认为"是者"是具有最高概括性和思辨性的概念,能够表示世界的本原(希腊文"arché")。① 在他之后,柏拉图(Platone)将"是者"作为一个通种(即最为普遍的理念),用来表示能够被认识的对象。② 在亚里士多德对"是者"进行形而上学的最终研究,并对"是"的用法进行缜密的逻辑分析,从而将哲学成就为一门科学之前③,柏拉图就在其包括《法律篇》在内的诸多对话中,通过层层递进的"是"什么的追问,对事物本源进行界定与明晰,并认为这是进行讨论的起点,如什么是"善"、什么是"美德"等。在此后的很长一段时间内,逻辑辩题的起点都是对于某一概念本源的界清。

(二) 概念思维的式微与类型思维的兴起

类型思维滥觞于对概念思维的反思与批判。抽象概念通过"穷尽地列举"其欲描述的特征来获得定义④,而类型由一连串具有不同归类强度的个别特征来给对象加以限定。除了少数数字概念的情形外,法律概念并不是明确的,没有抽象普遍的概念,只有类型概念与次序概念。在这些概念中,没有非此即彼的关系,只有或多或少的关系。⑤ 亚图·考夫曼的这一论断揭示了类型概念在法律语言中的普遍性。因为在现实世界中,根本没有任何两个事物完全一模一样的,所以随之必须以一个被证明为重要的观点作为标准,将不同的事物相同处理。⑥ 当我们对概念 A 难以界清种类时,会通过类型化的比较,通过概念 A 更相似于概念 B 或者概念 C,从而得出相应的种类结论,并通过对无数个相似点的选取与评价,逐步完善种类合集里的内容物。而这种以相同或是相似的核心特性(或称共性)界定出种类,并辅以主观评价观点共同形成类型的过程,被认为是类型化思维。类型化思维具有描述性而非定义性、相似性而非涵摄性、模糊性而非"非此即彼"、开放性而非封闭性等特征。⑦ 传统的三段论涵摄思维则是从规范至事实的演绎推理,其以涵摄概念的外延为基础,受概念的抽象性、封闭性、流动性等特性之制约。不同于将孤立的要素层层筛选的概念思考,类型思考让构

---

① 参见汪子嵩、王太庆:《关于"存在"和"是"》,载《复旦学报(社会科学版)》2000年第1期,第21—36页。
② 参见[古希腊]柏拉图:《法律篇》,张智仁、何勤华译,上海人民出版社2001年版,第195—199页。
③ 参见赵敦华:《西方哲学简史》,北京大学出版社2000年版,第5—12页。
④ 参见黄茂荣:《法学方法与现代法学》,中国政法大学出版社2001年版,第23页。
⑤ 参见[德]亚图·考夫曼:《法律哲学》,刘幸义等译,法律出版社2004版,第142页。
⑥ 参见[德]亚图·考夫曼:《类推与"事物本质"——兼论类型理论》,吴从周译,学林文化事业有限公司,1999年版,第3页。
⑦ 参见张斌峰、陈西茜:《试论类型化思维及其法律适用价值》,载《政法论坛》2017年6月第3期,第118页。

成要素维持结合与关联的状态,即严格的"涵摄"与弹性的"类似"是两种思维的分野。拉德布鲁赫认为,当经验呈现给我们的对象特征,是经由可能的中间形态,不断排列、连续而毫无明确界限地相互联接时,分类概念却依其功能决定的呆板固定的形式,在流动过渡的地带划分明确的界限,因而造成根本无法适当地描述含有连续性的经验状态。①

针对概念的此种区隔性思考特点,考夫曼认为,以类型的思维方式进行法律上的构造,比之概念、理念,有以下两大优越之处:一方面,使制定法能够有创造力、历史性、适应力;另一方面,也能限制法律发现者的恣意。② 这与类案裁判保证法治的明确性、可预测性、可评价性、统一性与不矛盾性的现实意义不谋而合。③ 具体来说,类型具有三种含义:(1)反复发生的具有共同特征、共同规律的事物集合体;(2)类型是事物之所以聚合的"联系本质";(3)类型亦可指典型的特殊个体。拆分来看,其亦与大数据类案检索制度及案例指导的思维径路不谋而合。然而,类型与概念却存在一定的混淆局面。博登海默在其著作《法理学——法哲学及其方法》中认为否弃概念法律大厦将崩塌④,而考夫曼在其相关著作中则对立地认为法律概念处处皆是类型概念,卡尔·拉伦茨也在《法学方法论》中直言"法律概念性规定的后面,经常还是类型"⑤。中国台湾学者林立则在《法律方法与德沃金》一书中主张类似就是一种抽象概念⑥,而黄茂荣则在《法学方法与现代民法》中将法律上的不确定概念称为类型概念或类型性概念⑦。

类型化并非自始即占上风,在亚图·考夫曼于《类推与"事物本质"——兼论类型理论》中将类型理论拔高至法律思维方式之前,"类推"仅被认为是一种填补

---

① 参见吴从周:《论法学至上之"类型"思维》,载《法理学论丛——纪念杨日然教授学术论文集》,月旦出版社1997年版,第307页。
② 参见[德]亚图·考夫曼:《类推与"事物本质"——兼论类型理论》,吴从周译,学林文化事业有限公司,1999年版第3页。
③ 在《法律的道德性》一书中,富勒基于法律的内在道德,即程序自然法,提出了"法治八原则",八项要求具体为:(1)法律规则的普遍性;(2)法律规则必须公布;(3)法律不能溯及既往;(4)法律规则必须明确,能够被人理解;(5)法律规则不能相互矛盾;(6)法律规则要求的行为必须是人们的力量所能及的;(7)法律规则必须具有相对稳定性;(8)法律规则的规定与实施必须一致。
④ 参见[美]博登海默:《法理学——法哲学及其方法》,邓正来、姬敬武译,华夏出版社1987年版,第465页。
⑤ [德]卡尔·拉伦茨:《法学方法论》,陈爱娥译,商务印书馆2004年版,第182页。
⑥ 参见林立:《法学方法与德沃金》,中国政法大学出版社2002年版,第136页。
⑦ 参见黄茂荣:《法学方法与现代民法》,中国政法大学出版社2001年版,第239—241页。

法律漏洞的方法。① 类型风靡法学领域之后,有关类型、类型方法、类型思维的著作涌现。卡尔·拉伦茨、卡尔·恩吉斯分别在其著作《法学方法论》与《具体化理念》中对类型学方法进行介绍与分析。中国台湾学者黄建辉、吴从周,中国大陆学者如李可等人,均对迁移至我国法治环境的类型理论进行了探讨。受法理学影响,部门法学领域类型方法的具体运用亦引起广泛讨论,众多部门法学者将概念进行类型化补足,以大幅提升法律规范的可操作性,从而使部门法体系在类型化标准的规整下变得条理井然、耳目一新。② 诚如德国学者海德(Heider)所认为的,在人文科学领域内,当前绝对没有任何一个用语像"类型"这个词一样受到人们的喜爱。③ 然而,如前所述,类型学自兴起之日起,即伴生着对其含义与具体指涉对象的分歧。德国学者 K. H. Scrache 指出,大多数使用"类型"这个词的作者,对这个词有着最严重的语言与概念的混淆,甚至不假思索地加以滥用,造成这个词的"通货膨胀"。④

(三) 类型思维的异化与"附魅"

上文所述的讨论,客观上造成了"类型"系列语词的适用繁荣,但是不难看出,所有适用与细化的前提均来自西方古早源流,是不含本土方法论价值的西方方法论伴生产品。因此,利用"类型思维"来解决现今我国类案裁判中的症结点,界清类型、类型思维、类型方法的轮廓与适用环境,并对其进行现代化、本土化考察,是必要之举。

1. "类型思维"源流的西方解读困境

在理论探讨中,观点往往来自一些现代意义上的解读,仿佛"类型思维"长期发展过程中蕴含的理念内容,本身似乎对现代法治的借鉴之意已经式微,实则不然。方法论层面上的观点输出之所以能历久弥新,正是因为它能脱胎于时代禁锢本身,形成一种脱离内容的、单纯方法的工具。

---

① 参见[德]亚图·考夫曼:《类推与"事物本质"——兼论类型理论》,吴从周译,学林文化事业有限公司1999年版,第12—24页。
② 参见张文、杜宇:《刑法视域中"类型化"方法的初步考察》,载《中外法学》2004年第4期,第421—432页。
③ 参见吴从周:《论法学至上之"类型"思维》,载《法理学论丛——纪念杨日然教授学术论文集》,月旦出版社1997年版,第293页。
④ 参见自吴从周:《论法学至上之"类型"思维》,载《法理学论丛——纪念杨日然教授学术论文集》,月旦出版社1997年版,第294页。

对于立法领域的类型思维,考夫曼认为,法规范指涉的生活关系乃是一种本身已经组构过的事实,因为涉及人与人之间的关系,因此其本身已内在地包含一定的意义,于是"当为"与"实存"、"价值"和"事实"并非两个截然分离的领域;反之,在"规范"制定以前,两者已经相互联结、彼此相关,思考时两者必须相互"适应"。因此,立法行为都应当致力于"当为"与"实存"的"彼此适应调和",这项工作不能借逻辑三段论的方式来完成,而需要类推的方式。①

对于法律适用领域的类型思维,与涵摄相对应地,考夫曼将类型思维下的演绎推理模式命名为"包摄",具体方法为法官首先在一个"纯粹客观的气氛中"、"自信冷静"及"内在自由中",免去任何"先前判断",以"纯粹的认识"来深思熟虑一个对他而言"完全未知的事实",而且必须不混杂主观因素地带着"真理的欲求",从过去之中重构这个现实,继而才开始法律适用,免除所有的"外在影响的干扰",完全不受政治立场、带着"正义的欲求"以解释地探求一个(或多个)现行的、完备的法律规范的意义。② 即法律发现之方法论过程的"两个方面"是:一方面,针对规范调适生活事实;另一方面,针对生活事实调适规范。③

2. "类型思维"源流的中西属性误读

总体来说,如今类型思维在法律领域的运用大致体现在三处:(1)作为立法技术的类型思维;(2)法律发现领域的类型思维;(3)法律解释领域的类型思维。三者的思维方式本质一致,但具体内涵却有所差异。第一类指法律概念特性的形成是基于对类型的构建因素"评价观点"的挑选,第二类指法律发现时必须一再地回溯到存在于制定法类型背后的"生活类型",而第三类则是指填补法律漏洞的续造方法。日本法学家西园春夫认为,所谓刑法上的类推(类推制度),与其说是一种法解释,还不如说是法律适用的一种方式。具体来说,类推并不是对语句进行解释,看某种行为包不包括在此解释内,而是从国家、社会全体的立场来看某一行为的不可允许,然后再设法找出类似的法条以资适用。④ 此观点虽规避了法律解释方法上的禁止类推原则,却在事实上对罪刑法定原则造成挑战,且

---

① 参见[德]卡尔·拉伦茨:《法学方法论》,陈爱娥译,商务印书馆 2004 年版,第 15 页注释(55)。
② 参见[德]亚图·考夫曼:《法律哲学》,刘幸义等译,法律出版社 2004 版,第 131 页。
③ 参见[德]亚图·考夫曼:《类推与"事物本质"——兼论类型理论》,吴从周译,学林文化事业有限公司 1999 年版,第 35 页。
④ 参见[日]西园春夫:《罪刑法定主义与扩张解释、类推适用》,载[日]西园春夫主编:《日本刑法的形成与特色》,李海东等译,法律出版社 1997 年,第 128 页。

适用法律与解释法律这两种活动过程基本上是关系紧密、不可分割的。①

对于立法领域的类型思维，考夫曼认为，法规范指涉的生活关系乃是一种本身已经组构过的事实，因为涉及人与人之间的关系，因此其本身已内在地包含一定的意义，于是"当为"与"实存"、"价值"和"事实"并非两个截然分离的领域；反之，在"规范"制定以前，两者已经相互联结、彼此相关，思考时两者必须相互"适应"。因此，立法行为都应当致力于当为与实存的"彼此适应调和"，这项工作不能借逻辑三段论的方式来完成，而需要类推的方式。②

对于法律适用领域的类型思维，与涵摄相对应地，考夫曼将类型思维下的演绎推理模式命名为"包摄"，具体方法为法官首先在一个"纯粹客观的气氛中"，"自信冷静"及"内在自由中"，免去任何"先前判断"，以"纯粹的认识"来深思熟虑一个对他而言"完全未知的事实"，而且必须不混杂主观因素地带着"真理的欲求"，从过去之中重构这个现实，继而才开始法律适用，免除所有的"外在影响的干扰"，完全不受政治立场、带着"正义的欲求"以解释地探求一个（或多个）现行的、完备的法律规范的意义。③ 即法律发现之方法论过程的"两个方面"是：一方面，针对规范调适生活事实；另一方面，针对生活事实调适规范。④

对于上述理论适用，学界却普遍存在一种对"拿来"的畏惧。盖因中西传统哲学之大不同，方法抑或思想维度的混用便是牵强附会。诚然，中国哲学渊源于先秦时代，西方哲学则滥觞于古希腊时代，两者在当时就各自表现出不同的倾向和特点。希腊哲学家多讲宇宙论等纯哲学问题，把宇宙论、认识论与道德和政治问题相分离放在第一位。虽然他们也讲道德哲学，但是把它放在为宇宙论和认识论服务的从属地位。在方法论上，他们多用逻辑推理、演绎等方法，因此有人称之为"智者气象"（侯外庐语），或归结为科学型哲学。中国哲学家则始终把政治、道德、伦理放在首位，在探求这些问题的框架下，才涉及宇宙论和认识论，明显地为政治伦理目的服务。在研究方法上，中国哲学家多用具体的事物形态代替抽象概念，用直接的论证代替逻辑推理，因此有人称之为"贤人作风"（侯外庐

---

① 参见梁治平编：《法律解释问题》，法律出版社1998年版，第3页。
② 参见［德］卡尔·拉伦茨：《法学方法论》，陈爱娥译，商务印书馆2004年版，第15页注释(55)。
③ 参见［德］亚图·考夫曼：《法律哲学》，刘幸义等译，法律出版社2004版，第131页。
④ 参见［德］亚图·考夫曼：《类推与"事物本质"——兼论类型理论》，吴从周译，学林文化事业有限公司1999年版，第35页。

语),或归结为道德型哲学。① 中国哲学大师冯友兰也认为,魏晋玄学、宋明道学、清人义理之学所研究的对象与西方哲学有所重合,唯缺西方哲学的方法论部分。② 盖因上述原因,学者对传来之方法论总怀有怀疑与忌惮的立场,继而笼统一句"语境不同,难以适用"全然弃用,不失为一种因噎废食。

二、类型思维的祛魅:类型理论的普遍性证成

区别于古希腊哲学的求"是"传统,一般认为,在概念思辨的求知方法论部分,中国是有缺陷的。试举一例,儒家经典著作中对"仁"的定义摘录如下:

樊迟问仁,子曰:"居处恭,执事敬,与人忠。"(《子路》)

樊迟问仁,子曰:"爱人。"(《颜渊》)

颜渊问仁,子曰:"克己复礼为仁。"(《颜渊》)

仲弓问仁,子曰:"出门如见大宾,使民如承大祭。己所不欲,勿施于人。在邦无怨,在家无怨。"(《颜渊》)

司马牛问仁,子曰:"仁者,其言也讱。"(《颜渊》)

显然,这些都不是对"仁"的概念化界定,而是因时、因人、因事而异的具体类型,是"什么是仁",而不是"仁是什么"。诚然,严格意义来说,中国古代不存在概念思维至类型思维的转型,但其对类型的界定与类型化处理并非缺失。

(一) 类型思维在中国古典裁判中的普遍性

英美判例模式下的类型思维,是"当规范遇到了具体的事情"。如在美国于 1999 年发生的 Leonard 诉 Pepsico 公司案(莱昂纳德"VS"百事可乐)中,在后续待决案件中被引用的判例规则为"要约是表示愿意达成一项交易,以便证明另一人有理由理解他同意该交易并将完成该交易。换言之,判例确确实实地创立了一种真正意义上的规则。当待决案件进行选择适用时,通过情景比较(一种类型化思考)对该规则有选择地进行适用。

---

① 参见高宏照、杜本礼:《古希腊哲学类型与中国先秦哲学类型成因之分析》,载《河南教育学院学报》1996 年,第 3 页。
② 原文为"此后所谓道学及义理之学,固亦有其方法论,即所讲为学之方是也。不过其所讲之方法,乃修养之方法,非求知之方法耳。"参见冯友兰:《中国哲学史》,中华书局 1961 年版,第 268 页。

而在国内,类型思维如前所述,是普遍存在但与上述模式有明显区别的。如白居易的"百道判"中记载有以下判词:

得甲牛觚乙马死,马牛于牧,蹄角难防;苟死伤之可徵,在故、误而宜别。

况日中出入,郊外寝讹:既谷量以齐驱,或风逸之相及。尔牛孔阜,奋骍角而莫当;我马用伤,踠骏足而致毙。情非故纵,理合误论。在皂栈以来思,罚宜惟重;就桃林而招损,偿则从轻。将息讼端,请徵律典。当陪半价,勿听过求。

由判词观之,裁判者并非在原有律法之上创设规则,而是对《唐律疏议》卷十五"犬伤杀畜产"条内容"犬自杀伤他人畜产者,犬主偿其减价;余畜自相杀者,偿减半之价"的解读与设例。即对于"过失对他人的畜产造成伤害,区别于故意(赔偿全款)的半价赔偿"这一条文内容适用情境的举例解读,这与现今成文法体系下的类案裁判路径不谋而合。

因此,将类型于概念、类型思维于概念思维完整地分离出来之前,不可据感知来简单地将类案裁判中的法官思维方式认定为类型思维,从而全盘否定欧陆法系传统的"演绎-涵摄"的经典概念逻辑,这不失为另一种极端视角下的以偏概全。

(二) 现行司法环境下的"涵摄思维"与"类型思维"的本位之争

1. 法官思维界分的三种立场

在倡行类案裁判的司法环境中,于我国沿袭至今的欧陆法传统下,法官思维究竟是涵摄还是已"异化"为类比推理,学者们大抵持以下三类立场:其一,坚定的涵摄思维本位主义。持此种立场的学者在法律实践中坚持成文法是唯一的法律渊源,并反对在解释法律的过程中渗入价值、目的、利益等主观因素的立场。同时,他们禁止法官任何可能破坏成文法尊严的变通法律的行为。[1] 因此,他们认为,类型思维仅存在于立法或准立法过程中,纵使在相似案件相似处理、相同案件相同处理的大背景下,司法者所秉持的仍是涵摄演绎的思维模式。主要证据在于,指导性案例所凝练的裁判要旨,实则仍是成文法特点的规范,对其适用仍从概念出发,遵守大前提、小前提、结论的三段论,故不存在任何程度上的思维模式迁移。其二,全面的类推本位主义。持此种立场的学者认为,法律是构造的产物,法律的适用与发现离不开对规范与事实的化约与构造,而化约与构造的核

---

[1] 参见杨仁寿:《法学方法论》,中国政法大学出版社 1999 年版,第 51-72 页。

心模式就是类型思维,亦即考夫曼所言:"法原本即带有类推的性质。"①当对事实进行"相似"何种规范上的概念的问询时,已经是在进行类型化思考了。此观点被社会法学高度接受与认可。其三,规范涵摄与类推的复合模式。概念涵摄与类型归入的结合主要分为两派:一派的基本结论概言之为"简单案件为涵摄,复杂案件是类推"。即认为在事实清楚、适用法律明晰的情况下,司法裁判中的法律思维为涵摄,而当案情复杂、适法条款不清时,类推思维与类型思维将不可避免,必须还原其背后的"评价观点",以将复杂的生活事实加以归类。另一派认为,应当构建概念与类型的二阶结构,以概念思维形成初步结论,以类型思维验证结论的妥当性,从而确认乃至修正既有结论。②

2. 对三种立场的反思

之所以会出现上述这些片面、极端的划分,前两者是因为没有跳脱类型与(三段论)涵摄之争,仍未明确裁判中法律思维的复合性本质,不能全面构建法官在类案裁判中的思维模式图景。

据前所述,总体上,第三种复合模式的认定更为合理,但其表述过于片面化。首先,简单案件与复杂案件的划分过于机械。基于法常识,简单案件与复杂案件具有同质性。在一定情形下,简单案件与复杂案件可以互相转化,如西红柿是水果还是蔬菜之问。另一方面,在同一案件的裁判中,复杂案件势必会随着调查的深入,在裁判时转为事实认定清楚、法律适用明确的简单案件(否则会有枉法裁判的风险)。

其次,第三种模式所构建的思维模式虽一定程度上体现复合性,但其认为类型思维集中体现在同一段三段论关系中,即在大前提对小前提的"涵摄"过程中,司法者对立法者所预先设定的在法律规范中所意含的类型中掌握生活事实,以便对其加以正确评价。该模式忽视了在类案裁判的操作过程中,不同小前提之间存在类推现象。在类案的识别环节,司法者对待决案件、先决案件中的生活事实分别进行法律上的评价。将之拟制与加工为法律事实,从而进行对比,认定是否相同或相似,是否可以纳入相同的评价。若可,则直接将待决案件(或部分案件事实)替换先决案件的小前提地位,省却涵摄论证过程,导出结论,从而致使法

---

① [德]亚图·考夫曼:《类推与"事物本质"——兼论类型理论》,吴从周译,学林文化事业有限公司1999年版,第4页。
② 参见张志坡:《法律适用:类型让概念更有力量》,载《政法论丛》2015年8月第4期,第100—106页。

律方法论意义上的规制在这一环节存在空白与缺失。

3. 拟制在思维方式中的普遍性

考夫曼将"事物本质"(或称意义)作为法律规范与生活事实之间的调适工具,认为法实现在法律规范与具体的生活事实之间的关联中,因此事物本质是指向类型的。① 这一论断充分彰显了法律的拟制性(fiction)。拟制并非歪曲现实的意思;相反地,拟制是表达一种经由构成要件内在的类似性所引发的相同评价的必然性。拟制终究无非是类推。② 具体来说,女人与男人、熊与狗、飞机与船究竟类似不类似,不是逻辑上可以决定的,必须取决于某种可以用以比较二者的观点,这是基于评价标准上的拟制。③ 拉德布鲁赫在论述刑事案件中法官的刑罚裁量时认为,法律规定赋予法官的任务,在于两个极端的类型之间,即在某种犯罪可想象的最严重的和最轻微的案型之间,根据其距离这两个极端类型的远近程度,如根据行为人的恣意、国民生活共同体保护的必要、行为人引起的危险与损害、犯罪后的态度等作为量刑事由的客观标准来排列所有的案型。④ 基于构建类型的因素为某种重要性观点或评价性观点的共识⑤,归类于类型的标准应为:在某一类型的拟制的评价观点之下,被归类者是否相同或者类似。迁移至类案识别的场合,今天所谓的"同案"与"异案",并非且绝无可能是单纯的案件事实层面的相同或相似,而应是指事实在与法律规范"对话"后,经拟制加工得出的法律评价是否相同或者相似。此处彰显了纯粹涵摄逻辑在类案识别中的漏洞,传统的涵摄逻辑讲究"以事实为依据,以法律为准绳",而事实与法律本身却不具有同质性,将之混谈实则言之无物,从而失去法律的可操作性。综上,对不同案件中的拟相同类型项下的法律评价之间进行相同或类似的技术识别,是基于对目标事实中反复出现的事物本质的拟制与加工。

---

① 参见[德]亚图·考夫曼:《类推与"事物本质"——兼论类型理论》,吴从周译,学林文化事业有限公司1999年版,第44—47页。
② 参见[德]亚图·考夫曼:《类推与"事物本质"——兼论类型理论》,吴从周译,学林文化事业有限公司1999年版,第25页。
③ 参见[德]亚图·考夫曼:《类推与"事物本质"——兼论类型理论》,吴从周译,学林文化事业有限公司1999年版,第32页。
④ 参见吴从周:《论法学至上之"类型"思维》,载《法理学论丛——纪念杨日然教授学术论文集》,月旦出版社1997年版,第317页。
⑤ 参见吴从周:《论法学至上之"类型"思维》,载《法理学论丛——纪念杨日然教授学术论文集》,月旦出版社1997年版,第322页。

三、类型思维的实践：类案检索的发现机制

（一）类案检索的发现机制困境

待决案例与先决案例、指导性案例实质上相似，是参照或援引指导性案例裁判的重要前提。如何实现以上判断，是实践中遭遇的一个根本难题。如果不从方法论上扫除这一障碍，案例参照活动就无法有效展开。[1] 关于具体可适用、可操作的类型学方法，卡尔·拉伦茨与黄茂荣等学者提出了"对极思考"和"类型谱"的构建方法。对极思考是指以肯定的或者否定的两个极端方式或区分矛盾的两个对立面的方式，列出某一类现象或共性的全部类型的思想方式。如要约与要约引诱可以构成一组对极，两者的不同点在于，要约中有法律效力之意思表示，而要约引诱则无，其仅有引诱他方为要约的意思，所以要约引诱并非意思表示，不生法律效力，二者一个是要约，一个不是要约。[2] 而对极类型之间事实存在的中间类型，则要求法学理论与实务通过建立介于两极之间的类型来建立"类型谱"。在某一评价标准下，通过构建类型的基本特点的变化组成类型谱，可以建立类型体系，如完全行为能力人、限制行为能力人和无行为能力人就构成了一个"类型谱"，刑法上的罪名类型和刑罚类型的谱系结构就更为明显。[3] "相似性判断"是类比推理之可靠性的根本保证，上述类型学方法对待决事实进行法律评价过程的参考意义重大，如何将其运用至类案识别的类型思维中，体现法律方法论价值，还必须结合对案例的具体分析，进一步研究与探索。

截至 2022 年 2 月 28 日，本文对裁判文书网上 2022 年度裁判文书中出现"指导案例"字样的全部裁判文书进行检索与梳理，发现截至目前统计的三十三个案例中，审判人员仅在四个案件中[4]，对当事人提出的指导性案例适用与否做出了回应。对裁判文书中的"指导案例"进行检索，虽然是类案裁判所要求的"四类案件"中的冰山一角，但是其适用的内在逻辑本质相同，可以以一推万。据此

---

[1] 参见孙海波：《案例指导制度下的类案参照方法论》，载《现代法学》2020 年 9 月第 5 期，第 50—65 页。
[2] 参见黄茂荣：《法学方法与现代法学》，中国政法大学出版社，2001 年版，第 477—478 页。
[3] 参见黄茂荣：《法学方法与现代法学》，中国政法大学出版社 2001 年版，第 477—483 页。
[4] 四个案件具体案号为：(2021)吉 02 民终 3674 号、(2021)粤 09 民终 3368 号、(2021)辽 01 民终 20129 号、(2021)粤 01 民终 29987 号。

图景可以得出结论,在类案裁判的实践场域中,类案的适用逻辑一般为:当事人提出案例适用—审判人员进行类案判断,且审判人员往往回避类案的比较逻辑说明,更有甚者会直接回避回应当事人的类案列举得当与否,这与"主动适用"的司法要求背道而驰。

(二) 类型思维对于类案检索的发现机制困境的破局

当我们认为类案仅仅是一种判例法的移用时,不仅会因于上述类案检索的发现机制的困境,更会对传统涵摄模型造成毁灭性打击,理由有二:其一,"同等情况同等对待"与"类似情况类似处理"固然是"同案同判"及"类案类判"(以下统称为类案裁判)的朴素原理,但是若在司法操作上简单地认为,遵循类案裁判就是"若能证明彼案与本案相似,则彼案的裁判结果移用到本案上",从逻辑推理上不难看出,涵摄模型的三段论已无生存空间,取而代之的是一种对比的、含糊的适用(更类似于判例)。其二,很多学者认为,上述困境的症结点在于证明案件是否相似,这实则犯了本末倒置、循环论证的错误。张志铭教授认为,只有当法律规定本身具有弹性空间,或者法官适用法律必须借助自由裁量或价值判断时,"同案同判"才变得重要起来,即法律的具体化必然拥有的裁量空间导致"同案同判"成为应当考量的司法标准。[①] 那么,案件之间是否具有实质相似性的判断,则又会形成一个法官主导下的新的弹性空间,且从调研结果来看,这个弹性空间在司法实践中已被裁判者们习惯性地规避。

出现上述问题的真正症结点在于,理论与实务界或多或少地狭隘化了类型思维在法律发现机制中的运用。待决案例与先决案例、指导性案例是否实质上相似,只是一个判断的起点,而非是否"挪用"裁判结果的终点。当我们运用类型思维的眼光,将待决案件 b 与先决案件 a 在法律上进行拟制与加工,最后得出是否具有相似性之后,必须明确的是,此仍为法律发现的工作,而非法律推理的范畴。后续我们要溯源到先决案件 a 所处的三段论环境,追溯其适用的法律规范大前提,将法律规范移用到待决案件 b 中,从而在待决案件 b 的领域内形成新的三段论涵摄模式。先决案件 a 与待决案件 b 越是实质相似,两个"三段论"的重合轨迹也就越多,在外观上就越像直接将先决案件 a 的结论移用至待决案决 b,而实质上并非如此。相应地,当待决案件 b 拥有自己的三段论逻辑证成后,其对

[①] 参见张志铭:《司法判例制度构建的法理基础》,《清华法学》2013 年第 6 期。

先决案件a是否实质相似的依赖也就越低,从而得以将案件之间相似性判断的弹性空间大大压缩,司法裁判者也不会对当事人所举之指导性案例适用陷入无法反驳的境地。

(三)类型思维指导下的类案检索的发现机制构建

综上所述,在类型思维普适价值与方法论意义的指导下,现今我国类案裁判下的类案检索发现应然逻辑,既不应该是单纯的形式逻辑思维(三段论-涵摄),亦不能是全然抛弃涵摄的类型思维,而应为一种以类型思维来补足三段论大框架中的法律发现过程的复合模式。具体结合模式如下(如图所示):

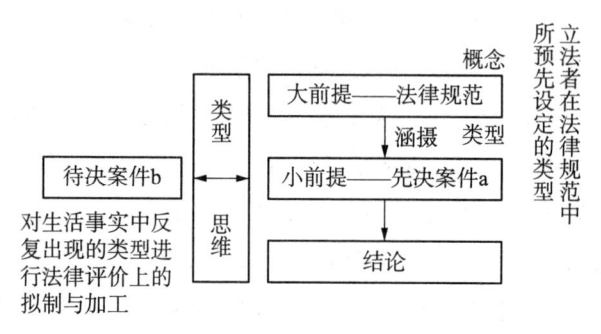

图1 类案裁判中类型思维推理方式构建

在大前提对小前提的涵摄过程中,司法者在立法者于法律规范中所预先设定的类型中掌握生活事实,以便对其加以正确评价。在类案的识别环节,司法者对待决案件与先决案件中的生活事实分别进行法律上的评价,将之拟制与加工为法律事实,从而进行对比,认定是否相同或相似,是否可以纳入相同的评价;若可,则直接将待决案件(或部分案件事实)替换先决案件的小前提地位,省却涵摄论证过程,导出结论。此模型帮助司法者发现法律规范大前提的同时,也回应了待决案件本身三段论证成的逻辑完整性。据此,更阐明了法律发现过程中出现冤假错案的原因:第一,司法者未能对立法者在法律规范中所预先设定的类型进行正确理解,从而在涵摄过程中出现适法错误;第二,司法者未能对待决案件与先决案件中的生活事实正确地进行法律评价,从而导致类推错误,即"似、同"先决案件选择错误,将待决案件替换入错误的三段论体系,又错误地未能进行独立三段论涵摄推理,进而移用错误的先前案件裁判结果。

结语

类型思维作为传统涵摄推理模式的补足,具有巨大的现实意义。首先,类型思维的适用取决于法律发现中的诠释学特性。法官阅读待决案件材料时,形成一定的在先判断(意义期待),指向先决案件,形成意义草案。然后,待决案件再被意义草案询问。基于类型思维的取舍比较,采纳或形成新的意义草案,最终确定适用的先决案例。其次,类型思维作为与概念思维相对应的思维方式,一方面比概念思维更贴近社会生活的复杂性与变动性,另一方面更能适应主体认识能力的至上性与非至上性的矛盾统一属性,在抽象与具体之间,以及规范与事实之间,架起了桥梁。但类型思维不可取代概念思维在法学中的地位与作用。不可否定的是,类型化思维能够实现价值导向的思考,对法律事实和法律规范进行合理评价,具有强大的实践能力。同时,类型思维可以适应现实生活多样化的变化,其通过反复出现的事物,总结出重要的判定标准(即构造要件),将新的待决案件拆分归纳类比至已决案件事实,从而达到以简驭繁、法治统一的目的。

概言之,将类案裁判中的类型思维放在法律方法论的意义上进行探讨,兼具反思传统法律思维模式理论与指导类案裁判实践的双重意义,亦有利于对类型思维本身的方法论进行反思。而将类型思维与抽象思维进行复合式构建,有利于兼采两家之长,在实现法律上的个别正义与防止法律僵化的同时,兼顾对裁判恣意的限制。

稿约

《法治话语研究》(原《法律修辞研究》)是由华东政法大学法律方法研究院、上海市社会科学创新研究基地"中国特色法学学术话语体系建设——以法治话语研究为重点"主办,陈金钊教授主持的出版物。《法律修辞研究》创办于2014年,每年一卷,已出八卷。《法治话语研究》作为法律方法领域的新兴出版物,与《法律方法》(CSSCI来源集刊)共同致力于该领域的学术探讨。

法治不仅仅是定义问题,还是充满开放性的经验问题。法治的存在、发展与运行总是在既定的公共话语之中展开的,同时它也反向塑造着支持其自身的存在、发展与运作的话语体系。在法治与公共话语的双向互动之中,以法治为内核,以话语为载体的法治话语得以形成。为因应全面依法治国的时代要义,推进法治话语研究的本土化和前沿化,以"形式法治"与"实质法治"的争鸣为背景,中国特色社会主义法治话语研究不仅是法律方法乃至理论法学的任务,而且是部门法学的任务,更是理论法学与部门法学共同的任务。现诚挚邀请国内外学者与实务界人士,特别是中国大陆与港澳台地区在读法学专业博士和硕士研究生惠赐稿件。编辑部以来稿的质量为唯一标准,欢迎热衷本领域研究的青年新秀投稿,并极力做好中坚学者与青年新秀的对话与融合,为青年后浪提供思想争鸣之平台。

一、栏目设置

立基《法律方法》的栏目设置,《法治话语研究》栏目主要分为三部分。

第一部分为"法治话语与法律方法译介",集中介绍域外法治话语与法律方法领域的名家思想,特别是介绍注重两者与部门法有机结合的域外思想。

第二部分为"法治话语专题研讨",以基本专题探讨为重心,主要刊发理论深厚、论证充分、内容详实的力作或系列文章,以作为特稿或专题。

第三部分以法律解释、法律推理、法律论证、法律修辞的相关内容为重心,根据当期稿件,相应设置理论研究、实践回应、书评综述等栏目。

二、来稿要求

1.《法治话语研究》属于法治话语领域研究的专业性公开出版物,来稿最好以此为主题,或与法律方法内容直接相关。

2.《法治话语研究》作为以专题研讨为主要内容的出版物,稿件必须为首发。

3.《法治话语研究》倡导严谨治学,欢迎选题独到、观点新颖、论证充分的研究成果。来稿篇幅原则上不得少于1万字。

4.《法治话语研究》实行双向匿名审稿制,以文稿质量作为是否采用之唯一标准。本书不收取任何形式的版面费。

5. 为方便作者及读者,来稿注释体例采用《法学引注手册》。

6. 来稿需附中文摘要、关键词(无须英文)。作者简介需要包括姓名、职位、工作单位、研究方向。

7. 来稿一经采用即发送用稿通知,审稿期限为1个月,不以任何形式收取版面费,并依据文章质量,适量支付稿费。

三、投稿方式

为节约资源并方便作者投稿和编辑部审稿,来稿无须纸质版,直接将稿件发送至 ecuplflxc@163.com 即可。

《法治话语研究》编辑部

图书在版编目(CIP)数据

法治话语研究.第八卷/陈金钊主编.—上海：上海三联书店，2023.1
ISBN 978-7-5426-7918-5

Ⅰ.①法… Ⅱ.①陈… Ⅲ.①法律语言学－文集 Ⅳ.①D90-055

中国版本图书馆 CIP 数据核字(2022)第 205817 号

法治话语研究第八卷

主　　编／陈金钊

责任编辑／宋寅悦
装帧设计／一本好书
监　　制／姚　军
责任校对／王凌霄

出版发行／上海三联书店
　　　　　(200030)中国上海市漕溪北路331号A座6楼
邮　　箱／sdxsanlian@sina.com
邮购电话／021-22895540
印　　刷／上海惠敦印务科技有限公司

版　　次／2023年1月第1版
印　　次／2023年1月第1次印刷
开　　本／710mm×1000mm　1/16
字　　数／450千字
印　　张／26.75
书　　号／ISBN 978-7-5426-7918-5/D·556
定　　价／88.00元

敬启读者,如发现本书有印装质量问题,请与印刷厂联系 021-63779028